KB124588

DSM-5에 기반한

학습장애아동의 이해와 교육

3판

| 김동일 · 이대식 · 신종호 공저 |

학지사

3판 서문

학습장애 3.0을 지향하며

2003년 초판, 2009년 2판에 이어 『학습장애아동의 이해와 교육』의 세 번째 개정판을 준비하며 학습장애 분야의 대표적인 교재로서 필요한 내용과 항목을 포함하고자 노력했다. 학습장애를 향한 학문적·실제적 관심이 넓어지고 깊어지면서 새로운 뇌기반 접근, 교수방법 및 평가의 정교화, 기초기능뿐만 아니라 내용 교과에 대한 확장 등이 추가적으로 논의되었다. 특히 오늘날에는 DSM-5에 학습장애 개념과 진단의 실질적인 교육적 접근이 포함되면서 교육학, 의학, 심리학을 포괄하는 융합적 아이디어의 필요성이 더욱 요청되고 있다.

학습장애 3.0이라는 새로운 지적 지평을 바라보며, 학습장애에 대한 더욱 정교한 개념과 실제적 적용에 기반을 두고 집필된 이 책이 우리나라 교육의 이론과 실제에 기여하기를 기대한다.

이 책을 준비하고 펴내는 데 많은 분이 함께 노력해 주셨다. 저자들의 강의에 열정적으로 참여하였던 교사, 카운슬러, 대학원생, 대학생들이 여러 가지 방식으로 의미 있는 자극과 방향을 제안해 주었다. 서울대학교 대학원 전공생들은 꼼꼼하게 교정을 보고 내용을 다듬는 데 수고를 아끼지 않았다.

여전히 큰 도움이 필요하고 같이 해야 할 작업이 많은 분야가 학습장애 영역이기에 독자 여러분의 아낌없는 조언을 진심으로 원하고 바란다. 마지막으로 교육 현장에서 하루하루 성장하고 있는 학습장애아동과 이들을 위해 애쓰는 많은 분을 떠올려 본다. 이들의 남다른 끈기와 노력에 응원의 박수를 보낸다.

진심으로 감사의 말씀을 전한다.

2016년 2월
김동일, 이대식, 신종호

1판 서문

아동의 지적 · 정의적 · 신체적 성숙과 발달을 토대로 하여 잠재적인 최고 수준까지 성취하도록 조력하는 체계적인 교육의 필요성이 강조되고 있으며, 아동의 현재 기능과 미래의 가능성을 지향하여 이를 극대화하는 교육 서비스를 제공하기 위하여 관련 인사들이 힘을 모으고 있다. 그러나 정상적인 학교학습하에서 심한 곤란을 겪는 학생들이 존재하고 있고 이들을 위한 체계적인 조력에 대한 요구가 커지고 있다. 학생들의 심각한 학업 부적응 현상에 대하여 이를 특수교육 요구로 인정하고 학습장애라는 틀로써 이해하고 설명하며, 또한 특수한 교육 서비스를 제공하자고 한다.

지금까지 학습장애에 대한 다양한 설명과 교육적 접근이 제시되었으나, 학습장애란 무엇인가에 대하여 아직 확실하게 대답할 수 없는 것도 사실이다. 특수교육뿐만 아니라 정신의학, 임상심리학, 교육상담 등 여러 학문 영역에서 학습장애라는 용어가 쓰이게 되고 대중적으로도 많이 알려지게 되어 이 특수한 장애에 대한 전반적인 소개가 이루어졌다. 여러 가지 이론과 그에 대한 설명이 제시되었지만 선명한 대답을 제공하기는커녕 오히려 혼란스러움을 가중하였던 점이 간과될 수 없다. 즉, 학습장애가 보다 보편적으로 쓰이면서 실제로 이 진단에 대한 선명성이나 유용성에 문제가 생기게 되었다. 학습장애라는 용어를 대중적으로 사용하고, 많은 관련 인사들이 이를 접하게 되고, 상식적인 이해를 위해 여러 가지 설명이 덧붙여지면서 오히려 학습장애가 무엇인가에 대한 진지한 이론적 접근이 더욱 어렵게 되었다. 그리하여 학습장애라고 하면 일반적인 학업곤란이나 학습부진을 일컫는 용어가 되고 말았다. 이러한 점은 학습장애에 대한 불완전한 이해를 인정하는 학자들과 학습장애에 대하여 이미 이해했다는 전제하에 실제적인 처치와 중재를 요구하는 현장 전문가들 사이에 미묘한 긴장을 불러일으키게 되었다. 그리하여 학습장애로 진단되고 서비스를 제공받는 학생이 늘어날수록 교사, 학부모, 관련 전문가들이 학습장애에 대하여 더욱 궁금하게 여기게 되었다. 이 책은 학습장애에 대하여 보다 더 많은 내용을 알고자 하는 현장 전문가와 부모들 또한 교사나 학교 카운슬러가 되고자 하는 대학생과 대학원생을 위한 것이다. 학습장애에 대한 신비감을 벗기고,

지금 우리 곁에 있는 아이들에 대한 이해와 교육을 위하여 이론적 무장과 실제적 중재를 제공하고자 다양한 내용을 다루었다.

이 책은 총 14장으로 구성되어 있으며, 학습장애의 개념적 이해(1장), 학습장애의 특성, 원인, 선별(2장), 학습장애와 신경생물학적 관련성(3장), 읽기·쓰기·사회성·학습전략에 대한 평가와 교육(4~11장), 조기진단 및 중재(12장), 전환교육(13장), 학습장애의 쟁점과 전망(14장)을 체계적으로 다루고 있다. 그러므로 이 책을 읽는 독자는 학습장애 연구에 대한 역사적 배경과 다양한 교육적 접근 그리고 학습장애의 본질에 대한 이론적·실제적 탐색에 대하여 생각해 볼 수 있다.

또한 내용에 대한 이해를 돕기 위하여 각 장의 첫머리에 학습목표와 그림을 활용한 선행조직자(그래픽맵)를 제시하였다. 그리고 각 장의 마지막 부분에는 수업의 토론과 심화연구를 위한 학습문제를 볼 수 있으며, 관련 정보를 체계적으로 모아 놓은 웹 사이트를 통하여 학습장애에 대하여 다양한 입장을 구체적으로 확인할 수 있다.

이 책은 학습장애를 전공한 세 사람의 저자가 지금까지 고민하고 생각해 온 내용을 서로 이야기하고 정리한 '중간 결과물'이다. 이 책의 출판과 더불어, 앞으로 학습장애 영역에 많은 전문가들이 헌신하는 포괄적인 연구–실천 공동체가 출현하기를 원하며, 아울러 독자 여러분의 진지한 참여를 진심으로 바란다. 그리하여 조만간 완벽한 '전문성과'가 많이 나타나 아동의 교육과 삶의 질을 높이는 데 기여하기 바란다.

많은 분들이 이 책의 출판을 위하여 애를 썼다. 저자들의 강의에 참여해 주었던 많은 교사, 카운슬러, 대학원생, 대학생들이 지속적으로 수업을 통하여 피드백을 제공해 주었다. 서울대학교 대학원 신을진 선생은 꼼꼼하게 교정을 보고 전체적인 내용의 방향을 정리해 주었다. 학지사의 김진환 사장은 이 책의 기획에 참여하고 끈기 있게 기다려 주었으며, 최임배 편집부장은 이 책을 세상에 드러내는 데 수고를 아끼지 않았다.

마지막으로, 부족한 내용을 펴내기에 앞으로 독자 여러분의 현명한 조언을 진심으로 듣기 바라며, 학습장애아동을 위해 애쓰는 분들을 기억하고, 이 분들의 불굴의 의지와 헌신에 감사와 존경을 드린다.

2002년 9월
김동일, 이대식, 신종호

6

차 례

제10장 사회적 기술의 평가 및 지도 · 305

제11장 학습장애아동의 교과(사회 · 과학) 학습 지도 · 343

제12장 기초학습능력 향상을 위한 학습전략 지도 · 361

제1장

학습장애의 개념적 이해

1. 들어가는 말

최근 아동들의 지적 · 정의적 · 신체적 성숙과 발달 과정을 토대로 하여 잠재적인 최고 수준까지 성취하도록 조력하는 체계적인 교육의 필요성이 더욱 요구되고 있고, 아동의 현재 기능성과 미래의 가능성을 지향하여 이를 극대화하는 교육서비스 창출에 중지를 모으고 있다. 그러나 정상적인 학교 학습하에서 심한 곤란을 겪는 일군의 학생들이 존재하고 있고 이들을 위한 체계적인 조력에 대한 요구가 커지고 있는 것이 현실이다. 이러한 학업부적응에 영향을 미치는 요인은 매우 다양하다.

첫째, 신경정신적인 미성숙이나 손상, 그리고 발달지체는 학습에 부정적인 영향을 미친다. 더욱이 아동의 고유한 발달 정도에 대한 이해가 선행되지 않으면 의미 있는 타자(부모, 교사 등)와의 관계가 악화될 수 있다. 둘째, 신체적인 장애나 기질적 요인도 학습과 관련이 있다. 태어나서 심한 영양실조나 시 · 청각장애를 가지게 되면 학습에 명백한 저해 요인이 될 수 있다. 셋째, 학습에 부적응을 초래하는 정서적인 요인들을 들 수 있다. 심한 불안은 집중력을 감퇴시키고, 학습과제 실패로 인한 심리적인 좌절은 학문적인 자아개념을 낮추며, 이러한 정서적인 문제가 상호 상승작용을 일으켜 심각한 학습곤란을 나타낼 수 있다. 게다가 표면적으로 매우 저조한 지적 능력, 정서적 부적응, 열악한 환경 등과 같은 두드러진 학습 저해 요인이 없는 경우에도 학습에 심한 어려움을 보이는 학생들을 위하여 무엇을 어떻게 하여야 할지 난감할 때가 종종 있다. 이러한 학습곤란 아동에게는 일반학생에게 실시하는 교육방법을 사용하는 것이 적절하지 않으므로 좀 더 적응적으로 설계된 교육방법과 치료가 필요하다.

이와 같이 특수한 교육적 요구가 있는 일군의 학생들에 대하여 특별한 장애의 한 유형으로 진단하고 인식하는 것은 최근의 경향이다. 바로 '학습장애'라는 분류하에 해당되는 학생들을 위하여 체계적인 조력체제가 다양하게 조직되고 활용되어야 할 것이다. 우리나라에서는 1994년 개정된 「특수교육진흥법」에서 학습장애를 포함하였고, 현재 각급학교의 특수학급이나 종합병원의 전문클리닉 그리고 상담기관을 중심으로 학습장애에 대한 교육을 실시하고 있으며, 교육계와 학계에서는 학습장애의 조작적 정의와 적격성 준거, 평가 및 중재와 관련된 다양한 연구가 활발히 시행되고 있다.

2. 학습장애 연구의 역사적 단계

1) 서양의 학습장애 역사

학습장애라는 개념은 미국에서 나타났는데, 이러한 역사적 배경은 현재의 우리에게 여러 가지 시사점을 준다. 미국에서는 학습장애 영역의 발달 과정을 서로 구분되는 몇 개의 시기로 나누어 설명하는 경우가 많다(Hallahan & Kauffman, 1976; Kavale & Forness, 1985; Lerner, 1993; Mercer, 1987; Torgesen, 1991). 각 시기를 구분하는 정확한 연도나 기준에는 다소 차이가 있으나 학습장애 영역의 발달 과정을 바라보는 관점에는 크게 차이가 없다. 학습장애와 유사한 기능장애에 관한 의학적인 연구에서 학습장애 연구의 근원을 찾고 있고, 학습장애라는 명칭이 사용되기 시작한 시점과 미연방정부의 「특수교육법」에서 학습장애를 정의한 시점들이 시기를 구분하는 경우가 대부분이다. 여기서는 여러 학자의 견해를 참조하여 4개의 특징적인 시기로 그 역사적 단계를 규정하였다(김동일 외, 1995).

제1기는 1800년대~1920년대의 유럽형성기로, 뇌의 기능과 기능장애에 관한 과학적인 연구가 시작되었고 이후 이 연구는 임상 연구의 기초가 되었다. 제2기

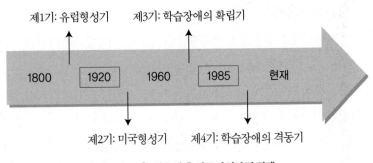

[그림 1-1] 학습장애 연구의 역사적 단계

는 1920년대~1960년대의 미국형성기로, 미국의 임상가들에 의해 뇌기능장애에 관한 과학적 연구의 결과가 학습을 하지 못하는 아동들에 관한 임상 연구에 적용되고 이들에 대한 진단 및 치료법들이 개발되기 시작했다. 제3기는 1960년대~1985년의 학습장애의 확립기로 학습장애라는 용어의 등장과 미연방정부의 「특수교육법」의 제정 등에 힘입어 학습장애아동에 대한 학교 프로그램이 급속하게 성장한 시기다. 학교 프로그램의 개발을 위하여 여러 이론이 도입되고 진단 기법이 발달하였으며, 치료법도 다양하게 개발되는 등 그야말로 학습장애 영역의 가장 큰 발전이 있었던 시기다. 제4기는 1985년 이후부터 지금까지에 이르는 학습장애의 격동기로, 그동안 학교 학습장애 프로그램의 확장을 통해 새롭게 확인된 학습장애의 특성이나 여러 가지 서비스의 문제점 그리고 지금까지 축적되어 온 연구들을 바탕으로 새로운 방향 잡기를 모색하고 있다.

(1) 유럽형성기(1800년대~1920년대)

이 시기에는 학습장애와 관련하여 신경학 분야에서 놀라운 발견이 있었는데, 학습장애와 관련된 체계적인 연구의 시초는 19세기 초 Joseph Gall의 연구일 것이다(Wiederholt, 1974). 독일의 의사였던 Gall은 1802년 최초로 뇌의 각 부위가 각기 다른 기능을 담당하고 있으며, 뇌의 특정 부분의 손상은 그와 관련된 기능에 장애를 초래한다는 것을 이론화하였다(Wiederholt, 1974). 이어 이 가설을 근거로 연구하여 1820년대에 Bouillaud는 말하는 것과 관련된 기능은 뇌의 전두전엽(frontal anterior lobe)에서 담당하고 있음을 밝혀 정위(定位)이론(localization theory)을 다시 확인하였다. Broca(1879)는 좌뇌와 우뇌의 기능이 서로 다르다는 가설을 제시하였고 실어증의 원인은 좌측 전두엽(left frontal lobe)의 손상이라고 주장하면서 'Broca 실어증'이라는 병명을 붙였다. Hinshelwood(1917)는 시각에는 이상이 없지만 글로 표현된 언어를 이해하지 못하는 '단어맹(word blindness)'에 관하여 연구하고 그 원인은 뇌각회(angular gyrus)의 손상이라고 주장하였다. 이러한 정위이론에 대하여 Jackson(1874)은 실어증의 원인은 뇌의 특정 부위의 손상이라기보다는 대뇌피질의 손상이고, 뇌는 서로 연결되어 있으므로 어느 부위의 손상도 영향을 미치지 않는 것이 없다고 주장하였다.

이러한 의학 분야에서의 실어증에 관한 연구는 Head에 의해 잘 정리되었는데, 구어장애에 관한 널리 인정되고 있는 결론들의 내용은 다음과 같다. ① 언어

실어증 대뇌의 언어중추에 손상을 입었을 때 나타나는 부분적이거나 전반적인 언어 이해, 언어표현, 언어사용의 장애를 통칭한다.

뇌각회 뇌각회는 두정엽과 측두엽의 윗부분에 위치하며, 언어와 관련된 역할을 한다.

장애는 감각이나 운동 중 어느 하나의 장애로 볼 수 없다. ② 운동성과 관련된 언어장애는 고등 정신과정과 반드시 관련되지는 않는다. ③ 뇌 정위이론과 좌반구 및 우반구의 차이는 타당한 개념이다. ④ 기계적인 적응력(mechanical aptitude)의 손실을 동반하지 않는 상징적 언어 기능의 손실이 있을 수 있다(Mercer, 1987). 이 시기의 의의는 학습인지 기능 저하에 따른 원인을 찾아보는 체계적인 연구가 시작되었다는 점이다.

(2) 미국형성기(1920년대~1960년대)

이 시기에 미국 임상가들은 유럽 연구자들의 뇌-행동 관계와 학습장애를 가진 아동 및 성인 연구에 흥미를 가지기 시작하여, 언어와 읽기장애, 지각장애, 지각-운동장애, 주의집중장애 등에 미국 임상가들의 집중적인 관심과 연구가 이루어졌다. 또한 이 시기는 의사들에 의한 뇌손상 연구가 뇌손상 아동에 관한 임상 연구로 이어지면서 실제 교육의 현장으로 그 연구들이 적용되기 시작한 때다. 심리학자들과 교육자들은 진단도구와 치료법을 만들었고 아동들이 보이는 특정한 학습 문제들에 관한 연구를 시작했다. 또한 용어에 있어서도 많은 변화가 있어 뇌손상 아동(brain-injured children), Strauss 증후군(Strauss syndrome), 미소뇌기능장애(minimal brain dysfunction: MBD) 등을 거쳐 결국 학습장애(learning disabilities)라는 용어로 정착하게 되는 시기이기도 하다.

뇌손상 아동의 여러 가지 내적 또는 외적 이유로 뇌의 신경조직에 이상이 생겨 행동 또는 기능상에 이상이 오는 상태

Orton(1937)은 아동의 언어장애 원인은 대뇌 반구 우세(hemispheric dominance)가 불완전하여 오른쪽과 왼쪽을 잘 구분하지 못하기 때문이라고 주장하였다. 즉, 'was'를 'saw'로, 'b'를 'd'로, 'p'를 'q'로 지각하는 '반전(strephosymbolia)'이라는 현상을 보인다는 주장이다. 그의 추종자들이 모여서 설립한 'Orton Dyslexia Society'는 아직도 학습장애 분야에서 많은 연구를 수행하고 있으나 후속되는 연구들에 의해 많은 비판을 받았다(Torgesen, 1991).

Goldstein은 제1차 세계대전에 참전했던 군인들 가운데 뇌에 부상을 입은 환자들의 기능장애에 관한 임상 연구를 통하여 그들이 자극에 대한 집요성, 전경-배경 혼동, 과잉행동, 강박, 급작스런 반응 등의 다섯 가지 행동특성을 보임을 밝혔다(Hallahan & Kaufman, 1976). 이러한 Goldstein의 연구는 Strauss와 Werner가 뇌손상 지체 아동을 연구하는 데 많은 영향을 미쳤다. 그리고 Strauss와 Lehtinen은 뇌손상 지체 아동들에 대한 임상 연구를 통해 그들의 특성을 밝히고 나아가

그들에 대한 치료와 교육에 많은 시사점을 주었다. Strauss와 Lehtinen(1947)은 이전까지 지적장애, 정서장애, 자폐스펙트럼장애, 실어증, 품행장애 등으로 분류되었던 아동들을 '뇌손상 아동'이라고 지칭하였고, 또한 그들은 출산을 전후하여 뇌손상을 입었다고 보았다. Strauss와 Lehtinen이 밝힌 뇌손상 아동들의 행동특성은 지각장애, 집요성(perseveration), 개념형성 장애, 행동장애 등이다. 이러한 행동특성들로 인하여 뇌손상 아동들은 학교 학습에서 어려움을 겪게 되기 때문에 이들을 위해 적절한 학습환경을 제공하고 이들에게 스스로를 통제할 수 있는 방법을 가르쳐야 한다. 이를 바탕으로 Strauss와 Lehtinen이 교육자들에게 제안했던 내용은 다음과 같다. ① 뇌손상 아동들에게는 소집단 수업이 필요하다. ② 시각적 자극을 가진 자료나 장식은 없는 것이 좋다. ③ 교사는 단조롭고 장식이 없는 옷을 입는다. ④ 일상생활을 익혀야 한다. ⑤ 교수 보조자료는 간단하고 단순해야 한다. Cruikshank 등(1961)은 Strauss와 Lehtinen의 교육에 대한 제언을 받아들여 지적장애 아동부터 정상 지능 아동들을 위한 교육과정(Montgomery County Project)을 개발하였다.

Clements(1966)는 뇌손상은 그 정도가 심한 경우부터 경미한 경우에 이르기까지 연속성을 가지며, 뇌성마비나 전간과 같은 확실한 뇌손상이 있는 심각한 경우와는 달리 학습행동에 지장을 주는 뇌손상은 매우 경미하다고 주장하였다. 이를 '미소뇌기능장애'라 하고 보통에 가까운 지능을 가지고 있으면서 중추신경계의 이상으로 인하여 학습이나 행동에 장애를 가진 아동들을 지칭하였다. 그러나 뇌손상 아동이나 미소뇌기능장애 등과 같은 용어들은 폭넓은 지지를 받지 못하였다. 1963년 Kirk가 학부모와 전문가들의 모임에서 '학습장애'라는 용어를 처음 제안했을 때, 이 용어는 즉시 전폭적인 지지를 받았고 그 이후 지금까지도 널리 통용되고 있다. 학습장애라는 용어는 학생의 특정한 학습결손 영역을 지칭하지 않으면서 다양한 종류의 학습곤란을 포괄하는 광범위한 개념이며, 의학적인 질환보다는 교육의 문제에 초점을 두고 있어 학부모들이나 교사, 학생들이 부담감 없이 받아들일 수 있다는 이점도 있다.

(3) 학습장애의 확립기(1960년대~1985년)

이 시기에는 학습장애가 형식적인 장애 범주로 출현하기 시작하였다. 학습장애라는 용어의 도입, 학습장애의 국가 과제로의 포함, 부모와 전문가들의 학습장애를 위한 단체 결성, 학습장애아동을 위한 교육 프로그램들의 개발 등이 이루어졌다. 또한 이를 바탕으로 학습장애의 정의와 판별방법들에 대한 합의가 도출되었으며, 임상적으로 타당한 교육 절차들을 낳게 되었다.

학습장애라는 용어가 도입된 이후, 학습장애 프로그램이 조직되고 교사가 양성되고 학습장애아동들을 위한 특별한 수업이 시작되면서 학습장애는 미국 전역의 학교에 급격히 퍼져 나갔고 그 자리를 확고히 해 나갔다. 1960년대와 1970년대에 걸쳐 공립학교에서의 학습장애 프로그램의 확산이 범국가적으로 추진될 수 있었던 것은 학부모들의 강력한 요구, 전문적인 정보의 증가, 교사양성 프로그램, 학습장애아동들에게 서비스를 제공해야 한다는 주정부의 법률 등의 힘이었다.

우선 정부의 정책적인 측면을 살펴보면, 1969년 「특정학습장애를 가진 아동들을 위한 법령(Children with Specific Learning Disabilities Act, PL 91-230)」이 국회에서 통과되면서 최초로 학습장애 영역이 연방정부 법률에 들어가고 교사양성을 위한 재정 지원이 뒤따르게 되었다. 1970년대 연방정부는 학습장애 모형 프로그램의 개발을 재정적으로 지원하였는데, Child Service Demonstration Center(CSDC)라고 불리는 이 계획은 수많은 자료를 개발했을 뿐만 아니라 학습장애 개입 프로그램을 전국적으로 촉진하고 확산시키는 밑거름이 되었다. 미교육부는 1978년 학습장애 영역과 관련된 각 주제의 연구를 담당하는 5개의 학습장애연구소를 캔자스대학교, 일리노이대학교, 버지니아대학교, 컬럼비아대학교, 미네소타대학교에 각각 설립하였다. 공립학교에서의 학습장애 서비스 확대에 가장 큰 영향을 미친 법률은 1975년 국회에서 통과되어 1977년 입법공고된 「모든 장애아동의 교육을 위한 법령(Education for All Handicapped Children Act, PL 94-142)」이다. 이 법은 3~21세의 모든 장애인에게 적절한 무상 공교육을 받을 권리를 보장하고 있으며, 이에 따라 각 주도 이 법에 입각하여 정책을 수립해야 했고, 따라서 미국 전역의 학교에 이 법의 효력이 미치게 되었다. 그리고 이 법은 다시 1990년 「미국장애인교육법(Individuals with Disabilities Education Act: IDEA, PL 101-476)」으로 수정되면서 자폐스펙트럼장애와 외상후 뇌손상을 장애의 종류에 추가로 포함시키고 그 대상을 아동만이 아닌 청소년에까지 확대하였다.

1960년대 초반까지 특수학급에 배정될 정도의 장애를 가지지는 않았지만 정상 학급에서 학습이 곤란한 학생들을 위한 프로그램이 각 지방에서 주로 학부모들이 중심이 되어 만들어지고 보급되면서 작은 조직들이 생기기 시작하였다. 이러한 지방의 조직들은 1963년 국가적인 조직을 구성하기 위해 협의회를 개최하였고, 여기에서 Kirk가 처음으로 학습장애라는 용어를 제안했던 것이다. 그리고 학습장애아동협회(Association for Children with Learning Disabilities: ACLD)라는 학부모와 전문가들로 구성된 범국가적인 조직을 탄생시켰다. ACLD는 1964년 공식적으로 설립되었으며, 4년 후인 1968년에는 특수교육학회(Council for Exceptional Children) 산하의 전문부서로 학습장애 분과(Division of Children with Learning Disabilities: DCLD)가 되고, 현재는 주로 교사들로 구성된 학습장애협의회(Council for Learning Disabilities)가 조직되었다. 이 외에도 학습장애와 관련된 여러 조직들이 계속 생겨나고 성장해 나갔으며, 1978년에는 그 조직들 가운데 가장 영향력이 큰 6개 조직의 대표자들로 구성된 미국학습장애합동위원회(National Joint Committee for Learning Disabilities: NJCLD)가 만들어졌다. 이 조직은 무엇보다 연방정부에 대하여 학습장애와 관련된 사람들의 공식적인 입장을 표명하는 대표자의 역할을 하였다. 예를 들면, 연방정부가 1977 『연방 관보(Federal Resister)』에서 발표한 학습장애의 정의에 대해 비판하고 올바른 정의를 제시하는 논문을 발표하는 등 학습장애 영역의 입장과 현안들을 다룬 논문을 많이 발표하였다.

McCarthy와 Kirk(1961)는 개인 내 능력차를 측정할 수 있는 검사도구인 일리노이 심리언어능력검사(Illinois Test of Psycholinguistic Abilities: ITPA)를 개발하여 학습장애의 진단과 치료 전략에 이용할 수 있게 하였다. 이 검사의 기본적인 입장은 학습장애아동들은 감각 양상에 있어서 강점과 약점을 가지고 있으므로 여기에 맞는 교수가 이루어져야 한다는 것이다. 실제로 ITPA가 소개된 이후 약 10여 년간 학습장애에 대한 진단과 치료는 거의 대부분이 이에 입각한 능력지향적 접근(ability-oriented approach)이었다. 그러나 Hammill과 Larson(1974)이 발표한 연구 결과는 ITPA에 입각한 치료 프로그램의 효과에 의문을 제기하였다. Mann(1979)은 지각-운동 과정의 훈련법이나 심리언어적 과정과 관련된 과정의 훈련법은 학습 기능의 향상에까지 일반화될 수 없으므로 그러한 훈련을 통해 지각이나 기억의 능력을 가르치기보다는 학습에 필요한 기능을 직접 가르쳐야 한다고 주장하였다. 후속되는 연구들의 뒷받침과 함께 이후 학습장애에 대한 치료는 기능지향적 접근(skill-oriented approach)으로 그 방향이 바뀌면서 치료기법에서 행동주의를 더욱 적극적으로 받아들이게 되었다. 1980년대에 들어오면서 인지적인 접

지각-운동　감각기관을 통한 지각 정보와 운동 행동적인 단서를 이용하여 외부 환경에 적응하는 것이다.

근도 학습장애의 영역에 영향을 미치기 시작하였다(Mercer, 1987).

학습장애라는 용어가 사용되기 시작하면서부터 지금까지도 끊이지 않는 논쟁은 바로 학습장애의 정의에 관한 것이다. 이 시기를 통해 학습장애 정의의 토대가 마련되었고 이 토대로부터 다양한 정의들이 출현하였다.

(4) 학습장애의 격동기(1985년~현재)

학습장애아동을 위한 교육 프로그램들이 전국적으로 확산되면서 학습장애에 관한 다양한 정의들이 도출되었지만 학습장애의 정의에 관한 문제는 현재까지도 여전히 남아 있다. Poplin(1984)은 그동안의 정의에 관한 연구들이 밝힌 한 가지 사실은 학습장애는 어떤 한 특성으로 간단히 정의할 수 있는 단순 장애가 아니라는 것이라고 하였다. 즉, 학습장애아동들은 결코 동질적인 집단이 아니다. 읽기학습장애아동이 있는가 하면 수학학습장애아동이 있고, 과잉행동을 수반하는 학습장애아동이 있는가 하면 조용한 학습장애아동도 있다. 정상아 집단에서보다 더 큰 다양성이 학습장애아 집단에서 발견되고 있다(Poplin, 1984). 이러한 학습장애의 다양성을 포괄하기 위해 그것을 진단하고 하위 분류체계를 구축해야한다는 것이 지금까지 학습장애 전문가들의 주된 관심사가 되어 왔다(Adelman & Tayler, 1985). 그리고 실제로 표준화된 여러 가지 검사도구들이 나와 있기는 하지만 신뢰도와 타당도가 보다 높고 교육과 밀접히 관련된 검사도구의 개발이 여전히 요구되고 있다(Mercer, 1987). 심지어 최근 교육계의 움직임은 학습장애 영역의 존재 자체를 위협하고 있으며, 어쩌면 학습장애아동들에 대한 서비스가 감소하거나 없어질지도 모른다는 우려의 소리도 있다(Mather & Roberts, 1994).

점차 주의력결핍 및 과잉행동장애(ADHD)를 보이는 아동이 많아지고 있고 그 중의 상당수가 학습장애를 동반한다. 최근의 연구 결과에 의하면, 학습장애아동의 25~40%가 ADHD라고 한다(Silver, 1990; Shaywitz & Shaywitz, 1991). 이러한 학습장애와 ADHD와의 관련은 ADHD가 학습장애의 원인일 수도 있고 학습장애가 ADHD의 원인일 수도 있으며, 학습장애와 ADHD는 서로 독립된 것인데 서로 공통된 원인을 가지고 있을 수도 있다는 것을 의미한다. 그리고 이러한 관련성에 따라 프로그램의 계획에서 학습장애에 중점을 둘 것인지, ADHD에 중점을 둘 것인지 혹은 두 가지에 모두 중점을 두어야 할 것인지가 결정될 것이다. 그러나 지금까지 연구들은 아직 그 관련성의 방향을 명확히 밝히지 못하고 있다(Cantwell

& Baker, 1991). 학습장애의 유형과 ADHD의 유형이 각각 세분화되면 그 관계가 보다 명확히 밝혀질 것이며 이것이 현재 남아 있는 연구과제라 할 수 있다.

학습장애를 심한 정도에 따라 경도 학습장애(mild LD)와 중도 학습장애(severe LD)로 나누고, 그 정도에 따라 배치와 교수계획을 달리하기도 한다. 경도 학습장애는 학습의 한두 영역에서만 곤란을 겪는 경우인데, 특별한 도움이 필요하긴 하지만 정상 교실의 수업을 따라갈 수 있다. 단지 수업 시 교사가 좀 더 배려해 준다거나 학습도움실(resource room)에서 도움을 받기만 하면 된다. 중도 학습장애는 학습의 여러 영역에서 지체를 보일 뿐만 아니라 사회·정서·품행의 문제를 동시에 가지고 있어서 특수교실에서 교사와 일대일로 만나 매일 특별한 지도를 받아야 한다. 그러나 중도 학습장애아동의 경우도 특수교육을 받으면서 상태가 호전되면 정상 교실에서 수업을 받을 수 있다. 현재까지 학습장애가 경도 장애(mild disability)로 명명되어 왔기 때문에 경도 학습장애만 존재하는 것으로 잘못 인식되어 왔다. 그러므로 학습장애에 대한 교육 서비스는 다양한 수준의 지원체제를 필요로 한다.

2) 국내의 학습장애 역사

(1) 학습장애 도입기(1960~1980년)

1960년대에 국내에서도 학습장애라는 용어가 최초로 소개되었다(민병근, 1963). 그러나 학습장애와 학습부진, 학습지진 개념이 혼용되어 사용되면서 명확한 개념이 정립되지 않았다. 학습부진 학생(students with under-achievement)은 평균 수준의 지적 능력을 가지지만 어떤 원인에 의해 학습능률이 향상되지 못한 채 낮은 학업성취를 보인다. 반면, 학습지진 학생(slow learners)은 지적 능력의 저하로 학업성취가 낮은 학생으로, 경계선급 경도장애를 보이며 학습속도가 느리고 학습능력도 평균 수준에 미치지 못한다.

(2) 학습장애 확립기(1980~2000년)

1994년 「특수교육진흥법」 개정 이후 학습장애가 특수교육대상자 선정기준에 포함되었다. 이는 학습장애 교육에 대한 법적 기초를 마련하여 학습장애를 체계적으로 정립시켰으며, 실제 교육현장의 일반학급 및 특수학급에서 교육을 받는 학습장애학생들이 양적으로 증가하였다.

또한 학습장애에 대한 다양한 연구가 국내에서도 수행되었다. 1980년대 이후의 학습장애 관련 선행 연구들을 발달적 학습장애와 학업적 학습장애로 나누고 각 장애 영역별 중재 방법, 집단 하위유형, 표집 방법, 진단 및 판별도구, 측정도구 및 측정치별로 분류하여 전체 동향을 분석한 연구(이은림, 1998)에 따르면, 발달적 학습장애 영역에는 정보처리, 지각, 인지양식 관련 자료와 인지, 정서·행동 관련 자료, 교수-학습전략 및 메타인지 관련 자료를 포함시켰고, 학업적 학습장애 영역에는 읽기 및 독해, 수학 관련 자료를 포함시키고 있다.

(3) 학습장애 연구의 다양화(2000년~현재)

학습장애가 1994년 개정 「특수교육진흥법」에 포함된 이후, 학습장애의 조작적 정의와 적격성 준거, 평가와 중재, 증거기반 교수개념과 함께 다양한 연구가 시행되고 있다(홍성두, 여승수, 2011). 이와 더불어 다수의 연구들(예: 김동일, 홍성두, 2006; 김애화, 김의정, 2012; 김애화, 김의정, 유현실, 2011; 박현숙, 1992; 정대영, 2013; 허승준, 2005; 홍성두, 2006)은 학습장애의 각 진단모형의 장단점 및 대안적인 학습장애 진단모형의 적용가능성 등을 다루고 있으며, 학습장애의 선별 및 진단에 대한 논쟁이 끊임없이 진행되고 있다.

2004년에는 학습장애를 연구하는 전문가들로 구성된 학습장애학회가 결성되었다. 현재까지 학습장애학회는 학습장애의 개념과 분류, 진단과 평가, 학습장애의 지도 방향 탐색 등의 다양한 주제로 활발한 학술활동을 수행하고 있다(한국학습장애학회, 2014).

한편, 2010년부터 우리나라 학교현장에서는 중재반응모형(Response To Intervention model: RTI model)을 적용하여 학습부진 및 학습장애 아동의 진단 및 교수를 실시하고 있다. RTI는 교수환경에 의해 제공되는 다양한 교육적 중재에 대한 아동의 반응을 연속적인 과정으로 평가하여 학습장애를 진단하는 모형이다(Vaughn & Fuchs, 2003). 그동안 학습장애 분야에서는 과연 무엇이 증거기반 교수인지를 현장에 제시할 수 있기 위하여, 사례연구 및 실험연구 결과들을 종합하여 분석하는 동향 연구 및 메타연구와 같은 많은 양적 연구들(예: 김우리, 고혜정, 김동일, 2013; 김영표, 신현기, 2008; 전병운, 고진복, 2007; 전윤희, 장경윤, 2013)이 실시되었으며, 효과적인 교수들이 어떤 요소들로 이루어져 있는지를 질적 지표로 확인하고자 하는 연구들(예: 김우리, 고혜정, 2013; 나경은, 서유진, 2010; 서유진, 나경은, 2012; 허유성 외, 2010)이 시행되는 등 효과적인 중재를 밝히기 위한 노력이 증대되어 학습장애학생을 위한 중재유형과 중재 전달방식에 대하여 많은 정보가 축적되고 있다. 이러한 연구 결과를 바탕으로 다음과 같이 국내 학습장애 연구의 방향을 기대하고 있다.

첫째, 학습장애를 보다 더 잘 이해하기 위해서는 학습장애의 주된 결함이나 기능 등을 설명·분류할 수 있는 이론적 개념, 포괄적 측정치들이 인지적·신경심리적·사회행동적 측면에서 개발될 필요가 있다. 이질집단군인 학습장애를 단일 측면에서 고려한다는 것은 학습장애 교육에 도움이 되지 않는다.

둘째, 국내 학습장애 판별도구의 대상이 대부분 초등학교 이상의 아동이므로 학령 전 아동용 학습장애 진단 및 판별도구의 개발도 필요하다. 또한 국내 학업적 학습장애 관련 연구의 대부분이 초등학교 아동을 대상으로 한 메타인지 전략 훈련의 효과 검토와 관련되어 있다. 학업적 학습장애 연구는 학령기 아동을 대상으로 한 전략 중심에서 벗어나 신경심리적·심리교육적·사회행동적 변인들이 통합된 측정도구들로 학령 전 아동에서부터 발달기 아동 전체를 고려한 횡단적·종단적 연구가 이루어져야 한다.

셋째, 학습장애 진단 준거로 국내 연구에서는 한국판 Wechsler 아동 지능검사 (Korean-Wechsler Intelligence Scale for Children: K-WISC)와 기초학습기능검사가 보편적으로 사용되고 있고, 한국판 Wechsler 아동 지능검사에 의한 지능지수는 대체로 85 이상을 기준으로 사용되고 있다. 그러나 연구마다 지능지수가 다르게 사용되고 있다. 뿐만 아니라 능력과 실제 성취도 간 불일치 개념은 학습장애 판별에 지배적으로 사용되어 왔음에도, 학습장애 불일치 판별의 필요조건이지 충분조건은 아니라는 전제하에 한국판 Wechsler 아동 지능검사와 기초학습기능검사 간 격차 점수를 구해 학력기대치(회귀현상을 고려한 전체 검사 지능점수)와 각 학업기술 영역의 표준점수가 격차점수에 해당하거나 그 이상의 차이를 보일 때 불일치로 간주하자는 입장도 있다. 이 경우 지능지수 85 이상을 학습장애로 보는 것은 부적절하기 때문에 지능지수 85 이상이라는 지능 수준 제한 없이 경도 지적장애 수준을 넘는 지능지수 70 이상에서 기대-성취도 간 불일치 준거 중 회귀 방법을 사용하여 학습장애아동을 판별하는 것이 학습장애 교육 처치에 도움이 된다고 보는 입장도 있다.

횡단적 연구 현장연구 중 표본조사에서 모든 관련된 변수들에 대한 자료를 하나의 시점에서 동시적으로 수집하여 분석하고 추론하는 방식이다.

종단적 연구 같은 주제에 대해서 시간 경과에 따른 변화를 연구하기 위해 반복된 관찰을 포함하는 상관관계 연구다.

회귀현상 일정한 시간이 지난 후 다시 본래의 위치로 돌아오는 현상

넷째, 학업적 학습장애 영역에는 읽기, 독해, 수학, 쓰기 영역들이 포함된다. 그러나 국내의 학습장애에 대한 연구와 교육적 노력은 주로 읽기에 집중되어 왔고, 국내 연구물에서 쓰기장애 연구는 부족하다. 그러므로 다양한 학업 영역의 결손에 대한 연구가 더욱 요구되고 있다.

다섯째, 최근 증거기반 실제, 즉 과학적 증거기반 교수라 할 수 있는 효과적인 중재유형과 중재 전달방식에 관한 연구들에 대한 종합적인 분석연구 결과가 많이 이루어지고 있다(김동일, 고혜정, 조영희, 2014, 2015). 앞으로 더욱 활발한 연구를 통해 연구동향과 질적 분석 및 메타분석을 통해 축적된 결과들이 학습장애의 판별과 진단 및 중재를 위한 중재반응모형의 실현을 가능하게 할 것이다.

3. 학습장애의 정의

학습장애를 가진 학생들을 진단하고, 치료법을 처방하고, 교육하고, 동기를 증진시키는 등의 체계적인 조력을 하기 위하여 학습장애에 관한 명백하고 정확한 개념이 필요하다(Hammil, 1990). 이런 점에서 학습장애의 정의에 대하여 합리적인 합치점을 모색하는 과정은 중요한 것으로 간주된다. 미국의 경우 현재 학습장애가 특수교육의 가장 큰 영역으로 자리 잡고 있으며, 전체 장애인구 중에서 차지하는 비율(약 50%)이 가장 높다. 여기에서는 미국에서 이루어진 학습장애의 정의를 정신의학 분야와 특수교육 분야에서 합의하고 있는 대표적인 정의들을 중심으로 살펴본 후, 국내에서는 어떻게 학습장애를 정의하고 있는지 정리할 것이다. 그리고 기존의 정의들을 토대로 발전적인 방향을 검토하여 보겠다.

1) 미국의 학습장애 정의

(1) 정신의학 분야의 정의

정신질환 진단 및 통계 편람
미국정신의학회(American Psychiatric Association: APA)가 출판하는 서적으로, 정신질환의 진단에 가장 널리 사용되고 있다.

정신의학 분야에서 학습장애를 정의하는 작업은 임상적 처치를 위한 진단의 기준을 마련하기 위한 시도로 『정신질환 진단 및 통계 편람(Diagnostic and Statistical Manual of Mental Disorder-5: DSM-5)』(American Psychiatric Association, 2013)을 통하여 이루어지고 있다. DSM-5에 의하면, 학습장애는 축Ⅱ 발달장애군의 특수발달장애로 분류되어 있으며 읽기장애, 산술장애, 쓰기장애, 달리 분류되지 않는 학습장애 등으로 세분화되어 있다.

학습장애는 읽기, 산술, 쓰기를 평가하기 위해 개별적으로 시행된 표준화 검사에서 나이, 학교교육 그리고 지능에 비해 기대되는 수준보다 성적이 현저하게 낮을 때 진단된다. 학습문제는 읽고 계산하고 쓰기를 요구하는 학업성취나 일상생활의 활동을 현저하게 방해한다. 점수의 차이가 유의미함을 밝히기 위해 다양한 통계적 접근이 이용될 수 있다. 현저하게 낮다는 것은 표준화 검사 성적과 지능지수 사이에 2표준편차 이상 차이가 날 때로 보통 정의된다. 때로는 성적과 지능지수 사이의 작은 점수 차이(즉, 1표준편차와 2표준편차 사이)가 판단의 근거가 되기도 하는데, 특히 개인의 지능검사 결과가 인지과정과 연관되는 장애로 인하여 영향을 받았거나 개인의 정신장애, 일반적인 의학적 상태 또는 개인의 인종적·문화적 배경에 의해 영향을 받았을 경우에 그러한 기준이 적용된다. 만약 감각 결함이 있다면 학습장애는 통상적으로 감각 결함이 동반되는 정도를 초과해서 심한 정도로 나타나야 한다. 학습장애는 성인기에도 지속될 수 있다(American Psychiatric Association, 1994).

위의 정의에서는 학습장애를 성인기에도 나타날 수 있는 것으로 보며, 표준화 검사들을 통한 개인의 능력-성취 불일치 기준이 적용되고 있다. 감각 결함으로 인한 학습문제는 학습장애에서 제외하고 학습문제는 학업성취나 일상생활 활동을 저해하는 원인이 된다고 본다.

한편, 최근 『정신질환 진단 및 통계 편람(DSM-5)』(American Psychiatric Association, 2013)에서는 학습장애의 명칭을 '특정학습장애(Specific Learning Disabilities)'로 변경하였으며, 정상수준의 지능(70±5 이상)을 가지고 있으나 학습하고 학업기술을 사용하는 데 어려움을 보이는 상태로, 어려움을 보이는 특정 학습 영역을 위한 중재를 받았음에도 불구하고 읽기, 쓰기, 수학 영역 중 적어도 한 가지 영역에서 어려움을 보이는 증상이 적어도 6개월 이상 지속적으로 보이는 아동으로 정의하였다. 진단 기준은 다음과 같다.

A. 학습과 학업 기술을 사용하는 데 있어서의 어려움으로, 그러한 어려움을 목표로 한 중재의 제공에도 불구하고 다음의 증상들 중 적어도 한 가지를 최소 6개월 동안 지속적으로 나타낸다.

1. 부정확한 또는 느리고 부자연스러운 단어 읽기(예: 한 단어들을 부정확하게 또는 느리게 주저하면서 소리 내어 읽는다, 종종 단어를 추측해서 읽는다, 단어를 발음하는 데 어려움이 있다.)

2. 읽은 내용에 대한 의미 이해의 어려움(예: 글을 정확하게 읽지만 읽은 내용의 순서, 관계, 추론 또는 깊은 의미를 이해하지 못할 수도 있다.)

3. 철자하기의 어려움(예: 모음 또는 자음을 첨가, 생략 또는 대체할 수도 있다.)

4. 쓰기 표현의 어려움(예: 문장 내에서 다양한 문법 또는 구두법 오류를 보인다, 좋지 못한 문단 조직을 사용한다, 생각을 쓰기로 표현하는 데 명료성이 부족하다.)

5. 수 감각, 수학적 사실, 또는 계산 습득의 어려움(예: 수, 수 크기와 관계에 대한 이해가 빈약하다, 한 자리 수끼리의 덧셈을 할 때 그 또래들처럼 수학적 사실을 회상하는 것 대신 손가락으로 계산한다, 수학 연산 도중에 길을 잃고 절차를 바꿀 수도 있다.)

6. 수학적 추론의 어려움(예: 양적인 문제를 해결하기 위해 수학적 개념, 사실 또는 절차를 적용하는 데 심각한 어려움을 가진다.)

B. 학업 기술들은 지속적이고 개인의 기대된 연령보다 더 낮게 설정되어서, 학업적 혹은 직업적 수행에 있어서 중요한 어려움을 야기한다. 혹은 매일 삶의 활동에 있어서 표준화된 성취도구와 종합적인 의학적 평가를 통해 공식적으로 확인하게 된다. 17세 이상의 개인은 학습의 어려움에 대한 기록들을 표준화된 평가를 통해 대체할 수 있다.

C. 학습의 어려움들은 학령기 동안에 발생하지만, 그러한 영향을 받은 학업 기술들은 개인의 제한된 능력을 초과하도록 요구받을 때까지 완전히 나타나지 않는다(예: 시간 내의 검사, 읽기나 쓰기의 장기간의 복잡한 기한제출 보고서, 매우 과한 학업적 부담들).

D. 학습의 어려움은 지적인 장애에 의한 것이나 색맹, 청각적 예민함, 다른 정신적 혹은 뇌신경학적 장애, 심리사회학적 역경, 학업 교수에서 언어 사용의 미숙함, 혹은 부적절한 교수를 더 잘 설명하지는 않는다.

주의사항: 네 가지 진단 기준은 개인사(발달, 의학, 가족, 교육), 학교 기록, 교육심리적 평가를 종합한 것에 근거하여 충족되어야 한다.

(2) 특수교육 분야의 정의

미국의 경우 특수교육 분야는 학습장애로 판정받은 아동들에게 국가적인 차원에서 특수한 교육적 혜택을 주기 위해 노력해 왔으며, 교육대상을 선정하는 문제가 국가 정책적으로 중요한 문제이기 때문에 학습장애의 특성을 어떻게 볼 것인가에 대한 논의가 활발하게 이루어져 왔다. 학습장애의 정의 요소가 무엇인가에 대해 점차 합의되고 있다는 의견(기대보다 낮은 성취, 심리내적 원인, 생애 전반적인 발현, 이질성, 구어장애, 학업성취 문제, 사고 및 추론 문제, 제외준거)도 있다 (Hammill, 1990). 그러나 아직까지는 국가 정책 및 학문적으로 완전하게 인정받는 정의는 제안되지 않았다.

지금까지 발표된 수많은 정의들 중 대표적인 것으로는 1977년 USOE(United States Office of Education)의 정의와 이후에 「미국장애인교육법(IDEA)」(2006)에 나타난 학습장애 판별 조항이 있다. 각각의 정의를 정리해 보면 다음과 같다.

① 미국 교육부의 정의(USOE, 1977a)

'특정학습장애'는 구어나 문어의 이해나 사용에 관련된 기본적인 심리과정에서의 장애로 인한 듣기, 말하기, 읽기, 쓰기, 철자, 산술 능력의 손상을 지칭한다. 지각장애, 뇌손상, 미소뇌기능장애, 난독증, 발달적 실어증 등을 포함한다. 시각, 청각 혹은 운동감각 장애나 지적장애, 정서장애 또는 환경적·문화적·경제적 결손으로 인한 학습장애는 포함하지 않는다(USOE, 1977a, p. 65083).

> **지각장애** 환경 내의 여러 물체나 상황을 바르게 인식하는 감각 처리의 결함에 따른 장애

1977년 미 교육부의 정의는 여러 연구자들에 의해 신중하게 논의되고 있으며 (Gearhaert & Gearhaert, 1989; Mercer, 1987) 이 정의를 기준으로 연방정부의 프로그램이 만들어졌다. 대부분 각 주의 교육기관에서 이 정의를 적용하고 있기 때문에 이 정의가 가장 보편적으로 알려진 것이라는 주장도 있다(Hallahan, Kauffman, & Lloyd, 1999). 미연방정부의 정의와 이에 따른 학습장애의 구체적인 준거를 능력(기대되는 성취수준)과 성취(현재의 성취수준)의 차이라는 측면에 초점을 맞추어 보면 다음과 같은 문제점이 드러난다.

- 모든 사람이 어떤 영역에서는 '불완전한 능력'을 가지고 있으므로 학습장애 영역에 모든 사람이 포함될 수 있다.
- 내적인 심리과정(예: 시각적인 지각, 전경-배경 변별, 기억) 결손은 평가하기

전경-배경 지각에 있어서의 구성적 경향을 나타내는 개념으로 두 부분이 경계를 상호 공유할 때 전경은 뚜렷한 형태를 지니는 경향이 있으며, 반대로 배경은 단지 뒷배경을 구성해 준다.

어렵다. 또한 일부 학습장애 전문가들은 내적인 심리과정을 교수대상이라고 보지 않는다.

- 학습장애와 정서장애, 지적장애 혹은 주의력결핍 및 과잉행동장애가 있는 아동을 구별하는 데 어려움이 있으며, 학습장애는 다른 문제들과 공존할 수 있다.
- 능력과 성취의 차이는 측정학적으로 부적절하고 너무나 단순화된 개념이다. 또한 관심의 초점을 장애의 한 측면으로만 국한시킬 수 있다. 지능검사에서 낮은 점수를 받는 학생들은 체계적으로 제외될 수 있다(편파성).
- 특정학습장애를 판별하기 위해 능력과 성취가 어느 정도 차이가 있어야 하는지를 결정하기 어렵다.

이 정의의 문제점을 인식하여 나타난 특정학습장애 판별 조항(IDEA 2006)은 기존의 정의에 중재반응모형을 반영하였다. 즉, 능력과 성취 사이의 불일치 준거를 의무적으로 적용하지 않아도 되며, 과학적으로 증명된 연구기반 교육 및 중재에 대하여 나타나는 아동의 반응을 모니터링하여 자신의 학령 및 연령 기준을 달성하지 못하고 있다는 증거(이중 불일치, 즉 또래보다 낮은 성취수준과 낮은 진전도)를 확인하도록 하였다.

이중 불일치 학생이 또래들과 비교하여 현저히 낮은 수행을 보이고 급우들보다 실제 낮은 진전도 수준을 보일 때 학습장애로 진단하는 것

② 특정학습장애(SLD) 판별에 관한 「미국장애인교육법(IDEA)」 조항
  (2006, Federal Register, Department of Education, Part II)

300.307 특정학습장애(SLD)

(a) 일반 원칙: 주정부는 특정학습장애 여부를 판별하기 위해서 300.309의 기준을 반드시 적용해야만 한다.

  (1) 아동이 특정학습장애인지 판별하기 위해서 지적 능력과 성취 간의 심각한 불일치 준거를 의무적으로 적용하지 않을 수 있다.

  (2) 과학적이며 연구에 기반을 둔 중재에 대한 아동의 반응을 기초로 하는 판별 절차를 사용하도록 허용해야 한다.

  (3) 아동의 특정학습장애 여부를 결정하기 위해 다른 대안적인 연구기반 판별 절차의 사용을 허용할 수 있다.

(b) 주정부의 기준과의 일관성: 공공기관은 아동이 특정학습장애인지 판별함에 있어 (a)에 의해서 채택한 주정부의 기준을 반드시 준수해야 한다.

300.309 특정학습장애 판별(Determining the existence of a specific learning disabilities)

(a) 진단위원회는 다음과 같은 사항에 의거하여 아동의 특정학습장애 여부를 판별할 수 있다.

 (1) 아동이 자신의 연령과 주에서 인정하는 학년 기준(State-approved grade-level standards)에 적합한 학습경험과 교수를 제공받았음에도 불구하고 다음 영역 중 하나 혹은 그 이상의 영역에서 자신의 연령이나 주에서 인정하는 학년 기준을 적절한 수준으로 달성하지 못하는 경우

  (i) 구어 표현

  (ii) 듣기 이해

  (iii) 쓰기 표현(written expression)

  (iv) 기본적인 읽기 기술

  (v) 읽기 유창성

  (vi) 읽기 이해

  (vii) 수학 계산

  (viii) 수학문제 해결

 (2) (i) 과학적인 연구기반 중재에 대한 아동의 반응을 중심으로 하는 판별 과정에서 (a)(1)에서 언급한 한 가지 이상의 영역에서 아동이 자신의 연령 혹은 주에서 인정하는 학년 기준에 적절한 진전도를 보이지 못한 경우

  (ii) 특정학습장애 진단위원회에 의해서 결정된 것으로 아동이 연령, 주에서 인정하는 학년 기준, 지적 발달과 비교해 볼 때 수행, 학업 혹은 둘 다에 강점과 약점 패턴을 보이는 경우

 (3) 진단위원회는 (a)(1)과 (2)에서의 부진한 학업 수행이 직접적으로 다음 사항에 의한 것이 아니라는 것을 확인해야 한다.

  (i) 시각, 청각 혹은 운동 장애

  (ii) 지적장애

  (iii) 정서장애

(iv) 문화적 요인

  (v) 환경적 혹은 경제적 불이익

  (vi) 제한된 영어 사용 능력(limited English proficiency)

③ NJCLD의 정의(1990)

 학습장애는 듣기, 말하기, 읽기, 쓰기, 추리 또는 산수 능력의 획득과 사용에서 유의한 곤란으로 나타나는 이질적 장애군을 의미하는 일반적 용어다. 이러한 장애는 개인의 내재성이며, 중추신경계의 기능부전에 기인하는 것으로 본다. 이 장애는 전 생애를 통해서 나타날 수 있다. 자기규제 행동, 사회적 지각 및 사회적 상호작용의 문제가 학습장애와 공존할 수 있으나, 그 자체가 학습장애의 구성요소로 되지는 않는다. 학습장애는 다른 장애(예: 감각장애, 지적장애, 중증 정서장애)나 외부의 영향(문화적 차이, 불충분하거나 부적절한 교수 같은)과 더불어 나타날 수 있지만 이러한 장애나 영향의 결과는 아니다.

2) 국내의 학습장애 정의

 우리나라의 경우 학습장애의 정의나 관련 용어를 사용함에 있어 다소 혼란을 보이고 있으나, 학습장애에 관한 연구는 점차 활발해지고 있다. 여기서는 「장애인 등에 대한 특수교육법」(2008)과 국내 전문학회(한국특수교육학회, 2008)에서 제안한 정의를 중심으로 살펴보고자 한다.

① 1994년 「특수교육진흥법」

 학습장애를 지닌 특수교육대상자란 셈하기, 말하기, 읽기, 쓰기 등 특정한 분야에서 학습상 장애를 지니는 자를 말한다.

② 2007년 「장애인 등에 대한 특수교육법」

 학습장애를 지닌 특수교육대상자란 개인의 내적 요인으로 인하여 듣기, 말하기, 주의집중, 지각, 기억, 문제해결 등의 학습기능이나 읽기, 쓰기, 수학 등 학업성취 영역에서 현저한 어려움이 있는 사람을 말한다.

생각해 보기 학습장애가 개인의 내적 요인으로 인해 발생한다면, 어떤 방법으로 그것을 측정할 것인가?

생각해 보기 낮은 학습기능은 학습장애의 원인인가? 하위유형인가?

생각해 보기 '학습기능이나 학업성취에서의 현저한 어려움'의 기준은 어느 정도인가?

③ 2008년 한국특수교육학회

학습장애란 개인 내적 원인으로 인하여 일생 동안 발달적 학습(듣기, 말하기, 주의집중, 지각, 기억, 문제해결 등)이나 학업적 학습(읽기, 쓰기, 수학 등) 영역들 중 하나 이상에서 심각한 어려움을 겪는 것을 말한다. 이 장애는 다른 장애조건(감각장애, 지적장애, 정서장애 등)이나 환경실조(문화적 요인, 경제적 요인, 교수적 요인 등)와 함께 나타날 수 있으나 이러한 조건이 직접적인 원인이 되어 나타난 것은 아니다(〈표 1-1〉 참조).

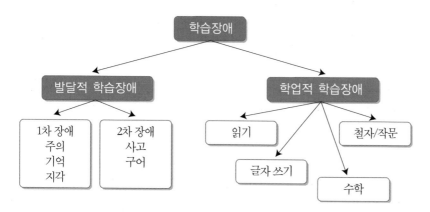

[그림 1-2] 한국특수교육학회의 학습장애 정의

표 1-1	한국특수교육학회 특수교육대상자(학습장애) 개념 및 선별기준(2008)

1. 개념

1) 정의

학습장애란 개인 내적 원인으로 인하여 일생 동안 발달적 학습(듣기, 말하기, 주의집중, 지각, 기억, 문제해결 등)이나 학업적 학습(읽기, 쓰기, 수학 등) 영역들 중 하나 이상에서 심각한 어려움을 겪는 것을 말한다. 이 장애는 다른 장애조건(감각장애, 지적장애, 정서장애 등)이나 환경실조(문화적 요인, 경제적 요인, 교수적 요인 등)와 함께 나타날 수 있으나 이러한 조건이 직접적인 원인이 되어 나타난 것은 아니다.

2) 분류

학습장애 발현 시점에 따라 아래 두 가지 유형으로 분류함.

(1) 발달적 학습장애(developmental learning disabilities)

학령 전기 아동들 중 학습과 관련된 학습기능에 현저한 어려움을 보이는 아동으로 구어장애, 주의집중장애, 지각장애, 기억장애, 사고장애로 나눔.

(2) 학업적 학습장애(academic learning disabilities)

학령기 이후 학업과 관련된 영역에서 현저한 어려움을 보이는 경우로 읽기장애, 쓰기장애, 수학장애로 나뉨.
(3) 기타: 비언어적 학습장애(nonverbal learning disabilities)

언어능력에는 강점을 보이나 공간지각능력, 운동능력, 사회성 기술과 같은 비언어적 능력에서 결함을 보임.

3) 출현율

(1) 국립특수교육원 실태 조사(2001)

6~12세 초등학교 학령기 아동 4,089,429명 중 특수교육 요구아동 출현율은 110,639명으로 2.71%이고 그중 학습장애 출현율은 47,771명으로 1.17%임. 전체 특수교육대상자의 43.2%로 나타남.

(2) 교육인적자원부 자료(2006)

특수교육 대상 학생 62,903명 중 학습장애 출현율은 6,733명으로 10.80%임. 학습장애학생들 중 6,131명은 특수학급에서 교육적 지원을 받고 있고 607명은 일반학급에서 지원받고 있는 것으로 나타남.

4) 특성

(1) 학업적 특성

① 구어장애

- 음운론, 형태론, 통사론, 의미론, 화용론의 결함을 보임.
- 구조적인 문제 없이 발음에 문제를 보임.
- 짧은 문장과 제한된 어휘를 사용하여 말하거나 단어의 의미 및 문장을 이해하는 데 어려움을 보임.
- 대화 상황에 맞게 적절하게 반응하는 데 어려움을 보임.

② 읽기장애

- 학습장애아동의 대표적인 어려움.
- 음운인식, 일견단어, 문맥단서, 단어구조분석을 통한 단어재인에 어려움을 보임.
- 읽기 유창성 및 이해력에 어려움이 나타남.

③ 쓰기장애

- 글자 쓰기에 있어 글자모양, 크기, 진하기 등의 문제로 판독하기 어렵게 씀.
- 소리 나는 대로 쓰거나 삽입, 대체, 생략 등의 철자 오류를 보임.
- 글의 구성 및 작문에 심각한 문제를 보임.
- 읽기장애와 동시에 나타나기도 하고, 읽기에 문제가 없는데 쓰기장애를 보이기도 함.

④ 수학장애

- 기초적인 연산과정의 정확도와 속도가 또래에 비해 현저하게 낮음.
- 수학 개념을 이해함에 있어서 자주 틀리고 복잡한 문제의 연속적인 단계를 따르는 것이 어려움.
- 문장제 문제해결에서의 어려움을 보임.
- 읽기장애와 동시에 나타나기도 하고, 읽기에 문제가 없는데도 수학장애를 보이기도 함.

(2) 심리적 특성

① 주의집중장애

　　-주의집중 시간이 짧고 작은 자극에도 산만해짐.

　　-한 가지 주제에 몰입하는 선택적 주의집중에 어려움이 있음.

② 기억장애

　　-정보를 기억하는 데 어려움을 겪음.

　　-특히 단기기억과 작동기억에 어려움을 겪음.

③ 문제해결장애

　　-문제해결 전략이나 학습전략을 인식하고 활용하는 데 어려움 보임.

④ 초인지 전략장애

　　-과제를 효과적으로 수행하기 위해 필요한 전략들을 인식, 계획, 수행 및 평가하는

　　　데 어려움을 보임.

⑤ 지각장애

　　-감각으로부터 의미를 끌어내는 활동에 어려움을 보임.

　　-청각자극, 시각자극, 촉각자극을 변별·조직 및 해석하는 데 어려움을 보임.

(3) 사회·정서적 특성

① 사회성 장애

　　-사회적 상황이나 자극에 대한 적절한 해석 및 대처능력의 결여가 나타남.

② 낮은 자아개념

　　-낮은 자기효능감 및 낮은 자아개념을 지님.

③ 학습동기 결여

　　-불합리한 귀인 및 학습된 무기력이 나타남.

　　-외적 통제소재가 강하게 나타남.

2. 진단·평가

1) 판별 기준

아래의 두 가지 기준에서 한 가지를 충족한 경우 학습장애로 판별함.

(1) 개인의 표준화 학력검사 또는 표준화 발달검사의 결과가 동일 학년집단이나 연령집
단에 비해 −2표준편차 이하에 속한 경우 또는 −2~−1표준편차 사이에 속하면서 전
문가에 의해 학습상의 문제가 심각하다고 판정되는 경우

(2) 개인 내적 요인으로 인하여 듣기, 말하기, 주의집중, 지각, 기억, 문제해결 등의 기본
적 심리과정이나 읽기, 쓰기, 수학 등 학업성취 영역에서 현저하게 어려움이 나타나
고 이러한 문제가 6개월 정도의 집중적인 교육에도 불구하고 해결되지 않는 경우

2) 판별도구

검사명	평가도구명	저자	출판사/ 출판연도	특징
지능검사	K-WPPSI	박혜원, 곽금주, 박광배	특수교육/ 1996	만 3세 0개월~만 7세 3개월 아동을 대상으로 함
	K-WISC III	곽금주, 박혜원, 김청택	특수교육/ 2001	6세 0개월~16세 11개월 사이 아동을 대상으로 함
개별 학력검사	기초학습 기능검사	박경숙, 윤점룡, 박효정	한국교육 개발원/ 1989	아동의 학습수준이 정상과 어느 정도 떨어지는가를 알아보거나, 학습집단 배치에서 어느 정도 수준의 집단에 들어가야 하는가를 결정하기 위해서 사용함
	KISE 기초학력 검사도구 (BAAT)	박경숙, 김계옥, 송영준, 정동영, 정인숙	국립특수 교육원/ 2005	학습, 특히 국어와 수학에서 부진을 나타내는 아동을 선별 또는 진단하고 이들이 부진을 나타내는 영역과 수준을 파악하기 위해 사용함
	기초학습기능 수행평가 (BASA: 읽기검사)	김동일	학지사/ 2008a	읽기능력을 진단하고, 형성평가로 활용이 가능하며, 읽기능력을 직접 측정할 수 있음
	기초학습기능 수행평가 (BASA: 수학검사)	김동일	학지사/ 2006	학습부진아동이나 특수교육대상자의 수학 수행수준을 진단, 평가할 수 있음
	기초학습기능 수행체제 (BASA: 쓰기검사)	김동일	학지사/ 2008b	학습부진아동이나 특수교육대상자의 쓰기 표현능력을 진단하고, 형성평가로 활용이 가능하며, 쓰기능력을 직접 측정할 수 있음
평정척도	KISE 학습장애 선별척도	정대영, 정동영	국립특수 교육원/ 1996	교육현장에서 학습부진으로 여겨져 교육적 조치를 받지 못하는 학습장애학생들을 간단히 선별해 낼 수 있음

3) 학습장애 정의에서 고려할 점

위에서 학습장애에 대하여 다양한 분야의 정의들을 살펴보았다. 지금까지 제시된 대부분의 정의들은 공통적으로 학교 학습의 실패, 심리적 과정상의 결손, 기대치와 성취도의 불일치(〈표 1-2〉 참조), 다른 장애와 환경적 결손의 직접적인

표 1-2	학습장애의 조작적 정의: 능력–성취의 불일치

아동의 학습장애를 판별하는 데에 가장 흔히 사용되는 방법은 기대치(능력)–성취도(학업성취) 차이다. 대체로 능력은 지능지수로 표현되고 학업성취는 읽기 · 산수 · 쓰기 검사 점수나 전반적인 성취수준 검사 점수로 정의된다. 학습부진(Academic underachievement)은 학년 수준의 편차(deviation from grade or age level), 기대학령공식(expectancy school age formulas), 회귀공식(regression formulas), 표준점수의 차이(difference between standard scores) 등으로 조작적 정의가 이루어진다.

1) 기대학령공식

학습부진은 대체로 학업성취검사의 점수에 근거한 학년 수준과 아동 자신의 기대되는 학년과의 차이로 간단히 정의된다. 예를 들면, 5학년으로 기대되는 학생이 학업성취검사 결과 3학년 수준이었다면 그 학생의 학력 수준은 두 학년이 뒤진다고 할 수 있다. 편차의 기준을 가진 정의의 경우는 항상 어느 정도의 편차를 심각한 차이로 볼 것인가에 대한 규준을 정하고 있다. 여기에서의 한 가지 문제는 비록 편차값은 같아도 학년에 따라 의미가 다를 수 있다는 점이다. 4학년에서의 2년 차이와 8학년에서의 2년 차이는 상당히 다르다. 따라서 이런 점을 고려하여 초등학교 저학년의 경우는 1년, 초등학교 고학년은 1.5년, 중등학교 이상에서는 2년 등 편차의 규준을 달리하는 경우도 있다.

여기서 기대되는 학년을 아동의 현재 학년으로 볼 것인지 아니면 아동의 실제 학년이 아닌 '기대되는 학년'을 구하여 능력–학업성취 차이에 적용할지에 따라 약간 다른 공식을 사용한다. 이러한 기대치 공식은 다음과 같이 나타낼 수 있다(Sinclair & Alexson, 1986).

(1) CA – 5 (학년 기대치는 실제 학년)

(2) [(2MA + CA)/3] – 5

(3) (YIS × IQ)/100

[CA = 실제 연령, MA = 정신연령, YIS = 재학 기간(년), IQ = 지능지수]

2) 회귀공식

기대값을 구하는 좀 더 정교한 방법은 회귀공식을 이용하는 것이다. 이 공식에서는 두 측정값 사이의 관계가 완전 상관이 아닐 때 생기는 중간값으로의 회귀 현상과 측정의 표준 오차가 고려된다. 그리고 이 회귀공식을 잘 사용하기 위해서는 그 식에 들어가는 두 검사 사이의 상관에 대해 잘 알고 있어야 한다. 이를 간단한 공식으로 표현하면 다음과 같다.

$$EY = Rxy[Sy/Sx(X - mX)] + mY ---- (1)$$

[X = 특정한 학생의 지능지수, mX = 평균 지능지수, Sx = 지능의 표준편차,
Rxy = 지능과 성취의 상관계수, EY = 특정한 지능지수에서 기대되는 성취지수,
mY = 평균 성취지수, Sy = 성취의 표준편차]

그리하여 여기에서 나온 기대되는 성취지수와 실제의 성취지수 간에 기준치(예: 2표준 편차) 이상의 차이가 있으면 불일치한다고 본다. 이러한 접근은 상당히 복잡한 변환과정이 필요하다.

> **3) 표준점수의 차이**
> 다른 방법으로는 각 검사의 표준점수를 비교하는 것이 있다. 유의미한 차이에 대한 규준이 설정되는데, 예를 들면 학업성취검사 점수와 능력검사(주로 지능검사) 점수 사이의 차이를 1~2표준편차 정도로 정하고 있다. 이 방법에서는 지능지수의 학업성취로의 회귀를 설명해 주지는 못하며, 기대 공식과 같이 능력과 학업성취 사이의 완전한 상관이 있고 검사의 표준점수 분포도 동일하다는 것을 실현하기 어려운 전제조건도 있다.

결과가 아니라는 배제요인 등을 포함하고 있다. 또한 최근에 제안된 중재반응모형에 의거한 「미국장애인교육법(IDEA)」의 학습장애 판별 조항도 적극적으로 참조하여야 한다. 이러한 정의 요소는 개념적인 수준에서 정의된 학습장애에서 공통적으로 찾아볼 수 있다. 그러나 학습장애를 교육현장에 적용하기 위해서는 몇 가지 사항을 고려해야 한다.

「장애인 등에 대한 특수교육법」의 학습장애 정의에는 배제요인을 포함하고 있지 않아 학습장애와 기타 장애를 가진 학생을 구분하기 어렵다.

첫째, 기존의 '개념적 수준'에서의 정의를 바탕으로 보다 구체화된 지침이 필요하다. 이를 위하여 특히 능력-학업성취 불일치라는 점에서 조작적인 정의가 시도되었다. 그러나 이러한 조작적 수준의 정의도 많은 문제를 내포하고 있다. 즉, 학습장애에 대한 서비스를 제공하는가의 여부를 격차 점수(discrepancy score)로만 판단할 수는 없다. 격차 점수는 전적으로 능력과 성취 점수 사이의 관계에 초점을 두고 있을 뿐 다른 학습장애를 가진 개인들의 고유한 특성은 고려하지 않고 있다. 많은 인간적이고 임상적인 요인들은 어떤 공식에도 반영되기 힘든 것이므로 다른 중요한 정보들이 고려되어야 한다. 관찰, 비형식적 측정(informal measurements), 카운슬러와 학부모의 경험 등이 서비스에의 적합성을 결정하는 과정에서 반드시 고려되어야 한다. 학습장애의 상태에 대한 진단에는 특정 검사나 공식의 양적 요인들만이 아니라 다양한 질적 자료들도 함께 고려된 임상적 판단을 중심으로 실제적인 검목표를 구안하는 것이 필요하다.

둘째, 학습장애는 단일한 유목이 아니라 다양한 문제를 지닌 개인들을 지칭하는 것이다. 때문에 학습장애에 대한 정의는 다양한 조건들을 망라하며, 그 대처 전략도 다면적이고 상황과 개인에 대하여 적응적이다. 그러므로 여러 가지 다른 특성을 대표하고 강조점이 다른(판별, 평가, 교육, 연구) 다양한 정의가 필요하다.

셋째, 학습장애라는 용어의 출발점은 학생들의 학습곤란을 논의하고자 소집된 현장모임이다. 즉, 실제로 학습문제를 지니는 일군의 학생들을 돕겠다는 취지에서 추출되었다는 것이다. 그러므로 이러한 영역에 포괄되는 학생들의 특성은 상황에 따라 매우 이질적이며, 바로 이 점이 학습장애 분야를 역동적으로 발전시키는 토대일 수 있다. 다양한 배경의 전문가들이 관심을 가지고 자신의 전문적인 기능을 중심으로 보다 완전한 조력체제를 구성하여 가는 것이다. 그러므로 특수한 교육적 요구가 있는 대상 학생의 정상적인 발달을 체계적으로 도와주지 않는다면 그 누구에게도 '학습장애'라는 딱지를 붙일 수 없다. 학습에 심각한 곤란을 보이는 '학습장애' 아동이란 그 명칭 자체에 이미 적극적인 조력, 지원체제가 붙박혀 있다는 것이다.

4. 마치는 말

　학습장애를 이해하는 다양한 방식과 교육적 접근방법에 대하여 앞으로 이 책의 다른 장에서 자세히 설명할 것이다. 그러나 이 장을 마무리하면서 학습장애 아동을 지도하고자 할 때 생각해 보아야 할 고려사항과 교육을 위한 일반적인 지침을 제시하고자 한다. 물론 학습장애를 지닌 아동들의 행동특성을 일률적으로 정할 수는 없지만, 현장에서 교사가 수업을 진행할 때 고려해야 할 몇 가지 특징을 정리하여 제시하면 다음과 같다(DeBlassie & Lebsock, 1979).

　첫째, 학습장애아동에게는 기대되는 수행능력과 실제 능력 사이에 커다란 차이가 존재하여 주위의 부모, 교사, 또래들이 일관성 없게 혹은 부정적으로 대하는 경우가 많기 때문에 이들은 상대적으로 대인관계나 자아개념이 불안정하고 비현실적으로 높거나 낮다.

　둘째, 과잉행동 및 주의집중장애가 있는 경우, 매우 짧은 집중시간과 주변의 미세한 자극에도 과도한 반응을 보이고 참을성이 없다. 또한 과도하게 주의를 끌려는 행동을 보이기도 하고 다른 학생들에 대하여 이해심이 높지 않아 소외당하기 쉽다.

　셋째, 구어와 문어 이해 및 사용이 적절하지 않기 때문에 지시를 제대로 알아듣지 못하고 정확하게 의사소통을 할 수 없는 경우가 있다. 더욱이 적절하지 못하거나 불완전한 짧은 문장을 사용하여 이야기하거나 문맥에 맞지 않는 이야기를 할 수 있어 이해하기가 어렵다.

　넷째, 기억 및 사고의 심리과정 문제로 인하여 지시사항을 잘 잊거나 생각을 조리 있게 정리하여 발표하지 못하는 경우가 많다.

그러므로 학습장애아동을 대하는 교사는 무엇보다도 라포를 잘 형성하여 안전하고 촉진적인 관계를 확립하여야 하고 객관적인 정보를 바탕으로 대상 학생의 현재 기능수준에 대한 평가와 특수한 요구가 무엇인가를 파악한 후, 모든 활용 가능한 교수방법을 활용하여 수업을 진행해야 한다. 수용적이고 구조화된 관계에서 학습장애를 지닌 아동들이 자기 자신과 환경에 대한 이해를 증진하도록 하며, 효율적인 문제해결과 대인관계 기술을 익히고 수행하여 결과적으로 교육적 · 심리적 · 사회적 성장을 하게 해야 한다. 효과적인 교육을 위한 몇 가지 제언은 다음과 같다(김동일, 1999).

첫째, 타이밍에 민감하여야 한다. 교과나 생활지도상의 문제점이 발견되고 이러한 문제 상황이 심각하면, 정해진 교과 시간을 넘어서서 보다 자주 지도를 할 수 있도록 교육과정을 최대한 유연하게 운용하여야 한다.

둘째, 하나의 목표에 초점을 두도록 한다. 한 번에 한 가지의 문제행동에 교사와 학생이 집중하여 그것을 해결하도록 한다.

셋째, 각 수업이 끝날 때마다 요약과 명료화를 하도록 한다. 수업 후 개별적인 과제를 통하여 성취목표를 확인한다.

마지막으로, 최대한 유연성을 발휘하여 절충적인 입장에서 가능한 여러 가지 교수기법을 사용하며, 학습장애의 다양성을 인정하고 보다 나은 중재를 위하여 다른 전문가들과의 네트워크를 형성한다. 이러한 다양한 지원체제의 필요성은 아동에게 필요한 서비스를 받을 수 있도록 의뢰하는 과정에서 더욱 절실하다.

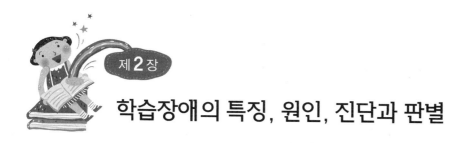

제2장

학습장애의 특징, 원인, 진단과 판별

1. 들어가는 말

앞 장에서 학습장애란 지적 잠재력에 비해 현저하게 낮은 학업성취를 보이는 현상이라고 정의를 내렸지만, 여전히 학습장애아동들이 보이는 특징이나 학습 장애의 원인, 그리고 어떻게 학습장애를 진단하고 판별해야 하는가에 대해서는 의문이 남을 것이다. 예컨대, 학습장애아동들의 학업성적이 낮을 것이라는 점은 학습장애라는 말의 개념에 이미 내포되어 있다. 그렇다면 학업성적이 낮으면 모두 학습장애인가? 학업성적이 얼마나 낮아야 학습장애라고 할 수 있는가? 평균 보다 아래? 아니면 정상분포에서 하위 5% 아래? 만약 이러한 방식으로 기준을 정할 수 있다면 그 근거는 무엇인가? 학습장애는 왜 생기는 것일까?

이 장에서는 학습장애아동들이 보이는 특징을 개관하고, 그러한 학습장애를 일으키는 원인에 대해 살펴보고자 한다. 또한 학교현장이나 가정에서 학습장애를 이미 갖고 있거나 향후 학습장애 증상을 보일 가능성이 있는 아동들을 진단하고 판별하는 방법과 절차를 살펴보기로 한다.

2. 학습장애의 특징

학습장애아동들의 특징을 이해하는 데 몇 가지 고려해야 할 점이 있다. 첫째, 학습장애 현상은 그 유형과 정도가 개인에 따라 매우 다양하다. 개인 간에는 물론 개인 내에서도 영역별로 나타나는 학습장애 유형과 정도가 매우 다양하다. 동일인이라 하더라도 과제의 성격에 따라 학습장애 증상을 보일 수도 있고 그렇지 않을 수도 있다. 여러 가지 학습장애의 특징 중에서 한두 가지만 보이는 경우는 드물고, 많은 학습장애아동들이 한 가지 이상의 특징을 복합적으로 보인다 (Hallahan, Kauffman, & Lloyd, 1999).

둘째, 많은 학습장애아동들은 학습장애 이외의 장애 특징을 중복장애 형태로 보인다. 학습장애아동들이 학습장애 이외에 주로 보이는 장애로는 주의집중장애, 정서 · 행동장애 혹은 약한 지적장애 등을 들 수 있다. 오히려 순수하게 학습장애만 보이는 아동은 소수에 지나지 않는다.

셋째, 학습장애 특징 중 몇 가지가 나타나느냐 하는 점보다 특정 학습장애 현상이 얼마나 오랫동안 얼마나 심각하게 나타나느냐가 더 중요하다. 많은 학습장애아동들이 한 가지 이상의 학습장애 현상을 복합적으로 보인다(Hallahan, Kauffman, & Lloyd, 1999).

선행 문헌들을 종합적으로 정리해 보면, 학습장애 유형은 읽기학습장애(낱말 읽기, 문장독해 등의 분야에서 학습장애를 보이는 사람), 쓰기학습장애(철자하기, 쓰기, 짓기 등의 분야에서 학습장애를 보이는 사람), 수학학습장애(수학적 추리 및 문제해결, 계산, 도형 등의 분야에서 학습장애를 보이는 사람), 중복학습장애(읽기, 쓰기, 수학 영역 가운데 2개 이상의 분야에서 학습장애를 보이는 사람) 등으로 나누어 볼 수 있다(국립특수교육원, 2001). 이들 학습장애의 특징을 전반적인 학업적 특징, 인지능력, 주의집중 및 신체-지각적인 특징 그리고 사회 · 정서적 및 행동적 특징으로 나누어 살펴보자.

1) 전반적인 학업적 특징

전통적으로 학습장애아동들이 어려움을 보이는 영역은 읽기, 쓰기, 말하기, 듣기, 셈하기, 추론 등으로 지적되어 왔다. 먼저 실제 대다수(80% 이상)의 학습장애아동들이 읽기에 문제를 가지고 있는 경우가 매우 많으며, 읽기는 다른 교과 학업능력뿐 아니라 삶 전체에 영향을 미치는 중요한 능력이다.

추론 어떠한 판단을 근거로 삼아 다른 판단을 이끌어 냄

읽기문제에는 생략(문장을 읽을 때 단어나 단어의 일부분을 빠뜨리기), 첨가(제시된 문장에 없는 단어나 문장을 추가하기), 대치(주어진 단어를 다른 말로 바꾸기), 도치(문자나 단어의 좌우를 바꾸어 읽기) 등과 같은 외형적인 특징과 낮은 독해력이 포함된다. 또한 글자와 소리의 대응관계 학습이 느리고 결과적으로 개별 단어 읽기와 문장 읽기에 어려움을 보인다. 비슷한 단어를 서로 혼동하고(예: 그러나-그런데, 소풍-소품) 단어를 읽는 속도와 정확성이 또래에 비해 현저히 낮다.

쓰기에서는 전반적으로 글자의 크기, 간격, 글자 간의 조화가 심한 불균형을

보일 뿐만 아니라 글자모양이 심하게 왜곡되어 있는 경우가 많다. 받아쓰거나 베껴 쓰는 속도가 느리다. 작문할 때에는 구두점, 맞춤법 등과 같은 기술적인 측면은 물론이고 주제에 일관되게 글을 조직화하거나 적절하면서도 풍부한 어휘를 구사하는 데 심한 어려움을 보인다.

읽고 쓰는 것뿐만 아니라 남의 말을 듣고 이해하는 능력도 또래에 비해 심한 차이를 보인다. 일상적인 대화에서도 적절한 단어를 적절한 억양과 속도로 표현하는 데 어려움을 보인다. 조음장애와 같은 발달적 언어장애를 보이는 경우도 많다.

추론과정에서는 다수의 변인을 복합적으로 적용하거나 이용해야 하는 과제에 특히 어려움을 보인다. 다단계 해결 절차를 포함하는 과제에 어려움을 보이며, 작업기억이 많이 요구되는 과제, 즉 여러 변수를 동시에 고려해야 하는 과제 수행에 특히 어려움을 보인다. 또한 추상적인 개념 파악과 획득에 어려움을 겪으며, 한 가지 표현방식에서 다른 표현방식으로 전환하는 과정이 느리고 부정확하다.

작업기억 기억의 정보처리 모형에서 현재 주의를 기울여 의식하고 있는 기억

학습동기 측면에서는 학습된 무기력을 보인다. 동기 수준이 낮고 거듭된 실패로 인해 과제의 성공 여부를 자신의 노력으로 돌리기보다는 운이나 외적 여건으로 돌리는 경향을 보인다. 일반적으로 자신의 능력에 의심을 갖고 있는 학생들은 학업성취상의 실패를 자신의 결함 탓으로 돌리고, 자신의 낮은 능력이 향상될 수 없다고 믿으며, 미래에도 또 실패할 것으로 여기고, 어려운 과제를 만나면 바로 포기해 버리는 경향을 보인다(Chapman, 1988).

학습된 무기력 피할 수 없거나 극복할 수 없는 환경에 반복적으로 노출된 경험으로 인하여 실제로 자신의 능력으로 피할 수 있거나 극복할 수 있음에도 불구하고 스스로 그러한 상황에서 자포자기하는 것

수학 영역에서는 숫자를 쓰거나 읽는 데 어려움을 보인다. 숫자를 시간적–공간적으로 조직하는 능력이 부족하여, 예컨대 자리 값에 따른 숫자의 배열에 어려움을 느낀다든지 비슷한 숫자(예: 6과 9, 21과 12)를 혼동하는 경우가 있다. 시각적 태만 현상을 보이며, 소수점을 고려하는 데 어려움을 겪는다. 대다수의 수학학습장애아동들은 단순연산뿐만 아니라 수학 응용문제 해결, 기본 수학 개념 이해 등 여러 수학 영역에 걸쳐 매우 낮은 학업성취도를 보인다(Carnine, Jones, & Dixon, 1994; Cawley & Parmar, 1994; Mercer & Miller, 1992). 이들 학습장애아동들의 낮은 수학성취도는 대개 저학년 때부터 나타나서 오래 지속되며, 어느 정도 학년이 올라가도 향상되지 않고 정체되는 현상을 보인다(Cawley & Miller, 1989; Mercer & Miller, 1992).

시각적 태만 시각적 자극에 주의를 기울이지 않음

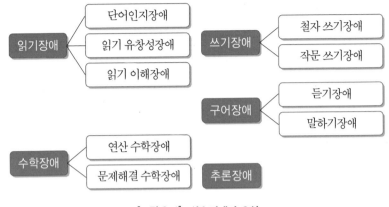

[그림 2-1] 학습장애의 유형

2) 인지능력

학습장애아동들은 보통 평균 혹은 그 이상의 지능을 소유하고 있으면서도 여러 가지 인지처리 과정 및 기억능력 등에서 부족하거나 결함을 보이는 경우가 많다. 기억력, 특히 작업기억력이 낮다(김애화, 2006; 송종용, 1999; 이대식 외, 2007; Swanson, 1994). 부족한 작업기억을 보완해 줄 수 있는 것이 각종 인지 전략 혹은 학습 전략을 사용하는 것이다. 비장애아동은 한정된 기억용량을 보완할 목적으로 사용하는, 예컨대 조직화 전략이나 시연 전략을 무리 없이 사용하거나 효과적으로 사용하는 데 별 어려움이 없는 반면, 학습장애아동은 그러한 전략들이 있다는 것 자체도 잘 모를 뿐만 아니라, 설사 어떤 전략을 언제 사용한다는 것을 알아도 자발적으로 그러한 전략을 사용하지 않는 경향을 보인다(Montague & Applegate, 1993). 즉, 인지전략 사용상의 수동성이 이들의 주요 특징이다. 하나의 표상양식에서 다른 표상양식으로의 전환에 어려움을 겪는 기능적 고착 현상도 학습장애아동들에게서 흔히 볼 수 있는 특징이다.

표상 지각 또는 기억에 근거하여 의식할 수 있게 된 관념 또는 심상

고착 현상 발달이 더 높은 단계로 진행되지 않고 그 단계에서 머무르는 것

3) 주의집중 및 신체-지각적 특징

학습장애아동의 1/3 정도는 주의집중에 문제를 보인다. 이들의 주의집중장애 형태를 보면, 쉽게 주의가 산만해지고 선택적으로 주의를 집중해야 하는 상황에서 특히 어려움을 보인다. 충동적이고 과잉행동을 보이는 것 또한 흔히 보이는

현상이다.

신체지각적인 측면에서는 전반적으로 동작이 어설프고 민첩하거나 꼼꼼하지 못하다. 특히 시각-운동 협응능력이 낮아서 세밀한 동작을 요하거나 지각과 동작 간에 협응을 요하는 과제 수행 능력이 또래에 비해 현저히 떨어진다. 지각 변별력 또한 매우 낮다. 시각변별장애, 청각변별장애, 시각운동장애, 순서장애 등의 현상을 보인다.

4) 사회 · 정서 및 행동적 특징

누적된 학습실패는 대개 낮은 학습자아개념으로 이어진다. 이것의 심각성은 악순환을 형성한다는 점에 있다. 즉, 일단 낮은 학업성취에서 오는 낮은 자아개념, 부정적인 귀인 혹은 부정적인 자아개념은 또다시 학습에 부정적인 영향을 미친다. 예컨대, 노력을 해도 안 될 것이라는 믿음 혹은 성공이나 실패의 원인을 노력에서 찾기보다는 운이나 외적 상황 변화로 돌리는 태도는 결과적으로 노력의 불충분을 야기하고 학습부진을 낳는다. 문제는 그러한 학습부진이 주변인, 즉 교사나 학부모의 기대수준을 낮추는 데 주요한 역할을 한다는 점이다. 이들의 낮은 기대수준은 또다시 피그말리온 효과에 의해 자기충족적인 예언(self-fulfilling prophecy) 효과를 낳게 된다.

정서적인 측면에서는 행동 이전에 반성적 사고가 부족하고, 충동적인 경향이 많으며, 전반적으로 인내심이 약하고 쉽게 좌절하는 경향을 보인다. 그런가 하면 집단 놀이 중에 지나치게 흥분하는 경향이 있기도 하다. 즉, 비교적 감정과 반응의 변화가 심한 편이다.

사회적인 측면에서는 대인관계가 원만하지 못하다(김자경, 2002; 조용태, 2000). 많은 학습장애아동들이 정서 · 행동상의 결함을 보인다(Forness & Kavale, 1997; Hagger & Vaughn, 1997; Kavale & Forness, 1995, 1996). 부적절한 사회적 판단을 내리고 애정을 표현하는 정도나 시기, 대상이 부적절하다. 상황에 맞지 않는 행위를 하거나 자신의 행위 결과를 의식하지 못한다. 사회적 기술 관련 지식에서보다 실제로 실행에 옮기는 정도에서 일반학생과 특히 차이가 난다(강혜진, 김자경, 2007). 전형적인 학습장애아동들은 일반아동들보다 두드러진 행동문제를 보이고, 사회적 기술이 부족하며, 동료들에게 쉽게 거절당하고 덜 수용적이다(김동일, 고혜정,

피그말리온 효과　학생들에 대한 교사의 태도나 신념이 학생들에 대한 기대감에 영향을 줌으로써 이것이 다시 학생들의 행동에 영향을 준다는 것

조재은 외, 2015). 하지만 모든 학습장애아동들이 정서·행동문제를 보이는 것은 아니다.

3. 학습장애의 원인

학습장애의 일차적인 원인은 뇌기능상의 미세한 결함이다. 뇌기능상의 결함과 학습장애 간에 모종의 관련이 있을 것이라는 생각은 18세기 말까지 올라간다. 그 이전까지 학습장애 현상은 크기가 작은 머리나 사회·정서적인 문제에 기인한 것으로 간주해 왔고, 두뇌, 그것도 특정 부위의 결함과 관련되어 있을 것이라는 생각은 당시로서는 상당히 파격적이었다고 할 수 있다.

특정 두뇌 부위의 손상이 학습장애 현상, 구체적으로는 언어로 표현하는 것이나 언어를 이해하는 능력의 결함과 관련이 있을 것이라는 생각은 초기에 주로 의사들이 주도했는데, 그 이유는 당시 뚜렷한 외상 없이 실어증세를 보이는 사람들의 특징이 특정 두뇌 부위가 손상된 사람들과 비슷했기 때문이다.

학습장애의 주요 증상이 특정 두뇌 부위의 손상과 관련이 있다는 주장의 선두 주자는 Pierre Paul Broca와 Carl Wernicke였다. 이들은 실어증세가 과잉행동 및 충동, 절제 부족, 자폐증세, 행동적 부적응, 정서불안 등의 정서적 문제나 골상학(phrenology)적인 특징 때문이 아니라, 실어증 환자의 좌측전두엽(left frontal lobe) 부근의 결함 때문임을 발견했다. 현재까지 그 부분은 'Broca 영역' 혹은 'Broca의 실어증(aphasia) 영역'으로 불리고 있다. 한편, Carl Wernicke는 측두엽(temporal lobe) 부근에 언어를 듣고 이해하는 능력과 관련된 'Wernicke 영역'이 있음을 발견하였다. 이후 Kurt Goldstein은 제1차 세계대전 당시 두뇌 부상병들의 행동상의 특징을 기술하였는데, 이들은 모두 전경과 배경을 구분하지 못하는 감각적 결손을 보였고, 외부 자극에 쉽게 주의가 산만해졌으며, 이상행동을 장기간 반복하는 등의 특징을 보였다.

한편, Heinz Werner(발달심리학자)와 Alfred Strauss(신경정신분석학자)는 Goldstein 연구를 일반아동들에게 확대 실시하였다. 예컨대, Alfred Strauss와 Laura Lehtinen(1947)은 두뇌 손상 아동 연구를 통해 여러 인지적·행동적 특징이 그때까지의 일반적인 통념처럼 정서적인 문제가 아니라, 두뇌 손상과 관련이 있

실어증 대뇌의 언어중추에 손상을 입었을 때 나타나는 부분적이거나 전반적인 언어 이해, 언어 표현, 언어 사용의 장애를 통칭

골상학 뇌의 여러 부위가 담당하는 기능이 각각 따로 있으며 특정 기능이 우수할수록 그 부위가 커지는데, 그것이 두개골의 모양에 반영되므로 두개골의 형태와 크기를 측정함으로써 그 사람의 성격과 기능 특성을 알 수 있다고 주장하는 학문

다는 것을 발견하였다.

19세기 의사들을 중심으로 한 학습장애 연구의 의의는 그때까지 지적장애아, 정서장애아, 자폐스펙트럼장애아, 부적응아 등으로 분류되던 학습장애아동들을 두뇌 손상 아동으로 분류함으로써 두뇌 손상의 파장과 중요성에 주의를 환기시키고 다양한 교수 처방을 제시하였다는 점에 있다. 이들은 학습장애 현상이 뇌 기능의 미세한 손상과 밀접히 연관되어 있다는 점을 밝혀냄으로써 학습장애 현상에 대한 과학적 접근의 길을 마련했다. 또한 학습장애 원인으로 중추신경계통의 결함을 지적함으로써 이후 학습장애아동들이 다른 중도장애아들처럼 체계적이면서도 장기적인 교육 처치를 요하는 집단이라는 인식을 확산시켜, 결국에는 무상 공교육을 받도록 하는 근거를 마련했다고 볼 수 있다. 문제는 그러한 뇌기능상의 미세한 결함이 왜 어떤 아동에게는 나타나고 다른 아동에게는 나타나지 않는가 하는 점이다. 현재까지 알려진 학습장애 유발 가능성이 높은 조건들에는 다음과 같은 것들이 거론되고 있다.

1) 유전 요인

학습장애가 유전과 관련 있다는 것은 가계 연구와 쌍생아 연구를 통해서 어느 정도 확인할 수 있다. 가계 연구 결과에 따르면, 집안에서 학습장애를 가진 사람이 나왔을 때 또다시 가족 중에서 학습장애를 가진 사람이 나올 확률은 그렇지 않은 가정에 비해 약간 높았다. 쌍생아 연구 결과에 따르면, 일란성끼리 언어장애를 보이는 확률(54~75%)이 이란성의 경우(32%)보다 높았다(DeFries, Gillis, & Wadsworth, 1993; Lewis & Thompson, 1992). 이것은 유전의 영향이 어느 정도 있음을 보여 준다.

쌍생아 연구 인간의 행동 및 심리적 특성에 미치는 유전과 환경의 영향을 밝히기 위해 쌍생아들을 대상으로 진행하는 연구

2) 의학적 요인

대표적인 의학적 요인으로는 임신 기간을 전후한 여러 가지 불미스러운 사건의 발생으로 뇌 신경세포의 성장과 기능에 부정적인 영향을 주는 경우가 있다. 그러한 경우로는 조산, 미숙아, 임신 기간 중의 약물 복용 및 흡연 그리고 임산부의 각종 질병이나 감염 등을 들 수 있다.

3) 환경 요인

생각해 보기 학습장애의 직접적·간접적 원인에는 어떤 것들이 있는가? 특히 사회·경제적 특징은 학습장애 정의의 배제요인이 되고 있는데, 이것이 시사하는 바는 무엇인가?

비록 직접적인 학습장애 원인으로 사회·경제적 환경 요인을 배제하기는 하지만 심한 빈곤이나 아주 열악한 환경이 태아나 아동의 성장기에 부정적인 영향을 줄 수 있음은 부정할 수 없다. 예컨대, 임산부가 경제적인 이유로 태아 발육에 필요한 영양분을 충분히 섭취하지 못했을 경우 각 신경 감각 세포 발육에 부정적인 영향을 끼칠 수 있다. 이 경우에는 엄격히 사회·경제적 환경과 신경생리학적 요인 간의 구분이 모호해질 수 있다. 환경 요인에는 또한 학대나 폭력적인 환경 속에서 성장하는 경우도 포함된다.

4. 학습장애 진단과 판별

학습장애아동들을 정확히 진단, 평가, 판별하는 일은 다음과 같은 몇 가지 점에서 학습장애 현상의 연구는 물론, 학습장애아동들을 위한 여러 가지 교육활동의 제공을 위해서도 중요하다. 첫째, 정확한 특수교육대상자의 수, 특히 학습장애아동의 수를 파악하는 것은 이들을 대상으로 하는 정책, 교원양성 및 기타 관련 예산을 편성할 때 중요한 자료가 된다.

둘째, 학습장애 관련 연구 결과의 타당성과 활용을 높이기 위해서 연구대상을 정확하게 규정할 필요가 있다. 특히 학습장애아동들을 대상으로 효과적인 중재 방안을 제시하려는 연구에서는 무엇보다도 정확한 진단에 따라 학습장애아동들을 실험 대상으로 선정하는 것이 연구 결과의 신뢰성과 타당성 그리고 일반화 정도를 결정하는 데 중요하다.

셋째, 학습실패의 원인을 명확히 규명하여 적절한 중재 방안을 고안하는 데 기여할 수 있다. 예컨대, 학습에 실패했을 때 그 원인이 학습장애 때문임에도 불구하고 게으름, 동기 부족, 여건 미비, 낮은 교수의 질 등과 같은 변인들이 흔히 학습실패의 원인으로 지목된다. 학습실패의 부정확한 원인 규명은 타당하지 않거나 효과가 없는 교수 처방으로 이어질 수 있다.

1) 학습장애 출현율

2014년 특수교육통계(교육부, 2014)에 따르면, 특수교육대상 아동 현황 조사 결과 우리나라 학습장애학생은 3,362명(2014년 기준)으로 전체(87,278명) 중 약 3.8%에 해당한다. 해마다 특수교육대상자로 등록하는 학생 수가 지속적으로 증가하는 추세임에 반해, 학습장애학생들의 현황은 2008년 9.4%, 2011년 6.8%, 2012년 5.6%에 이어 2014년에는 3.8%로 그 수가 감소하는 추세를 보이고 있다(교육부, 2014).

이와는 대조적으로 미국의 경우는 학습장애가 특수교육의 가장 큰 영역으로 서 2007년 「미국장애인교육법(IDEA)」에 의해 서비스를 받고 있는 전체 장애인구 가운데 차지하는 비율이 약 40%로 가장 높다(http://www.ideadata.org). 이는 아직까지 학습장애에 대한 정의와 진단 준거에 관하여 명확한 합의가 이루어지지 않고 있을 뿐만 아니라(김동일, 이대식, 신종호, 2009), 학습장애가 학습부진 혹은 저성취 개념과 혼동되어 사용되고 있으며 이들을 진단·판별하는 기준과 방법이 명확하지 않기 때문이다. 개념이나 정의의 문제는 진단·판별과 직결되고, 진단·판별 절차에 의해 산출된 출현율에 의해 전반적인 교육 서비스 및 정책 방향이 결정되므로 매우 중요하다고 볼 수 있다(김동일 외, 2012).

2) 학습장애 진단 및 판별 방법

학습장애 진단 및 판별 방법 중 일선학교에서 특별히 전문가를 필요로 하지 않으면서도 학습장애를 비교적 신뢰할 수 있고 타당하게 진단하고 판별할 수 있는 대표적인 방법은 세 가지다. 첫째는 불일치 기준을 적용하는 것이고, 둘째는 최근에 불일치 기준 접근법의 대안으로 제시되고 있는 중재반응모형으로 학습장애를 판별하는 방법이며, 셋째는 소위 '개인 내적 처리과정 결함 접근'(이대식, 2007)이라고 불리는 것으로, 아직 연구와 실제적인 타당성이 다른 두 접근보다 상대적으로 많이 미흡한 편이지만 이론이나 학습장애 분야의 연구 역사 맥락에서 매우 유망한 접근이다. 먼저 학습장애 진단 절차와 영역을 개관해 보고, 불일치 기준에 따른 학습장애 진단 및 판별 방법에 대해 현행 「장애인 등에 대한 특수교육법」에 제시된 검사도구를 중심으로 좀 더 구체적으로 알아보기로 한다. 이어서 효과적인 교수에의 반응도를 기준으로 하는 방법과 개인 내적 처리과정 결함 접근에 대해 알아본다.

(1) 학습장애 진단 및 판별 절차와 영역

학습장애를 진단하는 목적이 선별인지 아니면 전문적인 판별인지에 따라 진단 절차는 다소 다를 수 있다. 첫째, 학습장애 위험 학생을 교사나 학부모가 선별할 목적이라면 교과 성적과 〈표 2-1〉의 미국학습장애센터(National Center for Learning Disabilities: NCLD)(2006)의 학습장애선별항목표(Learning Disabilities Checklist) 같은 진단도구를 활용할 수 있다. 〈표 2-1〉의 도구에서 음영 부분은 특히 해당 연령에서 주의 깊게 관찰해야 할 항목을 의미한다. 어느 항목에서 몇 개가 해당되어야 해당 학습장애로 볼 수 있을 것인가에 관한 기준은 없지만, 이 도구에서 보다 많은 항목에 해당될수록 학습장애일 가능성이 높다. 일단 이러

다학문적 서비스 각 영역의 전문가들이 아동에 대한 독립적 평가를 통해 아동과 가족에게 필요한 서비스를 개별적으로 제공하는 것

표 2-1 미국학습장애센터(NCLD)의 학습장애선별항목표

체크할 영역과 행동	유치원 이하	1~4 학년	5~8 학년	고등학교 이후
대근육 및 소근육 운동 기술				
물건을 잡는 것이 서툴고 잘 떨어뜨리거나 흘리며 부순다.				
눈과 손의 협응을 필요로 하는 놀이나 활동을 잘 못한다.				
단추, 지퍼 조작이 서툴고 신발끈 매기 학습에 어려움을 보인다.				
연령에 맞지 않게 미숙한 미술 실력을 보인다.				
선 안에 색칠하거나 글자를 쓰는 능력이 많이 미흡하다.				
연필을 잘 잡지 못해 글씨를 제대로 쓰지 못한다.				
정밀하고 꼼꼼한 조작이 필요한 작은 물건(레고, 그림 맞추기 조각, 가위, 핀셋 등)을 사용하는 데 어려움을 보인다.				
글씨를 쓰거나 그림을 그리는 일을 싫어하고 회피하려 한다.				
구어 활용				
말 배우는 것이 늦다.				
목소리를 조절하는 데 어려움을 보인다(너무 부드럽거나 너무 큼).				
사람이나 사물의 이름을 붙이는 데 어려움을 보인다.				
한 가지 주제에 머물지 못한다.				
대화 중 자신이 만들어 낸 말을 사용한다.				
방금 말한 것을 다시 말하는 데 어려움을 보인다.				

애매하고 부정확한 말을 사용하여 제한된 어휘능력을 보인다.				
말이 느리고 중간에 자주 끊기며 불필요한 삽입음(어, 음, 그리고, 에-또)을 많이 사용한다.				
대화 중 문법에 맞지 않거나 잘못된 어휘를 사용한다.				
종종 단어를 잘못 발음한다.				
소리가 비슷한 다른 단어와 혼동한다.				
대화 중 발음은 비슷하나 뜻이 다른 말을 우스꽝스럽게 잘못 사용한다.				
첫소리 혹은 끝소리 맞추기에 어려움을 겪는다.				
숙어, 속담, 유머, 관용구 등을 이해하는 데 어려움을 보인다.				
책이나 이야기에 별로 흥미가 없다.				
지시나 안내를 이해하는 데 어려움을 보인다.				
화용론 기술(화자와 청자와의 관계 이해, 주제에 머물기, 청자의 지식 정도 짐작하기, 화자의 언어적 · 비언어적 단서에 근거하여 추론하기 등)에 어려움을 보인다.				
읽기				
비슷해 보이는 단어와 숫자를 혼동한다.				
일견단어(sight words)를 인식하고 기억하는 데 어려움을 보인다.				
읽는 도중 자주 읽을 곳을 잊어버린다.				
비슷해 보이는 단어를 혼동한다(beard/bread).				
단어 내 자모음의 순서를 바꾸어 읽는다(saw/was).				
인쇄된 단어를 잘 기억하지 못한다.				
주제나 중심 개념을 잘 이해하지 못한다.				
읽기학습에 심각한 어려움을 보인다.				
낱글자를 읽는 데 어려움을 보인다.				
글자와 소리를 연결시키거나, 단어 소리 간 차이를 이해하거나, 소리를 혼합하여 단어를 만드는 데 어려움을 보인다.				
익숙하지 않은 단어를 보면 단어분석 기술을 사용하기보다는 추측한다.				
천천히 읽는다.				
읽는 도중 대체해서 읽거나 생략하여 읽는다.				
새로운 어휘를 금방 잊어버린다.				
읽기 자체를 싫어하거나 회피하며 억지로 읽는다.				
쓰기				
쓰는 것을 싫어하거나 회피한다.				
쓰는 것을 배우는 데 지체를 보인다.				
쓴 글자가 깔끔하지 않고 불완전하며 지우거나 줄로 그은 흔적이 많다.				
글자나 숫자의 형태를 기억하는 데 어려움이 있다.				
글자나 숫자 및 기호를 자주 뒤집어 쓴다.				

글자와 단어 사이 간격이 고르지 않고 줄 맞추는 데 어려움을 보인다.			
보고 쓰는 것이 부정확하다(비슷하게 보이는 글자와 숫자 혼동).			
철자(받아쓰기)가 미흡하고 일관적이지 않다.			
쓴 글을 읽어 보고 고치는 능력이 낮다.			
작문을 하기 위해 개요를 준비하고 글을 조직하는 데 어려움을 보인다.			
글을 전개하지 못해 글이 완성되지 못하고 너무 짧다.			
글을 통한 아이디어 제시가 조직화되어 있지 않다.			
수학			
단순 수 세기, 사물과 수 기호 간 일대일 대응에 어려움을 보인다.			
수 지식(세어 보지 않고 양 짐작하기 등) 습득에 어려움을 보인다.			
기본 가감 연산을 학습하고 기억하는 데 어려움을 보인다.			
요령 있는 수 세기(2, 5, 10, 100씩 뛰어세기)를 배우는 데 어려움을 보인다.			
자리 맞추기를 잘 못해 계산이 틀린다.			
양을 추정하는 데 어려움을 겪는다.			
비교하는 데 어려움을 보인다.			
시계 보는 데 어려움을 보인다.			
시간의 흐름을 개념화하는 데 어려움을 보인다.			
빠르게 세거나 계산하는 데 어려움을 보인다.			
구구단, 공식, 원리 등을 학습하는 데 어려움을 보인다.			
그래프와 도표를 해석하는 데 어려움을 보인다.			
사회/정서			
다른 사람의 기분이나 감정을 알아채지 못한다.			
놀리는 것을 알아채지 못하거나 적절하게 대응하지 못한다.			
감정을 나누거나 표출하는 방법을 잘 알지 못한다.			
또래집단 속에서 긍정적인 사회적 지위를 획득하고 유지하는 데 어려움을 겪는다.			
핵심을 파악하는 데 어려움을 보인다.			
화가 날 때 자신을 통제하는 데 어려움을 보인다.			
집단적 압력, 당혹스러움, 예기치 않은 어려움 등을 다루는 데 어려움을 보인다.			
실현 가능한 사회적 목표를 설정하는 데 어려움을 보인다.			
개인적인 사회적 장점과 어려움을 평가하는 데 어려움을 겪는다.			
자신의 능력에 대한 확신이 없고 성공을 노력이나 수고보다는 운이나 외부 영향력 탓으로 돌리기 쉽다.			
주의			
세부적인 사항에 주의를 기울이지 못하거나 숙제, 일, 기타 활동에서 부주의한 실수를 저지른다.			

일이나 놀이활동 중 주의를 지속하는 데 어려움을 겪는다.				
지시를 이행하지 못하고 숙제나 의무를 완성하지 못한다.				
과제나 활동을 조직화하는 데 어려움을 보인다.				
숙제를 하거나 과제를 조직화하는 것과 같이 지속적으로 정신적 노력을 요하는 과제를 회피하거나 싫어하며 억지로 한다.				
과제나 활동에 필수적인 물건들을 지속적으로 잃어버린다.				
외부 영향에 쉽게 흐트러진다.				
일상적인 활동을 쉽게 망각한다.				
기타				
좌우를 혼동한다.				
방향감각이 부족하다. 새로운 지역의 길을 익히는 데 더디거나 낯선 지역에서 쉽게 길을 잃어버린다.				
이정표나 지도를 잘 읽지 못한다.				
속도와 거리를 판단하는 데 어려움을 겪는다.				
조직을 잘 못하고 계획을 잘 짜지 못한다.				
물건을 자주 잃어버린다.				
새로운 게임을 배우거나 수수께끼를 푸는 데 늦다.				
들으면서 동시에 기록을 하는 데 어려움을 보인다.				
날마다 과제를 수행하는 데 일관성이 없다.				
한 상황에서 다른 상황으로 기술을 일반화하는 데 어려움을 보인다.				

출처: National Center for Learning Disabilities (2006).

※음영 부분은 특히 해당 연령에서 주의 깊게 관찰해야 할 항목임을 나타냄.

한 절차를 통해서 학습장애 가능성이 높다고 판단되는 학생은 학교 내 다학문적 평가팀이나 교육청 관내 특수교육지원센터에 보다 전문적인 판별활동을 의뢰한다.

둘째, 특수교육대상자인지 혹은 어느 영역의 학습장애인지를 보다 전문적으로 판별할 목적이라면 의뢰된 학생들을 대상으로 국어(읽기와 쓰기), 수학 영역에서 또래에 비해 심각하게 저성취를 보이는 학생을 1차 선별한다. 지역이나 학교마다 평균 수행수준에 차이가 있겠지만 대개 하위 25%를 선별하는 것이 적절하다. 학습장애로 의심되는 학생들이 1차 선별되면, 진단 및 판별 방법에 따라서 다소 차이가 있겠지만 기본적으로 교과 학업성적 · 지능, 기본 학습 기능(기억력, 지각-운동 협응능력, 음운인식능력, 수 개념 및 수감각 등) 등에 관한 정보를 수집하여 또래와의 차이 정도를 분석한다. 각 진단 방법별 절차와 내용은 다음과 같다.

지각-운동 협응능력 근육 · 신경기관 · 운동기관 등의 움직임에 대한 상호 조정 능력

(2) 능력-성취 불일치 접근법

학습장애에 대해 보통 수준의 지능을 지녔음에도 불구하고 학습을 담당하는 뇌 신경계통상의 문제 이외에는 뚜렷한 원인을 찾을 수 없는 심각한 학습부진 현상을 의미하는 것으로 정의하다 보면, 학습장애인가 아닌가는 거의 논리적인 필연으로 지적인 잠재능력에서 기대되는 학업 성취수준과 실제 성취수준 간의 차이 정도로 판단하게 된다. 즉, '지적 능력이 이 정도이면 이 정도는 성취해야 하는데, 실제 성취수준이 거기에서 얼마나 모자란가'로 판단하게 될 것이다. 이러한 기준을 '능력-성취 불일치 기준'이라고 부르는데, 실제로 이는 최근까지 학습장애 판별과 진단의 가장 대표적인 기준으로 사용되어 왔다. 현재의 학업 성취수준은 주로 또래집단을 대상으로 한 표준화된 학업성취검사에서의 점수로 나타내며, 잠재적 지적 능력은 표준화된 상업용 지능검사 점수로 나타낸다. 우리나라의 경우, 「장애인 등에 대한 특수교육법」에서는 학습장애아동의 진단 및 평가를 위해서 지능검사, 기초학습기능검사, 학습준비도검사, 시지각발달검사, 지각운동발달검사, 시각-운동통합발달검사 등을 사용하도록 규정하고 있다. 하지만 구체적인 방법과 판별 기준은 제시되지 않고 있다.

구체적으로는 잠재능력과 학업 성취수준을 어떻게 표시하느냐에 따라 몇 가지 방식으로 나누어 볼 수 있다(제1장의 〈표 1-1〉 참조). 첫 번째 방식은 또래들로부터의 지체 정도를 학년 수준으로 표현하는 방식이다. 주목할 점은 학년 수준에 따라 기준을 달리 적용한다는 점이다. 예컨대, 초등학교 중급 학년의 경우에는 1.5학년 이상의 차이, 중학교의 경우에는 2학년 이상의 차이 그리고 고등학교의 경우에는 2.5학년 이상의 차이를 기준으로 한다(Richek, Caldwell, Jennings, & Lerner, 1996). 학년에 따라 기준을 달리 정하는 이유는 저학년일수록 누적된 학습량이 적기 때문이다.

두 번째 방식은 표준점수에 근거해서 잠재능력과 현 성취수준의 불일치를 비교하는 방식이다. 이는 잠재능력 점수와 성취수준 점수를 모두 평면 비교가 가능하도록 표준점수로 고친 다음, 그 점수 간의 차이를 비교하는 방식이다. 보통 표준점수 간 차이가 -1~2표준편차 이상이면 학습장애로 간주한다. 이 방법은 비록 다양한 점수 간 비교를 가능하게 해 주는 장점이 있지만 평균으로의 회귀 현상 자체를 통제하지는 못한다는 단점이 있다.

세 번째 방식은 회귀분석에 근거한 잠재능력과 현 성취수준의 불일치를 비교하는 방식이다. 이는 특정한 지능검사 점수에 대해 회귀방정식을 사용하여 기대되는 성취수준을 계산한 다음, 실제 성취수준과의 차이를 비교하는 방식이다. 다른 방법과의 차이점은 기대수준을 결정할 때 학생의 현 지능지수를 근거로 통계적으로 좀 더 정확한 기대수준 범위를 결정하여, 현재의 성취수준이 그 범위에 포함되는가 여부를 알려 준다는 점에서 정확성과 통계적 적절성을 특징으로 하고 있다. 이를 통해 특히 정상분포 곡선상의 양 끝에 위치하는 사람들의 성취수준이 중앙으로 회귀하는 현상을 통제할 수 있다. 세 가지 방식 중에서는 표준점수 비교 모형에 비해 회귀 불일치 모형이 학습장애 판별의 일치 비율이 보다 높은 것으로 나타났다(홍성두, 김동일, 2006).

불일치 기준을 적용한 학습장애 선별 및 진단 절차를 나열해 보면 대체적으로 〈표 2-2〉와 같다.

표 2-2 불일치 기법을 적용한 학습장애 선별 및 진단 절차

단계	주요 검사도구나 관련 자료	고려할 사항
① 지적 잠재능력 산출을 위한 지능검사 실시 학업 성취수준 산출	• K-WISC-III, K-ABC, 고대-비네 지능검사	두 가지 이상의 표준화된 지능검사 사용
	• 국어와 수학 영역에서의 기초학습기능검사, 기초학력검사, 표준화된 학업성취도검사, 국가 수준 학업성취도검사	지역 교육청 내 또래 기준
② 불일치 수준 산출	• 지적 잠재능력에 해당하는 또래들의 평균 학업 성취수준과 학생의 학업 성취수준의 차이 산출 • 저학년의 경우 1.5학년 혹은 평균에서 −1.5표준편차 이상, 고학년의 경우, 2학년 혹은 평균에서 −2표준편차 이상 차이 기준	학년별로 다른 기준 적용
③ 배제 요인 확인, 잠정적 판별 후 정밀 진단 및 최종 판결을 위한 추가 검사 실시	• 낮은 지능(75 이하), 감각적 결손(즉, 보이지 않거나 들리지 않음), 정서적 문제(학습동기 등), 사회·문화적 결손, 수업의 질 등	뇌 신경계통상의 결함이나 문제가 직접적인 원인일 것
	• 지각 관련 검사(시지각발달검사, 지각운동발달검사, 시각운동통합발달검사), 기억력검사, 학습준비도검사 • 오류 유형 파악(학업성취도검사나 교사 제작 검사에서의 오류 유형 파악) • 교과활동의 체계적 관찰과 면담	다양한 자료를 다수의 전문가가 여러 번에 걸쳐 검토 후 결정

출처: 이대식(2005).

표준화 지능검사에서 측정된 지능지수로서 해당 아동의 잠재적인 지적 능력을 추정하고 적절한 학업 성취수준을 추론하여 설정하는 불일치 접근 방식은 다음 몇 가지 점에서 이론적으로나 실제적으로 문제가 있다(김동일, 홍성두, 2005; 이대식, 2001; 허승준, 2005). 첫 번째 문제는 불일치 모형에 의한 학습장애 진단 결과의 일관성 부족이다. 김동일과 홍성두(2006)에 따르면, 6개월간의 차이를 두고 1학기와 2학기에 동일한 학생들을 대상으로 학습장애 진단 일관성을 조사한 결과, 불일치 수준에 상관없이 가장 큰 공통비율은 41.89%였으며 가장 적은 공통비율은 9.48%로 나타났다. 회귀 불일치 모형을 사용하든 국가 수준 학력검사에서의 저성취 기준을 사용하든 어떤 모형도 50% 이상의 일관성을 유지하고 못했고, 두 모형 간에 학습장애 진단 일치 비율은 매우 낮았다.

두 번째 문제는 지능검사 점수에 따른 평균적인 학업 성취수준을 설정하려면 지능검사 점수와 학업 성취수준 간에 거의 완벽에 가까운 상관관계를 가정할 수 있어야 한다는 것이다. 즉, 지능지수의 높고 낮음에 따라 각 교과 영역에서의 학업 성취수준 정도를 정확히 예측할 수 있어야 한다. 하지만 Siegel(1999) 등 많은 연구에 따르면, 읽기장애아동들은 지능지수의 정도에 상관없이 읽기의 다양한 영역(언어, 읽기, 기억, 철자, 음운론적 과제)에서 동질적인 특징, 예컨대 글자와 소리와의 대응관계를 잘 파악하지 못하는 등의 결함을 보였다. 이 경우 읽기장애 아동을 선별하기 위해(즉, 불일치 수준을 파악하기 위해) 지능검사를 사용할 필요가 없다. 지능과 학업성취 간의 상관이 완전하지 않다면 상대적으로 높은 지능 소유자는 실제 숫자보다 많게, 그리고 낮은 지능 소유자는 실제보다 적게 학습장애로 분류될 것이기 때문이다.

세 번째 문제는 지능검사 자체가 피험자의 언어능력에 의해 영향을 받는다는 점이다. Stanovich(1986)에 의하면, 조기에 언어능력을 습득한 아동들은 언어활동 및 언어 경험의 폭과 깊이가 점점 증가하는 반면, 그렇지 못한 아동들의 경우 그 증가 폭과 속도에 차이를 보이고 그 차이는 점점 더 증가하여 결국에는 만회가 불가능할 정도로 벌어지는 소위 '마태효과(The Matthew Effect)' 현상을 보인다. 그런데 현행 지능검사는 언어성 검사와 동작성 검사로 구성되어 있어, 학습장애아동들의 경우 두 가지 이유에서 연령이 높아질수록 지능지수가 낮게 나올 수밖에 없다. 첫째, 많은 학습장애아동들이 정의상 읽기능력에 문제가 있는데 이들이 특히 문항 자체를 읽지 못해서 사실 이상으로 점수가 낮게 나올 가능성

마태효과 읽기장애를 가진 아이들은 충분히 읽지 못하기 때문에 새로운 이해 기술을 배우는 데 또래들보다 더 늦고, 따로 개입하지 않으면 자꾸만 뒤처지게 된다는 현상

이 높기 때문이다. 언어성과 직접적인 관련이 없는 동작성 검사라고 하더라도 지시만을 읽거나 듣고 이해할 수 있어야 한다. 그렇다고 언어 기능을 별로 요하지 않는 동작성 검사만 실시하는 것도 현실적으로 언어 기능이 학습에 절대적인 현실을 감안하지 않은 것이다. 결국 언어능력이 낮은 아동들을 대상으로 언어능력 시험을 봐서 언어능력이 낮다고 말하는 것에 지나지 않는다. 다음으로, 조기 언어능력상의 결함은 연령이 높아질수록 누적될 것이기 때문에 결과적으로 연령이 증가할수록 학습장애아동들의 지능은 낮아질 것이다. 지능이 낮아진다는 것은 또한 기대되는 학업성취 수준도 낮아짐을 의미하기 때문에 지능과 학업 성취수준 간에 불일치 수준이 낮아져 결국 학습장애아동으로 판별될 가능성이 적어지는 결과를 초래하게 된다.

(3) 중재반응 접근법

중재반응 접근법은 효과적인 수업에 얼마나 반응하는가 하는 정도로 학습장애 여부를 판단하는 접근이다(Fuchs, Fuchs, & Speece, 2002; Vaughn & Fuchs, 2003). 이 접근은 1995년 Fuchs 등이 조작적으로 정의하여 주창한 이래 2000년도 초기부터 미국에서는 많은 지지를 받고 있다(Vaughn & Fuchs, 2003). 절차는 일단 특별한 문제가 없는 평상시의 통합교육에 각 학생이 어떻게 반응하는지를 교육과정중심측정(Curriculum-Based Measurement)을 통해 점검해 나간다. 교육과정중심측정이란 교사가 실제로 가르친 내용을 대상으로 간편하게, 그렇지만 타당도와 신뢰도를 어느 정도 갖추어 측정한 일종의 형성 평가 형태를 말한다. 반응도는 반응속도와 학업성취 수준 등 두 가지 측면을 고려한다. 일단 첫 단계에서 또래에 비해 심각하게 반응도가 낮은 학생에게는 2단계에서 효과적인 수업을 일정 기간(보통 10~15주 정도) 체계적이고 집중적으로 투입하면서 그 반응도를 역시 교육과정중심측정 방법을 사용하여 추적해 나간다. 효과적인 수업이란 경험적으로 그 효과가 어느 정도 증명되고, 통합학급 교사가 매일매일 감당할 수 있는, 그러면서도 대상 학생을 위해 집중적이고 체계적인 교수노력이 가미된 교육을 의미한다. 핵심은 포착된 학습부진이 통합학급에서의 효과적인 교수에 의해 해결될 수 있을 만큼 경미한 것인가, 아니면 그 이상인가를 확인하는 것이다. 이 과정에서도 동등한 지적 능력을 소유한 또래들에 비해 효과적인 중재에 반응하는 정도가 심각하게 낮을 경우 이를 학습장애로 규정한다. 이 과정을 요약해 보면 〈표

단계	선별 및 진단 활동 내용	결정 기준
1단계	해당 교과 영역(주로 국어와 수학)에서 평상시의 통합교육에 각 학생이 어떻게 반응하는지 알기 위해 교육과정중심측정(CBM) 또는 표준화된 학력평가를 실시함. 또래에 비해 심각하게 낮은 성적(하위 25% 혹은 평균으로부터 1.5표준편차 미만) 소지자를 선별함.	또래에 비해 심각하게 낮은 반응을 보이는가?
2단계	소집단중심의 효과적인 수업을 일정 기간(보통 10~15주 정도) 체계적이고 집중적으로 투입하면서 역시 그 반응도를 교육과정중심측정 방법을 사용하여 추적함.	또래에 비해 심각하게 낮은 반응을 보이는가?
3단계	1~2단계를 통과한 학생은 잠재적으로 학습장애로 규정하고 다학문적 평가 팀에 장애 정도 및 특수교육대상자 여부를 확인하기 위한 정밀 판별 절차를 의뢰함.	배제 요인 제외

표 2-3 중재반응 접근법에 의한 학습장애 판별 절차

출처: 이대식(2005), 부분수정.

2-3〉과 같다.

이 방법은 기본적으로 기존의 학습장애 선별 방법이 특정 시점에서의 또래 간 횡적인 자료 분석에 근거하고 있다면, 효과적인 교육을 투입하고 난 후 서로 다른 두 시점에서 그 영향을 분석 대상으로 하고 있다는 점에서 종단적인 문제해결식 접근이라고 할 수 있다.

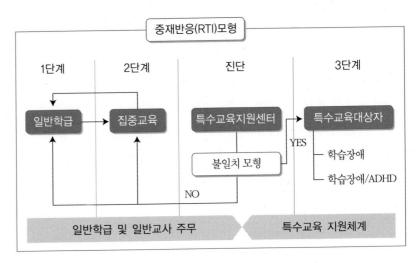

[그림 2-2] 3단계 모형

불일치 접근과 비교해 볼 때 이 방법은 몇 가지 장점을 지니고 있다. 첫째, 이미 나타난 결함을 판별하기보다는 장애 위험이 포착되는 시점에서부터 학생을 추적할 수 있다. 둘째, 결과적으로 학습장애학생을 조기에 판별해 낼 수 있다. 즉, 학생이 학습실패를 보일 때까지 기다리지 않아도 된다. 불일치 기준을 적용하기 위해서는 일단 학생이 학업부진을 보여야 한다. 셋째, 평가 과정이나 절차에 상관없이 일단 효과적인 교육을 제공할 수 있다. 넷째, 잘못 판별할 가능성을 줄일 수 있다. 다섯째, 수업이나 교육과정의 질이 학습문제의 원인이 아니라는 점을 확인할 수 있다. 여섯째, 판별을 위한 평가와 교수 계획, 성취도 점검 등을 서로 유기적으로 연결시킬 수 있다.

반면, 단점도 있다. 우선, 전통적으로 학습장애는 중추신경계통의 결함으로 인한 심리과정상의 기능 결함이 일차적인 원인으로 지목되어 왔음에도 그에 관한 어떠한 정보도 제시할 수 없다는 점이 문제다. 또 어느 것이 효과적인 교육방법인가, 그에 대한 반응도를 어떻게 타당하고 신뢰롭게 측정할 것인가에 관해 합의를 도출하기가 어렵다. 설사 합의를 본다고 해도 이를 누가 교사들에게 어떤 훈련을 얼마나 시켜서 교육하도록 할 것인가 등의 실제적인 문제가 남아 있다(허승준, 2005).

(4) 인지처리과정 결함 접근

역사적으로 학습장애는 기본적인 심리처리과정 혹은 인지처리과정에 결함이 있어서 이것이 전반적인 인지능력에는 영향을 미치지 않지만 특정 교과 영역의 학습에는 심각하게 영향을 미쳐 또래에 비해 매우 낮은 학업성취를 보이는 현상으로 이해되어 왔다. 여기에서 처리과정이란 정보처리이론 관점에 따른 개념으로, 시간의 흐름 속에서 자극으로 들어온 정보를 변형시키고 조작하여 특정 형태로 반응하는 일련의 정신적 행위나 조작을 말한다. 심리적 혹은 인지적 처리과정을 학습장애 현상의 핵심 원인으로 이해할 경우 학습장애 진단과 선별은 그러한 과정의 특징을 분석하여 개인 내 혹은 개인 간 특징과 비교 분석하는 접근인 개인 내적 인지처리과정 결함(intrinsic processing deficits) 모형(Bradley et al., 2002)으로 나타날 것이다.

인지처리과정 결함 접근은 인지처리과정 변인이나 해당 교과의 기본 학습기능에서의 수행 정도를 바탕으로, 개인 내 혹은 개인 간 여타 기능의 수행 정도와

정보처리이론　새로운 정보가 투입되고 저장되며 기억으로부터 인출되는 방식에 대한 연구를 통해 학습자의 내부에서 학습이 발생하는 기제를 설명해 줌

내적 인지처리과정　내적으로 지각과 사고작용이 이루어지는 과정

어떤 차이가 있는지 그리고 그러한 차이가 해당 교과 학업성취의 차이를 얼마나 설명하는지 등을 확인하는 방법이다(Fletcher et al., 2003; Torgesen, 2002). 인지처리 과정 결함 접근은 적어도 세 가지 사항을 전제로 하고 있다. 첫째, 특정 처리과정 결함은 전반적인 인지능력과 비교적 독립적으로 특정 교과 영역의 학습에 영향을 미친다. 둘째, 특정 인지처리과정 결함은 외적인 요소, 즉 심리적 동기나 학습 기회 등과 같은 요인에 직접적인 영향을 받지 않는 개인 내적 특징이다. 셋째, 처리과정은 검사도구 등 다양한 측정방법을 통해 그 수행 정도를 나타낼 수 있다.

최근 읽기학습장애와 수학학습장애 그리고 작업기억 등에 관한 연구 결과들은 인지처리과정 접근이 나름대로 이론적 근거를 가질 수 있음을 보여 준다. 읽기학습장애의 경우 적어도 읽기능력에 관한 한 음운인식능력이 핵심적인 기본 학습기능인 것은 수많은 기존 연구들이 주장해 왔다(Adams, 1990; Liberman & Liberman, 1990). 음운인식능력과 읽기능력과의 관계는 분석 대상 학생들의 연령이나 읽기 수준, 상황에 관계없이 꾸준하게 규명되고 있다.

음운인식 구어에서 사용되는 여러 말소리들을 지각하고 조작할 수 있는 능력

수학학습장애 분야에서도 그러한 기본 학습기능이 밝혀진다면 수학학습장애의 진단과 판별은 물론 효과적인 중재 프로그램 개발에 획기적으로 기여할 수 있을 것이다. 예컨대, 수학학습장애학생 혹은 수학학습장애 위험 학생은 수 감각과 단순 연산 유창성 측면에서 또래에 비해 유의하게 낮은 수행수준을 보였고, 이는 연령이나 학년 수준에 따라 별로 다르지 않은 것으로 나타났다(김애화, 2006; 이대식, 2007).

이대식 등(2007)의 연구 결과는 비록 학습장애학생을 직접 대상으로 하지는 않았지만 인지처리과정 결함 모형의 유용성을 보여 준다. 이 연구에서는 기초학습부진 학생에 대해 IQ를 기준으로 75 이상인 집단과 미만인 집단으로 구분한 다음, 일반학생 집단과의 인지처리과정 변인에서의 프로파일을 분석하기도 했는데, 그 결과는 [그림 2-3]과 같았다. 도표에서 보듯, 지능을 중심으로 구분한 기초학습부진 학생 집단 내에서는 작업기억 1과 작업기억 2에서 상대적으로 가장 큰 차이를 보였다. 결국 이는 수학학습부진 학생들이 지능 수준에 상관없이 작업기억에 상대적으로 큰 결함이 있음을 보여 주며, 특히 그 정도는 지능이 낮을수록 심하다는 것을 보여 준다. 또한 주목할 점은 처리속도나 상대적으로 어려웠던 뺄셈 유창성 측면에서 기초학습부진 학생의 경우 지능 수준에 상관없이 유사했다는 점이다. 이는 이들 변인들이 지능 수준에 상관없이 비교적 고유하게

프로파일 한 검사가 2개 이상의 하위검사로 구성되어 있고, 하위검사의 점수가 동일한 성질의 표준점수나 백분위점수로 환산할 수 있도록 되어 있을 때, 피검사자가 그 검사에서 받은 하위검사의 점수를 그래프 모양의 도표에 도시(圖示)해서, 하위검사 득점 간의 차이, 그리고 총점과 하위검사 득점 간의 차이를 통하여 개인 내 차의 구조적 특징을 파악하는 것

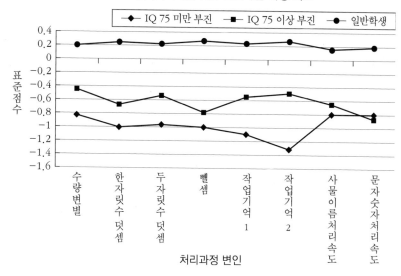

[그림 2-3] 부진학생과 일반학생 간 인지처리과정 변인에서의 프로파일 특징 비교
출처: 이대식(2007), p. 239.

수학 성적의 차이를 변별해 줄 수 있음을 시사하는 부분이다.

현재 학습장애의 진단과 선별 모형으로서의 IQ-학업성취 불일치 모형의 타당성에 대한 비판적 주장들(Fletcher et al., 1998; Stanovich, 1991)을 고려해 볼 때 인지처리과정 결함 모형은 몇 가지 장점을 갖고 있는 것으로 보인다. 그 장점은 다음과 같다. 첫째, 학습장애 역사를 충실히 반영하고 있다. 둘째, '무엇무엇이 아닌 것이 학습장애다.'라는 현재의 소극적 접근보다 '학습장애란 무엇이다.'라고 규정하고 이를 직접 측정하려는 적극적인 접근이다. 셋째, 발달연령, 학년 수준 등 선행학습 정도와 상관없이 어느 연령대에서나 학습장애 여부를 선별하고 진단할 수 있다(Bradley et al., 2002). 불일치 기준을 적용하기 위해서는 적어도 2년 이상의 학령기가 지나야 한다. 중재반응모형 역시 최소한 6개월의 중재 기간과 충실한 중재가 전제되어야 한다. 넷째, 지금 당장 자신의 필요에 맞는 수업을 받고 있어 그 결과로 읽기의 특정 영역(단어 읽기)에서는 학업성적이 두드러지게 또래와 차이가 나지 않지만 다른 특정 영역(독해)에서는 차이가 나는 학생들을 가려낼 수 있다(Bradley et al., 2002). 다섯째, 중재 프로그램 기획에 도움을 줄 수 있다.

하지만 인지처리과정 접근의 문제는 이론적으로나 실제적으로 아직 충분한 근거가 확립되어 있지 않다는 점이다(Augustyniak, Murphy, & Phillips, 2005; Torgesen, 2002). 사실, 우리는 수학학습장애에 결정적으로 영향을 미치는 것이 인지처리과정인지, 그 영향력은 얼마나 되는지, 또는 그러한 능력의 결함이 어떤 식으로 수학 교과의 학습부진과 관련되어 있는지 등에 대해 별로 아는 것이 없다(Geary, 1993).

3) 학습장애 평가의 예시: 선별 절차

학습장애의 평가는 단순히 선별이나 학습장애의 명칭 부여로 끝나는 것이 아니라 학습장애 교육의 각 단계에서 선별, 의뢰, 학습장애 적격성, 교육 프로그램의 효과, 종결 등과 관련한 다양한 의사결정과 연계되어 있다. 그리고 이러한 의사결정을 위하여 다양한 평가도구와 선별 절차(표준화 검사, 관찰, 면접, 비형식적 검사)가 활용되어야 한다. 이 장을 마치면서 학습장애 평가의 실제적인 적용이라는 측면을 살펴보기 위하여 관련 평가도구와 선별 절차를 검토하였다. 각 학업 영역에 대한 자세한 평가 방법은 다른 장에서 제시된다.

(1) 학습장애 평가도구에 대한 이해

우리나라 「장애인 등에 대한 특수교육법」에서는 학습장애의 진단 · 평가도구로 Wechsler 아동 지능검사, 기초학습기능검사, 교육진단검사, 산수능력검사, 학습준비도검사, 시지각발달검사, 지각-운동발달검사, 시각-운동통합발달검사를 명시하고 있다. 그러나 이들 검사 중에서 몇몇 검사는 검사의 목적이나 적용 연령, 규준 등 여러 가지 측면에서 적용하기가 부적합한 검사로 판단된다. Wechsler 아동 지능검사와 기초학습기능검사를 제외한 나머지 검사들은 다른 학습장애 연구에서도 거의 사용되지 않고 있다. 장애 영역별로 진단 · 평가도구가 보다 다양하게 개발되어 특수교육대상자의 능력과 필요를 정확하게 파악할 수 있도록 하자는 의견에는 모두가 동의하고 있으나 학습장애를 위한 진단 · 평가도구에 대한 관심은 아직 그리 크지 않다.

현재 아동들의 학업성취능력, 즉 학습잠재력을 측정하기 위해서는 주로 지능검사가 사용된다. 현재 사용되고 있는 지능검사가 개인의 지적 잠재력을 측정할 수 있는가 하는 문제는 여러 연구들(김윤옥, 1992; Berninger et al., 1992; Stanovich,

1991)에서 제기되고 있고, 실제 미국 내 여러 주의 학습장애 판별 기준에서 지능을 명시하지 않고 있음을 볼 수 있다(Mercer & Miller, 1992). 그러나 학습장애아동 판별을 위해 거의 일반적으로 지능검사가 실시되고 있으며 아직까지는 지능검사 외에 아동의 학습잠재력을 확인할 뚜렷한 대안적 도구가 제시되지 못하고 있다.

아동의 학업성취 정도는 교과 영역별 평정치나 석차 또는 표준화된 학력검사를 실시함으로써 확인할 수 있다. 개인별 표준화된 학력검사를 사용한 7개 선행연구 모두에서 기초학습기능검사를 사용한 것처럼 이 검사가 가장 많이 사용되고 있다. 이 검사는 1987년 한국교육개발원에서 개발한 개인용 표준화 학력검사로, 유치원에서부터 초등학교 6학년까지의 7개 학년 규준을 가지고 있다. 이 검사에서는 정보처리와 읽기능력(단어인식과 독해능력), 쓰기, 수학능력이 측정되며 학년규준, 연령규준, 학년 및 연령별 백분위 기준을 통해 평가할 수 있도록 되어 있다. 외국의 경우 일반적 성취검사뿐 아니라 읽기, 쓰기, 셈하기를 별도로 측정할 수 있는 도구들이 개발되어 있지만 우리나라의 경우 전국 표준과 학년, 연령별 규준을 가진 학력검사로는 이 검사가 거의 유일하다고 말할 수 있다. 그러나 검사의 문항이나 규준 측면에서 재표준화가 요구된다.

학습장애와 관련된 특성, 즉 기본적 심리과정의 문제를 규명하기 위한 도구로는 「장애인 등에 대한 특수교육법」의 진단 · 선별도구로 명시된 시지각발달검사, 지각-운동발달검사, 시각-운동통합발달검사 등도 활용될 수 있지만 특히 언어, 지각, 운동, 협응 등을 담임교사가 쉽게 평정할 수 있도록 만들어진 KISE 학습장애선별척도(1996)를 사용할 수 있다. 최근의 연구(서봉연, 1996)에서는 학습장애아동과 정상아동 간에 지각능력이나 기능상의 차이가 없는 것으로 밝혀지고 있기 때문에 더욱더 지각만을 평가하는 검사들이 활용되지 않고 있다. KISE 학습장애선별척도는 Myklebust가 개발한 Pupil Rating Scales을 1996년 우리나라 국립특수교육원에서 표준화한 도구다. 이 척도의 목적은 정신능력과 청력 및 시력이 양호하고, 적절한 정서적 적응력이 있으며, 신체적 장애가 없으나 학교에서 정상적으로 학습하지 못하고 성취하지 못하는 아동을 선별하려는 것이다. 평정된 결과로는 영역별로 총점을 산출하게 된다. 산출된 평정점수에서 언어성 점수 21점 이하, 비언어성 점수 42점 이하, 총점 62점 이하로 평정된 학생은 보다 정밀한 진단검사를 받아야 할 대상으로 선별된다. 그러나 이 평정척도에서 경계선급 지적장애는 학습장애아동과 유사한 점수 양상을 보이며, 이 평정의 결과만으로는 교육 가능 지적장애아동과 학습장애아동의 구분이 어렵다. 또한 학습장애 평정척도는 선별도구로 개발된 것이지 진단도구로 만들어진 것은 아니다. 비록 이 척도가 학교에서 학습에 실패할 위험성이 높은 아동들을 판별해 내는 데 어느 정도 성공할 수는 있지만, 모든 학습장애학생들이 선별될 수는 없다(국립특수교육원, 1996).

(2) 학습장애아동의 선별

국내에서 사용된 학습장애아동 선별 절차의 예로는 국립특수교육원에서 실시한 학습장애 출현율 조사에 나타난 방법을 들 수 있다. 이에 대한 개관은 〈표 2-4〉에 제시되어 있다.

표 2-4　국립특수교육원의 학습장애 선별척도 및 방법

태도 영역
다음의 선별척도를 일반학급의 담임교사나 부모에게 보내 작성하게 한 다음, 수합하여 학습장애를 지닌 것으로 의심되는 아동을 선정한 후 아래의 진단도구를 통해 진단한다.

■ 선별척도

　학습장애아동은 -2표준편차 이상의 정상적인 지능을 지니고 연령 수준에 적합한 일반적인 교수-학습 방법에 따라 학습을 경험하고서도 읽기, 쓰기, 수학적 추리 및 계산과 같은 영역에서 성취수준이 해당하는 학년 수준에서 2년 이상 지체되어 특별한 지원을 지속적으로 요구하는 아동을 말합니다. 그러나 학습장애는 시각장애, 청각장애, 지적장애, 정서장애, 문화적 기회 결핍 등에 의해 학력이 지체된 아동은 제외합니다. 이런 아동들은 다음과 같은 행동을 나타낼 수 있습니다.

- 국어, 수학 등의 과목에서 한 과목 또는 모든 과목의 학력이 학년 수준에 비해 많이 부진하다.
- 읽기를 할 때 낱말을 빠뜨리거나, 다른 말로 바꾸어 읽거나, 앞뒤 낱말을 바꾸어 읽는다.
- 쓰기를 할 때 글자를 앞뒤, 상하로 바꾸어 쓰거나, 읽을 수 없을 정도의 난필로 쓴다.
- 계산과정의 오류가 심하여 계산을 정확히 하지 못한다.
- 주의가 산만하여 교사의 주의를 자주 듣거나 감독이 필요하다.
- 기억력이 떨어져 지시사항을 적절히 수행하지 못한다.
- 문제해결력이 떨어져 새로운 상황에 적절히 대응하지 못한다.

　위와 같은 행동을 나타내는 아동은 일단 학습장애를 지닌 것으로 의심하여 정확한 진단을 받도록 할 필요가 있습니다. 이러한 아동의 이름을 별지에 기록하고 생활기록부의 사본과 함께 제출해 주십시오.

■ 진단도구

선별된 아동을 훈련된 요원에게 의뢰하여 웩슬러 아동용 지능검사(WISC)와 KEDI-기초학력
기능검사로 진단함

〈학습장애 선별 체크리스트〉

  정상 지능을 지니고도 읽기, 쓰기, 수학적 추리 및 문제해결, 연산 등의 영역 중 하나 혹은
그 이상의 영역에서 해당 영역의 학습에 결정적으로 영향을 미치는 기본 기능 수행수준이 동
일한 연령의 집단보다 많이 뒤떨어져 특별한 지원을 지속적으로 요구하는 아동은 다음과 같
은 행동들을 나타낼 수 있습니다. 아동이 나타내는 행동에 해당하는 항목이 있으면 ∨표를 해
주십시오.

___ (1) 국어나 수학 등의 과목에서 한 과목 또는 그 이상의 과목의 학력이 학년 수준에 비해
       많이 부진하다.
___ (2) 읽기를 할 때 낱말을 인식하지 못하거나, 읽기를 지나치게 느리게 하거나, 낱말을 빠뜨
       리거나, 다른 말로 바꾸어 읽거나, 앞뒤 낱말을 바꾸어 읽는다.
___ (3) 쓰기를 할 때 속도가 지나치게 느리거나, 글자를 앞뒤, 상하로 바꾸어 쓰거나, 읽을 수
       없을 정도의 난필로 쓴다.
___ (4) 연산과정에 정확도와 속도가 지나치게 떨어진다.
___ (5) 도형 따라 그리기 등 공간협응 지각과정에서 정확도와 속도가 지나치게 떨어진다.
___ (6) 학습과제 수행 시 주의가 산만하여 교사의 주의를 자꾸 듣거나 감독을 필요로 한다.
___ (7) 기억력이 지나치게 떨어진다.
___ (8) 문제해결 전략이나 학습 전략을 적절히 활용하지 못한다.

일단 위와 같은 행동 항목에서 문제가 있다고 생각되는 아동은 정확한 진단을 받도록 하는 것
이 좋다.

출처: 국립특수교육원(2001), p. 180.

  학습장애아동의 선별 작업에서 간과하기 쉬운 사항 중 하나는 학습장애를 정
확히 판별하는 목적이 무엇보다도 학습장애 현상을 정확하게 이해하여 궁극적
으로는 학습장애아동에게 적절한 교육 프로그램을 제공하기 위함이라는 점이
다. 학습부진을 보이는 아동들에게 효과적인 교육 프로그램을 제공하는 활동과,
학습장애 현상을 정확히 규명하고 학습장애아동을 정확히 판별하는 것은 동시
에 강조되어야 할 사항이지, 어느 하나를 지나치게 강조하는 것은 바람직하지
않다. 즉, 일단 학습문제를 해결할 중재를 하면서 진단을 하는 '선(先) 중재 후
(後) 진단'의 접근이 필요하다. 이러한 점을 고려하여 학습장애 선별 및 진단 절
차를 제시해 보면 아래와 같다.

먼저, 제1단계에서는 특정 교과에서의 대상 아동의 또래집단에 대한 상대적 위치를 파악해야 한다. 이를 위해서는 대단위 표준화 검사나 다양한 영역의 전문가들에 의한 심층 진단평가보다는 각 교과 영역별로 간편하면서도 측정학적 요건을 갖춘 검사가 적절하다. 가장 유용한 도구 중의 하나는 교육과정중심측정 절차를 적용한 기초학습기능수행평가체제(Basic Academic Skill Assessment: BASA) 다(김동일, 2000). 예컨대, 1분 동안 아동들의 읽기 기능을 간편하게 측정함으로써 시간이나 비용 절감은 물론, 아동이 전체 집단에서 차지하는 상대적인 위치, 학습의 진전도와 읽기 관련 곤란 부분을 밝히고, 학습효과를 확인하고 이에 맞게 진도나 교수 계획을 수립하는 데에도 도움을 받을 수 있다(김동일, 2000). 일단 제1단계에서 또래에 비해 심각하게 낮은 학업 수행 정도를 보이면 제2단계로 보내는데, 심각한 차이의 정도는 평균으로부터 떨어진 정도나 백분위 점수를 활용한다. 제1단계에서 선정된 아동들은 원인은 모르지만 심각하게 학습에 문제를 보이는 아동들이다.

제2단계에서는 각 교과 영역별로 한 가지 이상의 표준화 검사를 사용한다. 검사를 실시할 영역은 크게 언어영역과 수리영역이다. 언어영역 중에서는 말하기, 듣기, 읽기, 쓰기의 네 가지 언어영역 중 읽기와 쓰기영역만을 대상으로 한다. 말하기와 듣기영역을 포함시키지 않는 이유는, 이들 두 영역을 포함시켰을 경우 언어장애와 중복되기 때문이다. 언어영역과 수리영역에서 또래보다 심각하게 낮은 성취수준, 예컨대 25 백분위 점수 이하 혹은 −1 내지 −2표준편차 이상의 차이를 보이는 아동들을 1차로 선별한다. 이 기준은 현실적으로 해당 학교나 지역의 사회 · 문화적 여건에 따라 이 기준보다 낮을 수도 있고 약간 높을 수도 있을 것이다. 한 가지 고려해야 할 점은 아동들의 학년 수준에 따라 기준을 유연하게 적용해야 한다는 점이다. 즉, 저학년 아동들에게는 고학년 아동들보다 완화된 기준을 적용해야 한다. 그 이유는 고학년 학생들의 경우 누적된 학습량이 있어 또래와 '현저한' 차이를 보이려면 학년 수준의 차이가 상대적으로 크게 나야 하지만, 저학년의 경우에는 약간의 차이도 학습능력상의 큰 차이를 반영한 것이라고 볼 수 있기 때문이다. 이는 유아기 때의 1년 발달 차이와 청소년기의 1년 발달 차이 간의 비교를 생각해 보면 이해될 것이다. 제3단계에서 비슷한 지적 잠재능력을 가진 또래에 비해 심각하게 학업성취 수준이 낮은 아동들은 일단 잠재적인 학습장애아동으로 분류할 수는 있지만 구체적으로 어떤 학습기능의 문제가 있는지는 불분명하다.

제3단계에서는 심각하게 학습부진을 보인 아동 중에서 앞에서 기술했던 학습장애 제외준거에 해당하는 아동들을 제외시킨다. 학습장애 개념에서 제외되어야 할 유형은 ① 불충분한 혹은 부적절한 교육으로 인한 학습부진, ② 감각적 결손으로 인한 학습부진, ③ 학습에 부정적인 영향을 미칠 사회 · 정서적 어려움 그리고 ④ 미세한 뇌기능 결함 이외 학습과 관련된 심각한 수준의 신경문제 등이다. 제외준거에 해당할 때 학습장애에서 무조건 제외시키지 않고 제외준거에 의한 통상적인 영향과 비교를 하는 이유는, 실제 많은 학습장애아동들이 학습장애아동이면서 제외준거에 해당하는 경우가 많기 때문이다. 학습장애 제외준거에 해당하지 않는 아동들은 제4단계 선별과정을 거친다. 제3단계까지의 진단평가로는 중재를 위한 교수–활동 계획에 별 도움을 받을 수 없다. 따라서 임상에 중점을 둔 제4단계 진단평가가 필요하다.

제4단계 진단평가의 목적은 학습부진을 보이는 교과 영역에서 장애를 보이는 구체적인 학습기능을 규명하고, 나아가 중재 계획 수립에 필요한 자료를 확보하는 것이다. 이를 위해서는 우선 학습부진을 보인 각 교과 영역별로 기초 학습기능을 측정할 수 있는 타당하고 신뢰할 수 있는 검사가 확보되어 있어야 하지만 현실적인 검사도구 확보 여부는 논외로 하기로 한다. 먼저, 읽기 분야에서는 낱글자, 단어(두 글자 단어, 세 글자 단어 등, 글자 수별 단어 범위 포함), 문장, 문단 등을 포함하여 문자 해부호화와 독해 능력 모두를 측정한다. 또한 반드시 음운인식능력을 검사한다. 특히 낱글자나 단어 읽기에서는 반드시 무의미 단어를 포함하도록 한다. 무의미 단어를 통해 읽기능력의 결정적 요소인 음운인식능력을 가장 잘 측정할 수 있다(Siegel, 1999).

쓰기 분야에서는 낱글자나 단어의 받아쓰기 능력과 베껴 쓰기 능력을 모두 측정한다. 이때에도 역시 유의미한 단어와 무의미 단어를 모두 제시하도록 한다. 작문능력을 측정하는데, 현재로서는 객관적이고 신뢰할 수 있는 작문능력 평가 방법이 연구되고 있는 단계다(Jentzsch & Tindal, 1991). 하지만 글자체, 작문한 단어의 수, 아이디어의 조직이나 구성, 맞춤법, 문법, 기타 구두점 등의 항목별로 양적 · 질적 측정을 할 수 있을 것이다. 김동일(2002)은 쓰기능력 측정과 관련하여 구체적이면서도 유용한 방법들을 제시하였다.

수학 분야에서는 단순 연산능력과 수학 문제해결능력 그리고 공간지각능력

공간지각능력 공간 관계나 공간 위치를 감각을 통해 파악하는 능력

등을 모두 측정한다. 특히 단순 연산능력을 측정할 때에는 정확성과 신속성을 모두 그 측정 대상으로 한다.

각 교과 영역별 하위검사 이외에 제4단계에서 검사할 부분은 전통적으로 학습장애아동들이 보였던 특성으로 주의집중 정도, 지각-협응 능력 정도, 학습자아개념, 기본적인 정보처리능력 등이다. 이들 영역들은 학습장애 현상과 직접적인 관련이 있다기보다는 후에 교육 프로그램을 중재할 때 참고로 활용할 수 있을 것이다.

제4단계 검사 결과에 따라 또래 아동의 수행수준과 비교해서 유의미하게 낮은 수행을 보이는 아동들을 '○○교과 학습장애아동' 혹은 '○○ 학습기능장애아동'으로 분류할 수 있을 것이다. 단, 여기에서도 유의미한 수준은 해당 지역이나 학교의 상황과 현실에 따라 적절하게 정해질 수 있다.

이상의 학습장애 선별 및 판정 절차를 간단히 표로 나타내면 〈표 2-5〉와 같다.

표 2-5 학습장애 선별 및 판정 단계별 기준과 조치

선별 및 판정 단계	선별 및 판정 활동의 목적	선별 및 판정 기준	조치
제1단계	BASA(CBM) 등 간편검사를 이용한 대상 아동의 또래집단에 대한 상대적 위치 파악	또래보다 심각하게 낮은 학습성취?	예: 2단계 선별 아니요: 선별활동 중지
제2단계	교과 영역별로 한 가지 이상의 표준화 검사를 사용, 또래집단 내 상대적 위치 파악	또래보다 심각하게 낮은 학습성취?	예: 3단계 선별 아니요: 교육과정 일치 정도 확인 혹은 재검사
제3단계	제외준거에 해당하는 아동들 제외	불충분한 혹은 부적절한 교육, 감각적 결손, 사회·문화적 불리 등이 원인?	예: 해당 원인별 조치 아니요: 4단계 선별
제4단계	각 교과 영역별로 기초 학습기능 측정	또래보다 심각하게 낮은 수행수준?	예: 해당 기능별 학습장애 명명, 중재 아니요: 기초학습기능검사의 타당도 점검 혹은 여타 요인 점검

　이제까지 제시한 단계별 선별 및 판정 절차에서는 몇 가지 고려해야 할 점이 있다. 우선, 각 단계별 선별 및 판정 절차나 결과에 상관없이 새로운 중재 방안이 확정되기 전까지는 가장 효과적이라고 생각되는 중재를 지속적으로 투입해야 한다. 또한 검사도구는 각 단계별로 유연하게 목적에 따라 중복 사용할 수도 있다. 무엇보다도 중요한 것은 각 교과 영역별 핵심 기초 학습기능 요소를 추출해 내는 일을 선행하는 것이다. 그 핵심 기초 학습기능 요소들은 음소인식능력이나 1분당 정확하게 읽은 단어의 수 등 해당 교과 영역의 능력과는 상관이 높으면서 다른 학습 영역과의 상관은 낮은 것이어야 함은 물론이다. 덧붙여, 적어도 3단계부터는 다양한 학문적 배경을 가진 다수의 전문가들과 학부모, 교사 등으로 구성된 팀이 선별활동을 주관하도록 해야 할 것이다.

　문제는 학령기 이전의 아동들을 대상으로 해서는 위와 같은 방법과 절차를 적용할 수 없다는 점이다. 그 이유는 일단 이들이 본격적으로 학습을 하지 않은 상태이기 때문에 현재의 학업성취 수준을 산출하기 어렵기 때문이다. 하지만 학습장애를 조기에 판별해야 하는 일의 중요성은 간과될 수 없다. 취학 전 아동들을 대상으로 해서는 일반적으로 장차 여러 분야를 학습하는 데 필요한 각 부분의 발달 정도를 또래와 비교하여 전반적인 발달 상황을 점검하는 방법을 사용한다. 예컨대, 운동, 언어, 읽기나 기타 학교 교과목과 관련한 학습기술 측면에서 발달의 지체를 알아볼 수 있다. 이와 관련된 영역으로는 물건 정확히 다루기, 물건 기술하기, 대화하기, 모양이나 색깔 명명하기, 소리와 글자 관련 짓기, 소리 재생하기, 숫자 세기, 적절한 시간 동안 특정 과제에 주의 기울이기, 어른들의 지시 이행하기, 적절한 사회적 반응하기 등을 들 수 있다.

4) 학습장애 진단 및 판별 시 고려할 점

　앞에서 제기한 세 방법 모두 장단점을 지니고 있다. 일선 학교의 경우 여러 가지 여건을 고려할 때, 먼저 불일치 기준에 따라 학습에 심각한 문제를 갖고 있는 학생을 선별하여 여러 전문가들로 구성된 평가 팀에 정밀 진단을 의뢰하고, 다른 한편으로는 효과적인 중재를 집중적으로 투입하면서 그 반응도를 살펴보는 것이 적절하다. 이 경우, 약 3개월 후에는 평가 팀의 자료와 교수에의 반응도 자료를 근거로 특정 학생의 학습장애 여부에 대해 어느 정도 타당하고 신뢰로운 판별을 할 수 있을 것이다.

어느 방법을 적용하든 학습장애 선별 및 진단 시에는 다음과 같은 점을 고려해야 한다. 첫째, 여타 장애를 판별하는 경우와 마찬가지로 학습장애 판별도 궁극적으로는 '삼다(三多) 원칙'을 준수하도록 한다. 삼다 원칙이란 다양한 전문 배경(심리학, 아동발달학, 교육학, 심리측정학 등)을 가진 사람들로 구성된 다학문적 평가 팀이, 다양한 자료를, 다수의 회기에 걸쳐 검토하고 논의한 후 결정을 내려야 한다는 원칙이다.

둘째, 지각-운동 협응능력, 기억력, 주의집중력, 기초 학습기능 등의 인지처리과정 결함은 학습장애의 특징과 원인의 핵심적인 개념이자 변인이다. 비록 각 교과 영역에서의 학습장애 선별과 판별의 직접적인 자료로서는 적절하지 않다고 하더라도 학습장애학생의 심리적 특징을 이해하고, 더 나아가 효과적인 교육 프로그램 구안을 위한 참고자료로 활용하기 위해서라도 이러한 심리과정 관련 정보를 수집하고 활용해야 할 것이다. 학교현장에서 인지처리과정 접근을 반영하여 학습장애학생을 진단하고 판별하기 위해서는 일단 읽기, 쓰기, 수학 등의 교과 성적이 백분위 25 이하인 학생들을 대상으로 기초 학습기능과 정보처리능력 측면에서 평균보다 1표준편차 이하인 학생을 선별하는 접근을 취할 수 있을 것이다.

셋째, 선(先) 교육-후(後) 판별의 원칙을 견지하면서 다단계 판별 절차를 밟아야 한다. 선별 및 진단 작업이 학생이 적절하고 효과적인 교육을 받는 데 지장을 주어서는 안 된다. 이는 선별 및 진단 작업 자체가 수업을 제공하는 것보다 중시되어서는 안 된다는 것을 의미하고, 또한 선별 및 진단 결과가 나올 때까지 효과적이거나 적절한 교육을 유보 혹은 지연시켜서는 안 된다는 것을 의미한다. 이러한 원칙을 준수하다 보면 결국 학교현장에서의 학습장애 판별은 교육 진단 → 교육 프로그램 투입 → 반응도 확인 단계와 다학문적 평가 팀에 의한 심리학적 · 행정적 판별 단계로 구분되어야 할 것이다. 바람직한 것은, 한편으로 적절한 교육을 제공하면서 다른 한편으로 선별 및 진단 작업을 병행하는 것이다.

5. 마치는 말

학문으로서의 학습장애 영역은 역사가 그리 길지 않다. 정확한 정의는 물론이고 누가 학습장애인지, 언제 어떻게 그리고 무슨 도구를 사용해서 무슨 기준에 따라 진단과 선별을 해야 하는지에 대해 합의된 사항은 많지 않다. 하지만 그렇다고 해서 학습장애를 정확하게 진단하고 판별하는 일의 중요성이 간과될 수 있다는 뜻은 아니다. 학습장애 관련 현상의 정확한 파악과 궁극적으로 이들 학생들을 돕기 위한 효과적인 교육 프로그램의 구안을 위해서는 정확한 정의와, 그 정의에 기반을 둔 타당하고 신뢰로운 진단 및 판별 절차를 수립하기 위한 노력이 지속되어야 한다. 이 장에서 소개된 학습장애 진단 및 판별을 위한 세 가지 접근은 각각 장단점을 갖고 있다. 어느 한 접근만이 옳고, 다른 접근은 옳지 않다는 식의 경직된 인식이나 태도는 바람직하지 않다. 오히려 상황에 따라 가장 적절한 접근을 보완적으로 활용하는 융통성 있는 지혜가 필요하다. 학습장애 연구의 역사가 짧고 학습장애의 정의나 진단 및 판별 기준과 관련하여 합의된 것이 적다는 것은 다른 한편으로는 그만큼 기여할 바가 크다는 것을 의미한다. 통일된 하나의 결론이 존재하는 것보다 여러 가지 의견이 분분한 현상은 학습장애 분야 학문의 발전을 위해서는 오히려 긍정적이라고 할 수 있을 것이다. 앞으로 학습장애 진단과 판별을 위한 연구나 실제에서는 특정 교과 영역별로 필수적인 기본 기능이 무엇이고, 이를 얼마나 소유하고 있으며, 그 소유 여부가 해당 교과 성적과 어떻게 관련되어 있는가에 관한 사항들이 유망한 연구 분야가 될 것이다.

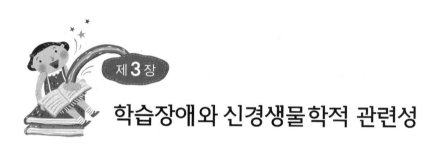

제3장

학습장애와 신경생물학적 관련성

1. 신경학적 논쟁 개관

인지활동을 포함해 모든 인간의 활동은 뇌의 영향을 받는다. 평균 1,400g밖에 되지 않는 인간의 뇌는 체중의 약 5%를 차지하지만, 생명 유지와 지적 활동에 가장 중요한 역할을 담당한다([그림 3-1] 참조). 이러한 우리의 두뇌는 임신 3주부터 태내에서 발달하기 시작하며, 환경과의 상호작용을 통해 청소년기까지 계속 발달한다고 한다. 두뇌 발달은 유전적 요인과 환경적 요인의 영향을 받으며, 두뇌 발달에 부정적 영향을 미치는 유전적 · 환경적 요인이 존재하는 경우 인지활동 및 학습활동에 어려움을 초래할 수 있다.

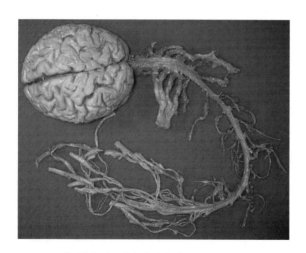

[그림 3-1] 인간의 뇌와 척수신경의 모습

출처: http://www.factrange.com/interesting-facts-information-human-brain/human-brain-and-spinal-cord-3/

앞서 학습장애 분야의 역사적 발전에 대해 살펴본 바와 같이 학습장애에 대한 초기 이해는 의학적 관점에서 이루어졌다. 하지만 이러한 초기 의학적 접근이 갖는 논리적 문제는 학습장애의 신경생물학적 원인에 대해 회의를 갖게 하는 계기가 되었다. 또한 일부 연구자들은 학습장애가 지적장애와 같은 기질적 장애가 아니라 사회적으로 만들어 낸 인위적 구인(construct)에 지나지 않는다는 주장을 제기하기도 하였다.

1980년대 이후 급속하게 발전하고 있는 뇌영상(neuro-imaging) 촬영기술은 학습장애아동이 일반아동과는 다른 신경생물학적 특징을 가지고 있음을 보여 준다. 특히 학습장애아동은 언어적 정보에 대한 의미 처리과정과 관련되어 있는 뇌 부분에 구조적·기능적 결함이 있는 것으로 보고되고 있다.

이 장에서는 학습장애의 신경생물학적 원인에 대한 초기 추론의 문제와 학습장애를 둘러싼 장애 논쟁에 대해 간략히 살펴보고, 최근의 뇌영상 촬영방법을 이용한 연구 결과들을 중심으로 대뇌와 관련한 학습장애의 신경생물학적 원인에 대해 알아보고, 학습장애아를 대상으로 한 여러 중재들이 효과적인지를 신경생물학적 접근을 통해 확인하고자 한다. 또한 학습활동에 중요한 근간이 되는 인간의 뇌에 대해서도 구조적 측면, 기능적 측면, 발달적 측면을 중심으로 살펴보고자 한다.

2. 학습장애의 기질적 원인을 둘러싼 논쟁

1) 학습장애의 기질적 원인에 대한 초기 설명

학습장애에 관한 최초의 경험과학적 연구는 1930년대 네덜란드 심리학자인 Alfred Strauss와 Heinz Werner를 중심으로 이루어진 후천적 뇌손상을 입은 지적장애 아동의 학습 및 행동특성에 관한 연구였다(Mercer, 1992). 이들 연구자들은 후천적인 뇌손상을 입은 아동들이 지각-운동 협응장애, 주의장애, 충동적 행동, 개념적 이해의 어려움 같은 행동특성을 나타내 보인다는 것을 발견하였다. 이들은 자신의 연구 결과를 근거로 뇌손상을 입은 아동의 행동특성을 간접적으로 진단할 수 있다고 가정하였다.

후천적 뇌손상으로 지적장애 현상을 보이는 아동을 대상으로 한 Strauss와 Werner의 연구는 Cruikshank에 의해 정상 지능을 보이는 일반아동에 대한 연구로 확장·적용되었다. Cruikshank는 정상 지능을 가지고 있는 일반아동 가운데 후천적 뇌손상으로 인해 지적장애를 갖게 된 아동이 보이는 행동특성과 비슷한 특성을 보이는 아동이 있다는 것을 발견하였다(Kavale & Forness, 1995). 이를 근거로 Cruikshank는 후천적 지적장애 아동과 비슷한 심리적 특성을 보이는 일반아동에게도 명백하게 드러나지는 않지만 미소한 뇌손상이 존재할 것으로 추정하였다. 뇌 부분의 명백한 손상은 현저한 인지적 결함인 지적장애를 수반할 것이지만, 뇌손상의 정도가 극히 미미하기 때문에 특정 행동이나 학습활동에만 장애가 나타난다고 가정하였다. 후에 Clements는 이러한 심리적 행동특성을 보이는 일반아동 집단을 미소뇌기능장애라고 명명하였다(Mercer, 1992).

　유사한 행동특성을 근거로 학습이나 주의행동에 문제가 있는 아동들이 명백하게 보이지는 않지만 미소한 뇌손상을 가지고 있다는 주장은 논리적 비약에 근거하고 있다는 비판이 제기되었다. 즉, 비슷한 행동특성을 보이게 되는 원인은 뇌 부분의 손상과 직접적으로 관련이 없을 수도 있다는 것이다. 미소뇌기능장애라는 장애 명칭에 내재해 있는 잘못된 논리적 추론을 구체적으로 살펴보면 다음과 같다.

　　명제 1: 후천적 뇌손상을 입은 아동들은 학습 및 주의행동에 있어 심각한 결손을
　　　　　나타낸다.
　　명제 2: 평균 지능을 가지고 있는 일반아동들 중에서 일부가 학습 및 주의행동에
　　　　　있어 심각한 결손을 나타낸다.
　　결론: 평균 지능 수준을 가지고 있지만 학습 및 주의행동에 결함을 보이는 일반아
　　　　　동에게는 보이지 않는 미소한 뇌손상이 있을 것이다.

　최근 뇌의 구조 및 기능에 대한 신경생물학적 연구 결과는 학습장애아동의 뇌 구조 및 기능이 일반아동과 다르다고 보고하고 있으나(Batshaw, 1997), 단순히 위와 같은 잘못된 논리적 추론에 근거해 학습장애가 뇌기능의 손상과 관련이 있으리라고 생각하는 것은 잘못된 것이다.

2) 학습장애가 사회적 구인이라는 주장과 관련된 논쟁

　Ysseldyke를 중심으로 한 미네소타 대학교 학습장애연구소(Institute for Research on Learning Disabilities)의 일련의 연구들은 학습장애아동과 저성취(low achieve-

생각해 보기   학습장애는 사회적 구인일까 혹은 기질적 구인일까?

생각해 보기   학습장애를 보는 입장에 따라 교육 접근은 어떻게 다를까?

ment) 아동을 명확히 구별할 수 없으며, 이러한 결과를 토대로 학습장애라는 용어가 기존 저성취라는 용어의 단순한 대체이고, 기질적 장애라기보다는 또 다른 사회적 구인이라고 주장하였다. 이러한 주장에 대해 Kavale, Fuchs, Shinn 그리고 Wilson과 같은 연구자들은 Ysseldyke의 연구가 개념적ㆍ연구방법적 그리고 연구 결과 해석적 측면에서 잘못을 범하고 있다고 비판하면서 학습장애와 저성취는 질적으로 구별되는 집단이라고 주장하였다. 이들 학습장애를 둘러싼 장애 논쟁을 구체적으로 살펴보면 다음과 같다.

(1) 학습장애는 저성취와 동일한 하나의 사회적 구인이라는 입장

이명동인(異名同人)

먼저, 학습장애에 대한 개념적 논쟁을 불러일으켰던 Ysseldyke를 중심으로 한 미네소타 대학교 학습장애연구소의 몇몇 연구들을 살펴보면 다음과 같다. Ysseldyke 등(1982)은 지역 교육청에 의해 학습장애라고 판정된 학생들과 표준화 학업성취검사에서 하위 25 백분위 점수를 받은 저성취 학생들 간에 학업성취, 일반능력, 지각-운동 협응능력, 자아개념 그리고 문제행동에 있어 차이가 있는지를 조사하였다. 조사 결과, 비록 학업성취와 문제행동 영역에서 학습장애 집단이 저성취 집단보다 통계적으로 낮은 점수를 나타내 보였지만, 모든 검사 영역에서 두 집단 간의 검사 점수 분포가 상당 부분(평균적으로 96%가량) 서로 겹친다고 보고하였다(그림 3-2] 참조).

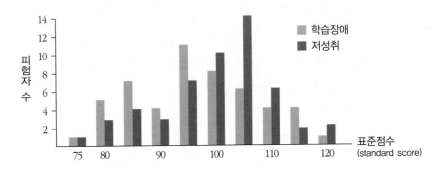

[그림 3-2] 학습장애로 판정된 학생들과 저성취 학생들 간 WISC·R 점수 분포

* 두 집단의 점수 분포가 상당 부분 겹치는 것(82%에서 100% 범위, 평균적으로 96%)을 확인할 수 있음.
출처: Ysseldyke et al. (1982).

비슷한 연구로서 Algozzine과 Ysseldyke(1983)는 지역 교육청에 의해 학습장애로 판정된 학생들과 표준화 학업성취검사에서 낮은 검사 점수를 보여 학습장애 판정에 의뢰(referral)되었지만 학습장애로 판정되지 않은 저성취 학생들 간에 일반능력, 학업성취, 지각-운동 협응능력 그리고 문제행동에 있어 차이가 있는지를 조사하였다. 선행 연구와 마찬가지로, 비록 학습장애집단이 저성취집단보다 학업성취에서 통계적으로 유의미하게 낮은 성취수준을 보였지만 두 집단의 점수 분포는 많은 부분 중복되었으며, 능력-성취 차이 점수를 이용한 학습장애 분류의 정확성도 낮은 것으로 나타났다. 이들 연구 결과를 토대로 연구자들은 학습장애에 대한 개념적 논의보다 학교학습에서 실패하고 있는 모든 학생들을 어떻게 도울 것인지에 더 많은 관심을 기울여야 할 것이라고 주장하였다.

계속되는 후속 연구로서 Epps 등(1984)은 학습장애학생들과 저성취 학생들의 일반능력, 학업성취, 지각-운동 협응능력, 자아개념, 문제행동에 관한 검사 점수를 65명의 학교심리학자(school psychologist), 38명의 학습장애 특수교사 그리고 교육학이나 심리학에 대한 사전지식이 없는 21명의 공대 학생들에게 제시하고, 검사 점수를 근거로 어떤 학생이 학습장애학생인지를 판별하도록 요청하였다. 실험 결과, 학교심리학자나 특수교사 모두 학습장애에 대한 전문적 교육과 경험에도 불구하고 학습장애 판정에 있어 학습장애에 대한 아무런 전문 지식이 없는 공대 학생들과 비슷한 정확성을 나타내 보였다. 세 집단이 보인 학습장애 판정의 정확성은 대략 50% 정도로, 이는 검사 점수에 근거하지 않고 그냥 단순 추측을 했을 때와 같은 정확성이다. 한편, 능력-성취 차이 점수만을 이용해 학습장애학생을 판별하도록 요청한 경우 공대 학생들이 두 전문가 집단보다 훨씬 높은 정확성을 나타내 보였다. 이 같은 연구 결과를 바탕으로 연구자들은 학생들에 대한 다양한 검사 결과를 제공하는 것이 학습장애 판정의 정확성을 증진시키지 못하며, 이러한 결과는 학습장애라는 개념 자체가 모호하고 '인위적으로' 만들어진 것이기 때문에 발생한다고 주장하였다.

이러한 일련의 연구들을 근거로 Ysseldyke와 그의 동료들은 학습장애란 잠재능력에 비해 현저하게 낮은 성취수준을 보이는 기질적 장애라는 주장을 일축하고, 학습장애라는 용어의 사용이 학습문제를 겪고 있는 학생들에게 도움을 주기보다는 더 많은 '인위적' 문제들(예를 들면, 존재하지도 않는 학습장애에 대한 정의 내리기, 학습장애에 대한 판단 기준 마련하기, 학습장애 집단에 적합한 특수교육 프로그

램 개발하기)을 만들어 낸다고 경고하였다(Algozzine, 1985). 그러므로 기존의 '저
성취'라는 범주에 학습문제를 겪고 있는 모든 학생들을 포함시키고 이들을 위한
공통된 프로그램 개발에 더 많은 시간과 재원을 투자하는 것이 바람직하다고 제
안하였다. 이처럼 학습장애가 단지 사회적 구인에 지나지 않는다는 주장은 결과
적으로 후에 특수교육과 일반교육의 통합을 주장하는 통합교육론자들의 중요한
경험적 근거로서 자주 인용되었다.

(2) 학습장애는 저성취와 구별되는 기질적 장애라는 입장

이명이인(異名異人)

Ysseldyke를 중심으로 한 미네소타 대학교 학습장애연구소의 학습장애에 대
한 전면적 부인과 관련하여 Wilson, Kavale, Fuchs 그리고 Shinn으로 대표되는
연구자들은 Ysseldyke의 연구들이 개념적 · 연구방법적 그리고 연구 결과 해석
적 측면에서 문제가 있다고 지적하였다. 먼저, 개념적 측면에서 Ysseldyke와 그
의 동료들이 학습장애와 능력-성취 차이를 동일한 개념으로 받아들이는 잘못
을 범했다고 비판을 제기하였다(Kavale, 1995; Kavale et al., 1994). 능력-성취 차이
라는 개념은 본질적으로 학습장애보다는 '학습부진(under-achievement)'이라는
개념과 논리적으로 더 관련이 있는 것으로, 단순히 능력-성취 차이 점수에 있어
학습장애 집단과 저성취 집단이 비슷한 결과를 나타내 보인다고 두 집단을 같은
집단이라고 결론짓는 것은 지나친 일반화라는 것이다. 실제로 학습장애는 학습
부진을 의미하는 능력-성취 차이뿐만 아니라 신경생물학적 결함(Batshaw, 1997;
Lyon & Rumsey, 1996), 인지적 정보처리과정의 어려움(Swanson, 1993), 제외준거
라는 개념들을 함께 포함하는 것으로, 능력-성취 차이는 학습장애를 정의하는
하나의 구성 개념에 지나지 않는다는 것이다.

Ysseldyke를 중심으로 한 일련의 연구는 연구방법적 측면에 있어서도 몇 가지
문제점을 가지고 있다. 첫째, Ysseldyke와 그의 동료들은 학습장애를 판정하는
데 있어 능력-성취 차이 점수만을 적용했을 뿐, 이 기준과 함께 일반적으로 많
이 사용되고 있는 제외준거를 학습장애학생과 저성취 학생 구별에 사용하지 않
았다(Wilson, 1985). 능력-성취 차이 점수만을 가지고 두 집단을 구별했을 때 집
단 간의 구별이 명확하지 않았던 이유 중의 하나는 바로 저성취 집단 가운데에

는 현저한 능력-성취 차이 점수를 보이지만 제외준거에 의해 실제로 학습장애 판정을 받지 못한 학생들이 많이 포함되어 있었기 때문이다.

둘째, 두 집단의 검사 점수 분포가 얼마나 많이 서로 겹치는가를 측정하는 방법에 대한 비판으로, Ysseldyke와 그의 동료들은 단순히 한 기준집단의 검사 점수의 최저치와 최고치 사이에 얼마나 많은 다른 집단의 검사 점수들이 놓이는가를 백분위 점수로 계산하는 방법을 사용하였다. 이 같은 계산 방법은 최저치와 최고치를 산정하기 위해 사용된 기준집단에 극단점수(極端點數)가 있는 경우 두 집단 간 검사 점수의 중복 부분을 과대 추정하는 오류를 범할 수 있다. 실제로 두 집단 간의 평균 차이를 표준화된 지수로 나타낸 효과크기(effect size)에 근거해 두 집단 간 검사 점수 분포의 중복 부분을 계산했을 때, 두 집단 간에 검사 점수의 37%만이 서로 겹침을 알 수 있었다고 한다(Kavale, 1995; Kavale et al., 1994). 이는 Ysseldyke와 그의 동료들이 보고한 두 집단 간 검사 점수 분포의 97% 중복보다 훨씬 낮은 수치다.

셋째, 미네소타 대학 학습장애연구소에서 실시된 일련의 연구에 참여한 학습장애학생과 저성취 학생 수의 제한이 이들 연구 결과를 전체 집단에 일반화하는 데 제한점을 갖는다(Wilson, 1985). 실제 901명의 학습장애학생과 761명의 저성취 학생을 대상으로 한 Wilson(1985)의 연구에 의하면, 표준점수와 학년점수 모두를 이용해 각각 차이 점수를 구하고 이를 근거로 학생들을 분류했을 때 학습장애학생 중 92%를 정확하게 판정할 수 있었다고 한다. 또한 표준점수를 이용한 능력-성취 차이 점수에 있어서도 유의미한 차이 점수를 나타낸 학생 중 75%가 학습장애학생이었고 나머지 25%가 저성취 학생으로, 이는 Ysseldyke의 연구 결과와는 달리 능력-성취 차이 점수가 두 집단을 구별하는 데 어느 정도 신뢰롭게 사용될 수 있음을 보여 주는 것이다.

마지막으로, Ysseldyke와 그의 동료들은 자신들의 연구 결과를 해석함에 있어 자신들이 원하는 결과(예를 들면, 검사 점수 분포의 중복 부분과 능력-성취 차이 점수에 근거한 장애 판단의 정확성)에만 비중을 두었지, 자신들의 연구에서 일관되게 발견된 학습장애 집단과 저성취 집단 간에 존재하는 유의미한 학업성취 차이를 중요하게 다루지 않았다는 비판을 받는다. Ysseldyke와 그의 동료들은 이러한 집단 간에 존재하는 성취수준의 차이에 대해 장애 판정이라는 활동 자체가 개개의 학생을 중심으로 이루어지는 것이기 때문에 집단 간의 차이는 의미 없는 결

84

과라는 주장을 편다(Algozzine et al., 1995). 이 같은 주장에 대해 비판적인 연구자들은 집단 간 차이를 살펴보는 것도 학습장애 집단과 저성취 집단이 질적으로 동일한 집단인가를 연구하는 데 유용한 접근 방법 중 하나라고 반박한다(Kavale, 1995; Kavale et al., 1994).

한편, 학업성취에 있어 두 집단 간에 유의미한 차이가 존재한다는 것은 다른 연구들에 있어서도 지속적으로 발견된 사실이다(신종호, 1999; Shinn et al., 1986). 이처럼 두 집단 간 학업성취에 있어서 유의미한 차이의 존재는 학습장애 집단이 저성취 집단과 질적으로 구분되는, 학습부진을 보이고 있는 학생들 가운데 여러 가지 원인으로 인해 가장 심각한 학습문제를 겪고 있는 집단이라는 것을 의미한다.

3. 학습의 신경생물학적 기제: 인간의 두뇌

최근 신경생물학적 연구들은 학습장애가 대뇌의 기능적 이상으로 인해 발생하는 기질적 장애임을 분명히 보여 주고 있다. 지금까지 연구들은 대뇌 발달이 유전 요인, 태내환경 요인 그리고 발달기 언어환경 요인에 의해 영향을 받는다고 밝히고 있다. 이들 세 요인과 관련된 위험 요소에 노출될 경우 상대적으로 두뇌 발달에 부정적인 결과를 초래할 수 있으며, 결과적으로 학교학습에서 상대적인 어려움을 나타낼 수 있다. 여기서는 일반아동과 구별되는 학습장애아동의 신경생물학적 특징에 대해 구체적으로 살펴보기 전에 학습을 포함해 인간의 모든 활동을 계획 · 통제하는 두뇌의 구성과 기능 그리고 최고 수준에 대해 먼저 살펴보고자 한다.

1) 두뇌 구성의 기본단위: 신경세포

인간의 두뇌는 약 860억 개의 신경세포로 구성되어 있다. 임신 3주부터 시작되는 태아의 두뇌 발달은 왕성하게 신경세포를 만드는 3개월 이후가 되면 하루 20만 개의 신경세포를 만들어 낸다고 한다. 이들 신경세포들은 서로 연결망을 형성하게 되고, 이들 연결망을 통해 정보를 기억하고 처리하게 되는 것이다. 보통 한 개의 신경세포는 다른 신경세포와 5,000~10,000개의 연결을 가지고 있다고 보고되고 있다(Pinel, 1997).

이들 신경세포는 크게 수상돌기(dendrite), 세포체(soma), 축삭돌기(axon)로 구성된다. 수상돌기는 다른 신경세포로부터 신호를 받아들이는 부분으로서, 한 신경세포에는 다수의 수상돌기가 존재한다. 수상돌기를 통해 받아들인 정보는 전기적 신호 전달 과정을 통해 세포체를 거쳐 축삭돌기로 전달된다. 세포체는 신경세포의 생명을 유지시켜 주는 핵과 여러 구성 물질로 이루어져 있으며, 축삭돌기는 수초(myelin)에 의해 감싸여 있는 부분과 랑비에 결절(node of Ranvier)로 구성된다. 축삭돌기에 전달된 전기신호는 축삭돌기 끝부분에 있는 종말단추에서 분비되는 신경전달물질을 통해 다른 신경세포로 전달된다. 이때 두 신경세포가 연결되는 부분을 시냅스(synapse)라고 하며, 시냅스는 두 신경세포 간의 아주 작은 틈새로 구성된다([그림 3-3] 참조). [그림 3-4]는 인간의 두뇌를 구성하는 기본단위인 신경세포의 모습을 보여 준다.

신경세포들 간의 신호 전달을 담당하는 신경전달물질(neurotransmitter)은 크게 아세틸콜린(acetylcholine), 모노아민계열 신경전달물질 그리고 아미노산계열 신

시냅스(synapse)
두 신경세포가 연결되는 부분

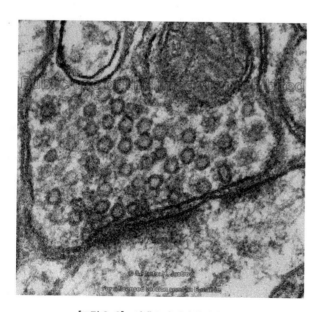

[그림 3-3]　시냅스의 전자현미경 사진

출처: http://www.uni-mainz.de/FB/Medizin/Anatomie/workshop/EM/EMSynapseE.html

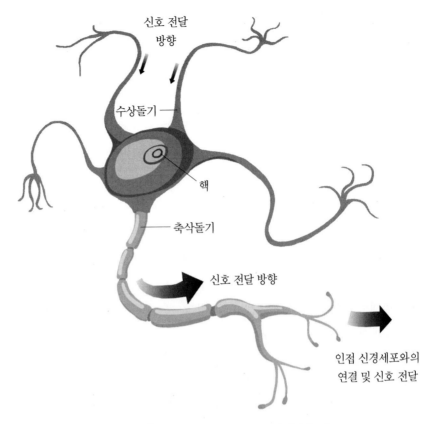

신호 전달 방향

수상돌기

핵

축삭돌기

신호 전달 방향

인접 신경세포와의 연결 및 신호 전달

[그림 3-4] 두뇌의 기본 구성단위인 신경세포의 모습

경전달물질로 대별해 볼 수 있다. 아세틸콜린은 대뇌의 활동에 있어 주로 학습과 기억, 꿈과 같은 활동을 담당하는 신경세포에서 사용되는 것으로 알려지고 있다. 모노아민계열 신경전달물질로는 도파민(dopamine), 노르에피네프린(norepinephrine), 세로토닌(serotonin) 등을 들 수 있다. 도파민은 운동, 주의, 학습, 약물중독과 관련된 대뇌활동에 관여하는 것으로 알려져 있다. 심각한 운동장애인 파킨슨병과 주의력결핍 과잉행동장애의 경우 도파민의 분비를 촉진시키는 약물처치를 통해 문제를 완화시키기도 한다. 반대로 환각과 망상을 수반하는 조현병의 경우에는 도파민 활동을 차단하는 약물을 사용한다. 노르에피네프린은 뇌의 경계 수준과 각성 상태를 조절하는 데 중요한 역할을 담당하며, 세로토닌은 주로 기분 조절, 섭식, 수면, 각성, 공격행동 등에 관여하는 것으로 알려져 있다. 마지막으로, 아미노산계열 신경전달물질로는 글루탐산(glutamic acid)과 가바(gamma-aminobutyric acid: GABA) 등을 들 수 있다. 글루탐산은 신경세포가 흥분

적 특성을 갖도록 하는 반면에, 가바는 억제적 특성을 갖도록 하는 기능을 수행
한다(김현택, 조선영, 박순권, 2001).

2) 두뇌의 구성과 기능

인간의 두뇌는 크게 소뇌, 뇌간, 대뇌로 구성된다. 소뇌는 머리의 뒤쪽 아래
부분에 위치해 있고, 뇌간은 척수와 대뇌를 연결하며 연수, 뇌교, 중뇌, 간뇌로
구성된다. 대뇌는 좌우 대뇌피질과 이들 좌우 반구를 연결해 주는 뇌량(corpus
callosum)으로 구성되어 있다. 인간의 뇌를 구성하는 각 주요 부분을 살펴보면
[그림 3-5]와 같다.

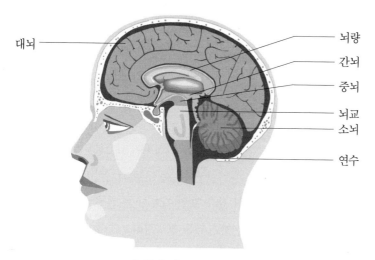

[그림 3-5] 두뇌의 구성

(1) 소뇌와 뇌간의 구성과 기능

일반적으로 소뇌(cerebellum)는 균형 유지, 자세, 걷기 등과 같은 자율적인 근
육 움직임이 무난하고 정확하게 일어나도록 하는 통제 및 조절 기능을 수행한
다. 따라서 소뇌의 기능적 이상은 협응적 근육운동의 어려움을 초래한다. 걷는
행동이 부자연스럽다거나 손이 떨려서 목표하는 물건을 잡는 데 어려움을 보이
는 것이 그 예다. 또한 우성유전에 의해 전달되는 윌슨(Wilson)병(일명 소뇌 위축
증)은 심한 운동장애를 가져오며, 이로 인해 움직임이 거의 불가능한 상태를 초

소뇌(cerebellum)
움직임을 통제하고 조절하는
기능을 수행하는 뇌 부위

래하게 된다. 소뇌의 역할과 관련해 한 가지 주의해야 할 것은 간질장애를 가진 아동에 대한 약물처치다. 보통 간질문제를 완화시키기 위해 다일랜틴(dilantin)이란 약물을 많이 사용하는데, 이 약물에 포함되어 있는 페니토인(phenytoin)이라는 화학물질을 과다하게 섭취하는 경우 근육운동의 협응 수행에 문제가 초래된다. 이 같은 문제를 보이는 아동의 경우 걸을 때 발이 엉켜 넘어지거나 물건을 잡으려고 할 때 상당한 어려움을 보인다. 이 경우에는 약물의 양을 적절하게 조정함으로써 근육 협응의 문제를 해결할 수 있다(Lynch & Batshaw, 1997).

뇌간(brain stem)은 대뇌와 척수를 연결하는 역할을 수행하며, 크게 연수(medulla oblongata), 뇌교(pons), 중뇌(midbrain), 간뇌(diencephalon)로 구성된다. 연수는 심장박동, 호흡 그리고 다른 반사적 생명유지 활동을 관장하며, 뇌교는 척수로부터 온 정보를 대뇌에 전달하는 역할을 수행한다. 중뇌는 눈의 움직임, 뇌의 각성 수준, 주의활동에 관여하고, 간뇌는 뇌간과 대뇌를 연결하며 후각을 제외한 모든 감각정보를 통합하는 기능을 수행한다(김현택, 조선영, 박순권, 2001; Mercer, 1992).

뇌간(brain stem)
대뇌와 척수를 연결하는 뇌 부위

(2) 대뇌의 구성과 기능

대뇌는 뇌의 가장 큰 부분을 차지하며, 의식적인 사고활동을 통제하는 중요한 기능을 담당한다. 대뇌는 크게 좌반구와 우반구로 나뉘어 있으며, 이들 두 반구는 뇌량을 통해 서로 연결되어 있다. 또한 각 반구는 전두엽, 두정엽, 측두엽, 후두엽으로 나뉘며, 이 영역들은 각기 다른 정보처리 기능을 담당한다.

먼저, 좌반구와 우반구는 서로 다른 기능들을 담당하는 것으로 알려져 있다. 일반적으로 좌반구는 논리나 지적 사고와 같은 언어 기능을 주로 담당하며, 우반구는 시공간과 관련된 지각능력, 운동능력 그리고 정서 기능 등을 주로 담당한다. 이때 좌반구와 우반구가 담당하는 기능이나 역할의 분화를 측두화(lateralization)라고 하며, 오른손잡이의 경우 90%, 왼손잡이의 경우 70%가 좌반구에 언어 우세성을 갖는다고 한다(Hallahan, Kauffman, & Lloyd, 1999).

측두화(lateralization)
좌반구와 우반구의 기능적 역할 분화

좌반구의 언어 우세성이 존재한다는 증거는 주로 분리뇌(split brain) 환자들을 대상으로 한 연구에서 밝혀지고 있다(Pinel, 1997). 심각한 간질 환자의 경우 발작을 줄이기 위한 하나의 방법으로 좌반구와 우반구를 연결하는 뇌량을 절단하는 수술을 한다. 뇌량을 절단하게 되면 좌반구와 우반구를 연결하는 통로가 없어지기 때문에 두 반구 간에 의사소통이 이루어지지 않게 된다. 이 환자들을 대상으로 좌반구의 언어 우세성을 보여 준 대표적인 실험의 하나가 바로 물체를 왼눈과 오른눈에 각각 보여 주고 물체의 이름을 말하도록 한 실험이다(Gazzaniga, 1983). 이 실험에서 분리뇌 환자들은 왼눈에 물체를 제시하고 물체의 이름을 말하도록 했을 때에는 전혀 물체의 이름을 말하지 못하지만, 오른눈에 물체를 보여 주면 그 이름을 말할 수 있었다고 한다. 이 같은 실험 결과는 오른눈에 제시된 정보가 좌반구에 전달되어 언어적 정보처리가 이루어진 반면에, 왼눈에 제시된 정보는 우반구에 전달되어 언어적 정보처리가 되지 않음을 보여 주는 것이다.

또한 임상적 보고에 따르면, 분리뇌 환자의 경우 '혼자 움직이는 왼손 현상'을 경험한다. 예를 들어, 시험공부를 위해 내용이 따분한 책을 왼손에 올려놓고 읽고 있는 경우에 자신도 모르게 왼손으로 책을 덮어 버리는 현상을 경험한다고 한다. 이는 정서 기능을 담당하는 우반구가 책이 따분하다고 인식하기 때문에 왼손에 명령을 내려 책을 덮는 행동을 하게 되는 것으로, 의식적 활동이 아닌 일종의 무의식적 활동으로 나타나는 것이다(김현택, 조선영, 박순권, 2001). 이처럼 좌반구와 우반구는 서로 다른 기능들을 담당하는 것으로 보고되고 있으며, 이들

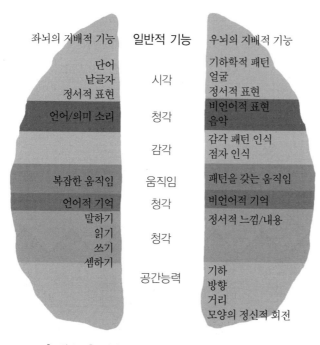

[그림 3-6] 좌반구와 우반구가 담당하는 기능의 차이

두 반구가 담당하는 서로 다른 기능들을 요약하여 살펴보면 [그림 3-6]과 같다.

좌반구와 우반구는 각각 다시 전두엽(frontal lobe), 두정엽(parietal lobe), 측두엽(temporal lobe), 후두엽(occipital lobe)으로 나누어 볼 수 있다(Pinel, 1997). [그림 3-7]은 전두엽, 두정엽, 측두엽, 후두엽이 위치해 있는 영역과 각 영역이 담당하고 있는 주요 기능들을 보여 준다.

전두엽(frontal lobe)은 주의, 계획, 사고 기능과 운동 기능을 담당하는 것으로 보고되고 있다. 이 중에서도 주의, 계획과 관련된 뇌의 활동은 주로 전전두엽(prefrontal lobe)에서 담당하며, 운동 기능은 두정엽과 만나는 후전두엽 부분에서 담당한다. 또한 언어 기능과 관련해 중요한 부분인 브로카(Broca) 영역이 전두엽에 위치해 있다. 브로카 영역의 정확한 위치는 측두엽과 만나는 옆부분이라고 알려져 있다.

두정엽(parietal lobe)은 다양한 감각정보의 처리를 담당하며, 두정엽의 역할을 통해 다양한 형태의 감각정보를 발휘하여 사물을 인식할 수 있게 된다. 예를 들면, 우리는 사자의 울음소리만 듣고 사자의 모습을 연상하게 되는데, 이때 두정엽이 통합적 정보 지각 및 인지에 영향을 미치게 된다.

측두엽(temporal lobe)은 학습과 관련된 중요한 기능을 수행한다. 특히 언어이해를 담당하고 있는 베르니케(Wernicke) 영역이 측두엽에 위치해 있다. 이 부분

전두엽(frontal lobe)
주의, 계획, 사고 기능을 주로 담당하는 뇌 부위

두정엽(parietal lobe)
감각정보 처리를 주로 담당하는 뇌 부위

측두엽(temporal lobe)
학습처리과정 및 언어이해를 주로 담당하는 뇌 부위

후두엽(occipital lobe)
시각정보의 분석과 통합을 주로 담당하는 뇌 부위

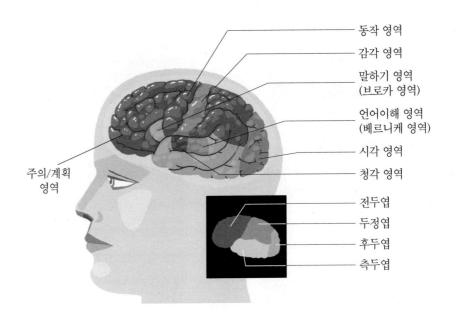

[그림 3-7] 대뇌의 기능적 구성과 담당 역할

에 손상이 있는 경우 글을 읽거나 사람이 하는 말을 들어도 그 의미를 파악하는 데 심각한 어려움을 경험하게 된다. 그러므로 학습활동이 언어를 매개로 한 의미 형성 과정이라고 할 때 측두엽이 중요한 역할을 수행한다고 생각할 수 있다.

마지막으로, 후두엽(occipital lobe)은 시각정보를 분석하고 통합하는 역할을 수행한다. 분석된 정보는 두정엽과 측두엽으로 전달되는데, 시각정보와 관련하여 두정엽은 위치나 거리와 같은 시공간적인 정보를, 측두엽은 시각정보의 의미를 파악하는 데 중요한 역할을 수행하게 된다. 후두엽 부분의 손상은 시각 실인증(visual agnosia)을 초래하며, 이 경우 물체에 대한 시각적 분석이 불가능해서 물체를 볼 수는 있지만 그것이 무엇인지 인지하지 못하는 결과를 갖는다.

생각해 보기
학습장애와 뇌기능을 어떻게 연결 지어 생각해 볼 수 있을까?

생각해 보기
학습장애와 연관이 깊은 뇌 부위는 어디일까?

3) 두뇌의 최고 수준

인간의 두뇌 형성은 임신 3주부터 시작된다. 이때 인간의 두뇌는 닫혀진 일자형 관(tube) 형태를 띠며, 나중에 관의 윗부분은 전뇌(forebrain), 중간 부분은 중뇌, 그리고 아랫부분은 소뇌를 형성하게 된다. 5주가 지나면 인간의 두뇌는 일자형 관 모양에서 어른의 두뇌와 같이 'ㄱ'자 모양을 갖기 시작한다. 3개월이 지나면 기본적 구조의 형성이 완료되며, 신경세포 수준에서는 계속적인 연결망 형성을 통한 변화가 지속된다(Lynch & Batshaw, 1997). 태아의 두뇌 발달이 어떠한 모습으로 일어나는지는 [그림 3-8]이 보여 준다.

태아의 두뇌 발달은 크게 여섯 단계로 나누어서 살펴볼 수 있다. 이들 단계들은 크게 신경관 형성(neurulation stage) 단계, 전뇌 발달(prosencephalic development) 단계, 신경세포의 급격한 분할(neuronal proliferation) 단계, 신경세포의 이동(neuronal migration) 단계, 신경세포의 조직화(organization) 단계, 수초 형성(myelination) 단계다(Lynch & Batshaw, 1997). 이들 각 단계에서 일어나는 일들을 구체적으로 살펴보면 다음과 같다.

1단계인 신경관 형성 단계는 임신 3~7주 사이에 일어나며, 신경관 형성이 이루어지는 시기다. 이 단계에서 이상이 있는 경우 이분척추(spina bifida)나 무뇌증(anencephaly)이 나타날 수 있으며, 신경관 형성은 PAX라고 불리는 유전자가 조절하는 것으로 보고되고 있다. 또한 그 이유는 아직까지 구체적으로 알려져 있지 않지만, 이 시기에 산모에게 비타민 B가 결손되어 있거나 산모가 지나치게 비

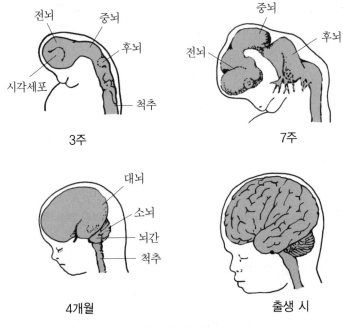

[그림 3-8] 태아의두뇌 발달 모습

타민 A를 섭취하는 경우 신경관 이상을 나타낼 확률이 높다고 한다.

2단계인 전뇌 발달단계는 임신 2~3개월 사이에 일어나며, 전뇌로부터 대뇌를 구성하는 부분들이 형성되기 시작한다. 또한 이 시기에 얼굴이 형성되기 시작하며, 좌우반구를 나누는 틈과 뇌실이 형성된다. 이 단계에서 발달이상을 갖는 경우 안면 기형과 더불어, 뇌실 및 대뇌 형성의 결함 그리고 뇌량의 미형성을 가져올 수 있다고 한다. 이 단계에서의 발달이상은 10만 명당 6~12명가량에게서 나타나는 것으로 알려져 있으며, 발달이상은 염색체 13번 또는 18번과 연관이 있는 것으로 추정되고 있다.

3단계인 신경세포의 급격한 분할 단계는 임신 3~4개월 사이에 일어나며, 신경세포들이 중앙에서 뇌의 바깥 부분으로 이동하기 전에 급속한 분할을 통해 수많은 신경세포들을 형성하기 시작한다. 이 단계에서 신경세포 분할이 방해를 받는 경우에는 소두증(microcephaly)을 가질 수 있으며, 이는 심각한 지적장애와 연관이 있는 것으로 알려지고 있다. 신경세포의 분할을 방해하는 요인들로는 알코올, 방사선, 자궁 내 감염 등을 들 수 있다.

4단계인 신경세포의 이동 단계는 임신 3~5개월 사이에 일어나며, 중앙에서

밖으로 신경세포들이 이동하기 시작한다([그림 3-9] 참조). 처음에는 한 개의 신경세포층이 존재하다가 두뇌의 크기가 커짐에 따라 신경세포층도 늘어나기 시작하며, 초기 성인기가 되면 대뇌피질에 여섯 개의 층이 존재하는 것으로 알려지고 있다. 이들 신경세포의 이동에는 지지세포들이 중요한 역할을 수행하는 것으로 알려져 있다. 만일 신경세포들의 이동이 불완전하게 이루어진 경우, 학습장애, 지적장애 또는 간질과 같은 장애를 나타낼 수 있다고 한다.

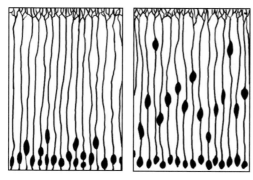

[그림 3-9] 신경세포들의 이동

　5단계인 신경세포의 조직화 단계는 임신 5개월부터 시작되어 성인기까지 계속해서 진행된다. 이 단계에서는 신경세포의 수상돌기와 축삭돌기가 성장하는 모습을 볼 수 있으며, 신경세포들 간의 체계적 연결을 통해 두뇌의 생리적 발달이 진행된다. 먼저, 환경과의 상호작용을 통해 수상돌기의 크기와 모양이 변화하는 것을 볼 수 있다. 이 단계에는 수상돌기를 따라 작은 돌기부가 만들어지는데, 이는 정보전달의 효율성을 증가시키는 역할을 수행하는 것으로 알려지고 있다. 즉, 수상돌기의 폭이 넓어지면 전기신호를 전달하는 데 저항을 줄일 수 있으며, 이것이 정보전달을 효율적으로 만드는 역할을 하는 것으로 간주된다. 임상적 연구들의 경우 다운증후군 아동은 수상돌기의 돌기부 수가 적으며, 수상돌기의 폭도 상대적으로 좁은 것으로 보고하고 있다. 또한 성인기까지 수상돌기의 복잡성 증가를 통해 신경세포 간의 연결 모양이 계속해서 변화하는 모습을 볼 수 있다. 이는 신경세포들 간의 계속적인 연결망 형성이 진행되고 있음을 의미하는 것으로, 이를 통해 효율적인 정보처리를 위한 구조화가 이루어진다.

　마지막 6단계는 수초 형성 단계로서, 일반적으로 아기가 태어난 이후에 진행된다. 수초 형성이란 일종의 축삭돌기를 신경섬유로 둘러싸는 일을 말하며, 태아 두뇌 발달기에 모든 신경세포는 수초를 가지고 있지 않은 상태다. 수초는 신경세포 내에서의 전기적 신호 전달을 촉진시켜 주는 역할을 수행하므로, 효과적인 정보전달을 위해 출생 후 두뇌 발달과정에서 축삭돌기에 수초를 형성하게 되는 것이다.

4. 학습장애의 신경생물학적 관련성

학습장애가 단순히 인위적인 사회적 구인이 아니라 기질적 장애라는 것을 보여 주는 연구 결과들이 최근 뇌영상 촬영 방법의 발달에 따라 상대적으로 많이 보고되고 있다. 이 연구들은 학습장애아동이 일반아동과는 구별되는 대뇌의 신경생물학적 특성을 가지고 있으며, 이 신경생물학적 특성들이 학습활동과 관련될 수 있음을 시사하고 있다. 여기서는 학습장애아동이 나타내는 신경생물학적 특성들뿐만 아니라, 이들 신경생물학적 특성들을 밝히는 데 중요한 공헌을 한 뇌영상 촬영 방법과 두뇌 발달에 부정적 영향을 미칠 수 있는 요인들에 대해 함께 살펴보고자 한다.

생각해 보기
학습장애가 신경생물학적 관련성을 가진다는 연구 결과들이 교사에게 시사하는 바는 무엇인가?

1) 뇌영상 촬영 방법에 대한 소개

뇌영상 촬영을 위해 지금까지 개발·사용되고 있는 방법으로서 EEG(electroen-cephalogram), BEAM(brain electrical activity mapping), CAT(computerized axial tomography), PET(positron emission tomography), MRI(magnetic resonance imaging) 등의 방법을 들 수 있다(Pinel, 1997). 이들은 뇌의 구조나 기능을 촬영하는 데 활용하는 방법에서 약간의 차이를 보인다. 학습장애아동의 신경생물학적 특성을 살펴보기 위해 지금까지 사용된 이 방법들을 이해하는 것이 신경생물학적 연구들을 이해하는 데 도움을 줄 수 있을 것이다.

먼저, EEG 방법은 머리의 여러 부분에 전극을 꼽고 대뇌피질의 신경세포들이 나타내는 전기신호를 측정하여 뇌활동을 조사하는 방법이다(그림 3-10 참조). 과거에는 EEG 방법을 이용해 뇌의 기능적 활동 영역을 찾기 위한 노력들이 많이

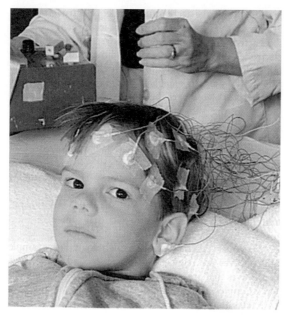

[그림 3-10] EEG 방법의 소개

있어 왔으나, 측정방법이 안정적이지 못하기 때문에 현재는 사용되고 있지 않
다. 예를 들면, 약간의 몸 움직임에 대해서도 측정 결과가 영향을 받기 때문에 안
정적인 결과를 기대하기가 쉽지 않다는 단점을 갖는다. 이러한 단점 때문에 EEG
의 대안으로 BEAM 방법을 사용하기도 했는데, BEAM은 컴퓨터를 이용해 뇌의
전기적 활동 정보를 분석하고 영상 이미지를 생성하는 기법을 적용하고 있다.

　반면에, CAT 방법은 방사선을 이용해 뇌의 구조를 측정하는 방법이다. 이 방
법은 여러 각도에서 X-선을 두뇌에 투과시켜 뇌의 전반적 구조를 컴퓨터를 이
용해 영상화하는 기법을 사용한다([그림 3-11] 참조).

　또한 PET 방법은 방사성 동위원소를 혈관을 통해 대뇌에 주입하고, 아동이 여
러 과제를 수행하는 동안 활성화되는 부분을 혈관의 흐름을 중심으로 영상화하
는 방법이다. 단점은 방사성 물질을 사용해야 한다는 것으로, 이를 극복하기 위
해 제안된 방법이 MRI 방법이다. 이 방법은 방사성 물질을 사용하지 않고 활성
화되는 뇌 부분을 찾아낼 수 있다는 장점을 가지며, 신경세포에 포함된 수소이
온을 중심으로 형성되는 자기장의 모양을 영상화함으로써 활성화되는 두뇌 부
분을 찾아내는 방법이다.

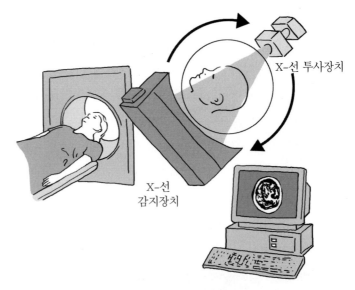

[그림 3-11] CAT 방법의 소개

2) 대뇌 발달에 부정적 영향을 미치는 요인들: 학습장애 유발 가능성을 중심으로

대뇌 발달에 영향을 미치는 요인들은 크게 부모로부터 받은 유전적 요인, 술, 흡연, 납 등의 태내환경적 요인(teratogenic factors)으로 나누어 볼 수 있다(Hallahan, Kauffman, & Lloyd, 1999; Mercer, 1992). 이 요인들이 아동의 대뇌 발달에 부정적 영향을 미치는 경우 인지·정서·행동 발달에 어려움을 초래할 수 있으며, 심각한 경우에는 장애로 연결될 수 있다. 여기서는 학습장애와 관련하여 신경생물학적 측면에서 대뇌 발달에 부정적 영향을 미칠 수 있는 요인들을 중심으로 살펴보고자 한다.

(1) 유전적 요인과 대뇌 발달 이상

학습장애의 유전 가능성에 대한 연구들은 크게 염색체 이상으로 인한 대뇌 발달 이상에 관한 연구와 가계 유전에 의한 학습장애 재출현율 또는 쌍생아를 대상으로 한 학습장애 동시 출현율에 관한 연구로 집약될 수 있다. 일반적으로 유전인자에 의한 장애 발생은 크게 단일 유전자의 이상으로 인한 장애 발생과 여러 유전자의 복합적 기능과 환경의 상호작용으로 인한 장애 발생으로 대별해 볼 수 있다. 지금까지 알려진 바로는 염색체 6번과 15번이 학습장애와 관련이 있는 것으로 보고되고 있다(Church, Lewis, & Batshaw, 1997; Hallahan, Kauffman, & Lloyd, 1999; Rumsey, 1996).

단일 유전자 이상으로 인해 학습장애가 발생하는 경우는 성염색체 이상으로 인지장애가 경미하게 나타날 때인 것으로 보고되고 있다. 우리의 세포에는 일반적으로 22쌍의 상동염색체와 1쌍의 성염색체가 존재한다. 22쌍의 상동염색체 번호는 염색체의 크기에 의해 결정되며, 성염색체의 경우 남자는 XY, 여자는 XX의 염색체 쌍을 갖는다.

성염색체의 이상은 불필요하게 또 하나의 성염색체가 존재하거나 염색체 하나가 존재하지 않는 경우에 발생한다. 대표적인 성염색체 이상으로 들 수 있는 것이 바로 클라인펠터(Klienfelter) 증후군과 터너(Turner) 증후군이다. 이들은 XXY 성염색체 구성과 X 하나만 있는 성염색체 구성을 갖는다. 이 밖에도 XYY 성염색체 구성을 갖는 경우와 XXX 염색체 구성을 갖는 경우에도 학습장애를 유발할 수 있다(Lovitt, 1989). 이들 성염색체 이상으로 나타나는 공통된 특징은 읽기나 수학의 어려움, 시지각 문제, 추상적 사고력의 결함, 청각변별의 어려움, 청각기억의 결함 등이다. 구체적 특징으로는 클라인펠터 증후군은 여자 같은 행동과 소심한 성격을 보이며, 터너 증후군은 작은 키와 늦은 생리 시작 같은 특징을 보인다. 특히 터너 증후군을 갖는 여아는 호르몬 치료를 받아야 하며, 생리적으로 임신은 불가능하다. 마지막으로, XYY 염색체 구성을 갖는 경우에는 클라인펠터 증후군과 비슷한 특성을 보이지만 더 충동적이고 과잉행동적 특성을 보이는 것이 일반적이다. XXX 염색체 구성을 갖는 경우에는 터너 증후군처럼 분명한 신체적 특징은 나타나지 않지만 여러 영역에서 심각한 학습문제를 나타내 보인다.

학습장애아동에 대한 가계 연구들은 학습장애를 가진 부모의 경우 그 자녀가 학습장애를 가질 확률이 상당히 높음을 보여 준다. 대표적인 연구로는 Decker와 Defries(1980, 1981)의 연구를 들 수 있다. 이들 연구자들은 125명의 학습장애아동과 그 가족, 125명의 일반아동과 그 가족을 대상으로 학습장애 재출현율을 살펴보았다. 연구 결과, 전자가 후자보다 훨씬 높은 재출현율을 보이는 것으로 나타났다. 지금까지 연구들을 종합해 보면 세대 간 학습장애 재출현율은 30~50%에 이르는 것으로 보고되고 있다. 또한 형제간의 동시 출현율에 대한 연구들도 학습장애 부모를 가진 경우 40%가 동시 출현을 보인 반면에, 부모가 학습장애를 가지지 않은 경우에는 단지 5%에 지나지 않는 것으로 보고되고 있다(Rumsey, 1996).

하지만 이 연구들은 학습장애의 재출현율이나 동시 출현율에 영향을 미치는 유전적 요인과 공유된 환경적 요인들을 분리하지 못하고 있다는 단점을 갖는다. 이러한 단점을 극복하기 위해서 일란성 쌍생아와 이란성 쌍생아에 대한 학습장애 동시 출현율에 대한 연구들이 많이 수행되어 왔다. 일란성 쌍생아는 부모로부터 같은 유전정보를 물려받은 형제인 반면에, 이란성 쌍생아의 경우에는 유전정보가 서로 다른 형제다. 이들이 같은 가정환경에서 자라났다고 가정할 때, 동시 출현율이 일란성 쌍생아에게서 더 많이 발견된다면 유전적 요인이 영향을 미친다는 것을 간접적으로 알 수 있는 것이다. 이들 두 집단을 연구한 지금까지의 연구 결과들은 일란성 쌍생아의 경우가 이란성 쌍생아의 경우보다 학습장애 동시 출현율이 높은 것으로 보고되고 있다(Hallahan, Kauffman, & Lloyd, 1999). 평균적으로 전자의 경우 동시 출현율이 54%에서 75%에 이르는 반면, 후자의 경우에는 동시 출현율이 약 32% 정도인 것으로 나타나고 있다.

(2) 태내환경적 요인과 대뇌 발달

산모의 태반 안에서 태아가 두뇌를 발달시키는 과정에 부정적인 영향을 미칠 수 있는 요인들로는 술, 흡연, 납, 질소화합물, 방사선 등을 들 수 있다(Lovitt, 1989). 먼저, 술은 태아의 신경세포 분할을 저해함으로써 성장결손을 유발할 수 있다. 구체적으로 살펴보면, 산모가 섭취한 알코올은 태아의 혈청에 있는 포도당인 글루코스(glucose)의 수준을 심각하게 저하시킴으로써 급속한 세포분할에 필요한 에너지 손실을 가져오게 되며, 이것이 신경세포의 손실과 연결된다. 임신 중 지나친 알코올 섭취로 인해 아동이 인지발달에 문제를 보이는 경우 그 정도에 따라 태아알코올증후군(Fetal Alcohol Syndrome: FAS) 또는 태아알코올영향(Fetal Alcohol Effect: FAE)으로 구별하여 임상적으로 명명하기도 한다.

임신 기간 중의 산모 흡연도 태아의 두뇌 발달에 부정적인 영향을 미친다. 부정적 영향을 미치는 구체적 요인으로는 니코틴(nicotine)과 일산화탄소를 들 수 있다. 니코틴은 자궁으로 흐르는 혈액의 양을 감소시킴으로써 태아의 호흡에 부정적 영향을 미치며, 일산화탄소는 산소가 태반을 지나 태아에게 전달되는 과정에서 전달되는 산소의 양을 감소시킨다. 한 연구에 의하면, 임신 중 산모가 흡연

을 하는 경우 태아가 태어날 때 평균 170g 정도의 저체중을 갖는 것으로 보고된
바 있다(Butler, Goldstein, & Ross, 1972). 또한 임신 중 흡연한 산모와 그렇지 않은
산모의 아동들을 비교한 연구에 의하면, 모의 연령, 사회경제적 지위, 아동의 성
을 통계적으로 통제했을 때에도 학업성취에 부정적 영향을 미치는 것으로 보고
되고 있다(Nichols & Chen, 1981). 또한 지능지수에 있어서도 흡연을 하지 않은 산
모의 아동이 흡연한 산모의 아동보다 높은 것으로 나타나고 있다(Dunn et al.,
1977). 마지막으로, 컴퓨터를 이용한 주의력검사에 있어서도 흡연 산모의 아동들
이 상대적으로 더 높은 산만성을 보이는 것으로 나타났다(Streissguth et al., 1984).

알코올이나 흡연뿐만 아니라 납, 질소화합물, 방사선 등이 태아의 두뇌 발달
에 부정적 영향을 미치는 것으로 보고되고 있다. 먼저, 산모의 혈중에 납이 많이
축적되어 있는 경우 태아의 두뇌 발달에 아주 부정적인 영향을 미칠 뿐만 아니
라, 납중독을 일으킬 만한 정도가 아니더라도 지속적으로 납에 노출되는 경우에
도 부정적 영향을 미칠 수 있다고 한다. 납은 태아의 두뇌 발달 과정에 신경생리
학적 변화를 초래하여 나중에 주의문제, 정서문제, 학습문제를 일으킬 가능성을
높게 한다.

질소화합물에 노출될 가능성도 일반적으로 생각하는 것보다 상당히 높은 것
으로 보고되고 있다. 질소화합물들은 우리가 일상적 환경에서 많이 접할 수 있
는 화장품, 도시 공기, 자동차 매연, 담배 연기, 고무나 플라스틱을 생산하는 공
장 주변에서 발견할 수 있다. 이러한 일상적 환경에서 발견되는 질소화합물은
태아의 두뇌 발달에 부정적 영향을 미침으로써 나중에 학습이나 주의행동에 어
려움을 초래할 수 있다.

마지막으로, 지나친 방사선에의 노출은 심한 경우에는 낙태를 유발할 수 있으
며, 기형이나 성장지체 등과 같은 문제를 유발할 수도 있다. 배와 골반에 있는 악
성 종양을 치료받기 위해 방사선 처치를 받은 산모를 대상으로 한 연구는 임신
3~24주 사이에 평균 250라드(rad) 이상의 방사선에 노출되었을 경우에 성장지
체, 지적장애, 소두증, 시지각 이상, 생식기 기형, 두개골 기형과 같은 문제들을
나타내 보이는 것으로 보고하고 있다(Batshaw, 1997). 진단을 위한 X-선 검사와
같은 5라드 이하의 방사선에 노출되는 경우는 선천적 기형이나 성장 관련 장애
를 유발하지 않는 것으로 보고되고 있으나, 이에 대해서는 의사와 상의하는 것
이 필요하다.

이 밖에도 아동기 두뇌 발달에 부정적인 영향을 미치는 요인으로 자주 언급되는 것이 설탕, 인공색소나 감미료와 같은 음식첨가제, 카페인 등이다. 설탕은 과잉행동을 유발하는 원인이라고 생각되었으나, 엄격한 연구 결과는 설탕이 수면을 유발하는 신경전달물질인 세로토닌의 형성에 영향을 미침으로써 사람을 졸리게 하는 경향이 있다고 보고하고 있다(Kolata, 1982). 또한 인공색소나 감미료의 섭취가 과잉행동을 유발한다는 제안 역시 전혀 근거가 없음이 밝혀진 바 있다(Hallahan, Kauffman, & Lloyd, 1999). 마지막으로, 흥분제로서 카페인을 주의력과 과잉행동을 통제하기 위해 사용하는 경우가 있는데, 지나친 커피의 복용이 부작용을 가져올 수 있다고 한다. 즉, 커피를 마심으로써 이뇨작용이 더 활발하게 나타나고, 이로 인해 비타민 B와 같은 수용성 비타민이 우리 몸에서 유실될 수 있다는 것이다.

3) 학습장애아동의 신경생물학적 특성

학습장애아동의 대뇌 구조와 기능에 대한 신경생물학적 연구들은 초기에는 죽은 사람의 뇌 해부를 중심으로 이루어졌으며, 최근에는 앞에서 설명된 뇌영상 촬영 방법을 적용해 이루어지고 있다. 지금까지 밝혀진 연구 결과들은 크게 학습장애가 좌반구와 우반구의 반대적 비대칭성, 좌반구 언어 관련 영역의 신경세포 이상, 좌반구와 우반구를 연결하는 뇌량의 크기, 대뇌피질의 발달 차이로 인해 발생하는 것으로 보고하고 있다(Church, Lewis, & Batshaw, 1997; Hallahan, Kauffman, & Lloyd, 1999; Lovitt, 1989; Rumsey, 1996; Shaw et al., 2007). 여기서는 이들 네 가지 신경학적 연구 결과들을 중심으로 학습장애가 기질적 장애임을 살펴보고자 한다.

(1) 좌반구와 우반구의 반대적 비대칭성

좌반구와 우반구의 상대적 크기에 관한 연구들은 일반적으로 오른손잡이의 경우 좌반구가 우반구보다 더 큰 경우가 많다고 밝히고 있다. 구체적으로, 100명 중 약 65명이 좌반구가 우반구보다 큰 것으로 보고되고 있으며, 반대로 우반구가 큰 경우는 100명 중 약 11명 정도로 보고되고 있다. 학습장애를 가진 사람들을 대상으로 한 연구들은 학습장애아동들이 좌반구와 우반구의 반대적 비대칭성을 많이 나타내는 것으로 보고하고 있다(Rumsey, 1996). 이러한 반대적 비대칭성은 주로 좌반구의 베르니케 영역을 포함하는 편평측두(planum temporale)가 상대적으로 작기 때문에 발생하는 것으로, 언어이해능력의 상대적 어려움과 관련이 있을 것으로 추정할 수 있다. 실제 우뇌의 측두엽 부분이 좌뇌의 측두엽 부분보다 큰 경우 언어지체나 언어 영역에서의 낮은 지능지수를 보이며, 초기 읽기능력과 관련된 음운분석 수행에 있어서도 낮은 결과를 보인다.

이처럼 좌반구와 우반구의 반대적 비대칭성은 태내 두뇌 발달 동안에 일어나는 남성호르몬의 영향으로 설명될 수 있다(Geschwind & Behan, 1982; Hallahan, Kauffman, & Lloyd, 1999). 이러한 설명은 현재 발생학적 가설(embryological theory) 또는 Geschwind-Behan-Galaburda 가설이라고 불리고 있다. 이 가설은 남성호르몬인 테스토스테론이 좌반구의 발달에 부정적 영향을 미쳐 우반구의 크기가 좌반구의 크기보다 큰 결과를 가져오며, 좌반구의 발달지체가 상대적으로 언어관련 학습활동에 어려움을 초래한다는 것이다.

앞에서 살펴본 바와 같이 임신 3~5개월이 되면 신경세포들이 중앙으로부터 피질 부분으로 이동하기 시작한다. 이때 우반구의 발달이 좌반구의 발달보다 1주에서 2주 정도 일찍 완성되는데, 좌반구의 시간적인 지연발달로 인해 일반적으로 좌반구의 크기가 우반구의 크기보다 크게 된다는 것이다. 하지만 이 발달 기간 동안 남성호르몬인 테스토스테론이 과다하게 분비되어 이에 노출될 경우, 좌반구가 우반구보다 그 영향을 받을 가능성이 높아지게 된다. 남성호르몬은 중앙으로부터 각 부분으로의 신경세포 이동을 저해하며, 이러한 현상은 일반적으로 좌반구에서 더 많이 발견되는 것으로 알려져 있다.

남성호르몬의 과다 분비는 태내 남아의 고환에서 만들어지는 남성호르몬과 관련이 있는 것으로 보고되고 있다. 학습장애아동의 경우 여아보다 남아에서 출현율이 높은 것이 이러한 이유로 설명될 수 있을 것이다. 또한 왼손잡이가 많은 이유도 앞서 논의된 발생학적 가설을 통해 설명될 수 있다. 즉, 왼손잡이의 경우 태내에서의 좌반구 발달이 결함을 보임으로써 우뇌가 상대적 지배성을 가진 결과라고 볼 수 있다는 것이다. 또한 학습장애아동의 경우 천식과 같은 면역 관련 문제들을 상대적으로 많이 보이는데, 이것도 남성호르몬과 관련이 있다고 추정된다. 남성호르몬의 급격한 변화는 정상적인 면역활동과 관련이 있는 흉선(thymus gland)의 발달에 부정적인 영향을 미침으로써 건강과 관련한 문제들을 더 많이 나타낸다는 것이다.

(2) 언어 관련 영역의 신경세포 이상

하버드 대학교 의과대학의 Galaburda 등(1985)을 중심으로 이루어진 지금까지의 연구 결과들은 학습장애를 가진 사람들의 대뇌피질 중 언어와 관련된 영역에서 비정상적인 신경세포들을 많이 발견할 수 있다고 밝히고 있다. 이러한 비정상적 모습은 주로 좌반구에 나타나며, 구체적으로 언어와 관련된 편평측두와 측두후엽(parieto-occipital cortex)에서 발견되는 것으로 알려지고 있다(Hallahan, Kauffman, & Lloyd, 1999; Lovitt, 1989). 이들 영역은 신경세포 연결이 불규칙적인 모습을 보이거나 이동하지 못한 신경세포 덩이들을 가지고 있는 것으로 보고되고 있다.

또한 EEG 방법을 이용한 연구 결과를 종합한 Duffy 등(1980)의 논문은 휴식을 취하는 동안에는 학습장애아동과 일반아동 간에 두뇌활동의 차이가 나타나지 않지만, 읽기나 듣기와 같은 언어과제를 수행하는 동안에는 학습장애아동이 일반아동과는 다른 비정상적인 뇌파를 보인다고 보고하고 있다. 이 논문은 이러한 이상이 주로 언어활동과 밀접한 관련이 있는 브로카 영역과 베르니케 영역에서 나타난다고 밝히고 있다. 이 연구 결과의 중요한 시사점은 학습장애가 직접적인 뇌손상과 관련된 것이 아닌, 언어와 관련된 뇌 부분의 기능 이상임을 암시한다는 것이다.

이 밖에도 학습장애를 가진 사람들은 인쇄문자와 같은 시각자료를 의미자료로 전달하는 정보처리과정에 개재하는 대뇌 부분에 이상을 가지고 있는 것으로 보고되고 있으며, 주의와 계획활동에 중요한 역할을 수행하는 시상(thalamus)에 있어서도 비정상적 발달을 보인다고 한다(Church, Lewis, & Batshaw, 1997). 또한 심각한 난독증(dyslexia)을 가진 사람들의 경우 시상 내에 있는 시각정보처리를 담당하는 신경세포의 이상을 가진 것으로 보고되고 있다. 시각정보를 처리하는 신경세포는 거대세포 체제(magnocellular system)와 소형세포 체제(parvocellular system)로 나뉜다. 전자는 저대비(low contrast) 시각자극의 신속한 처리를 촉진하는 역할을 담당하며, 후자는 고대비(high contrast) 시각자극 정보를 오래 유지하는 데 관여하는 것으로 알려져 있다. 연구에 의하면, 난독증 환자의 경우에는 거대세포 체제에 이상이 있어서 읽기장애를 보인다고 한다.

(3) 좌반구와 우반구를 연결하는 뇌량의 크기

뇌량은 좌우반구를 연결하는 신경섬유 다발로서 전반부 1/3은 전두엽 부분을, 중반부 1/3은 전두엽, 두정엽, 측두엽 부분을, 후반부 1/3은 두정엽, 측두엽, 후두엽을 연결하는 것으로 알려져 있다. 또한 좌반구와 우반구의 후두엽 부분은 스프레니움(splenium)이라고 불리는 또 다른 신경섬유 다발로 연결되어 있다고 한다.

뇌량에 대한 연구가 학습장애아동을 대상으로 실시되고 있으나, 아직까지 일관된 연구 결과가 나타나지는 않고 있다. 지금까지 밝혀진 연구 결과는 학습장애아동의 뇌량의 크기가 일반적인 크기와는 다르고, 이것이 어떤 형태로든지 좌우반구의 의사소통에 부정적 영향을 미친다는 추정뿐이다. 구체적으로 이 연구들을 살펴보면 다음과 같다.

Duara 등(1991)은 난독증을 가진 성인과 일반성인의 뇌량 크기를 비교하였다. 이들은 대체적으로 뇌량 전체 크기에 있어서 두 집단 간에 차이가 없었지만, 유전적 난독증을 가지고 있는 성인 남성의 경우 스프레니움의 크기에 차이가 존재한다고 밝히고 있다. 하지만 이러한 차이는 성인 여성에게서는 발견되지 않았다고 한다.

Hynd 등(1995)은 성인이 아닌 난독증을 가지고 있는 아동을 대상으로 연구를 수행하였다. 이들은 난독증을 가진 아동의 경우에는 스프레니움 크기에 차이가 없으며, 오히려 뇌량 전반부 1/5부분의 크기가 상대적으로 작은 것으로 보고하고 있다. 또한 이들은 뇌량 전반부의 크기가 작은 것과 읽기 수행 간에 유의미한 정적 상관이 존재한다고 밝히고 있다.

Rumsey 등(1996)은 난독증을 가진 성인에게 있어서 뇌량의 크기가 일반성인과 다르다는 것을 발견하였다. 이들은 전체 뇌량의 크기에 있어서는 두 집단 간에 차이가 없으나, 난독증을 가진 남성의 경우 뇌량 후반부의 크기가 일반적으로 크다고 보고하였다. 연구자들은 이러한 크기의 차이는 이 부분을 지나는 신경섬유 수가 상대적으로 많고 더 많은 수초가 형성되어 있기 때문이라고 밝히고 있다. 이러한 연구 결과들을 중심으로 전문가들은 뇌량 후반부의 크기가 상대적으로 커서 두 반구 간에 의사소통이 증가하고, 이로 인해 읽기와 관련된 언어능력의 측두화 현상이 감소할 수 있다고 추정하고 있다.

(4) 대뇌피질 발달 차이

학습장애아동의 뇌와 관련된 최근의 연구들에서는 일반아동과는 달리 보이는 뇌의 차이가 단순히 뇌 발달의 성숙이 늦기 때문인지 혹은 발달에 의한 차이가 아닌 특정 영역의 기능이 충분히 발휘되지 못했기 때문인지에 대한 확인이 이루어지고 있다. 특히 주의력결핍 과잉행동장애(ADHD)를 보이는 아동을 대상으로 한 연구에서는 이러한 학습장애가 뇌 발달이 느리기 때문에 발생한다는 의견을 지지하는 연구 결과들이 제시되고 있다(Castellanos et. al., 2002; El-Sayed et al., 2003).

Shaw 등(2007)은 223명의 ADHD 아동과 223명의 일반아동을 대상으로 평균 2.8년 동안 여러 차례에 걸쳐 아동들이 보이는 대뇌피질 두께 차이를 확인하였다. 그들은 일반아동이 보이는 대뇌피질 발달 속도와 학습장애아동이 보이는 대뇌피질 발달에 차이가 있음을 보고하였다. 특히 뇌에 있어 판단 및 통제를 담당하는 전두엽 부위는 일반아동에 비해 2년 이상의 발달지연을 보이는 것을 확인하였다(그림 3-12] 참조). 한 가지 흥미로운 사실은, 운동을 담당하는 1차 운동 피질에서만 ADHD 아동이 일반아동보다 빠른 발달속도를 보였다는 점이다. 이 같은 결과는 ADHD 아동이 보이는 과잉행동이 일반아동들보다 우선 성숙한 1차 운동 피질 및 이 같은 행동을 통제하고 절제하는 기능과 관련된 전두엽의 지연된 성숙 때문으로 귀인할 수 있음을 보여 준다.

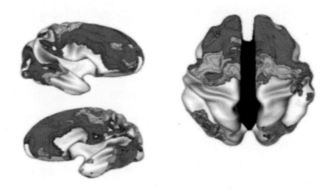

[그림 3-12] ADHD 아동과 일반아동 간 대뇌피질 발달 차이

* 진한 회색: 일반아동에 비해 ADHD 아동의 대뇌피질 발달이 2년 이상 지연된 부위
  연한 회색: 일반아동에 비해 ADHD 아동의 대뇌피질 발달이 0~2년 지연된 부위
  출처: Shaw (2007).

4) 중재 효과성을 확인하기 위한 뇌 연구

뇌 영상기법의 발달과 함께 학습장애아동 그리고 일반아동에게 제공된 중재가 효과적인지를 뇌의 구조적 변화와 함께 살펴본 연구들이 증가하고 있다. 이러한 결과의 확인은 '증거기반(evidence-based)' 중재의 효과성을 입증하기 위한 방안으로 제시된다. 특히 학습장애를 이해하는 여러 모형 중 효과적인 모형으로 간주되는 중재반응모형은 중재의 효과성을 객관적으로 판단하는 것이 학습장애를 이해하고 개선하는 데 중요함을 보여 준다. RTI는 학습장애 정도를 중재에 반응하는 정도를 통해 이해하는 모형이다. 즉, 효과적인 중재를 받았음에도 아무런 반응이 없을 경우(무반응, nonresponse) 그 학생은 학습장애의 잠재력을 가진 것으로 확인되며, 다른 학생들에 비해 매우 낮은 수행수준과 성장수준을 보일 경우 학습장애로 진단된다. 따라서 RTI의 관점에서 학습장애를 이해하기 위해서는 특정 중재가 학생에게 얼마나 효과적일 수 있는가가 중요한 문제가 된다. 여기서는 뇌 연구를 기반으로 한 읽기 및 수학 영역에서의 중재 효과성의 확인에 대해 다루고자 한다.

(1) 읽기 중재 효과성 연구

최근에는 신경심리학적인 관점에서 학생에게 읽기와 관련된 중재를 제공하고 학습장애아동과 일반아동이 보이는 뇌 영역의 차이를 확인하는 연구들이 진행되고 있다(Meyler et al., 2008). 학습장애아동에 대한 읽기 중재의 효과성을 뇌와 관련하여 확인한 13개의 연구들을 종합 · 분석한 연구를 보면, 접근 방법적 측면에서는 fMRI를 이용한 연구가 여덟 편으로 가장 많았고, 제공된 중재의 기간은 연구마다 상이한 것을 확인할 수 있었다(김동일 외, 2011). 관련 연구들 중 두 편의 연구를 보다 구체적으로 살펴보면 다음과 같다.

먼저, Temple 등(2003)은 난독증을 가진 아동을 대상으로 중재를 시도하고 중재 전후에 보이는 뇌 변화를 확인하였다. 중재는 듣기 처리와 말하기 훈련에 집중하여 이루어졌으며, 결과적으로 아동들의 말하기와 읽기 수행능력이 향상된 것을 확인할 수 있었다. fMRI를 통한 뇌 활성화를 확인한 결과, 중재가 있기 전과 후에 뇌의 여러 영역에서 활성도 차이를 보이는 것을 확인하였다. 중재 후에는 중재 전에 비해 좌뇌의 측두엽과 두정엽 사이 부위(측두두정피질, temporopariatal cortex)와 아래이마이랑(inferior frontal gyrus)의 뇌 활성이 증가하였으며, 이 러한 변화로 인해 일반아동과 유사한 활성도를 가지게 됨을 확인하였다. 특히 측두엽과 두정엽 사이 부위의 활성도는 실제 아동이 보이는 언어 능력의 향상과 유의한 상관을 보이는 것을 확인할 수 있었다. 또한 우뇌의 전두엽 및 측두엽 부 위 그리고 앞대상회(anterior cingulate gyrus) 부위에서의 활성도가 중재에 의해 증 가되었음을 확인하였다.

fMRI를 이용한 다른 연구에서도 읽기 학습에 있어 중재 효과성을 행동 변화 및 뇌 변화를 통해 확인하였다(Shaywitz et al., 2004). 이 연구는 총 77명의 6~9세 아동을 대상으로 진행되었으며, 이들 중 49명은 읽기장애를 보이는 아동이었고 다른 28명은 일반아동(대조군)이었다. 읽기장애를 보이는 아동 49명 중 37명은 음운 및 단어의 조합에 대한 읽기 중재(실험중재집단)를 받았으며 다른 12명은 일 반적인 학교 상황에서 제시되는 중재(일반중재집단)를 받았다. 그 결과, 실험중재 집단의 아동에서 언어 읽기 유창성이 증가한 것을 확인할 수 있었는데, 이는 좌 뇌의 중간관자이랑(middle temporal gyrus)과 아래이마이랑(inferior fontal gyrus)의 활성이 증가된 것과 관련이 있었다. 또한 실험중재가 종료된 지 1년이 지난 뒤에 도 양쪽 뇌의 아래이마이랑과 후두측두회(occipitotemporal gyrus)에서의 활성 증 가가 그대로 유지된 것을 확인할 수 있었다.

이러한 연구 결과들은 효과적인 읽기 학습의 중재를 통해 뇌의 변화가 일어날 수 있으며, 이는 비교적 지속적으로 유지될 수 있음을 보여 준다. 그리고 이러한 중재는 언어 기능을 담당하는 것으로 알려진 좌뇌 부위에서의 변화와 밀접한 연 관을 보이며, 이들 외의 다른 영역들의 변화와도 연관이 있음을 보여 준다.

(2) 수학기술 중재 효과성 연구

앞서 살펴본 읽기 영역뿐만 아니라 수학 학습영역도 학습장애에서 중요하게 다루어지는 부분이다. 발달적 난산증(developmental dyscalculia)을 보이는 아동과 일반아동 간의 뇌 영역 차이를 확인한 연구들을 종합 · 분석한 연구(Cohen et al., 2013)에서는, 난산증을 보이는 아동의 경우 숫자 및 수학 처리와 관련하여 매우 중요한 역할을 하는 것으로 알려진 마루엽속고랑(intraparietal sulcus: IPS)과 위두 정소엽(superior parietal lobe) 및 아래두정소엽(inferior parietal lobe)에서 차이를 보 이는 것을 확인하였다. 이 같은 두정엽 부위뿐만 아니라 작업기억 및 주의력과 관련된 전두엽의 차이도 수학기술 차이와 연관됨을 확인할 수 있었다(Zamarian, Ischebeck, & Delazer, 2009).

읽기와 마찬가지로 수학기술에 있어서도 신경심리학적인 관점에서 수학 학습장애를 보이는 학생에게 관련된 중재를 제공하고 뇌 영역의 차이를 확인한 연구들이 진행되고 있다(예: Kaufmann, Handl, & Thony, 2003). 이들 중 한 연구를 구체적으로 살펴보면 다음과 같다. Kucian 등(2011)은 정상 지능을 가지고 있지만 수학기술을 받아들이는 것에 있어서만 학습장애를 보이는 8~10세의 학습장애아동 16명과 일반아동 16명을 대상으로 연구를 진행하였다. 그들은 모든 연구에 참여한 아동에게 컴퓨터를 기반으로 한 수학능력향상 프로그램을 제공하였고, 그 결과 수학능력장애를 보였던 아동들에서 숫자에 대한 공간표상능력과 수학 성취수준이 증가한 것을 확인하였다. 중재 전후에 나타나는 뇌 차이를 확인한 결과, 학습장애아동과 일반아동 모두에서 중재 후 전두엽의 중간 부위와 위쪽 부분(middle and superior frontal regions), 좌뇌의 중심뒤이랑(left postcentral gyrus), 좌뇌의 IPS, 좌뇌의 섬이랑 부위(left insula)에서의 활성이 떨어지는 것을 확인하였다. 연구자들은 이 영역에서의 활성이 감소하는 것은 보다 자동적으로 숫자를 처리하는 기술을 습득했기 때문이라 해석한다. 이러한 연구 결과들은 효과적인 수학 학습의 중재를 통해 학습장애아동의 뇌에 변화가 일어날 수 있으며, 이는 행동적 수준에서의 향상과 연관을 가진다는 것을 보여 준다.

5. 뇌기반교육의 함정과 교육적 비판

최근 들어 뇌기반교육에 대한 관심이 학습장애학생의 지도와 관련하여 확장되고 있기에, 현재 학습과 관련하여 제기되고 있는 뇌기반교육 방법이 무엇인지 살펴보고 이에 대해 비판적으로 생각해 보고자 한다.

1) 학습 촉진을 위해 제안되고 있는 뇌기반교육 방법

학습활동과 관련된 뇌기반교육 방법의 제안들은 크게 두 가지로 나누어 볼 수 있다. 학습자의 내적 요인 조절을 통해 주의력을 높이고자 하는 '주의 촉진 전

생각해 보기
뇌기반교육이 교사에게 시사하는 바는 무엇인가?

략과 기억력을 높이기 위한 '기억의 공고화 전략'이 바로 그것이다.

먼저, 학습활동에 있어 기본적인 인지활동이라고 할 수 있는 주의활동을 촉진하는 뇌기반교육 방법에 대해 살펴보자. 학생들의 주의력은 두뇌의 상태에 따라 달라질 수 있다. 즉, 주의 사이클 및 뇌파의 고-저 상태에 따라 집중력이 달라져 학습이 능률적일 수도, 혹은 비능률적일 수도 있다. 따라서 주의 사이클 및 뇌파와 같은 주의활동에 영향을 미치는 내적 요인을 고려할 필요가 있다는 것이다.

먼저, 두뇌에는 고-저 주의 사이클이 있으며, 그것은 90~110분 간격으로 이루어지기 때문에 학습자가 지속해서 주의를 집중하는 것은 어렵다. 따라서 주의 사이클을 강조하는 입장에서 저 주의 사이클은 두뇌가 휴식이 필요하다는 의미이므로 약간의 휴식이 학습의 효율성을 증가시킬 수 있다고 말한다(Rossi & Nimmons, 1991). 그러므로 휴식 시간에 자습을 하거나 밀린 과제를 하는 것은 주의 사이클을 고려했을 때 비능률적인 학습행동이라고 할 수 있다(Jensen, 1998).

이 같은 시사점을 교육상황에 적용하기 위해 Almarode와 Miller(2013)는 'press and release', 즉 긴장과 이완이라는 방법을 제안하였다. 긴장단계는 약 10분 내외로 학생들의 관심을 집중시켜 정보를 제공하는 단계다. 일반적인 학습상황에서 교사의 강의는 긴장단계라 할 수 있다. 다음에 주어지는 이완단계는 학생들에게 조금 전 제공한 정보에 대해 생각해 보는 시간을 갖게 하는 단계다. 조별 활동을 통해 서로의 의견을 교환하거나 자신의 실생활과의 연관을 찾아보거나, 관련된 만들기를 해 보거나 의견을 정리하는 것 등이 이완단계에 속한다. 이러한 방식은 학생의 주의력 시간을 고려한 수업방법이라 할 수 있다.

주의력과 관련해 고려할 수 있는 또 다른 요인이 바로 뇌파의 알파(α)파다. 인간의 뇌파는 활동상태에 따라 델타(δ)파, 세타(θ)파, 알파(α)파, 베타(β)파, 감마(γ)파 등 다섯 가지로 나누어지는데, 수면상태일 때는 델타파, 반수면상태일 때는 세타파가 나오며, 감마파는 스트레스를 받을 때 나타난다. 베타파는 사람이 긴장했을 때 나온다. 알파파는 마음이 평온해져서 깊은 사색에 빠질 때 나오며, 이때 집중력, 창조력, 기억력 등이 좋아진다고 한다(서유헌, 1994). 이를 바탕으로 알파파를 강조하는 입장에서는 명상이나 선, 음악을 통하여 또는 알파파와 같은 주파수의 전류가 흐르는 코일을 머리에 쓰도록 하는 방법 등을 통하여 알파파 심리상태를 유도할 수 있다고 주장한다(한국알파코일연구회, 1990).

둘째, 기억을 공고화하기 위한 뇌기반 교수-학습전략으로 많이 언급되는 것이 '처리시간 갖기'와 '잠자기 전 공부하기' 방법이 있다. 먼저, 학습 후 이를 처리할 수 있는 적절한 시간을 가짐으로써 새로 형성된 시냅스가 강화된다는 주장을 살펴보면, 복잡한 내용일수록 처리시간이 더 많이 요구되기 때문에 새로운 내용을 학습한 후에 학습내용을 공고화할 수 있도록 개인적인 처리시간을 가져야 한다고 제안한다. 외부의 자극이 차단되고 두뇌가 학습한 내용을 기존 지식과 연합시킬 수 있을 때 학습은 더 효과적일 수 있고, 따라서 이런 연합과 공고화가 일어나도록 하기 위해 적절한 휴식 시간이 필요하다는 것이다(Hobson, 1994; Jensen, 1998). 이와 관련하여 새로운 학습 후 이에 대한 작문, 소집단 토의, 혼자 생각하는 시간을 갖기 등이 학습내용과 관련된 시냅스를 공고화하는 구체적 방법으로 제안되고 있다.

한편, 기억의 공고화를 위해 잠자기 전 학습을 강조하는 입장에서는 잠들기 전 15분 동안 반복된 언어정보는 의식의 제어 없이 자동적으로 저장된다고 주장한다(이영재 역, 1991). 사람의 뇌는 REM(rapid eye movement) 수면시간에는 활동적인 반면, non-REM 수면시간에는 활동이 둔화되는데, 이러한 수면시간은 하룻밤에 4~5회 반복해서 나타난다. 잠자기 전 학습의 효과성을 지지하는 입장에서는 REM 수면시간 동안 낮에 있었던 일들이 뇌 속에서 빠르게 반복되므로 잠자기 전에 학습한 내용이 REM 수면시간 동안 해마에서 반복되어 오래 기억에 남을 수 있다고 주장한다(김대식, 2003; 신미숙 역, 2003).

2) 비판적 평가

(1) 주의 촉진 전략 평가

먼저, 학습활동과 관련하여 학습자의 주의를 강화시키는 데 적용될 수 있는 주의 사이클을 고려한 학습법에 대해 살펴보고자 한다. 학습자의 주의 사이클을 고려한 학습방법은 뇌가 집중할 수 있을 때 공부하고 피곤해지면 쉬는 것이 효과적이라는 제안으로, 신경과학적 근거로서 Klein이 수행한 일련의 연구들을 들 수 있다. 먼저, Klein 등(1986)은 두뇌의 고-저 사이클에 따라 사고 및 학습능력의 변화를 확인하였으며, 두뇌에서의 혈액의 흐름과 호흡의 변화가 학습과 관련이 있다고 제안하였다. 또한 Klein과 Armitage(1979)는 피험자에게 언어 및 시공간 과제에 대해 8시간 동안 매 15분마다 검사를 실시한 결과, 언어과제와 시공간

과제 점수가 90~100분 주기로 변동되어 나타나는 것을 확인할 수 있었다.

또한 기존 교육심리연구에서도 학습자의 주의 사이클을 고려하는 것이 필요하다는 근거를 찾을 수 있다. 학습 상황과 내용에 따라 차이가 있으나 2세 아동은 5~6분, 5세 아동은 30분 정도로 주의집중력이 유지되며, 연령이 증가할수록 이 시간은 길어진다(Gary & Foltz, 1991). 이와 같이 학습자의 제한된 주의 지속시간 때문에 주의 사이클을 고려한 교수-학습방법이 요구된다고 할 수 있다.

한편, 주의 촉진 전략으로 알파파를 인위적으로 유도하여 학습능력을 높이고자 하는 주장이 있다. 예를 들면, 알파파와 같은 전류가 흐르는 코일을 머리에 쓰도록 함으로써 알파파를 유도할 수 있다는 주장이 있다. 그러나 실제로 알파파가 유도되었다는 신경과학적 근거는 제시되지 않았으며, 만들어진 알파파가 주의에 어떠한 영향을 미치는지에 관한 연구 결과도 없다. 따라서 인위적으로 알파파를 유도하여 집중력을 향상시킬 수 있다는 주장은 설득력이 적다고 할 수 있다.

한편, 기존 연구들에 의하면 주의 촉진은 뇌파와 상관없이 다양한 전략들에 의해서 이루어질 수 있다. 먼저, 주의 환기 전략은 새롭고 신기한 사건을 제시함으로써 학습자의 호기심을 유발하는 방법으로 시청각 자료, 일상적이지 않은 내용의 적절한 활용 등을 들 수 있다. 그리고 탐구적 주의 환기 전략으로 학습자 스스로 문제나 질문 등을 만들게 함으로써 능동적 반응을 유도할 수도 있다. 마지막으로, 다양성의 전략을 통해 수업 전개를 변화시키고 정보 제시 방식을 변형시킴으로써 학습자의 흥미를 유지시킬 수 있다(Keller & Suzuki, 1988; Rheinberg, Vollmeyer, & Rollet, 2000; Small, 2000). 오히려 이와 같은 주의 촉진 전략들이 알파파를 유도하는 방법보다 주의 촉진에 더 도움이 될 것으로 생각된다.

(2) 기억의 공고화 전략 평가

먼저, 단위내용 학습 후 적절한 처리시간을 통해 새로 형성된 시냅스가 강화되도록 해야 한다는 주장에 대해 살펴보고자 한다. 이 주장의 제안자들은 신경과학적 근거로 장기상승작용(long-term potentiation)을 들고 있다. 장기상승작용은 해마와 피질 영역에서 신경회로가 고빈도의 전극으로 자극되면, 그 회로에 존재하는 신경세포들이 자극에 민감하게 반응하는 것을 말한다(Barnes, 1979). 장기상승작용은 새로 형성된 시냅스를 강화하기 위해서 적절한 수준의 반복자극

(반복적 경험활동 포함)이 요구된다는 것을 보여 주는 것이지, 학습을 한 후 휴식을 취하는 것이 필요하다는 근거로는 적절치 않다.

제안자들의 주장과 같이 시냅스 공고화를 위해 휴식을 취하는 방법보다 오히려 학습과 관련된 반성적 사고를 하거나 의미를 파악하기 위해 노력하는 것이 시냅스 공고화에 더 효과적일 수 있다. 이와 관련하여 Mezirow(1990)는 경험 자체보다 중요한 것은 경험에 대한 반성을 통한 지적인 성장이라고 지적한다. 또한 Jarvis(1987)는 반성적 경험이 동반될 때 구체적 경험이 보다 효과적으로 학습으로 연결되기 쉽다고 제안한다.

한편, 잠자기 전 공부를 강조하는 사람들은 REM 수면시간 동안 낮에 있었던 일들이 의식적으로 기억되기 때문에 잠자기 전 15분간의 공부가 중요하다고 말한다. 그러나 최근 Siegel(2001)의 연구에 의하면, 수개월 혹은 수년간 REM 수면을 취할 수 없게 하는 약을 복용한 사람의 경우에도 기억에 부정적인 영향이 없었으며, 오히려 기억력이 개선되었다고 한다. 따라서 잠자기 전 공부하는 것이 학생들에게 효과적인 방법은 아니라고 할 수 있다.

기존 인지심리연구에서 볼 때 앞서의 제안은 기억의 역행간섭과 관련된 것으로, 낮에 학습한 내용보다는 잠자기 전 학습한 내용이 역행간섭에서 자유롭기 때문에 더 기억률이 높을 수 있다는 것을 보여 준다(Del Rey, Liu, & Simpson, 1994; McGoech et al., 1993). 하지만 기억의 간섭현상에는 역행간섭뿐만 아니라 순행간섭도 존재하며, 순행간섭이 있는 경우 잠자기 전 공부의 효과는 확신할 수 없는 것이므로 잠자기 전 공부가 기억력을 높인다는 주장은 과잉일반화라고 할 수 있다.

6. 마치는 말

신경생물학적 측면에서 본 인지발달이나 학습과정은 두뇌를 구성하는 기본단위인 신경세포들 간의 연결을 체계적으로 만들어 가는 과정이라고 할 수 있다. 이러한 신경세포의 연결망 형성에는 유전적 요인뿐만 아니라 환경적 요인이 영향을 미친다. 신경망 형성 과정에 부정적인 영향을 미치는 유전적 · 환경적 요인이 개재하는 경우 이것이 나중에 학교학습의 심각한 어려움을 초래할 수 있다.

지금까지 학습장애에 대한 신경생물학적 연구들은 학습장애가 인위적인 사회적 구인이 아니라 기질적 차이에 의해 발생하는 장애라는 것을 보여 준다. 이러한 기질적 문제들은 고차적 사고 기능을 담당하는 대뇌의 구조 및 기능 결함과 관련이 있는 것으로 알려지고 있다. 특히 언어이해능력과 관련된 부분의 신경세포 연결구조나 이들 신경세포들의 기능적 활동에서의 차이가 학습문제를 유발하는 것으로 생각할 수 있다.

학습장애아동이 가지고 있는 신경생물학적 특성을 이해하는 것은 교수-학습활동에 직접적인 시사점을 주지는 못하지만, 학습장애아동의 학습문제를 이해하는 데 중요한 시사점을 제공한다. 신경생물학적 특성을 고려하건대, 학습장애아동들이 유의미한 학습활동을 경험하도록 하기 위해서는 교사가 체계적이고 주도적인 역할을 수행할 필요가 있다. 아동 스스로 주어진 정보들 간의 관련성을 파악하는 데 어려움을 가지고 있기 때문에 이들 관련성을 직간접적으로 파악할 수 있도록 교사가 인내심을 가지고 노력해야 한다. 지금까지 많은 연구들은 신경생물학적 결함에도 불구하고 체계적이고 꾸준한 지도를 통해 학습장애학생의 학습능력과 학업성취가 향상될 수 있음을 보여 주고 있다. 그러므로 교수-학습과정에서 학습장애아동이 가지고 있는 신경생물학적 결함은 학습활동을 불가능하게 하는 구실이 아니라 교육을 통해 극복해야 할 하나의 과제로 인식되어야 한다.

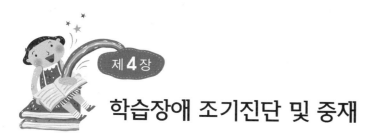

제**4**장

학습장애 조기진단 및 중재

1. 초기 발달지체와 학습장애

장애아동과 일반아동의 통합교육과 더불어 최근 우리나라 특수교육의 변화를 대표하는 움직임은 장애아동의 조기진단 및 처치를 중심으로 한 유아특수교육의 확대다. 이 같은 변화를 보여 주는 구체적 지표로서 1992년에 103개였던 특수학교 유치부 학급 수가 2000년에 이르러서는 243개로 증가하였고, 이들 유치부 학급에 재적 중인 장애아동의 수도 816명에서 1,456명으로 증가했다는 것을 들 수 있다(교육부, 2015). 또한 일반 유치원에 특수학급이 설치되는 사례도 현저히 증가하고 있으며, 일반 유치원에서 일반아동과 함께 교육받는 장애아동의 수도 점차 늘고 있다.

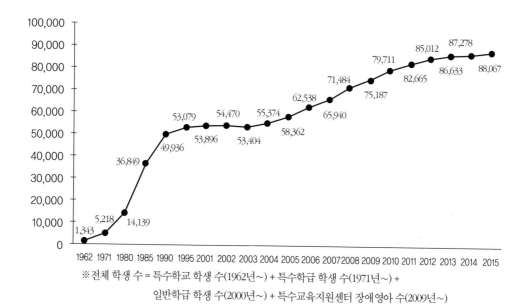

※전체 학생 수 = 특수학교 학생 수(1962년~) + 특수학급 학생 수(1971년~) + 일반학급 학생 수(2000년~) + 특수교육지원센터 장애영아 수(2009년~)

[그림 4-1] 특수교육 대상 전체 학생 수

* 특수교육 대상인 전체 학생 수가 2003년 이후로 지속적으로 증가하고 있다.

이 같은 유아특수교육을 담당하는 유치원 학급 및 재적 장애아동의 양적 증가는 장애아동의 인지적 · 정의적 · 행동적 · 신체적 발달을 돕기 위한 유아특수교육의 중요성에 대한 사회적 인식 변화와 밀접한 관련이 있다. 또한 우리나라의 「장애인 등에 대한 특수교육법」에서는 만 3세부터 초등학교 취학 전까지 장애아동의 무상교육을 법으로 규정하고 있는데, 이것이 유아특수교육 확장에 직간접적 영향을 미치고 있다고 할 수 있다.

하지만 이 같은 유아특수교육의 혜택을 받고 있는 장애아동들은 전통적인 장애영역이라고 할 수 있는 지체장애, 감각장애, 지적장애, 정서장애(자폐스펙트럼장애) 아동들이 대부분이다(교육부, 2015). 이들은 대부분 일반아동과 뚜렷하게 구별되는 발달상의 기질적 장애를 가지고 있는 아동들로서, 우리나라는 아직까지 발달지체(developmental delay)나 발달위험(developmental risks)을 가지고 있는 아동들을 유아특수교육의 대상자로 포함하고 있지 못한 실정이다.

분명한 기질적 장애가 아닌 발달지체나 발달위험을 가지고 있는 아동들이 학령기가 되었을 때 가장 많이 나타내 보이는 장애가 학습장애다(Bowe, 2000). 심각한 학습문제를 경험하고 있는 학습장애아동에 대한 교육과 관련된 딜레마는 다른 장애와는 달리 장애문제가 심각하게 진행된 후에야 비로소 특수교육 서비스를 받을 수 있는 자격이 아동에게 주어진다는 것이다. 일반적으로 학습결손이 현재의 배치학년 수준보다 최소 2학년 이상의 차이를 나타낼 때 아동은 학습장

학습장애 분명한 기질적 장애가 아닌 발달지체나 발달위험을 가지고 있는 아동들이 학령기가 되었을 때 가장 많이 나타내 보이는 장애

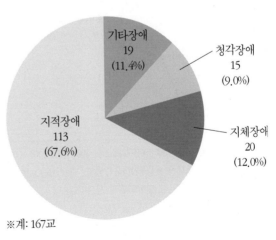

※계: 167교

[그림 4-2] 장애 영역별 특수학교 현황(교육부, 2015)

*우리나라 특수학교의 아동의 장애 영역은 지적장애, 지체장애, 청각장애, 시각장애, 정서장애 순으로 높음을 확인할 수 있다.

애를 가지고 있는 것으로 잠정적인 판정을 받게 된다. 그러므로 학습장애 판정
을 받기 위해서는 최소한 학교에서 3년 이상의 시간을 보내야만 하는데, 최소
3년 동안의 누적된 학습실패와 이로 인한 학습된 심리적 무력감은 장애 판정 이
후에 제공되는 특수교육 프로그램의 효과성을 떨어뜨릴 수밖에 없다.

만일 심각한 학습문제를 경험하게 될 아동을 조기에 선별(screening)해 내고 필
요한 특수교육 또는 보충교육 서비스를 적시에 제공할 수 있다면, 학습장애아동
이 경험하게 될 학습과 관련된 장애문제는 지금보다 훨씬 더 효과적으로 다루어
질 수 있을 것이다. 이 장에서는 최근 학습장애 전문가들의 관심을 끌고 있는 학
습장애 조기선별 및 진단 가능성과 이들 아동에게 제공될 수 있는 조기중재 프
로그램들에 대해 살펴보고자 한다.

2. 유아특수교육의 개념적 이해

1) 유아특수교육의 정의, 대상, 출현율

유아특수교육이란 취학 전 장애아동을 대상으로 이들이 가지고 있는 교육
적·발달적 요구를 충족시키기 위해 아동 및 아동의 가족에게 제공되는 교육
및 관련 서비스 체제를 말한다. 장애로 인하여 아동이 심각한 발달상의 결함이
나 지체를 보일 때 아동과 아동을 돌보고 있는 가족에게 필요한 교육 및 지원 서
비스를 제공함으로써 아동의 장애문제가 더 악화되지 않도록 할 필요가 있다.

취학 전 장애아동을 위한 교육 서비스는 크게 다섯 개의 발달 영역을 중심으
로 제공되는데, 이들 발달 영역에는 인지, 사회성/정서, 적응행동, 신체 그리고
의사소통이 포함된다. 인지 영역에는 생활환경을 구성하는 여러 요인들에 대한
이해, 적응, 활용과 관련된 인지능력 개발이, 사회성/정서 영역에는 자신과 타인
의 감정에 대한 올바른 이해와 사회적으로 받아들여질 수 있는 행동양식의 개발
이 포함된다. 적응행동 영역에는 다양한 생활환경 속에서 독립적으로 행동·생
활할 수 있는 기술들이, 신체 영역에는 움직임과 관련한 대근육과 소근육 훈련
이 중요한 교육내용으로 포함된다. 마지막으로, 의사소통 영역에서는 자신의 생
각과 감정을 표현할 수 있는 능력 및 타인의 언어적·비언어적 표현을 이해할

유아특수교육 취학 전 장애아동을 대상으로 이들이 가지고 있는 교육적·발달적 요구를 충족시키기 위해 아동 및 아동의 가족에게 제공되는 교육 및 관련 서비스 체제

수 있는 능력이 중점적으로 교육된다.

일반적으로 유아특수교육의 대상에는 10개의 장애 영역에 해당하는 취학 전 장애아동이 포함된다. 이들 10개의 장애 영역은 지적장애, 청각장애, 언어장애, 시각장애, 정서장애, 신체장애, 자폐스펙트럼장애, 외상성 뇌손상, 건강관련장애, 특정학습장애다. 현재 우리나라 「장애인 등에 대한 특수교육법」(2013)에서 이들 10개의 장애 영역 중 외상성 뇌손상과 건강관련장애는 유아특수교육 대상자에 포함되어 있지 않다. 또한 정서장애와 특정학습장애는 장애 영역으로 명시되어 있지만, 실제 장애 판정과 이에 따른 교육 서비스 제공은 이루어지고 있지 않은 실정이다.

개념적으로 이들 장애 영역은 크게 세 범주로 구분할 수 있다(Bowe, 2000). 첫 번째 범주는 발달지체로서 명확한 신체적 · 인지적 장애를 나타내지는 않지만 발달 영역에서 상대적으로 심각한 지체를 보이는 아동들을 말한다. 보통 표준화된 발달검사에서는 2표준편차 이하의 상대적 수행수준을 보이는 아동들이 이 범주에 포함된다. 언어장애나 정서장애가 이 범주에 속한다고 볼 수 있다.

두 번째 범주는 신체적 · 인지적 장애(physical/mental disabilities)로서 분명하게 확인될 수 있는 감각장애, 신체장애, 지적장애, 자폐스펙트럼장애를 가지고 있는 아동들이 이 범주에 포함된다. 우리나라에서 유아특수교육 프로그램에 참여하고 있는 대부분의 대상자들이 이 범주에 속하는 취학 전 아동이라고 할 수 있다.

마지막으로, 유아특수교육 대상자를 구분하는 범주로서 장애위험(at risk)을 들 수 있다. 이 범주에 속하는 아동들은 명확한 발달지체나 발달장애를 보이지는 않지만, 나중에 인지, 행동, 정서에 심각한 문제를 보일 가능성이 높은 아동들이다. 학습장애가 이 범주에 속한다고 볼 수 있는데, 이는 심각한 학습문제는 학교학습을 시작하고 난 다음에 구체적으로 확인될 수 있기 때문이다.

미국의 경우 현재 유아특수교육 서비스를 받고 있는 장애아동의 출현율은 0~3세까지의 아동의 경우에는 전체 아동의 1.65%, 3~6세까지의 아동의 경우에는 4.6%인 것으로 보고되고 있다(Bowe, 2000). 이른 시기에 유아특수교육 서비스를 받고 있는 아동의 수가 상대적으로 적은 이유는 명확한 생물학적 장애를 가지고 있는 경우에만 교육 및 관련 서비스를 제공하기 때문이라고 볼 수 있다. 연령의 증가에 따라 발달지체나 장애위험을 가진 아동의 확인이 상대적으로 가능해지기 때문에 유아특수교육 서비스를 제공받는 취학 전 장애아동의 수가 증가

발달지체 명확한 신체적 · 인지적 장애를 나타내지 않지만 발달 영역에서 상대적으로 심각한 지체를 보이는 장애

신체적 · 인지적 장애 분명하게 확인될 수 있는 감각장애, 신체장애, 지적장애, 자폐스펙트럼장애를 가지고 있는 장애

장애위험 명확한 발달지체나 발달장애를 나타내 보이지는 않지만, 나중에 인지, 행동, 정서에 심각한 문제를 보일 가능성이 높은 장애

하는 것으로 보인다.

2) 유아특수교육 프로그램의 이론적 근거

유아특수교육에서 활용되고 있는 중재 프로그램들은 크게 아동발달에 대한 세 가지 이론에 근거하고 있다. 구성주의 이론, 행동주의 이론 그리고 생태학적 이론이 유아특수교육 및 유아교육 프로그램의 이론적 근거로서 활용되고 있다 (Bowe, 2000; Seefeldt & Barbour, 1998).

첫째, 구성주의 이론에 의하면, 아동은 자신의 주위를 둘러싸고 있는 환경을 끊임없이 탐색하는 작은 과학자로서, 아동이 능동적으로 참여할 수 있는 활동 및 놀이를 제공하는 것이 아동발달에 중요한 의미를 갖게 된다. 이는 유아기 및 초기 아동기에 아동의 지적 발달을 촉진할 수 있는 적절한 환경자극이 결핍된 경우 언어와 인지에 있어 발달장애나 발달지체를 유발할 수 있다는 것을 의미한다.

이러한 구성주의 이론을 대표하는 학자로서는 피아제(Piaget)와 비고츠키(Vygotsky)를 들 수 있다. 먼저, 피아제에 의하면 아동의 인지발달은 아동을 둘러싸고 있는 물리적 · 사회적 환경과 성숙의 두 요인에 의해 이루어진다고 한다. 생물학적 성숙과 발달수준에 적합한 사회적 환경과의 상호작용은 아동의 인지적 틀인 인지구조의 변화를 가져오며, 이러한 인지구조의 변화과정이 바로 인지발달이라는 것이다. 이때 교사나 학부모는 아동의 발달수준에 적합하면서 아동 스스로 주변 환경의 탐색과 참여에 적극적으로 개입할 수 있도록 조력자의 역할을 수행하게 된다.

한편, 비고츠키는 아동의 인지발달에 있어 사회문화적 영향과 사회문화적 산물로서 언어의 역할을 강조하였다. 비고츠키에 의하면, 심리 기능의 재구성과 발달은 두 국면(planes)을 통해 이루어진다고 한다. 첫 번째 국면은 개인 간(inter-individual) 상호작용을 통해 이루어지는 사회적 발달(social/intermental development)이며, 두 번째 국면은 사회적 상호작용의 결과를 내면화해 나가는 심리적 개인 내 발달(psychological/intramental development)이다(Wertsch & Tulviste, 1996). 피아제의 인지발달이론과는 달리 비고츠키는 인간의 인지발달이 생물학적인 내적 발달로부터 시작하는 것이 아니라, 다른 사람들과의 사회적 상호작용을 통해 먼저 이루어진다고 보았다. 즉, 비고츠키에 따르면 사회문화적 유산인 언어는

구성주의 이론에서 발달 자신의 주위를 둘러싸고 있는 환경과 끊임없이 상호작용하는 과정

생각해 보기 장애아동을 위한 교사 중심의 교육 프로그램과 아동 중심의 교육 프로그램의 장단점은 무엇일까?

개인 간 상호작용을 통해 획득되고 또한 이를 점차 개인 내 심리도구로 내면화해 가는 질적 변화의 과정인 것이다(Meadows, 1998).

둘째, 행동주의 발달이론은 존 로크(John Locke)로 대변되는 경험주의 철학에 근거하고 있다고 볼 수 있다. 경험주의 철학에 의하면, 인간의 정신은 본질적으로 수동적이며 수용적인 특성을 갖는다. 따라서 학습이나 발달은 정신이 다른 사람이나 환경으로부터 자극을 받아들임으로써 이루어진다고 본다. 이와 유사하게 행동주의 이론에서는 인간발달이 특정한 자극이나 상황에 대한 개인의 반응행동이 보상 또는 강화를 받음으로써 변화되는 과정이라고 정의한다.

행동주의이론에서 발달 특정한 자극이나 상황에 대한 개인의 반응행동이 보상 또는 강화를 받음으로써 변화되는 과정

행동주의 발달이론을 대표하는 학자로는 스키너(Skinner)와 반두라(Bandura)를 들 수 있다. 스키너는 조작적 조건화 이론을 통해 환경에 대한 유기체의 조작행동이 기존 환경조건의 변화를 가져오고, 이때 환경조건의 변화가 만족스러운 사태(events)를 초래하거나 불만족스러운 사태를 제거하는 경우 조작행동의 발생 확률이 증가된다고 주장하였다. 또한 그는 만일 불쾌한 결과가 뒤따르는 경우 조작행동의 발생은 점차 감소하게 되고, 더 이상 주어진 환경조건에서 조작행동이 나타나지 않는 소거(extinction)에 이르게 된다고 보았다.

이에 반해 반두라는 관찰학습이론을 통해 직접적인 보상이 주어지지 않더라도 다른 사람에게 보상이 주어지는 것을 간접적으로 경험함으로써 행동 변화가 일어난다고 주장하였다. 개인의 현 발달수준, 보상을 받는 모형의 특성, 대리적 만족의 수준 그리고 개인이 가지고 있는 자기효능감(self-efficacy)이 간접적 보상을 통한 관찰학습에 영향을 미치게 된다.

생태학적 이론에서 발달 개인의 행동 변화는 개인의 특성과 능력에 의해 영향을 받지만, 개인을 둘러싸고 있는 환경인 가정에 의해서도 영향을 받는 과정

마지막으로, 생태학적 이론에 의하면 개인의 행동 변화는 개인의 특성과 능력의 영향을 받지만, 개인을 둘러싸고 있는 환경인 가정의 영향 역시 받는다고 한다. 또한 개인이 속한 가정도 이를 둘러싸고 있는 지역사회나 사회적 규범, 문화 등에 영향을 받게 된다. 따라서 아동발달에 대한 올바른 이해는 아동의 개인적 특성뿐만 아니라 아동을 둘러싸고 있는 가정과 지역사회의 특성을 함께 고려하는 것이어야 한다. 아동발달에 대한 효과적인 개입은 가족 및 지역사회의 자원과 참여를 포함하는 것이어야 한다는 것이 생태학적 이론에 근거한 조기중재 프로그램들의 특성이다. 이러한 생태학적 이론을 대표하는 학자로는 브론펜브레너(Bronfenbrenner)를 들 수 있다(Bronfenbrenner, 1989).

3) 유아특수교육의 최근 동향과 학습장애

조기중재를 통해 장애문제를 더 효과적·효율적으로 다루기 위한 교육적 노력들이 최근 외국에서뿐만 아니라 우리나라에서도 활발하게 이루어지고 있다. 이러한 활발한 움직임을 통해 이전과는 다른 유아특수교육 분야의 변화들이 나타나고 있는 것이 사실이다. 먼저, 유아특수교육 분야에 나타나고 있는 최근 변화로서 특수아동과 일반아동을 어린 시기부터 함께 통합하여 교육하려는 움직임을 들 수 있다. 이 같은 조기통합교육 운동은 주로 전통적으로 일반교육환경으로부터 소외되었던 발달장애가 심한 아동을 중심으로 이루어지고 있는 것이 특징이다.

이러한 조기통합교육은 학습장애아동이나 학습과 관련된 장애위험을 가지고 있는 아동과는 큰 관련성을 갖고 있지 않다. 학습장애를 나타낼 가능성이 높은 발달지체 또는 장애위험 아동들은 이미 통합된 환경에서 조기교육을 받아 왔기 때문에, 조기통합교육보다는 얼마나 이른 시기에 이들에게 적합한 특수교육 서비스를 제공하느냐가 더 중요한 의미를 갖는다. 즉, 학습과 관련된 장애위험을 가지고 있는 취학 전 아동에게는 최근 유아특수교육 분야에서 나타나고 있는 통합교육보다는 분리교육이 더 큰 관심사라고 할 수 있다.

또한 최근 유아특수교육 분야에서는 장애아동의 발달수준을 고려한 교육 프로그램 적용이 점차 확대되는 경향을 볼 수 있다. 장애아동의 발달수준을 고려한 교육 프로그램(developmentally appropriate education)은 아동의 교육적 요구와 현재 발달수준에 맞는 내용 및 방법으로 구성된다. 이러한 아동의 현 발달수준을 중심으로 한 교육 프로그램은 장애아동에 대한 조기중재에 있어서 약간의 논쟁을 가져오고 있다. 이 같은 교육 프로그램을 반대하는 사람들은 장애아동의 발달을 촉진하기 위해서는 아동의 현 발달수준을 중심으로 교육 프로그램을 구성하기보다 현 발달수준보다 한 단계 위의 내용을 중심으로 교육 프로그램을 구성해야 한다고 지적한다. 또한 아동중심보다는 교사중심의 직접 교육이 장애문제를 극복하는 데 더 효과적일 수 있다는 지적도 함께 제기되고 있다.

이 같은 논쟁은 학습장애 또는 학습장애와 관련된 발달위험을 가진 아동을 위한 조기중재 프로그램과 관련하여 시사점을 제공한다. 지금까지의 연구들은 학습장애를 극복하는 데 아동중심보다는 교사중심의 직접 교육이 더 효과적이며

(Mercer, 1992), 현 학습수준뿐만 아니라 교사나 학부모의 조력을 통해 도달할 수 있는 다음 수준을 함께 고려하는 것이 필요하다고 제안하고 있다(Hallahan, Kauffman, & Lloyd, 1999). 그러므로 학습장애 영역에서의 조기중재 프로그램은 현재 다른 장애 영역에서 적용되고 있는 장애아동의 현 발달수준중심의 프로그램과는 달리 계획·운영될 필요가 있을 것이다.

또 다른 유아특수교육 분야의 변화는 장애아동 교육에서 가족중심의 개입을 더 강조하고 있다는 것이다. 장애아동은 특수교육 전문가와 보내는 시간보다 가족 구성원들과 보내는 시간이 더 많다. 이처럼 장애아동과 많은 시간을 보내는 아동의 가족들이 장애문제를 스스로 다룰 수 있도록 도움을 제공하는 것이 필요하다. 성공적으로 장애아동의 문제를 다루도록 하기 위해서는 가족 구성원들을 대상으로 교육 프로그램 운영에 관한 훈련뿐만 아니라 상담이나 필요한 지원 등과 같은 관련 서비스가 함께 제공되어야 한다.

이 같은 가족참여를 중심으로 한 중재활동의 강조는 소비자중심의 교육철학을 반영하는 것이며, 생태학적 이론에 근거한 것이라고 볼 수 있다(Hallahan, Kauffman, & Lloyd, 1999). 장애아동 개인의 행동에 가장 큰 영향을 미치는 것이 가족이고, 이 가족의 활동에 특수교육 전문가를 포함한 지역사회 요인들이 영향을 미치게 된다. 그러므로 장애아동의 발달문제를 효과적으로 해결하기 위해서는 아동과 가족의 상호관계, 가족과 전문가들 간의 상호관계를 반영하는 중재활동이 필요하다. 이러한 가족중심의 중재활동을 구성할 때에는 가족의 사회경제적 지위, 가족 구성원의 수 및 상호 관계, 가족이 가지고 있는 장애와 교육에 대한 태도 및 가치 그리고 가족이 가지고 있는 자원 및 주변 환경 등을 고려해야 한다.

가족중심의 중재와 더불어 가족 구성원들이 장애아동 교육에 적극적으로 참여할 수 있도록 하기 위해서는 장애아동을 대상으로 한 개별화교육계획(Individualized Education Plan: IEP)뿐만 아니라 가족을 대상으로 한 개별화가족서비스계획(Individualized Family Service Plan: IFSP)을 작성하는 것이 필요하다. 개별화가족서비스계획에는 일반적으로 ① 적응행동, 인지, 의사소통, 사회성/정서, 신체의 다섯 개 발달 영역에서의 아동의 현 수행수준, ② 가족이 가지고 있는 자원, 우선사항, 관심, ③ 성취하고자 하는 결과물들, ④ 제공될 조기중재 서비스, ⑤ 아동이 속해 있는 환경, ⑥ 서비스의 시작과 종료 시기, ⑦ 서비스 운영책임자의 이름, ⑧ 전환교육을 위한 서비스 내용들이 포함된다(Bowe, 2000). 개별화가족서비스계획을 작성할 때는 가족 구성원이 함께 참여하도록 하고, 1년에 두 번 가족과 함께 이를 다시 검토하도록 제안되고 있다. 또한 개별화가족서비스계획에 명시되어 제공되는 교육 및 관련 서비스의 효과성에 대해서는 1년에 최소 한 번의 평가가 수행되어야 한다.

학습장애 영역과 관련하여 초기에 전문가들은 가족의 교육 참여에 부정적인 생각을 가지고 있었다(Hallahan, Kauffman, & Lloyd, 1999). 학습장애 분야 연구가 시작된 초창기에는 전문가들이 학습장애가 주로 유전적 요인에 의해 유발된다고 생각했으며, 따라서 학습장애아동의 부모는 학습장애 출현과 관련한 원인 제공자라고 인식되었다. 또한 일반아동의 학부모와 학습장애아동의 학부모를 비교한 초기 연구들은 학습장애아동의 부모들이 양육태도나 교육에 대한 태도에 있어 부정적인 모습을 더 많이 보인다고 보고하고 있다. 이러한 초기 연구들은 학습장애아동의 부모를 장애문제 해결을 위한 교육 프로그램 계획과 실행에 중요한 역할을 수행할 수 있는 동반자로 인식하기보다는 치료해야 할 또 다른 대상으로 인식하도록 영향을 미쳤다.

하지만 최근 연구들은 학습장애아동을 둔 학부모 역시 장애로 인해 피해를 겪는 피해자이며, 장애문제 해결을 위해 적극적인 역할을 수행할 수 있다는 것을 보여 준다(Mercer, 1992). 일반아동의 부모와는 달리 학습장애아동의 부모는 자녀의 행동문제 및 학습문제 때문에 아동과 부정적인 관계를 형성할 가능성이 상대적으로 높은 것이지, 이들의 양육태도나 교육에 대한 태도가 부정적이어서 자녀의 학습문제를 유발하는 것은 아니라는 것이다. 또한 최근 연구들은 취학 전 아동기에 적절한 지적 자극과 경험을 제공했을 때 학령기 학교학습에 긍정적인 영향을 미칠 수 있으며, 반대로 적절한 지적 자극과 환경이 결핍된 경우 심각한 학교학습 문제를 유발할 수 있다는 것을 보여 준다. 따라서 가정에서 많은 시간을 보내는 발달지체 또는 장애위험을 가진 아동들에게 적절한 가족 중심 중재가 이루어지도록 특수교육 전문가와 학부모가 협력 관계를 형성하는 것이 중요한 의미를 갖는다.

3. 취학 전 아동기 언어 · 인지발달과 학령기 학교학습

1) 유아기 및 취학 전 아동기 언어 · 인지발달에 대한 이해

학령기 학습장애아동들은 일반아동과 비교할 때 언어이해능력이 상대적으로 떨어지며, 주어진 정보를 처리하는 인지능력에 있어서도 상대적인 결함을 보인다. 이처럼 학습장애아동이 가지고 있는 언어능력과 인지능력의 상대적 결함은 학령기 이전에 존재했을 가능성이 있으며, 이러한 언어능력과 인지능력의 상대적 결함을 취학 전 아동기에 발견할 수 있다면 학습장애를 나타낼 장애위험 아동을 조기에 선별하여 필요한 교육적 도움을 이른 시기에 제공할 수 있을 것이다. 이 같은 가능성을 탐색하기 위해서는 유아기 및 초기 아동기에 일반적으로 나타나는 언어발달과 인지발달에 대한 구체적 이해를 가지고 있어야 한다. 여기서는 학습장애 조기선별을 위한 기초적 접근으로서 유아기 및 초기 아동기에 나타나는 언어발달 및 인지발달의 중요한 특징을 Seefeldt와 Barbour(1998)가 제안한 내용을 중심으로 간략히 살펴보고자 한다.

(1) 유아기의 언어 · 인지발달: 출생~12개월까지

태어나서 유아는 신체적 안전과 성장을 위해 타인에게 의존할 뿐만 아니라 지적 · 정서적 발달을 위해 타인과 상호작용을 근간으로 한 관계를 형성하기 시작한다. 이 시기에 유아는 사람들의 얼굴을 식별할 수 있으며, 자신을 돌봐 주는 사람을 다른 사람과 구별할 줄 안다. 3주가 지나면 일부 유아는 어른들의 표정에 따라 좋고 싫음을 표현하기 시작하며, 엄마의 목소리와 다른 사람의 목소리를 구별하기 시작한다. 생후 4개월이 지나면 유아들은 의도적 행동(intentionality)을 나타내기 시작한다. 이러한 의도적 행동은 유아가 주변 환경이나 타인에 대한 통제능력을 경험해 감에 따라 증가한다. 6개월이 지나면 유아는 대상 항상성(object permanence) 개념을 발달시키기 시작한다. 즉, 물건이 자신의 시야에서 사라져도 그것이 이 세상에서 완전히 없어지는 것이 아니라 다른 곳에 존재한다는 것을 점차 알게 된다.

유아기의 언어행동은 주로 비언어적 방법을 통해 나타난다. 표정 혹은 팔이나 몸의 움직임을 통해 자신의 감정을 표현하기도 한다. 예를 들면, 밖에 나가고 싶다고 할 때나 엄마에게 안아 달라고 할 때 유아는 두 팔을 펴서 의사를 표현하기도 한다. 6개월이 지나면 유아는 무의미한 소리들을 중얼거리는 언어행동을 나타내며, 의미 있는 단어의 사용은 보통 12개월 이후에 나타난다. 이 시기에 유아가 표현언어능력에 제한된 모습을 보인다 해도 수용언어능력은 이보다 훨씬 앞서 있음을 알 수 있다. 이들은 말로 표현하지 못해도 성인이 하는 말들을 상대적으로 더 많이 이해한다.

(2) 걸음마기의 언어 · 인지발달: 12~36개월까지

이 시기가 되면 심상(mental imagery) 형성능력 및 연역적 추론능력이 발달하기 시작한다. 예를 들면, 18개월이 지나면 아동들은 자신이 가지고 놀던 물건들이 보이지 않을 때 자신의 경험을 근거로 차례대로 예상되는 장소를 탐색하는 행동을 보인다. 또한 이 시기의 아동들은 다른 사람의 행동을 기억하고 이를 따라 하는 지연된 모방행동(delayed imitation)을 보인다. 점차로 과거에 일어난 일들에 대한 기억을 갖게 되며, 이들 기억을 이용한 행동들을 나타낸다.

걸음마기의 아동들은 점차 시간에 대한 개념을 형성하기 시작한다. 비록 시간과 관련된 구체적 개념은 알지 못하지만, 시간의 흐름에 대한 명확한 인식을 갖기 시작한다. 또한 색의 이름에 대해 말하기 시작하며, 서로 다른 색을 구별하기 시작한다. 24개월이 지나면 사물의 숫자를 세는 것을 좋아하고, 기계적인 기억에 의한 것이지만 한자리 숫자를 말하기 시작한다.

12개월이 지나면 의미 있는 단어들을 말하기 시작한다. 보통 12~18개월 사이에 7~8개의 단어를 말하다가 24개월이 지나면 말할 수 있는 어휘가 급속하게 증가한다. 이 시기에는 하루에 평균 5~8개의 새로운 어휘를 획득하며, 5세가 되었을 때 보통 8,000~14,000개의 단어를 말할 수 있게 된다.

24개월 이후 아동들은 두 개의 단어를 이용한 전문식 문장을 통해 자신의 의사를 소통하기 시작한다. 그러다가 점차적으로 문법에 맞는 단순한 문장을 사용하기 시작하는데, 처음에는 '나'를 주어로 한 문장을 많이 사용하는 경향을 보인다. 또한 자신의 장난감이나 인형에게 말을 하는 것과 같은 언어를 사용한 놀이행동도 보이기 시작한다.

(3) 취학 전 아동 전기: 3~4세까지

이 시기에 아동들은 주변 환경과의 상호작용을 통해 새로운 것을 스스로 학습하는 능력을 보인다. 장난감을 이용해 놀이활동을 하다가 장난감을 가지고 노는 방법을 새롭게 만들어 내고, 이를 기억해 놓았다가 다시 놀이활동을 할 때 활용하는 모습을 나타낸다. 또한 이 시기의 아동들은 구체적 사물을 가지고 하나 또는 두 개를 서로 더하거나 빼는 인지적 행동을 수행할 수 있다. 예를 들어, 세 개의 사탕을 가지고 있는데 엄마가 하나를 친구에게 주라고 말하면 사탕 세 개 전부가 아닌 하나를 주는 경우를 이 시기 아동에게서 볼 수 있다. 또 다른 인지행동으로 아동들은 기본적인 수준이지만 사물을 속성에 따라 분류할 수 있는 능력을 갖는다. 예를 들어, 장난감을 이용한 놀이활동이 끝난 후 장난감을 정리하도록 요구하면 자동차는 자동차대로, 인형은 인형대로 따로 정리하는 행동을 이 시기 아동들은 수행할 수 있다.

언어발달에 있어서도 구사할 수 있는 어휘력의 수가 급속하게 증가하며, 구문의 형태도 점차 구체적이고 세련된 특성을 갖기 시작한다. 이 시기 아동들은 자신이 특정한 행동을 할 때 이를 말로써 표현하는 행동을 나타내며, 언어로 표현되는 자신의 생각에 따라 행동을 통제하는 모습을 보이기도 한다. 다른 아동과의 대화를 보면 상호적인 형태보다는 독백적인 일방적 형태를 갖는 것이 특징이다.

(4) 취학 전 아동 후기: 5~6세까지

이 시기의 아동들은 가정에서의 환경적 지원 정도에 따라 다르기는 하지만, 학교학습과 관련된 기초적 기능들을 습득하기 시작한다. 주변에서 볼 수 있는 각종 인쇄문자에 호기심을 갖게 되며, 이러한 상징을 의미화할 수 있는 방법이 있음을 인식한다. 가정이나 유치원을 통해 교육적 지원이 제공되는 경우, 아동은 학교학습에 필요한 기초 학습기능인 읽기, 쓰기, 셈하기 능력을 성공적으로 획득하게 된다.

이 시기의 아동들은 약 2,500개의 어휘를 구사할 수 있으며, 다른 사람을 통제하거나 그들에게 영향을 미치기 위해 언어를 사용하기 시작한다. 타인과의 대화 활동도 상호적인 특징을 갖기 시작하며, 그 시간도 상대적으로 길게 지속되는 경향을 보인다.

2) 취학 전 아동기 언어 · 인지발달을 이용한 학령기 학교학습 예언

학습장애아동의 조기선별 및 진단 가능성을 살펴보기 위한 연구들이 취학 전 아동을 대상으로 한 종단연구를 통해 이루어져 왔다. 이 연구들은 취학 전기 아동의 어휘력이나 언어이해력과 관련된 언어능력 및 정보처리와 관련된 인지능력이 학령기 아동의 읽기나 수학 교과에서의 학업성취를 얼마나 예언하는가를 조사함으로써 이루어졌다. 지금까지의 연구들은 취학 전 아동의 언어 관련 수행능력이 학령기 학업성취를 예견하는 데 유용한 변인임을 보여 주고 있으며, 전통적으로 사용되어 온 시지각-동작검사는 학업성취를 예견하는 데 유용하지 않음을 보여 주고 있다(Badian, 1988; Mercer, 1992).

구체적으로, 학습장애 선별을 위해 주로 사용되는 학습준비도검사(learning readiness test)의 경우 학업성취와 평균 .50의 예언적 관계를 갖고 있는 것으로 보고되고 있다(Mercer, 1992). 학습준비도검사는 학교학습을 수행하는 데 필요한 기본적 지식 및 기능을 가지고 있는지를 평가하기 위해 주로 사용되는 검사다. 연구들은 학습준비도검사에 포함된 문항 중 알파벳과 숫자에 대한 학습 정도를 측정하는 검사문항들이 초기 학업성취와 상당히 높은 상관(평균 .70의 상관)을 가지고 있는 반면, 유사한 도형끼리 짝을 맞추는 것과 같은 시지각 중심의 하위검사는 학령기 아동의 학업성취와 상당히 낮은 상관(평균 .10의 상관)이 있는 것으로 보고하고 있다.

취학 전 아동에 대한 언어능력검사도 학교학습을 예견하는 연구에서 많이 활용되었다. 하지만 언어능력검사를 예언변인으로 한 연구들은 어떤 검사를 연구에 사용했느냐에 따라 서로 다른 상관 정도를 보고하고 있다. 언어발달검사(Test of Language Development)를 사용한 연구에서는 .68의 학업성취와 상대적으로 높은 상관이 보고되고 있는 반면에, 일리노이 언어능력검사(Illinois Test of Psycholinguistic Abilities)를 사용한 연구는 .36의 상대적으로 낮은 상관을 보고하고 있다(Mercer, 1992).

취학 전 아동기에 실시된 지능검사를 예언변인으로 한 연구들도 많이 수행되었다. 연구들에 의하면, 취학 전 아동기에 실시한 지능검사 결과와 학령기 학업성취검사 결과 간에는 .40~.60의 상관이 존재한다고 한다(Mercer, 1992). 구체적으로, Binet 지능검사의 경우에는 학업성취와 .46의 상관을, Wechsler 지능검사의 경우에는 .44의 상관을 갖는 것으로 보고되고 있다(Mercer, 1992).

마지막으로, 앞에서 지적한 것처럼 학습장애 조기 진단을 위해 많이 사용되었던 시지각-동작검사는 학업성취에 대해 유의미한 예언 상관을 갖지 못하는 것으로 보고되고 있다. 대체로 이들 검사와 학업성취 간의 상관을 조사한 연구들은 평균 .30 이하의 관계가 두 검사 간에 존재한다고 보고하고 있다. 이 검사들이 전통적으로 명백한 뇌손상을 입은 환자들의 시지각능력 손상 여부를 확인하기 위해 사용된 것임을 감안한다면 학습장애 조기선별이나 진단에는 적합하지 않은 것으로 보인다(Hallahan, Kauffman, & Lloyd, 1999).

4. 학습장애 조기진단

1) 학습장애 조기진단의 어려움

학령기 아동을 대상으로 한 학습장애 진단 시 가장 많이 적용되는 기준 가운데 하나가 능력과 성취 수준의 기대하지 못한 현저한 차이다. 지금까지의 연구들은 학습장애 진단에 사용되고 있는 능력-성취 차이 기준이 측정학적인 측면에서 문제를 가지고 있으며, 일반아동과 학습장애아동을 구별하는 데에도 민감하지 못한 것으로 보고하고 있다(신종호, 1999). 따라서 이러한 능력-성취 차이 기준을 중심으로 학습장애아동을 조기진단한다는 것은 여러 문제점을 가져올 것으로 생각할 수 있다. 발달기에 있는 취학 전 아동들의 경우 개인 내 능력 차이가 상대적으로 크게 나타나기 때문에 능력-성취 차이 기준을 학습장애 조기진단을 위해 적용하기가 쉽지 않다.

학습장애를 조기진단하는 것과 관련된 또 다른 어려움으로는 학습장애를 유발하는 원인이 다양하고, 다른 장애를 유발하는 원인과 중복된다는 점을 들 수 있다. 이러한 문제는 다른 장애가 아닌 학습장애를 가지고 있는 아동만을 정확하게 확인해 내기가 상대적으로 어려움을 의미한다. 특히 발달 초기에 명확한 발달지체나 발달장애를 나타내는 경우에는 학습장애보다 다른 인지장애(예: 지적장애)를 가질 확률이 상대적으로 높기 때문에 명확한 발달상의 지표를 찾는 것이 쉽지 않다.

또한 학습장애를 유발하는 원인이 다양하다는 것은 학습장애 조기진단이 하나 또는 소수의 변인을 중심으로 이루어지기보다는 다양한 변인들을 중심으로 한 다변인적(multivariate) 접근을 통해 이루어져야 함을 의미한다. 하지만 이러한 다변인적 접근을 취하기 위해서는 우선 취학 전 아동의 인지발달을 측정할 수 있게 측정학적으로 만족할 만한 특성을 가진 다양한 검사도구들이 이용 가능해야 한다. 하지만 학습장애 조기진단을 위해 사용할 수 있는 검사도구들 중 측정학적 요구조건을 충분히 만족시키는 검사들이 많지 않은 것이 현실이기도 하다(Hallahan, Kauffman, & Lloyd, 1999; Mercer, 1992).

마지막으로, 학습장애는 학교학습과 관련된 문제이기 때문에 학교학습이 시작되기 전에 장애를 조기에 확인하기가 쉽지 않다는 개념적인 어려움을 들 수 있다. 그러므로 학습문제와 연관되어 있는 다른 지표들을 통해 학교학습에 어려움을 겪을 것으로 예상되는 장애위험 아동들을 선별하는 데 초점을 맞출 필요가 있다. 또한 장애문제가 완전히 확인될 때까지는 학습장애라는 명칭을 부여하여 특수교육 서비스를 제공하기보다는 장애예방과 관련한 보충교육(compensatory education) 서비스를 제공하는 것이 필요할 것이다.

2) 학습장애 조기선별 및 진단

학습장애아동의 조기선별 및 진단을 위한 노력을 경주함에 있어 다음과 같은 요인들을 고려해야 한다(Lovitt, 1989; Mercer, 1992). 먼저, 대상 아동에게 검사 결과에 따라 적절한 교육 서비스가 제공될 것이라는 보장이 되지 않는 한 아동에 대한 검사는 주의를 요한다. 아무런 교육 서비스를 제공하지 않는 상황에서 학습장애 조기선별 및 진단을 위해 검사를 실시하는 것은 아동에게 낙인효과(labeling effect)만을 가져다줄 뿐이다. 둘째, 장애 조기선별 및 진단을 위해 검사를 실시하는 경우 검사의 실시가 아동의 발달수준에 적합해야 한다. 일반적으로, 학습장애와 관련된 위험 요인을 가지고 있는 아동들은 언어능력에 결함을 보이는 경우가 있으므로, 측정하고자 하는 구인이 언어능력이 아닌 한 이들의 언어 수준을 고려한 검사 실시가 고려되어야 한다.

학습장애 조기선별 및 진단을 위한 접근은 크게 일반적 접근과 구체적 접근으로 대별해 볼 수 있다(Hallahan, Kauffman, & Lloyd, 1999). 일반적 접근은 구체적인

생각해 보기 학습장애아동에 대한 조기 선별 및 진단을 위해 노력이 필요한 이유는 무엇일까?

일반적 접근 구체적인 장애를 가지고 있는지를 확인하기 위한 접근이 아닌 전반적인 발달문제를 가지고 있는 아동을 조기선별하기 위해 적용되는 방법

구체적 접근 구체적인 장애 영역을 확정하기 위한 검사 활동

장애를 가지고 있는지를 확인하기 위한 접근이 아닌 전반적인 발달문제를 가지고 있는 아동을 조기선별하기 위해 적용되는 방법이다. 다양한 영역에서 발달지체를 보이는 경우 특정 장애명칭을 부여하기보다 장애위험 또는 발달지체라고 총괄적으로 규정하여 필요한 서비스를 제공하는 것이다. 학습장애 조기선별과 관련하여 일반적 접근을 취하는 경우 구체적인 언어, 인지, 학업능력 등을 평가하기보다는 일반적인 능력(예: 사물을 다루는 능력, 사물을 기술하는 능력, 다른 사람과 대화를 나눌 수 있는 능력, 주어진 과제에 집중할 수 있는 능력 등)에 대한 평가가 주로 이루어진다.

반면에, 구체적 접근을 취하는 경우에는 구체적 장애 영역을 확정하기 위해 검사활동이 이루어지게 된다. 학습장애의 조기선별이나 진단과 관련하여 구체적 접근이 취해지는 경우에는 학습문제와 직접적으로 관련된 기능들이 평가된다. 구체적 평가 영역으로는 음운인식능력, 문자해독 및 독해를 포함하는 읽기능력, 계산능력, 일반능력 및 전반적 학업성취 수준 등이 포함된다.

3) 학습장애 조기선별 및 진단을 위한 검사도구

생각해 보기 각각의 학습장애 조기선별 및 진단을 위한 검사도구를 사용할 때 주의해야 할 점은 무엇일까?

국내뿐만 아니라 외국에서도 학습장애아동의 조기선별 및 진단을 위한 검사도구들이 많이 개발되지 않는 실정이다. 이 장에서는 국내에서 학습장애 조기선별을 위해 사용할 수 있는 검사도구로서 김정권, 여광응(2001)이 개발한 유아학습준비도검사와 문수백, 변창진(1997)이 번안한 Kaufman 아동 지능검사(Kaufman Assessment Battery for Children)를 살펴보고자 한다. 또한 신종호(2002)와 신종호, 조성원(2002)이 개발한 언어인지발달 그림검사, DIBELS, 김동일(2010, 2011)의 기초학습기능 수행평가를 소개하고자 한다.

(1) 학습준비도검사

학습준비도검사 초등학교 입학 선별 및 학교학습에 어려움을 겪을 장애아동의 조기선별 검사로서 활용하는 검사

학습준비도검사는 초등학교 입학 선별 및 학교학습에 어려움을 겪을 장애아동의 조기선별 검사로서 활용될 수 있다(김정권, 여광응, 2001). 장애아동의 조기선별 검사로 활용되는 경우 심각한 학습문제를 경험할 것으로 예상되는 학습장애 또는 학습부진 아동을 선별하는 데 활용될 수 있을 것이다. 이 검사는 축적된 지식, 신체 개념, 정서적 성숙에 대한 지각, 부모상에 대한 지각, 놀이에 대한 지

각, 시각-운동 협응력, 지시에 바르게 따르는 능력, 기억능력 등의 하위 영역으로 구성된다. 이 하위 영역에 대해 간략하게 살펴보면 다음과 같다.

- 지적 영역: 사물, 동물, 식물 그리고 인간에 관한 일반적이고 친숙한 개념과 지식 정도를 측정한다.
- 신체 개념 발달 영역: 사람을 그리도록 한 후 각 신체 부분을 빠뜨리지 않고 얼마나 정확하게 그렸는지를 측정한다.
- 정서적 성숙에 대한 지각 영역: 감정을 표현하는 표정에 대한 식별 능력을 측정한다.
- 부모상에 대한 지각 영역: 아버지와 어머니의 일과 역할에 대한 지각능력을 측정한다.
- 놀이에 대한 지각 영역: 놀이행동과 관련된 도덕적 지각보다는 현재 아동 자신이 스스로의 놀이행동에 대해 어떻게 지각하고 있는지를 측정한다.
- 시각-운동 협응능력: 주어진 시각자극을 그대로 모사(模寫)하는 능력이나 주어진 한계를 벗어나지 않으면서 선을 연결하는 능력을 측정한다.
- 지시에 바르게 따르는 영역: 시키는 말을 주의해서 듣고 그 지시대로 실행할 수 있는 능력이 있는지를 측정한다.
- 기억능력 영역: 생활 속에서 보았던 것과 보지 않았던 것을 선택하도록 하는 문항을 통해 기억능력을 측정한다.

이 검사의 개발자들은 1979년 초등학교 1학년 학생 5,345명을 대상으로 검사도구의 표준화 작업을 실시하였다. 검사 실시 및 해석 지침서에 의하면, 검사도구의 검사-재검사 신뢰도는 평균 약 .85이며, 1학년 학생들을 대상으로 한 학력검사와의 예언타당도는 .75로 보고되고 있다.

(2) Kaufman 아동 지능검사(K-ABC)

K-ABC는 Wechsler 지능검사만큼이나 미국에서 많이 사용되고 있는 지능검사로서, 만 2세 6개월부터 12세 5개월까지의 장애아동과 일반아동을 대상으로 한다. 검사는 동시처리능력, 순차처리능력, 경험학습 결과를 측정하는 세 가지 척도로 구성되며, 각 척도별로 하위 영역들이 존재한다. 〈표 4-1〉은 세 가지 척

Kaufman 아동 지능검사(K-ABC) 만 2세 6개월부터 12세 5개월까지의 장애아동과 일반아동을 대상으로 동시처리능력, 순차처리능력, 경험학습 결과를 측정하는 검사

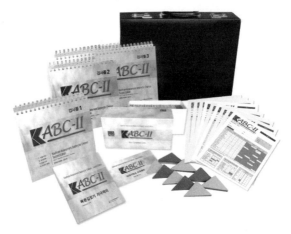

[그림 4-3] Kaufman 아동 용 지능 검사

출처: http://inpsyt.co.kr/psy/item/list

표 4-1 K-ABC 척도별 하위 영역

동시처리 척도	순차처리 척도	습득도 척도
마법의 창	손동작	표현어휘
얼굴기억	수회생	인물과 장소
그림 통합	단어배열	산수
삼각형		수수께끼
시각유추		문자해독
위치기억		문장이해
사진순서		

도별로 이에 속하는 하위 영역들을 보여 준다(문수백, 변창진, 1997).

각 척도에 속한 하위 검사 내용을 간략히 살펴보면 다음과 같다.

- 마법의 창: 좁은 창문을 통해 연속해서 사물의 부분을 제시한 후 그 사물이 무엇인지 이름을 말하도록 하는 과제다. 이 검사에서는 순차적으로 제시된 시각자극에 대한 주의력, 본질적 세부 자극과 비본질적 세부 자극에 대한 변별적 정보처리능력을 측정한다.
- 얼굴기억: 짧은 시간 동안 한 명 또는 두 명의 얼굴 사진을 보여 준 다음, 여러 사람이 찍은 사진에서 먼저 보았던 얼굴을 찾아내도록 하는 것이다. 이 검사는 시각적 세부 자극에 대한 주의력, 본질적 부분과 비본질적 부분의 구

별, 시각적 단기기억, 시각적 조직화와 관련된 능력을 측정한다.

- 그림통합: 미완성된 사물의 잉크 그림을 제시하고 제시된 그림이 무엇을 나타내는지를 인지적으로 보충하여 말하도록 하는 과제다. 이 검사는 부분과 전체의 통합 및 지각적 조직화 능력을 측정한다.

- 삼각형: 한 면은 노란색이고 다른 면은 파란색인 여러 개의 삼각형을 이용해 그림 속에 제시된 도형의 모형을 만드는 과제다. 이 검사는 동시처리능력, 분석력, 공간능력, 부분과 전체의 통합능력을 측정한다.

- 시각유추: 주어진 두 도형 간의 관계와 같은 관계가 되도록 한 도형에 대응하는 다른 도형을 선택하도록 하는 과제다. 이 검사는 시각적 세부 사항 간의 구별 · 분석력, 지각적 조직화, 추리능력 그리고 공간능력을 측정한다.

- 위치기억: 제시된 그림의 위치가 어디였는지를 확인하도록 하는 과제다. 이 검사는 동시처리능력, 단기기억력, 공간능력을 측정한다.

- 사진순서: 일련의 사건(현상)을 나타내는 사진들을 무선적으로 제시하고 이를 사건(현상)의 순서나 의미와 일치하게 조직화(순서화)하는 과제다. 이 검사는 의미과제에 대한 분석력, 부분과 전체 간의 관계 파악력, 추리력을 측정한다.

- 손동작: 검사자가 제시하는 일련의 손동작(주먹, 손바닥, 수도)을 정확한 순서로 재생하는 과제다. 이 검사는 순차처리능력, 지각적 조직화, 모형의 재생력, 단기기억력, 시각–운동의 협응력을 측정한다.

- 수회생: 소리 내어 읽어 준 숫자들을 순서대로 기억하여 재생하는 과제다. 이 검사는 순차처리능력, 모형의 재생능력, 청각적 단기기억력을 측정한다.

- 단어배열: 몇 개의 사물의 이름을 읽어 주면 주어진 그림 자극 중에서 읽어 준 사물에 해당하는 그림들을 순서대로 지적하는 과제다. 이 검사는 순차처리능력, 초기 언어발달, 단기기억력, 유의미한 사물에 대한 시지각능력을 측정한다.

- 표현어휘: 사진에 나타나 있는 사물의 이름을 말하는 과제다. 이 검사는 초기 언어 개념과 지식의 축적을 측정한다.

- 인물과 장소: 유명한 인물이나 장소에 대한 질문에 답하는 과제다. 이 검사는 획득된 사실적 정보, 장기기억력, 언어적 표현력을 측정한다.

- 산수: 아동이 수를 세거나 계산하도록 하는 과제다. 이 검사는 언어이해력,

수리능력, 순차적·동시적 정보처리능력을 측정한다.

- 수수께끼: 구체적 또는 추상적 언어 개념에 대한 몇 가지 속성이 주어질 때 이에 해당하는 이름을 말하도록 하는 과제다. 이 검사는 언어이해력, 단어 지식, 부분과 전체의 관계 파악력, 추리능력을 측정한다.
- 문자해독: 주어진 문자나 단어를 소리 내어 읽도록 하는 과제다. 이 검사는 교과 학습의 기초 기능인 읽기 해독능력을 측정한다.
- 문장이해: 문장으로 주어진 지시를 동작으로 표현하도록 하는 과제다. 이 검사는 교과 학습의 기초 기능인 읽기 이해력을 측정한다.

우리나라 아동을 대상으로 한 K-ABC의 규준 표준화 작업은 1996년부터 1997년까지 전국 2,400명의 아동을 대상으로 이루어졌다. 검사 실시 및 해석 지침서에 의하면, 검사도구의 신뢰도는 평균 .80 이상(.79~.96의 범위)인 것으로 보고되고 있다. 검사도구의 타당도와 관련된 보고에 의하면, KEDI-WISC나 고대-Binet 지능검사와 대략 .70 정도의 높은 상관을 가지고 있는 것으로 나타났다.

(3) 언어인지발달 그림검사

신종호(2002), 신종호와 조성원(2002)이 개발한 언어인지발달 그림검사는 크게 표현어휘력 그림검사, 일반화/변별능력 그림검사, 인지판단 그림검사로 구성되어 있다. 이 세 가지 검사들은 취학 전 아동들의 표현어휘력, 개념발달의 중요한 인지적 기제인 일반화와 변별능력 그리고 상황추론·조건추론·인과추론과 관련한 인지판단능력을 측정하기 위해 개발된 검사로서, 이 검사들에서 낮은 결과를 보이는 경우 학교학습에서 상대적으로 낮은 수행을 나타낼 가능성이 있다. 이 세 가지 검사들을 간략히 소개하면 다음과 같다.

언어인지발달 그림검사   취학 전 아동들의 표현어휘력, 개념발달의 중요한 인지적 기제인 일반화와 변별능력 그리고 상황추론·조건추론·인과추론과 관련한 인지판단능력을 측정하기 위해 개발된 검사

① 표현어휘력 그림검사

표현어휘력 그림검사는 미국 미네소타 대학교 조기교육연구소(Early Childhood Research Institute)와 협력하여 취학 전 아동의 표현어휘력을 측정하기 위해 개발되었다. 표현어휘력 그림검사는 7개의 생활 영역으로 분류되는 총 200개의 그림 카드로 구성되어 있다. 검사 영역별 구성을 살펴보면, 의생활 관련 문항 20개, 식생활 관련 문항 30개, 주생활 관련 문항 40개, 사회생활 관련 문항 30개, 놀이생

활 관련 문항 30개, 사람·직업 관련 문항 30개로 되어 있다. 검사는 200개의 그림카드를 아동에게 제시하고 그림에 나타난 개체를 아동이 명명하도록 함으로써 실시하였다. 검사도구의 준거타당도를 살펴보면, 표현어휘력 그림검사는 표준화된 취학 전 아동용 어휘력검사(예: Peabody Picture Vocabulary Test)와 .72~.81의 상관을 갖고 있는 것으로 보고되고 있다. 또한 내적 일치도를 중심으로 한 신뢰도 계수 α는 .94로 나타났다(Shin et al., 2001).

② 일반화/변별능력 그림검사

일반화/변별능력 그림검사는 아동의 인지발달에서 중요한 부분을 차지하는 개념의 발달과 관련한 인지능력을 측정하기 위해 개발된 검사다. 이 검사는 아동이 주어진 자극 간에 존재하는 공통점과 차이점을 확인하도록 구성되었으며, 이를 위해 검사 장면으로서 일상적인 상황에서 접할 수 있는 장면들을 이용하였다. 구체적으로, 검사에서 사용된 자극들은 아동이 생활 속에서 접할 수 있는 다양한 동작·행위, 위치·방향, 정서·감정 등과 관련된 그림들이었다. 검사에 포함된 검사 장면의 예를 제시하면 [그림 4-4]와 같다.

일반화/변별능력 그림검사는 일반화 능력을 측정하기 위한 그림문항 20개, 변별능력을 측정하기 위한 그림문항 20개를 포함하고 있다. 검사의 검사-재검사 신뢰도는 일반화 하위 검사가 .63, 변별 하위 검사는 .75로 보고되고 있으며, 아동의 표현어휘력과 유의미한 상관(평균 .58의 상관)을 가지고 있는 것으로 보고되고 있다.

공통점 찾기 문항

차이점 찾기 문항

[그림 4-4] 일반화/변별능력 그림검사의 예

③ 인지판단 그림검사

인지판단 그림검사는 상황을 나타내는 20개의 그림들과 각 그림에 대한 진술문으로 구성된 검사도구다. 각 그림은 6개의 진술문을 포함하고 있는데, 6개의 진술문은 크게 상황추론, 조건추론, 인과추론 영역에 해당하는 진술문으로 구별해 볼 수 있다. 각각의 인지판단 영역별로 포함된 2개의 진술문 중 하나는 옳은 진술문이고 다른 하나는 틀린 진술문이다. 이 검사는 취학 전 아동들이 일상생활에서 접할 수 있는 그림 장면들에 대한 추론적 · 조건적 · 인과적 진술문들을 듣고 진술문의 정 · 오 판단을 수행하도록 구성되어 있다. [그림 4-5]는 이 연구에서 사용한 인지판단 그림검사의 한 장면과 그에 해당하는 진술문들을 예시로 보여 준다.

인지판단 그림검사는 경험학습이나 학교학습과 관련해 유의미한 준거타당도를, 학년 집단별로 예상되는 인지능력의 차이와 관련해서는 유의미한 변별타당도를, 그리고 시간 변화에 따른 인지능력 발달현상과 관련해 민감한 성장타당도를 가지고 있는 것으로 보고되고 있다. 또한 검사도구의 신뢰도와 관련하여 보고된 내적 일치도 신뢰도 계수 α는 .72로 나타났다(신종호, 2002).

• **상황추론 진술문**
주위의 차들이 멈춰 서 있어요.
신호등은 빨간 불입니다.

• **조건추론 진술문**
횡단보도가 길면 신호등 신호가 더 길어요.
사람들과 함께 길을 건너면 더 위험해요.

• **인과추론 진술문**
횡단보도에 선이 그려져 있기 때문에 더 안전해요.
착한 소녀이기 때문에 안전하게 건널 수 있어요.

[그림 4-5] 인지판단 그림검사의 예

(4) DIBELS

DIBELS(Dynamic Indicators of Basic Early Literacy Skill)는 미네소타 대학교의 학습장애연구센터에서 Deno와 그 동료들이 제작한 교육과정중심측정(Curriculum-Based Measurement: CBM) 도구를 바탕으로 개발되었으며, 유치원부터 6학년까지의 초기 언어기술 습득을 평가하기 위해 개발된 측정도구다. DIBELS에 포함된

DIBELS 유치원부터 6학년까지의 초기 언어기술 습득을 평가하기 위해 개발된 측정도구

표 4-2	DIBELS에 포함된 측정지표

음성인식 측정(Measures of Phonemic Awareness)
- Initial Sound Fluency(ISF): 주어진 한 단어의 초기 소리를 확인하고 생성하는 기술을 측정
- Phonemic Segmentation Fluency(PSF): 주어진 한 단어에서 개별 음성을 생성하는 능력 측정

알파벳의 원리와 음운능력 측정(Measure of Alphabetic Principle and Phonics)
- Nonsense Word Fluency(NWF): 익숙하지 않은 '무의미한' 단어 조립 능력과 문자-소리 관계 인식을 측정
- Letter Naming Fluency(LNF): 영어 알파벳을 얼마나 유창하게 읽을 수 있는지를 측정

글 읽기 정확도와 유창성 측정(Measure of Accuracy and Fluency with Connected Text)
- Oral Reading Fluency(ORF): 실제 글 자료를 얼마나 정확하고 유창하게 읽는지를 측정

이해력 측정(Measure of Comprehension)
- Retell Fluency(RTF): 실제 글에 대한 이해 정도를 구두로 평가

어휘와 구어능력 측정(Measure of Vocabulary and Oral Language)
- Word Use Fluency(WUF): 문장에서 문맥에 맞게 단어를 정확하게 사용하는 능력을 평가

측정지표들이 초기 언어발달과 이후 읽기 능력 발달의 신뢰성 있고 타당한 지표가 되도록 하기 위해 많은 경험적 연구가 수행되었다. 그 결과, 많은 연구들이 DIBELS가 읽기장애학생들을 조기 예측하는 데 타당한 검사로 활용될 수 있음을 보여 주었다.

검사 결과는 학생 개인의 발달을 평가하는 데 사용될 수 있으며 적정한 교육목표에 맞추기 위한 등급-수준 피드백을 제공할 수 있다. DIBELS에 포함된 측정지표들을 제시하면 〈표 4-2〉와 같다.

DIBELS는 모든 학생들(유치원부터 6학년까지)의 조기 언어발달 과정을 평가하기 위해 고안되었으며, 표준화 절차를 통해 개발된 검사다. 또한 아동의 언어능력 발달을 반복 측정하도록 권장되며(예: 1년에 최소 3~4회), 시간에 따른 능력의 성장을 중심으로 한 평가활동이 이루어지도록 구성되어 있다. 마지막으로, DIBELS는 학년에 따라 다른 측정지표들을 사용할 것을 권장하고 있으며, 이를 정리하여 제시하면 다음과 같다([그림 4-6] 참조).

						다시 말하기 유창성													
					구두 읽기 유창성														
		무의미 단어 읽기 유창성																	
		음소 분절 유창성																	
		단어 활용 유창성																	
	단어 명명 유창성																		
초성 발음 유창성																			
학년 초기	학년 중기	학년 말기	학년 초기	학년 중기	학년 말기	학년 초기	학년 중기	학년 말기	학년 초기	학년 중기	학년 말기	학년 초기	학년 중기	학년 말기	학년 초기	학년 중기	학년 말기	학년 초기	학년 중기	학년 말기
유치원			1학년			2학년			3학년			4학년			5학년			6학년		

[그림 4-6] 학년별로 권장되는 DIBELS 지표

(5) 기초학습기능 수행평가

기초학습기능 수행평가(Basic Academic Skills Assessment: BASA)체제는 교육과
정중심측정 절차에 근거하여 개발된 검사다(김동일, 2000). 이 검사는 실시가 간
편하여 형성평가로 활용할 수 있으며, 학습의 효과를 확인하고 이에 맞게 진도
나 교수 계획, 개입 계획을 수립하여 아동의 변화를 모니터링하는 데 사용할 수
도 있다.

[그림 4-7] BASA 검사도구

출처: http://inpsyt.co.kr/psy/item/list

① BASA: 초기문해

이 검사는 읽기에 어려움을 지녀 읽기 장애위험에 처한 아동들을 정확하게 예
측·조기 선별하기 위해 대상 아동의 발달 과정상의 잠재적인 변화와 성장을 고

려하여 반복 측정하도록 개발되었다. 이 검사는 크게 기초평가와 형성평가로 구분된다. 기초평가는 음운처리과정검사와 초기 읽기 검사로 이루어져 있다. 음운처리과정검사에는 음운인식검사, 음운적 작업기억능력검사, 음운적 정보회상능력검사가 포함되며 초기 읽기 능력 검사는 단어인식검사, 읽기유창성검사를 포함한다. 형성평가는 음운인식을 측정하며 음절과 음소를 각각 변별, 합성, 탈락, 대치의 네 가지 과제 유형으로 나누어 측정한다.

• 음운인식검사 문항

영역	음운처리과정검사
하위 영역	음운인식능력 검사
영역 설명	음운인식능력 검사는 변별, 합성, 탈락, 대치의 네 가지 요인으로 구성되어 있으며 각각의 요인을 음절 수준, 음소 수준으로 분류하여 총 여덟 가지 과제로 이루어져 있다. 총 46문항이며, 검사자는 각각의 검사를 아동에게 충분히 이해시킨 후 검사를 실시한다.
문항 예시	① 음절 변별검사 문항 예시

음절 변별검사 문항 제시 예

'모자' '우산' '우유' 중에서 첫 번째 소리가 다른 하나는 무엇인가요?

첫 음절 변별		반응	점수
연습 문제	모자, 우산, 우유	모자	
본 문제	사자, 하마, 사과	하마	0 1
	오리, 배구, 오이	배구	0 1
	호박, 호두, 소금	소금	0 1
	파리, 노래, 파도	노래	0 1

② 음절 탈락검사 문항 예시

음절 탈락검사 문항 제시 예

'김밥'에서 '김'을 빼면 어떤 소리가 남을까요?

첫 음절 탈락	반응	점수
연습 문제 김밥	밥	
본 문제 시소	소	0 1
도깨비	깨비	0 1

③ 음절 합성검사 문항 예시

음절 합성검사 문항 제시 예

'꿀' 소리에 '벌'을 합하면 무슨 소리가 될까요?

두 음절 합성		반응	점수
연습 문제	꿀, 벌	꿀벌	
본 문제	책, 미	책미	0 1
	당, 문	당문	0 1

④ 음절 대치검사 문항 예시

음절 대치검사 문항제시 예

'오리'에서 '오'를 '머'로 바꾸면 무슨 소리가 될까요?

첫 음절 대치		반응	점수
연습 문제	오리: 오/머	머리	
본 문제	도끼: 도/토	토끼	0 1
	저울: 저/거	거울	0 1

출처: 김동일(2011).

• 음운적 작업기억능력검사 예시

영역	음운처리과정검사
하위 영역	음운적 작업기억능력검사
영역 설명	음운적 작업기억능력검사는 숫자 회상 검사와 무의미 단어 회상 검사로 구성되어 있다. 숫자 회상 검사는 검사자가 불러 준 숫자들을 아동이 같은 순서로 따라 하는 문항과 거꾸로 따라 하는 문항으로 구성되어 있다. 무의미 단어 회상 검사는 초성, 중성, 종성이 들어 있는 무의미 단어를 회상하는 문항으로 이루어져 있다.

문항 예시	① 숫자 회상 검사 중 바로 따라 외우기 문항 예시		
		문항	점수
	숫자 회상	1) 3-8-6	0 1
		2) 6-1-5-8	0 1
		3) 8-4-2-3-9	0 1
		4) 7-9-6-4-8-3	0 1
	총점		

② 숫자 회상 검사 중 거꾸로 따라 외우기 문항 예시

	문항	점수
숫자 회상	1) 2-5	0 1
	2) 6-3	0 1
	3) 7-9-6-8	0 1
	4) 4-1-3-5	0 1
총점		

③ 무의미 단어 회상 검사 문항 예시

	문항	점수
무의미 단어 회상	1) 봅을림	0 1
	2) 펀측킬	0 1
	3) 랑멈딥묵	0 1
	4) 통필학찬	0 1
	5) 만씀친녹골	0 1
	6) 꼴색붕뜻칩	0 1
	7) 쁜솔정남턴숙	0 1
	8) 큰찰농쪽갈범	0 1
총점		

출처: 김동일(2011).

• 초기읽기 검사 예시

영역	초기읽기검사
하위 영역	단어인식검사
영역 설명	단어인식검사는 문자해독 능력을 측정하기 위한 것으로 '제시된 단어를 얼마나 정확하게 읽는가?', 즉 정확성을 측정하기 위한 것이다. 이 검사는 아동의 연령을 고려하여 고빈도 단어, 저빈도 단어, 비단어를 각 규칙성(규칙, 불규칙)에 따라 10개씩 총 30개 포함하고 있다.

문항 예시	–본 문제 제시 예시: 아동이 가능하면 정확하고 빠르게 읽을 수 있도록 안내한다.					
	청소	약국	실태	협상	돈남	녹수
	가족	택시	표상	결점	글래	덥저
	방학	늑대	공감	복지	순춘	조두피
	피아노	책상	정착	낙심	갑추	급생
	운동화	식구	내색	실적	준탑	갈침망

출처: 김동일 (2011).

② BASA: 초기수학

아동의 초기수학능력은 수의 의미를 이해하고 수들의 관계를 정의할 수 있는 능력인 수감각능력으로 대표된다. BASA 초기수학 검사는 수감각을 활용한 형성평가로 짧은 검사를 반복해서 실시하여 진전도를 관찰할 수 있다는 장점이 있다. 이 검사는 수 인식, 빠진 수 찾기, 수량변별, 추정 검사로 이루어져 있다.

• 수 인식 검사 예시

영역	수 인식
영역 설명	수 인식 검사는 아동이 1부터 100까지의 수를 빠르고 정확하게 읽는 능력을 측정하며 80문항으로 이루어져 있다.
문항 예시	–아동이 가능한 한 빠르고 정확하게 읽어야 한다고 안내해야 하며 숫자를 잘못 읽거나 3초 이상 소요되면 오답으로 기록한다.

8	1	3	5	7	3	5	4	8	15
14	16	19	11	15	14	13	25	26	23
26	21	24	25	22	23	35	33	35	31
34	36	35	36	47	46	42	45	48	42
44	57	58	53	54	55	54	48	53	66
63	65	67	69	65	73	74	65	76	73
72	74	78	74	87	82	85	86	88	89
83	96	98	92	100	97	93	97	90	94

출처: 김동일(2010).

• 빠진 수 찾기 검사 예시

영역	빠진 수 찾기		
영역 설명	빠진 수 찾기 검사는 1부터 20까지의 수 중 연속된 세 수에서 수들의 배열 규칙을 찾아 빠진 수를 인식하는 능력을 측정하며 총 30문항으로 이루어져 있다.		
문항 예시	−제한된 시간 내에 어떤 수가 빠져 있는지 맞추는 문항이다.		

문항	반응		
1		3	4
2	5	6	

출처: 김동일(2010).

• 수량변별 검사 예시

영역	수량변별
영역 설명	아동이 두 수 중 어떤 수가 큰지를 변별하는 능력을 측정하는 검사다. 문항은 1부터 20까지의 수 중 두 수를 추출하여 제작하였고, 총 40문항으로 이루어져 있다.
문항 예시	−아동에게 제시된 두 수 중에 어떤 수가 큰 수인지 찾아보도록 안내한다. | 1	5	

출처: 김동일(2010).

• 추정 검사 예시

영역	추정
영역 설명	추정 검사는 아동이 수직선 위에서 수의 위치를 추정해 보는 능력을 측정하는 검사다. 문항은 1부터 20까지의 수 중 세 수를 무작위로 추출하였으며, 총 30문항으로 이루어져 있다.
문항 예시	−아동에게 수직선에 대해 설명하고 화살표에 들어갈 수 있는 수는 무엇인지 질문한다.

출처: 김동일(2010).

5. 학습장애 조기중재

1) 조기중재의 개념적 정의 및 유형

조기중재 취학 전 아동이 장애나 발달지체로 인해 일상적인 행동과 생활을 정상적으로 할 수 없는 경우 아동과 그 가족에게 제공하는 교육 및 관련 서비스

조기중재는 취학 전 아동이 장애나 발달지체로 인해 일상적인 행동과 생활을 정상적으로 할 수 없는 경우 아동과 그 가족에게 제공하는 교육 및 관련 서비스를 말한다(Bowe, 2000). 조기중재는 중재 서비스가 제공되는 목적에 따라 1차(primary), 2차(secondary) 그리고 3차(tertiary) 중재로 구분할 수 있다(Hallahan, Kauffman, & Lloyd, 1999). 1차 중재는 장애 자체가 발생하지 않도록 초기에 제공되는 서비스를 말하는 것으로, 장애를 유발하는 원인에 대한 예방활동이라고

1차 중재 장애 자체가 발생하지 않도록 초기에 제공되는 서비스

할 수 있다. 학습장애와 관련해서 1차 중재는 뇌손상, 부적절한 교수활동, 열악한 가정환경으로부터 아동을 보호하는 활동이라고 할 수 있다. 2차 중재는 장애가 발생한 이후에 장애로 인한 문제가 악화되지 않도록 하기 위해 제공되는 서비스를 말한다. 대부분의 학습장애아동들을 위해 제공되는 교육 프로그램들이 2차 중재에 해당한다고 할 수 있다. 마지막으로, 3차 중재는 장애문제가 다

2차 중재 장애가 발생한 이후에 장애로 인한 문제가 악화되지 않도록 하기 위해 제공되는 서비스

른 영역이나 활동에 영향을 미치지 않도록 제공되는 프로그램을 말한다. 장애가 심각하게 진행되면 다른 기능활동에도 부정적인 영향을 미칠 수 있다. 학습장애의 경우, 학교학습에서의 계속된 실패와 어려움이 사회에 진출하여서도 직업을 탐색하거나 직장생활을 해 나가는 데 부정적인 영향을 미칠 수 있다. 이 경

3차 중재 장애문제가 다른 영역이나 활동에 영향을 미치지 않도록 제공되는 프로그램

우 학습문제와 직접적으로 관련은 없지만 직업 탐색이나 직업활동을 돕기 위해 제공되는 프로그램이 3차 중재에 속한다.

가정중심 중재 아동의 부모가 조기중재 활동에서 중심적 역할을 수행하며, 특수교사는 일주일에 한 번씩 가정을 방문하여 부모가 수행한 활동 및 아동에 대한 검사 결과 등을 가지고 자문하는 역할을 수행하는 중재

조기중재는 중재 서비스가 전달되는 환경을 기준으로 가정중심(home-based) 중재와 기관중심(center-based) 중재로 구분할 수 있다(Mercer, 1992). 가정중심 중재에서는 아동의 부모가 조기중재 활동에서 중심적 역할을 수행하며, 특수교사는 일주일에 한 번씩 가정을 방문하여 부모가 수행한 활동 및 아동에 대한 검사 결과 등을 가지고 자문하는 역할을 수행하게 된다. 반면에, 기관중심 중재는 다

기관중심 중재 다양한 전문가들로 중재 팀이 구성되며, 팀에 의해 전문적인 교육 프로그램이 제공되는 중재

양한 전문가들로 중재 팀이 구성되며, 팀에 의해 전문적인 교육 프로그램이 제공되는 것이 특징이다. 이러한 기관중심 중재의 경우에도 장애아동의 부모에게 팀의 한 구성원으로서 참여할 수 있도록 하는 것이 더 효과적일 수 있다.

2) 조기중재의 근거

발달장애아동을 대상으로 조기중재의 효과성을 단적으로 보여 준 Skodak과 Skeels의 연구가 1960년대에 발표되었다(Mercer, 1992). 이 연구는 발달기에 아동에게 적절한 환경적 자극을 구성해 주는 것이 인지발달, 학교학습 그리고 성인이 되어서 사회활동에 매우 긍정적인 영향을 미칠 수 있음을 보여 주는 것이었다. 이 연구에서 연구자들은 3세 이하의 25명의 아동을 실험집단과 통제집단에 무선적으로 배치하였다.

실험집단에 속한 13명의 아동들의 평균 지능지수는 64였으며, 이들 중 11명이 당시 지적장애로 판정되었다. 이 실험집단 아동들은 정부에서 운영하는 공립학교에 보내져 일대일 교육을 받았으며, 실험이 시작되고 이들 중 11명이 일반가정에 입양되어 교육을 받았다. 통제집단에 속한 12명의 아동들은 고아원에서 단순히 건강과 영양에 관한 서비스만을 받았으며, 지적 발달을 위한 집중적 교육 기회가 제공되지는 않았다. 실험에 참여할 당시 통제집단 아동들의 평균 지능지수는 86이었고, 이들 중 10명이 지적장애로 판정되었다.

실험 결과는 두 집단 간에 극적인 차이를 보여 준다. 실험집단의 경우 2년 후 실시된 지능검사에서 평균 28점의 향상을 나타냈으며, 반면에 통제집단의 경우에는 지능지수가 약간 저하된 것으로 나타났다. 또한 실험이 시작된 이후 25년의 시간이 지난 뒤 실험집단에 속한 사람들의 생활을 조사한 결과, 11명의 참여자가 결혼을 하여 정상적인 가정생활을 하고 있는 것으로 나타났다. 반면에, 통제집단에 속한 사람들의 경우에는 단지 2명만이 결혼을 하였으며, 4명은 지적장애인을 위한 수용시설에서 생활하고 있는 것으로 나타났다. 두 집단의 학년 수준은 극적인 차이를 나타내 보였는데, 실험집단의 경우에는 평균 고등학교 졸업의 학력을, 통제집단의 경우에는 초등학교 3학년 수준의 학력을 가지고 있는 것으로 조사되었다.

이 연구는 일대일의 집중적인 조기중재와 지적 자극을 촉진할 수 있는 환경을 제공하는 것이 지적 발달 및 사회생활에 중대한 영향을 미칠 수 있음을 보여 주는 단적인 예라고 할 수 있다. 특히 환경여건의 변화와 교육 프로그램을 통해 인지발달이 변화를 초래할 수 있는 가장 민감한 시기가 바로 초기 발달기임을 간접적으로 보여 주는 연구라고 할 수 있다.

조기중재의 필요성에 대한 또 다른 근거로서, 조기교육에 투자하는 것이 장애문제가 심각하게 진행된 다음에 특수교육 서비스에 투자하는 것보다 비용-효과 측면에서 훨씬 투자가치가 높다는 것을 들 수 있다. 또한 조기중재를 통해 보다 효과적으로 장애문제를 해결함으로써 개인의 성공적인 독립생활을 유도하고, 이에 따라 장애인이 독립적 사회생활을 하도록 돕기 위해 소요되는 사회적 비용을 상대적으로 절감할 수 있다는 것도 조기중재의 필요성을 보여 주는 하나의 예다. 전체적으로, 초기 2년 동안 조기중재 프로그램에 투자하는 경우 투자비용의 약 2.5배의 효과를 나중에 기대할 수 있다고 한다(Lovitt, 1989).

마지막으로, 조기중재에는 가족을 위한 지원 서비스가 포함된다. 가족들에게 필요한 서비스를 함께 제공함으로써 이들이 아동의 장애문제를 효과적으로 다룰 수 있도록 할 뿐만 아니라, 성공적인 장애문제 접근을 통해 가족 구성원들이 사회적 활동에 보다 적극적으로 참여할 수 있도록 한다는 긍정적 결과를 기대할 수 있다. 가족중재 서비스를 함께 제공함으로써 장애아동이 있는 가족 구성원들이 지역사회 및 사회복지에 더 많이 참여·공헌할 수 있도록 한다는 측면에서도 조기중재는 중요한 의미를 갖는다.

3) 효과적 조기중재 프로그램의 특성 및 프로그램의 소개

생각해 보기 효과적인 조기 프로그램의 실시를 위해 일반교사와 협력해야 할 사항에는 어떤 것들이 있을까?

프로그램이 효과적이라고 인정되기 위해서는 다음과 같은 세 가지 조건을 만족시켜야 한다(Slavin & Madden, 1989). 첫째, 프로그램의 효과성이 반복적으로 증명되어야 하며, 둘째, 프로그램의 효과성이 단기적인 측면에서뿐만 아니라 장기적인 측면에서도 나타나야 한다. 마지막으로, 통제집단과의 평균 차이가 적어도 효과크기로 표현했을 때 .30 이상의 차이를 보여야 한다.

효과적인 조기중재 프로그램을 계획·제공하기 위해서는 다음과 같은 요인들을 고려해야 한다(Mercer, 1992). 먼저, 가족의 개입을 증진시킬 수 있는 방법들이 포함되어야 한다. 이를 위해서는 제공되는 프로그램과 이를 통해 기대할 수 있는 교육적 결과에 대해 부모들이 현실적인 인식을 갖도록 해야 하며, 프로그램을 진행하는 과정에서 자신이 수행해야 할 역할이 무엇인지를 분명히 알고 있도록 해야 한다. 또한 집에서 부모들이 직접 할 수 있는 활동을 구조화해서 제공해 주며, 성공적인 수행을 보이는 부모를 프로그램 훈련자로서 활용하는 것도 고려할 수 있다.

둘째, 효과적인 조기중재 프로그램을 위해서는 학업기술과 관련된 구조화된 활동들이 프로그램에 포함되어야 한다. 학교학습을 성공적으로 수행하는 데 필요한 기본 학습기능에 대한 교육을 통해 학교학습에서 경험하게 될 어려움을 상당히 줄일 수 있을 것이다.

셋째, 효과적인 조기중재 프로그램은 장기간에 걸쳐 집중적으로 실시되어야 한다. 개별적 기능중심의 교육뿐만 아니라 장기적인 측면에서 기초학습능력 계발을 위한 노력이 이루어져야 하며, 일대일 또는 소집단 형식의 집중적인 교육활동이 제공되어야 한다.

마지막으로, 효과적인 조기중재 프로그램을 구성하기 위해서는 아동의 진전도에 대한 평가활동을 지속적으로 실시하고, 평가 결과에 근거해 프로그램의 효과성을 판단하는 형성평가 기능이 프로그램에 포함되어 있어야 한다. 형성평가 기능을 통해 적응적인 수업활동을 전개함으로써 아동의 문제와 요구에 더 민감한 교수활동을 수행할 수 있을 것이다.

미국에서 실시되고 있는 구체적인 조기중재 프로그램으로는 Head Start, Reading Recovery, Success for All 프로그램을 들 수 있다(Hallahan, Kauffman, & Lloyd, 1999). Head Start 프로그램은 1960년대 저소득층 아동들을 위해 실시된 보충교육으로서, 1980년대에 들어서 발달장애, 발달지체 또는 장애위험을 가진 아동들도 프로그램의 혜택을 받을 수 있도록 되었다. 조기중재를 통해 학교학습에서의 실패를 조기에 예방하자는 것이 Head Start 프로그램의 기본 목표다.

Reading Recovery 프로그램은 원래 뉴질랜드에서 먼저 시작된 것으로, 읽기능력 향상을 위한 일대일의 개인교수 프로그램으로 구성된 것이 특징이다. 미국에서 현재 이 프로그램은 학업성취가 낮은 초등학교 1학년 학생들을 대상으로 실시되고 있으며, 알파벳에 대한 학습, 책 읽기, 글쓰기 등의 활동을 통해 읽기 관련 능력 향상을 목표로 하고 있다.

마지막으로, Successful for All 프로그램은 미국 존스홉킨스 대학교의 '불우학생을 위한 성공적 학교교육연구소(Center for Research on Effective Schooling for Disadvantaged Students)'에서 개발한 프로그램이다. 이 프로그램은 학교학습에서 어려움을 겪을 것으로 예상되는 유치원부터 초등학교 3학년까지의 학생들을 대상으로 실시된다. 정규수업에서 다루어지는 읽기 교재를 중심으로 일대일, 소집단 수업을 별도로 실시하며, 가정과의 연계를 통해 지속적인 학습활동을 수행하도록 구성되어 있다.

① BASA 초기문해 중재활동 예시

BASA 초기문해 중재활동은 초기문해능력 향상을 위한 음운처리과정, 음운인식, 음운적 작업기억, 장기기억으로부터의 음운적 정보회상을 바탕으로 계획한다. 구체적인 중재활동을 설계할 때는 아동의 흥미와 수준에 맞춰야 하며, 교사와 아동, 아동 간의 활발한 상호작용이 이루어질 것과 해당 원리를 아동 스스로 생각하고 발견할 수 있도록 기회를 제공할 것을 계획해야 한다. 다음의 표는 초기문해능력 향상을 위한 중재활동 예시 중의 하나로 음운적 정보회상 기술을 위한 활동인 '일상 속 단어 읽기'를 제시하고 있다. 이 예시의 활동은 일상에서 접하는 단어를 읽을 수 있는 것을 목표로 하며, 활동 내용은 아동의 흥미와 수준을 맞추기 위해 1수준과 2수준으로 제시하고 있고, 아동의 상황에 따라 1수준과 2수

발달 기술	음운적 정보회상	활동명	일상 속 단어 읽기
활동 목표	일상에서 접하는 단어를 읽을 수 있다.		
활동 내용	⊙ 1수준 ① 아동이 일상에서 접하는 단어 글자 카드를 준비한다. ② 교사는 각 단어를 읽어 주지 않고 글자만 제시한다. ③ 아동은 각 글자를 읽는다. ④ 아동은 글자를 읽고 그 단어의 의미와 사용예문을 말한다. ⑤ 아동 간 각 글자를 사용하는 예문 대화를 한다. ⊙ 2수준 ① 아동이 접하는 일상 장면을 3개 정한다. 　(예: 엄마와 부엌, 유치원이나 학교, 놀이터 등) ② 각 아동의 일상 장면에서 접하는 단어 글자 카드를 준비한다. 　(예: 놀이터의 경우 시소, 그네, 공, 줄 등) ③ 각 글자를 일상별 구분 없이 섞어 제시한다. ④ 아동은 각 글자를 읽고 장면별로 분류한다.		
활동 자료	아동이 일상에서 접하는 단어 글자 카드		
유의점	아동의 일상에서 많이 듣고 말하는 단어들로 선정한다.		

출처: 김동일(2011).

준을 함께 제시하거나 하나의 수준만 제시할 수 있다. 이 활동을 제시할 때 유의
해야 할 점은 아동이 일상생활에서 자주 사용하는 단어를 선정해야 한다는 것이
다.

②BASA 초기수학 중재활동 예시

기초평가를 통해 제시된 정보를 바탕으로 중재활동을 계획한다. 수 감각이 부
진한 아동을 선별한 뒤 수 감각 발달을 위한 일반적 지침에 따라 구체적인 중재
활동을 계획한다. 구체적인 중재활동 예시가 다음의 표에 제시되어 있다. 이 중
재활동은 심상화된 수직선 기술 향상을 위한 수의 위치 알기 활동이며 각 수를
바른 위치에 배치하는 기술을 학습하는 것을 목표로 한다. 심상화된 수직선 기
술 단계에서의 중재활동은 수에 대한 상대적 크기를 인식하고 계산하거나 수와
관련된 문제를 해결하는 단계인 수 감각 단계(Leutzinger & Bertheau, 1989)에서 심

발달 기술	심상화된 수직선	활동명	수의 위치 알기
활동 목표	각 수를 바른 위치에 배치하는 기술을 학습한다.		

활동 내용	⊙ 1수준
	① 한 곳이 잘못된 숫자 나열을 제시한다.
	  (예: 1-2-3-3-4-5, 1-2-3-3-5)
	② 나열된 각 숫자 밑에 그만큼의 수량을 반구체물로 표시한다.
	③ 아동은 반구체물 나열을 관찰한 후, 잘못된 곳을 찾아 설명한다.
	④ 아동은 바르게 반구체물을 고친다.
	⑤ 교사는 아동이 반구체물을 고친 것에 맞게 숫자를 고친다.
	⑥ 숫자 나열을 바꾸어 ②~⑤를 반복한다.
	
	⊙ 2수준
	① 한 곳이 잘못된 숫자 나열을 제시한다.
	  (예: 1-2-3-3-4-5, 1-2-3-3-5)
	② 아동은 숫자 나열을 관찰한 후, 잘못된 곳을 찾아 설명한다.
	③ 아동은 바르게 숫자 나열을 고친다.
	④ 숫자 나열을 바꾸어 ②~③을 반복한다.		

활동 자료	숫자카드, 반구체물		
유의점	잘못된 숫자 나열이 높은 수준을 요하지 않게 한다(높은 수준의 예: 한 개 이상의 숫자가 빠진 나열, 두 개 이상의 숫자 위치가 바뀐 나열)		

출처: 김동일(2010).

상화된 수직선 기술을 발달시켜 수 세기와 수량변별뿐만 아니라 더하기, 빼기의 문제를 해결할 수 있도록 활동이 제시된다(Moeller et al., 2009).

6. 마치는 말

학습장애는 학교학습과 관련한 장애로서, 개념적으로 일반적인 능력 수준에 비해 현저하게 낮은 학업성취를 나타낼 때 진단될 수 있는 장애다. 이러한 학습 장애의 특징은 학습장애를 발달시킬 장애위험을 가진 아동을 조기진단하는 것이 개념적인 측면에서 쉽지 않음을 보여 준다.

하지만 학령기 학습장애아동을 대상으로 한 지금까지의 연구들은 학습장애 아동들이 주의력, 사고 전략 활용 능력 등과 같은 정보처리와 관련된 인지능력 및 언어이해능력에서 일반아동에 비해 낮은 수행을 나타냄을 보여 준다. 이러한 인지능력과 언어능력은 취학 전 아동기부터 측정될 수 있는 발달지표들로서, 이러한 능력에 대한 검사를 통해 학교학습에 심각한 어려움을 나타낼 취학 전 아동들을 조기선별할 가능성을 찾아볼 수 있을 것이다. 실제 취학 전 아동의 언어 능력과 일반지능은 초등학교 초기의 학업성취와 유의미한 상관이 있음이 보고되고 있다.

측정학적인 타당성과 신뢰성을 가진 검사도구들을 통해 학습장애아동의 조기선별 및 진단이 이루어지는 경우, 이 아동들을 대상으로 언어능력, 사고력, 기초학습기능(문자해독과 수 개념)에 대한 조기중재 프로그램을 제공해야 한다. 인지능력과 언어능력이 급속하게 발달하는 취학 전 아동기는 발달 가소성(developmental plasticity)을 가지고 있는 시기이기 때문에 이때 조기중재를 제공하는 것은 장애문제를 훨씬 효과적 · 효율적으로 다룰 수 있도록 한다.

이러한 조기중재 프로그램에 장애아동의 부모들이 적극 참여할 수 있도록 허용하는 것은 프로그램의 효과성을 높이는 데 중요한 요인이 된다. 가정에서 부모가 훈련을 통해 장애아동에게 필요한 구체적 프로그램을 실시하고, 아동의 진전도를 평가하는 활동을 수행하며, 학습장애 전문가와의 계속적인 협력관계를 통해 아동의 필요와 수준에 적응할 수 있는 노력을 기울이는 것은 중요한 의미를 갖는다. 또한 가정에서 장애아동의 인지발달이나 학습태도를 긍정적으로 변화시키기 위한 환경 또는 분위기를 만들어 주는 것도 필요하다. 이를 위해서는 아동의 주변 탐색을 격려하고, 풍부하고 상호적인 언어적 경험을 제공하며, 아동이 일정한 긍정적 결과를 성취했을 때 이를 보상하는 가정환경을 구성해 주어야 한다. 에디슨과 같은 학습장애아동이 사회적 영재가 될 수 있었던 것은 부모의 적극적인 중재가 어린 시기부터 있었기 때문이었다.

제5장
읽기 평가

1. 기초학습능력으로서의 읽기

미래학자인 앨빈 토플러(Alvin Toffler)는 그의 저서 『권력이동(*Power Shift*)』에서 현 시대의 가장 큰 특징이 바로 지식정보화 사회로의 전환이라고 지적한 바 있다. 지식자본(knowledge capital)이 강조되는 지식정보화 사회에서 개인의 온전한 사회 참여 및 활동을 위해서는 어느 때보다 새로운 정보를 획득하고 이를 활용할 수 있는 학습능력(learning abilities)이 중시된다.

새로운 정보 획득과 관련해 가장 중요한 학습능력의 하나가 바로 읽기 능력이다. 인터넷과 같은 정보통신 매체의 발달과 더불어 정보 전달이 이전에 비해 그림이나 영상을 통해 많이 이루어지고 있지만, 아직까지 정보 전달의 주 매체는 문자(written language)라고 할 수 있다. 이는 정보 전달의 매개체로서 문자가 학생의 사고체계를 직선적인 정보처리(linear processing) 형식으로 정형화한다는 비판에도 불구하고, 학생의 논리적이고 체계적인 사고력 향상에 여전히 상당한 영향력을 가지고 있기 때문이다.

이 장에서는 새로운 지식 획득을 위해 개인에게 요구되는 중요한 능력으로서 읽기 능력에 현저한 결함을 가지고 있는 학습장애아동에 대한 기능적 읽기 평가를 어떻게 수행할 것인지 살펴보고자 한다. 학습장애아동에 대한 평가는 단순히 이들이 가지고 있는 문제점을 확인하는 것이 아니라, 평가 결과를 활용한 개별화된 교육 프로그램의 제공과도 연결되는 것이어야 한다. 이를 위해서는 평가도구의 총합적 기능(summative function)보다는 형성적 기능(formative function)이 강조되어야 할 것이다. 따라서 이 장에서는 형성평가를 목적으로 활용할 수 있는 검사도구들 역시 구체적으로 살펴보고자 한다.

2. 읽기의 개념적 이해

1) 읽기의 기능적 구성

단어인식 문자에 대한 해독
(decoding)

읽기는 단어인식(word recognition)과 읽기 이해(comprehension)의 두 가지 기능적 활동을 통해 이루어진다(Mercer, 1992). 단어인식은 문자에 대한 해독(decoding)을 의미하며, 형태(configuration), 음소(phonics), 음절(syllables), 문맥(context) 분석 그리고 반복적 경험을 통한 일견(一見) 읽기(sight reading)를 통해 이루어진다. 이들 단어인식과 관련된 활동들을 구체적으로 살펴보면 다음과 같다.

먼저, 형태 분석이란 문자의 시각적 특징이나 단서(예: 길이나 복잡성)에 근거해 단어를 인식하는 활동을 말한다. 가령, 아동이 그림책을 통해 그림과 함께 '교회'라는 단어를 학습한 경험이 있어서 '교'자가 들어가 있는 단어만 보면 항상 '교회'라고 읽는 경우가 그 예에 해당한다. 음소 분석이란 단어를 구성하고 있는 문자소와 음소의 대응관계를 분석함으로써 단어를 인지하는 것으로, 읽기 학습 초기 단계의 학생들이 주로 사용하는 방법이다. 지금까지의 연구들은 읽기 장애아동의 경우 음소 분석을 통해 문자를 인지하는 데 있어 상대적으로 많은 어려움을 가지고 있음을 보여 준다. 음절 분석이란 단어를 구성하고 있는 각 음절에 해당하는 소리를 분석적으로 지각함으로써 전체 단어를 인지하는 것을 말한다. '산소'라는 단어에서 '산'과 '소'라는 단어를 분석적으로 인지하고 이를 연결하여 읽는 경우가 음절 분석의 예라고 할 수 있다. 문맥 분석이란 주위의 다른 단어나 의미에 의존해서 모르는 단어를 해독하려는 단어인식 활동을 말한다. 지금까지의 연구 결과들은 읽기장애아동이 일반아동에 비해 음소 분석이나 음절 분석보다 문맥 분석에 의존해 낯선 단어에 대한 해독을 더 많이 시도한다고 보고하고 있다. 마지막으로, 일견 읽기란 단어에 대한 의식적인 음소 및 음절 분석을 실시하지 않으면서 즉시적으로 단어를 인식하는 것을 말한다. 이는 아동이 제시된 단어에 반복해서 누적적으로 노출된 경우, 거의 자동적으로 전체적인 시각적 단서와 단어를 연결시키는 기능적인 읽기 활동을 의미한다. 그러므로 일견 읽기 능력의 향상은 아동의 읽기 유창성과 밀접한 관련이 있다. 아동의 읽기 유창성은 또한 읽기 이해능력을 향상시켜 나가는 데 중요한 영향을 미친다. 읽기 유창성을 향상시켜 나감으로써 읽기 활동을 수행할 때 문자 해독보다는 내용 이해에 더 많은 주의(attention)를 기울일 수 있기 때문이다.

읽기 활동을 통한 내용 이해는 크게 단어 이해(vocabulary comprehension), 내용에 대한 문자적 이해(literal comprehension), 추론적(inferential) 이해, 평가적(evaluative) 이해, 감상적(appreciative) 이해로 나누어 볼 수 있다(Mercer, 1992). 읽기 자료에 포함된 단어에 대한 이해는 읽기 자료의 전체 내용을 이해하는 데 중요한 기초가 되며, 내용에 대한 기억에도 중요한 역할을 수행한다(Espin et al., 2001). 내용에 대한 문자적 이해는 읽기 자료에 쓰인 내용을 있는 그대로 의미화할 수 있는 능력을 가리키며, 추론적 이해는 읽기 자료에 나타난 정보를 있는 그대로가 아닌 개인적 경험, 지식, 직관을 이용해 가설화할 수 있는 능력을 가리킨다. 추론적 이해의 예로는 지금까지의 내용을 중심으로 앞으로 계속될 이야기를 예상해 보는 것, 자료 읽기를 통해 배운 내용을 다른 상황에 어떻게 적용할 수 있는지 가설화해 보는 것 등을 들 수 있다. 평가적 이해는 독자의 지식, 경험, 가치 체계를 중심으로 읽기 자료에 포함된 내용의 정확성(예: 사실과 가설의 구분, 사실과 의견의 구분), 저자의 의도, 정보의 유용성 등을 판단하는 것을 의미한다. 마지막으로, 감상적 이해란 읽기 활동 자체를 통해 심미적 만족을 갖게 되는 상태로서 성경과 같은 경전 읽기를 통해 삶의 모습이나 진리를 발견해 가는 과정이 그 예라고 할 수 있다.

단어인식과 읽기 이해라는 두 요인으로 구성되는 읽기 활동은 '읽기를 위한 학습(learning to read) 활동'에서 '학습을 위한 읽기(reading to learn) 활동'으로 그 기능의 변화를 거치게 된다. 즉, 초기 학교학습 동안에는 읽기 활동 자체를 중시하는 수업활동이 강조되지만, 학년이 올라감에 따라 교과내용의 학습을 위한 수단으로서 읽기 활동이 강조된다. '읽기를 위한 학습 활동'에서는 문자 해독의 정확성과 읽기 유창성이 중시되며, '학습을 위한 읽기 활동'에서는 내용 이해를 위해 다양하고 효과적인 읽기 전략(reading strategies)의 활용이 중시된다.

내용 이해의 구분 단어 이해, 문자적 이해, 추론적 이해, 평가적 이해, 감상적 이해

2) 읽기 기능의 발달: 단어인식 기능을 중심으로

문자 해독을 중심으로 Ehri(1996)는 아동의 읽기 능력 발달을 상징(logographic) 단계, 알파벳(alphabetic) 단계, 글자(orthographic) 단계로 나누고, 각 단계별로 나

타나는 아동의 읽기 능력 특성을 살펴보았다. 먼저, 상징 단계에 있는 아동은 단어의 시각적 특징과 단어를 개별적으로 연결시킴으로써 해당 단어를 인지하는 특징을 갖는다. 이 단계에 있는 아동은 아직까지 문자소(letter)와 음소(sound)의 대응관계를 알고 있지 못하기 때문에 음운분석을 통해 단어를 인지하는 것은 아니다. 예를 들면, 아이들이 '롯데리아(Lotteria)'를 보고 /로떼리아/라고 말하는 것은 한글이나 영어를 읽을 줄 알기 때문이 아니라, 이 체인점의 상징인 'LO'나 다른 시각적 특징과 상호를 연합하여 기억하고 있다가 이를 재현하여 말하는 것일 수 있다. 그러므로 이 단계에서 단어와 읽기의 연합은 임의적인 일대일의 연합관계라는 특징을 갖는다. 이 단계 아동이 나타내는 읽기 행동의 특징을 살펴보면 다음과 같다(Gunning, 1998).

- 아동들이 읽는 단어들은 주로 자신의 생활 속에서 자주 사용되는 것들이다.
- 단어 기억을 위해 길이, 모양, 복잡성, 다른 상징 등을 단서로서 활용한다.
- 반복적인 노출이 새로운 단어를 학습하는 주요한 기제로 기능한다.
- 시각적 단서와 단어를 연합하여 기억하기 때문에 받아쓰기를 하도록 했을 때 철자가 임의적인 형태로 나타난다.
- 읽기장애아동의 경우 시각적 단서를 활용한 읽기 전략을 오랜 기간 사용한다.

알파벳 단계에 이르면 아동들은 문자를 구성하는 기본단위인 자음과 모음에 대한 지식을 갖게 되며, 문자소와 음소의 대응관계를 이용한 음운분석(phonics analysis) 및 음운결합(sound blending)을 통해 문자 해독을 하게 된다. 알파벳 단계의 초기에 있는 아동들은 단어를 구성하는 모든 문자소에 대한 분석과 결합을 통해 단어를 인식하는 것이 아니라, 주로 단어의 전반부 음절에 대한 분석과 나머지 음절에 대한 추측을 통해 단어 해독을 시도하려는 특징을 갖는다. 부분적 분석과 추측을 통한 단어 해독은 시각적 단서를 통한 해독보다는 정확성을 향상시켜 주지만, 오류를 가져오는 중요한 요인이 된다. 특히 읽기장애아동은 이러한 읽기 행동의 특징을 많이 나타내기 때문에 하나하나 체계적으로 음운을 분석하도록 지도하는 것이 중요하다. 이 단계의 또 다른 특징으로는 아동이 읽을 수 있는 단어 수가 시간이 지남에 따라 급격하게 증가한다는 것이다. 또한 단어에 대한 받아쓰기를 할 때 나타나는 오류도 점차 규칙성을 갖게 되며, 시간이 지남에 따라 받아쓰기 능력이 읽기 능력과 함께 향상되는 양상을 보인다.

마지막으로, 글자 단계에서는 아동들이 음운분석을 통해 단어를 인식하는 것이 아니라 단어를 구성하는 의미적 단위 또는 형식(pattern)을 인식함으로써 대상 단어를 해독하는 특징을 나타낸다. 예를 들면, '읽기장애'라는 단어를 해독하는 경우 '읽기'와 '장애'라는 두 개의 낱말이 전체 단어 해독의 기본단위로서 이용된다. 또한 이 단계에서는 아동들이 음운 관련 법칙들(예: 구개음화, 두음법칙, 자음접변, 연음법칙)을 적용하여 단어의 해독 및 받아쓰기를 수행하는 특징을 나타낸다. 예를 들어, 구개음화란 끝소리가 'ㄷ'이나 'ㅌ'인 형태소가 모음 'ㅣ'로 시작되는 조사나 접미사를 만나면 이들 소리가 각각 'ㅈ' 'ㅊ' 소리로 변하는 언어현상을 말한다. 이러한 음운법칙을 알고 있는 경우에는 '미닫이'가 /미다디/로 읽히는 것이 아니라 /미다지/로 발음되며, 이는 일상생활에서 옆으로 여닫는 문을 가리킨다고 쉽게 이해할 수 있게 된다. 하지만 이러한 법칙을 모르는 경우 단어에 대한 해독뿐만 아니라 이해에 있어서도 어려움을 경험할 것으로 예상할 수 있다. 마지막으로, 계속적인 연습을 통해 단어의 해독 과정은 자동화되는 단계에 이르게 되며, 즉시 읽기가 가장 빈번하게 단어 해독 기제로 사용된다.

3) 읽기장애의 정의

읽기장애는 두 가지 측면에서 정의할 수 있다. 먼저, 읽기장애의 상위 개념이라고 할 수 있는 학습장애를 정의하는 데 주로 사용되는 능력-성취 차이(discrepancy between ability and achievement) 개념을 이용한 정의를 들 수 있다(Mercer, 1992). 능력-성취 차이 개념에 의하면, 아동의 읽기 능력이 아동의 지적 수준이나 구어 발달수준에 비해 현저히 낮을 때 이를 읽기장애라고 할 수 있다. 하지만 차이 개념을 이용한 읽기장애 정의는 지능검사에서 측정하고자 하는 능력이 무엇인가에 대한 논쟁 및 지능검사와 읽기검사를 통해 산출되는 검사 점수들 간의 차이점수가 가지고 있는 측정학적 문제점 그리고 읽기와 지적 능력 간의 상호 연관관계 측면에서 제한점을 가지고 있다(자세한 논의는 제4장 참조).

읽기장애를 정의하는 두 번째 방식은 기능적(functional) 관점에 근거한 것이다(Gunning, 1998). 이는 아동의 지적 능력 수준에 대한 고려를 배제한 채 아동이 가

생각해 보기 읽기장애를 능력-성취 차이 개념, 기능적 관점 중 어느 측면에서 더 잘 설명할 수 있을까? 읽기장애에 대한 자신만의 정의를 생각해 보자.

지고 있는 읽기 능력의 상대적 또는 절대적 수준만을 가지고 읽기장애를 정의하는 것이다. 상대적 수준에 근거한 기능적 정의에 의하면, 읽기검사에서 규준집단의 최하위(예: 하위 2.5%)에 위치해 있는 아이들이 읽기장애아동으로 명명될 수 있다. 반면에, 절대적 수준에 근거한 정의에 따르면 읽기장애는 읽기 문제가 아동의 일상생활이나 학교생활에 치명적 어려움을 초래할 만큼 심각할 경우로 규정된다. 예를 들면, 일반학급에서 현재 사용 중인 교과서를 전혀 읽지 못하거나 읽어도 내용을 이해하지 못하는 경우 읽기장애로 정의될 수 있다.

미국정신의학회(American Psychiatric Association)에서 발간하는 『정신질환 진단 및 분류 편람-5판(DSM-5)』은 능력-성취 차이 개념과 기능적 측면 모두를 고려하여 읽기장애를 정의한다. 우선, DSM-5에서는 뇌 발달지연이나 뇌의 손상과 관련된 것으로 알려진 신경발달장애(neurodevelopmental disorder)의 하위유형으로 읽기장애를 분류한다. 읽기장애는 신경발달장애의 하위유형인 특정학습장애(specific learning disorder)에 속하는 장애로, 이 유형에는 읽기장애 외에도 쓰기장애 및 산수장애가 포함된다. 특수학습장애의 주요 진단 기준은 표준화된 성취도 검사와 임상 검사를 통해 학생의 연령에서 기대되는 성취수준보다 현저하게 낮을 때, 그리고 읽기와 관련된 여러 기능(의미 이해, 철자 등)에서 낮은 수준을 보일 때다.

3. 읽기검사의 개념적 이해

장애 평가의 목적은 단순히 아동의 특정 장애문제를 확인하는 것이 아니라 장애로 인해 아동이 경험하는 어려움의 수준 및 내용을 이해함으로써 필요한 교육적 도움을 제공하는 데 있다. 읽기장애에 대한 평가 역시 장애에 대한 판별뿐만 아니라 아동이 경험하고 있는 읽기 문제를 완화시켜 줄 수 있는 교육 프로그램의 계획 및 제공과 관련된 활동이어야 한다. 이를 위해서는 검사도구의 선별, 배치를 위한 총합평가(summative evaluation) 기능뿐만 아니라, 아동의 성장 정도 및 프로그램의 효과성에 대한 형성평가(formative evaluation) 기능도 강조되어야 한다. 여기서는 총합평가뿐만 아니라 형성평가 목적으로 활용될 수 있는 검사도구로서 교육과정중심측정 읽기검사와 비형식 읽기검사에 대해 소개하고자 한다.

1) 교육과정중심측정 읽기검사

(1) 교육과정중심측정 읽기검사의 개념적 소개

교육과정중심측정 검사는 1970년대 후반 미국 미네소타 대학교의 학습장애 연구소(Institute for Research on Learning Disabilities)에서 개발된 기초학습능력(예: 읽기, 쓰기, 셈하기)에 대한 검사도구다. 현재 이 검사도구는 미국에서 학습장애아동의 선별과 진단, 특수교육 프로그램으로의 배치, 교육 프로그램의 효과성 평가에 많이 활용되고 있다.

교육과정중심측정 검사는 특수아동의 학업성취 평가에 전통적으로 사용되어 오던 표준화된 상업용 검사도구의 대안으로 개발된 검사다. 상업용 학업성취검사는 검사 문항이 수업시간에 다루어지는 교과내용과 무관하게 구성되기 때문에 수업 계획에 유용한 정보를 제공하지 못하는 단점을 갖는다. 또한 특수아동의 경우 상대적 서열에 대한 평가보다 시간에 따른 변화에 대한 평가가 중요한 의미를 갖는데, 이러한 변화를 측정·평가하는 데 표준화된 학업성취검사는 제한점을 갖는다. 예를 들어, 표준화된 학업성취검사의 경우 아동의 성장을 측정하기 위한 반복 검사가 용이하지 않으며, 단기간(예: 6개월)에 이루어지는 아동의 학업 기능 성장을 측정하는 데 있어 민감성(sensitivity)이 낮다는 것 등을 들 수 있다.

표준화된 상업용 학업성취검사의 대안으로서 교육과정중심측정 검사의 특징으로는 먼저 수업활동과 연계된 직접 평가(direct assessment)라는 것을 들 수 있다. 특수아동의 경우 기초 학습기능에 대한 교육이 학습도움실(resource room)이나 특수학급에서 주로 이루어지는데, 교육과정중심측정 검사는 이들 수업활동에서 활용되고 있는 읽기 자료들을 사용해 개발할 수 있기 때문에 수업활동과 그 결과를 직접적으로 반영할 수 있는 장점이 있다. 둘째, 교육과정중심측정 검사에서는 주별 또는 격주별로 검사를 반복적으로 실시함으로써 아동의 상대적인 서열보다는 교육 프로그램 제공에 따른 학습기능의 성장을 평가하는 것에 관심을 갖는다. 또한 특수아동의 성장에 대한 평가 결과는 현재 특수아동에게 제공되고 있는 교육 프로그램의 효과성에 대한 형성적 평가 자료로서 활용된다. 형성평가 목적으로 검사 결과를 활용하는 경우, 조직화된 수업의 진행, 학습목표 및 과정에 대한 학생들의 인식 및 참여, 학생의 성취수준에 있어서 긍정적인 결과를 가져오는 것으로 보고되고 있다(Fuchs, Deno, & Mirkin, 1984). 마지막으로, 교육과정중심측정 검사의 특징은 높은 측정학적 적합성이다. 지금까지의 경험적 연구들은 교육과정중심측정 검사가 평균 .90 이상의 높은 신뢰도와 .70 이상의 준거지향 타당도(criterion-referenced validity)를 가지고 있는 것으로 보고하고 있다.

교육과정중심측정 검사 중 읽기 능력을 평가하기 위해 사용되는 검사는 크게 세 가지 유형으로 나누어 볼 수 있다. 이들 세 읽기검사로는 읽기 유창성 측정을 위한 구두읽기검사, 유창성과 읽기 이해력을 동시에 측정하기 위한 빈칸 채우기 읽기검사와 선택형 읽기검사를 들 수 있다. 이들 검사도구의 개발 및 실시 절차에 대해 구체적으로 살펴보면 다음과 같다.

생각해 보기 교사가 교육과정중심측정 읽기검사의 세 가지 유형을 선택하여 검사를 구성할 때 유의미한 검사 결과를 얻기 위해 고려해야 할 요소들은 무엇일까?

(2) 교육과정중심측정 읽기검사의 유형

① 구두읽기검사

구두읽기검사(Oral Reading Task)는 한 학년 동안 수업시간에 사용될 읽기 자료 또는 수업시간에 직접적으로 사용되지는 않지만 아동의 읽기 능력을 고려할 때 적합할 것으로 판단되는 읽기 자료에 포함되어 있는 지문 중 일부를 무선적으로 선택하여 교사가 직접 개발할 수 있다. 검사를 위해 선택되는 지문은 대략 300~350개 단어를 포함하도록 한다.

선택된 지문들을 활용해 교사용과 학생용 검사 자료를 개발하도록 한다. 교사용과 학생용의 차이는 교사용의 경우 각 줄마다 검사 자료에 포함된 단어 수가 누적적으로 기록되어 있는 반면에, 학생용 자료에는 단어 수가 기록되어 있지 않다는 것이다. 교사는 교사용 자료를 보면서 1분 동안 학생이 읽은 단어 수와 읽는 동안 틀린 단어 수를 검사 자료에 표시한다. 최종적으로 활용하게 되는 검사 결과는 1분 동안 학생이 읽은 총 단어 수에서 틀리게 읽은 단어 수를 뺀 것이다. 틀리게 읽은 단어를 판정하는 기준은 다음과 같다.

- 명백하게 대상 단어를 잘못 읽은 경우(예: '맑다'를 /말따/로 읽음)
- 3초 동안 대상 단어를 읽지 못하는 경우: 이 경우 제한시간 3초가 지난 후 그 단어가 무엇인지를 학생에게 말해 주도록 한다.

- 대상 단어를 읽지 않고 그냥 넘어간 경우: 하지만 대상 단어를 잘못 읽은 후에 바로 학생 자신이 이를 교정한 경우는 틀린 반응으로 표시하지 않는다. 그리고 검사 자료에 있지 않은 단어를 삽입하여 말한 경우도 일반적으로 틀린 반응으로 표시하지 않는다. 이야기 맥락을 고려할 때 삽입된 단어가 적절한 경우, 이는 아동이 자료에 대한 이해를 스스로 더 명확히 하기 위해 행하는 부가적 활동이라고 볼 수 있기 때문이다.

구두읽기검사는 검사 제작과 실시가 간편하기 때문에 읽기장애아동의 유창성 평가를 위해 특수교사가 쉽게 사용할 수 있다. 하지만 읽기 활동의 또 다른 중요한 측면인 읽기 이해력의 측정이 어렵다는 단점이 있다.

② 빈칸 채우기 읽기검사

빈칸 채우기 읽기검사(Cloze Task)는 구두읽기검사와 마찬가지로 수업활동에 사용될 읽기 자료나 아동의 읽기 수준에 적합한 다른 자료를 근거로 교사가 직접 개발하여 사용할 수 있다. 검사를 위해 무선적으로 선택된 하나의 읽기 자료는 약 300~350개 단어가 포함되도록 하며, 첫 문장과 마지막 문장은 그대로 두도록 한다. 두 번째 문장부터 일정한 규칙에 의해 일부 단어를 지우고, 지워진 부분에 괄호를 만들어 학생이 문법과 문맥을 고려해 적합할 것으로 판단되는 단어를 직접 적어 넣도록 지문을 재구성한다. 검사 자료 제작을 위해 삭제할 단어를 선정하는 경우 다음 측면들을 고려하도록 해야 한다.

- 삭제할 단어는 문맥적으로 최소한 다른 하나의 문장과 관련성을 가지고 있어야 한다.
- 삭제할 단어는 주변 구절(text)에 의해 예견될 수 있는 것이어야 한다.
- 삭제할 단어는 전반적인 주제와 관련하여 구체적인 내용이나 의미를 제공하는, 상대적인 중요성을 가지고 있는 것이어야 한다.
- 삭제할 단어는 검사에 참여하는 학생이 계속 흥미를 갖고 끝까지 빈칸을 채우고자 하는 동기를 가질 수 있도록 내용과 난이도 면에서 적절성을 가지고 있는 것이어야 한다.

검사는 2분 동안 실시되며, 가능한 한 많은 빈칸에 적절한 단어를 아동이 써 넣도록 한다. 문법과 문맥을 고려했을 때 학생이 2분 동안 올바르게 적은 단어 수가 최종 검사 결과로서 활용된다.

빈칸 채우기 읽기검사는 구두읽기검사와는 달리 집단으로 검사를 실시할 수 있다는 것과 유창성뿐만 아니라 읽기 이해력을 동시에 측정할 수 있다는 장점이 있다. 하지만 단점으로는 검사 자료 개발이 구두읽기검사보다 상대적으로 복잡하고, 검사 자료의 난이도가 상대적으로 높은 경우 검사 도중 아동이 쉽게 좌절하여 포기하는 경우가 있을 수 있다.

③ 선택형 읽기검사

선택형 읽기검사(Maze Task) 개발 과정은 한 가지 사항만을 제외하고 빈칸 채우기 읽기검사 개발 과정과 동일하다. 선택형 읽기검사에서는 삭제한 단어가 위치하는 자리에 삭제 단어를 포함해 3~5개의 단어들을 제시하고, 검사 시 아동이 적합한 단어를 선택할 수 있도록 검사를 구성한다. 이때 삭제된 단어는 정답의 역할을 하게 되며, 다른 단어들은 오답의 역할을 하게 된다. 빈칸 채우기 읽기검사와 달리 선택형 읽기검사에는 단순 추측(guessing)의 영향이 존재하므로, 최종 검사 결과에는 올바른 선택 수에서 틀린 선택 수를 뺀 결과를 활용하는 것이 바람직하다.

빈칸 채우기 읽기검사의 경우 읽기장애아동은 쉽게 심리적 좌절을 경험한다. 그러므로 읽기장애아동의 검사 참여 동기를 적절히 유지하면서 아동의 읽기 유창성과 이해력을 측정하기 위해서는 선택형 읽기검사가 적합하다. 하지만 오답의 역할을 하는 선택지들을 매력적으로 만드는 것이 쉽지 않기 때문에 검사 개발이 상대적으로 어렵다는 제한점이 있다.

(3) 교육과정중심측정 읽기검사 결과의 활용

응용행동분석(applied behavioral analysis)에서 대상 아동의 행동 변화와 처치 프로그램의 효과성을 그래프를 이용해 추적하는 것처럼, 교육과정중심측정 읽기검사에서는 검사 결과를 그래프를 이용해 기록함으로써 읽기장애아동의 읽기 능력 성장과 교육 프로그램의 효과성을 지속적으로 평가하는 형성적 기능이 강조된다. 대상 아동의 읽기 능력 성장과 프로그램 효과성에 대한 판단을 위해 동료 학생들의 읽기 수행수준이나 평균적 성장 속도를 근거로 대상 아동의 성장 목표선(aim line)을 설정하게 된다. 설정된 목표선을 기준으로 읽기장애아동의 성장 속도가 목표선 기울기보다 낮게 나타나거나 목표선 아래로 검사 점수가 세 번 이상 연속하여 위치할 때에는 현재 적용되고 있는 교수 전략에 대한 재검토가 이루어진다. 반대로, 아동의 성장 속도가 목표선 기울기보다 높게 나타나거나 검사 점수가 계속 목표선 위에 위치할 때에는 목표선의 수준이나 기울기를 상향 조정함으로써 더 높은 교육 결과를 의도하도록 요구된다. 이는 아동이 높은 수행수준을 보이는 경우 교사의 기대수준을 함께 높임으로써 교수활동 노력을 계속 유지하도록 하려는 교육적 의미를 반영하는 것이라고 할 수 있다.

2) 읽기과정중심 읽기 이해 평가

읽기 이해에 대한 또 다른 구조적 평가 방법이 읽기과정중심 접근이다(Wiener & Bazerman, 2000). 읽기 과정은 크게 읽기 전, 읽기 중, 읽기 후 단계로 구분해 볼 수 있으며, 성공적인 읽기활동을 위해서는 각 단계별로 요구되는 읽기활동을 성공적으로 완결시켜야 한다. 일반적으로 각 단계별로 요구되는 읽기활동을 살펴보면, 읽기 전 단계에는 읽기 자료에 포함된 주요 어휘에 대한 지식, 읽기 자료 내용과 관련된 선행 경험이나 지식의 활성화 그리고 읽기 자료에 포함된 주요 정보(예: 제목, 그림, 도표 등)의 활용 등이 포함된다. 읽기 중 단계에서는 맥락 단서를 이용한 어휘의 이해, 문장구조 형식에 대한 이해, 글 내용에 대한 추론, 주제에 대한 파악 등이 성공적인 읽기활동을 위해 요구된다. 마지막으로, 읽기 후 단계에는 전체 내용에 대해 결론짓기, 앞으로 전개될 내용에 대해 예측하기, 글 내용에 대해 평가하기 등이 중요 읽기활동으로 포함될 수 있다. 여기서는 각 단계별로 요구되는 이들 읽기 활동을 어떻게 구조적으로 평가할 수 있는지에 대해 살펴보고자 한다.

(1) 읽기 전 단계에서의 구조적 평가활동

읽기 이해와 관련된 읽기 전 단계의 평가에서 중요하게 고려될 수 있는 것이 주요 어휘에 대한 지식, 읽기 자료와 관련된 사전지식의 수준 및 활용능력, 읽기 자료에 포함된 주요 내용의 활용능력 평가다. 이 요인들은 읽기 자료에 대한 이

읽기 전 단계 평가 주요 어휘에 대한 지식, 읽기 자료와 관련된 사전지식의 수준 및 활용능력, 읽기 자료에 포함된 주요 내용의 활용능력 평가

해를 촉진시키는 데 중요한 영향을 미칠 수 있는 변인들로서, 읽기활동을 수행하기 전에 구조적 평가를 수행함으로써 읽기 문제에 대한 체계적인 진단을 할 수 있다.

첫째, 글 자료에 포함된 어휘에 대한 지식 평가는 어휘 정의하기, 정의된 내용에 적합한 어휘 확인하기, 유사용어 간 차이점 구별하기 등을 통해 이루어질 수 있다. 어휘 정의하기 방법은 어휘를 주고 주어진 어휘의 의미를 문장으로 진술하도록 하는 것이며, 반대로 어휘 확인하기 방법은 어휘의 의미를 문장으로 제시했을 때 내용에 적합한 어휘를 말하도록 하는 방법이다. 또한 읽기 자료에서 전달하고 있는 내용을 세밀하게 이해하기 위해서는 유사한 의미로 사용되는 서로 다른 어휘들의 의미상 차이를 이해할 수 있어야 하며, 이에 대한 평가도 아동의 어휘 평가의 일환으로 고려될 수 있다. 예를 들면, 무엇인가를 하고자 하는 상태를 가리키는 용어로서 '동기' '계획' '의지'라는 단어들은 각각 심리적 · 체계적 · 철학적 측면에서 서로 다른 강조점을 가지고 사용될 수 있는 용어다. 아동의 읽기 수준에서 접할 수 있는 용어들로 '여성' '숙녀' '소녀' '여학생' 등도 서로 다른 의미를 전달하는 것으로 구별하여 사용될 수 있으며, 이 용어들의 차이점을 이해하고 있는 경우 읽기 자료를 보다 구체적으로 이해하는 데 도움을 얻을 수 있다.

둘째, 사전지식에 대한 활용능력을 평가하기 위해서는 아동이 경험이나 학습을 통해 이미 알고 있는 내용을 중심으로 평가 장면을 구성하는 것이 필요하다. 왜냐하면 아무런 사전 경험이나 지식이 없는 경우 이 요인들에 대한 활용능력을 측정하는 것이 불가능하기 때문이다. 사전 경험이나 지식을 활용하는 능력 수준을 평가하기 위한 방법으로는 목록 작성하기, 개념지도 작성하기, 자유글쓰기 방법 등이 있다. 목록 작성하기 방법은 주어진 내용과 관련하여 자신이 알고 있는 내용들을 문장 형식의 목록으로 가능한 한 많이 적도록 하는 방법이다. 개념지도 작성하기 방법은 주어진 내용과 관련된 개념들을 주제내용 중심으로 개념망(concept network) 형식으로 작성하되, 그 내용 간의 관계들을 같이 적도록 하는 방법이다. 자유글쓰기 방법은 주어진 내용과 관련하여 자신이 알고 있는 내용을 자유 형식으로 가능한 한 많이 적도록 하는 방법이다. 이러한 방법들을 통해 아동이 가지고 있는 읽기 내용과 관련된 사전 경험이나 지식의 수준을 측정할 수 있을 것이다.

셋째, 읽기 자료에 포함된 제목, 소제목, 도표, 사진, 그림 등의 주요 정보에 대한 활용능력은 제목과 소제목을 이용해 관련성에 대한 문장 작성하기, 사진이나 그림을 보고 관련 내용 추론하기, 도표 내용에 대한 해석하기 등의 방법을 통해 평가할 수 있다. 먼저, 제목과 소제목을 이용해 관련성에 대한 문장 작성하기 방법은 주어진 읽기 자료에 포함되어 있는 제목과 소제목 간의 관련성을 한 문장으로 적어 보도록 하는 방법 또는 관련성이 있는 단어나 구들을 제시하고 이들 단어나 구들 간에 존재하는 관련성을 문장으로 적어 보도록 하는 방법을 통해 이루어질 수 있다. 사진이나 그림을 보고 관련 내용 추론하기 방법은 이들 그래픽 자료와 함께 제시된 설명문을 읽고 관련된 내용을 가능한 한 많이 적어 보도록 하는 방법이다. 마지막으로, 도표 내용에 대한 해석하기 방법은 주어진 통계 자료나 표에 대한 내용 해석과 함께 이들 도표 내용이 전체 읽기 자료와 어떻게 관련이 있을 수 있는지 추론해 보도록 함으로써 이루어질 수 있다. 일반적으로 도표 형식으로 제시되는 자료들은 읽기 자료에서 중요한 정보인 경우가 많으므로 이들 도표 자료에 대한 정확한 해석능력은 읽기 이해에 많은 영향을 미칠 수 있다.

(2) 읽기 중 단계에서의 구조적 평가활동

읽기 중 단계에서 읽기 이해와 밀접한 관련이 있는 중요한 읽기활동으로는 낯선 핵심단어에 대한 문맥적 의미 분석, 전체 글 형식에 대한 이해, 글 내용에 대한 적절한 추론, 글의 전체 주제에 대한 파악 등을 들 수 있다. 따라서 읽기 중 단계에서는 이들 읽기활동들을 구조적으로 추적함으로써 읽기 자료에 대한 이해가 올바르게 이루어지고 있는지를 확인하는 것이 필요하다.

읽기 중 단계 평가 낯선 핵심단어에 대한 문맥적 의미 분석, 전체 글 형식에 대한 이해, 글 내용에 대한 적절한 추론, 전체 글 주제에 대한 파악.

먼저, 문맥 단서를 이용한 낯선 단어의 의미 분석 활동에 대한 평가는 이용 가능한 문맥 단서의 유형 분석을 통해 이루어질 수 있다. 문맥 단서의 유형에는 추가적 설명 단서, 반대적 설명 단서, 경험적 설명 단서, 예시적 설명 단서, 내용적 설명 단서 등이 있다. 추가적 설명 단서는 낯선 어휘에 대한 추가적 재설명이 제시된 경우를 말하며, 반대적 설명 단서는 낯선 어휘에 대한 반대어나 반대적 설명이 제시된 경우를 말한다. 경험적 설명 단서는 문맥적으로 자신이 이전에 경험했던 것을 활용해 낯선 단어에 대한 의미를 추측하는 경우를 말하며, 예시적 설명 단서는 낯선 단어에 대한 예들이 제시된 경우 이를 활용하여 대상 단어의 의미를 추측하는 것을 가리킨다. 마지막으로, 내용적 설명 단서는 낯선 단어가 포함된 문단의 전반적 내용을 통해서 대상 단어의 의미를 추측하는 경우를 말한다. 문맥 단서에 대한 평가는 이들 문맥 단서 유형을 반영하는 글 자료를 구성하고 단서를 이용해 제시된 새로운 어휘의 의미를 학생들이 얼마나 잘 추측할 수 있는지 평가함으로써 이루어질 수 있다.

둘째, 전체 글 형식에 대한 이해 역시 글의 내용 이해를 촉진하는 것으로 알려져 있다. 글 형식은 크게 나열식, 비교대조식, 인과관계식으로 대별해 볼 수 있으며, 이들 형식에 대한 이해를 가지고 있는 경우 작자에 의해 제시되는 정보의 흐름을 파악하는 데 훨씬 효과적일 수 있다. 나열식 글의 경우 일정한 기준에 의해 정보들이 순차적으로 제시되는데, 그 기준으로는 장소, 시간, 중요도 등을 들 수 있다. 나열식 글에 대한 이해능력 평가는 한 주제와 관련된 문장들을 무선적으로 제시하고 이 문장들을 순서적으로 재배치하는 활동을 통해 이루어질 수 있다. 비교대조식 문장은 주로 낯선 내용을 친숙한 대상과 관련지어 설명하거나 대조되는 개념들을 상호 비교할 때 많이 활용된다. 이에 대한 평가는 주어진 개념을 상호 비교할 수 있는 구조화된 형식을 제공하고, 이들 형식지를 이용해 글 자료에 대한 분석을 체계적으로 할 수 있는지의 여부를 확인함으로써 이루어질 수 있다.

표 5-1 비교대조식의 읽기 자료 분석능력 평가 양식 예

글의 전체 주제는 무엇인가?		
학습장애와 지적장애의 이해		
	학습장애		지적장애
비교요인	정상 범위에 드는 지능지수	평균보다 낮은 지능	2표준편차 이하에 해당하는 지능지수
적응행동	혼자서 거의 정상적인 일상생활을 할 수 있음	장애가 없는 사람들과는 달리 사회생활의 제한이 존재함	인지적 기능의 제한으로 인해 일상적 사회생활에 상당한 어려움이 있음
학업성취	지적 기능에 비추어 볼 때 예측하지 못한 학습결손을 나타냄	평균에서 상당히 떨어지는 낮은 학업성취를 보임	지적 기능을 고려할 때 예측되는 학습결손을 나타냄
졸업 후 사회생활	독립적 사회생활 가능	사회적 활동에서 능동적·적극적·지도적 역할을 수행하는 데 제한이 있음	독립적 생활을 위해 지원과 도움이 요구됨

〈표 5-1〉은 비교대조식의 글을 분석하는 능력을 평가하는 데 활용할 수 있는 평가 양식을 보여 준다. 마지막으로, 인과관계식에 대한 이해능력 평가는 비교대조식과 마찬가지로 구조화된 형식지를 통해 이루어질 수 있으며, 나열식 글 자료 평가와 마찬가지로 제시된 문장들의 인과적 순서를 결정하는 과제를 통해서도 이루어질 수 있다.

셋째, 글 내용에 대한 추론활동은 글의 사실적 정보에 근거해 논리적인 일반화를 생성하는 사고활동이라고 할 수 있다. 글 내용에 대한 추론적 이해활동을 적절하게 수행하지 못할 때에는 전체 글 주제를 파악하는 데 어려움을 경험할 수 있다. 따라서 글의 내용을 근거로 적절한 추론을 할 수 있는지에 대한 평가가 읽기 중 단계에서 요구되는 읽기활동의 하나로서 이루어져야 한다. 추론활동에 대한 평가는 문장이나 상황 그림을 제시하고 이에 대한 추론질문을 통해 적절한 추론활동을 수행할 수 있는지 평가함으로써 이루어질 수 있다. 상황 그림을 이용한 내용 추론에 대한 평가의 예를 소개하면 [그림 5-1]과 같다(Wiener &

문제 1. 사람들의 머리 모양을 통해 볼 때 양쪽에 있는 사람들은
　a. 중간에 있는 사람에게 화가 나 있다.
　b. 동일하게 생각한다.
　c. 다르게 생각한다.
　d. 보고서를 볼 수 없다.
문제 2. 보고서의 겉모습을 통해 볼 때 보고서는
　a. 동일한 내용을 담고 있다.
　b. 보고서를 받는 사람을 기쁘게 하지 못하고 있다.
　c. 중간에 있는 사람이 열심히 노력해서 만든 것이다.
　d. 중간에 있는 사람이 양쪽 사람들이 원하는 방식으로 작성한 것이다.

[그림 5-1] 상황 그림을 이용한 추론능력 평가 방법

Bazerman, 2000, pp. 226-227).

마지막으로, 글의 전체 주제에 대한 파악능력은 두 가지 단계를 통해 평가할 수 있다. 먼저, 글 전체의 주요 내용들을 문장 형태로 진술하도록 한다. 글의 주요 내용에 대한 문장 진술이 이루어진 다음에는 이들 문장 전체를 종합할 수 있는 새로운 문장을 작성하도록 할 수 있다. 예를 들어, 글의 주요 내용이 '애완동물로서 개는 사람들에게 정서적 안정감을 준다.'와 '개를 키우는 경우 위생 및 안전과 관련된 문제가 발생할 수 있고 이로 인해 이웃에게 피해를 입힐 수 있다.'인 경우, 이를 종합하는 '개를 애완동물로서 키우는 경우 긍정적인 측면과 부정적인 측면이 동시에 존재한다.'라는 문장이 전체 글의 주제를 나타내 주도록 작성될 수 있을 것이다.

(3) 읽기 후 단계에서의 구조적 평가활동

읽기 후 단계 평가 결론짓기, 예측하기, 비판적 평가 활동

읽기 후 단계에서는 결론짓기나 예측하기, 비판적 평가활동들이 읽기 이해와 관련하여 중요한 의미를 갖는다. 따라서 아동이 자료 내용을 바탕으로 적절한 결론이나 예측을 내릴 수 있는지와 글의 저자가 가지고 있는 생각들을 비판적으로 평가할 수 있는지에 대해 확인하는 것이 필요하다. 이들 읽기활동에 대한 평가 방법을 간략히 살펴보면 다음과 같다.

먼저, 결론짓기와 예측하기 능력을 평가하는 방법으로 조건문장 완성하기 방법을 사용할 수 있다. 이 방법은 조건문의 전제를 제시하고 적절한 결론을 내리도록 하는 평가 방법이다. 예를 들면, '만일 당신이 어두운 골목길을 뛰어서 내려간다면'이라는 전제를 제시하고 적절한 결론문을 작성하도록 하는 것이다. 또한 전통적인 접근 방식처럼 문장을 읽고 난 후 적절한 결론을 도출하거나 관련된 일을 예측하는 질문에 답하도록 함으로써 평가를 수행할 수 있을 것이다.

둘째, 비판적 읽기 이해능력에 대한 평가는 사실과 의견의 구분, 주장의 근거에 대한 판단을 중심으로 이루어질 수 있다. 사실과 의견의 구분능력 평가는 문장 형식을 통해 사실적 정보와 주관적 정보를 변별하도록 하는 과제를 이용해 이루어질 수 있다. 예를 들면, '이순신 장군은 한산대첩에서 적의 군함 66척을 불에 태워 침몰시킴으로써 대승을 거두었고, 이를 통해 우리 민족의 용감성과 민족애를 드높였다.'라는 문장을 제시하고 사실과 의견을 구분하도록 요구할 수 있을 것이다. 또한 전통적인 평가 방식인 여러 문장이 포함된 문단을 제시하고

사실과 의견을 구분하도록 함으로써 평가가 이루어질 수 있다.

주장의 근거가 타당한지에 대한 평가는 논리적 내용 전개, 증거의 신뢰도, 다른 관점에서의 해석 가능성이라는 측면에서 이루어질 수 있다. 주장의 근거에 대한 평가는 문단 형식을 통해 이루어질 수 있지만, 간단하게는 이유를 포함하고 있는 문장을 통해 이루어질 수도 있다. 이 경우 아동에게 요구되는 과제는 주어진 문장의 진위에 대한 판단과 그 판단 이유가 무엇인지 설명하도록 하는 것이다. 예를 들면, '역사적 관계를 통해 볼 때 한국이 중국과 가까운 관계였기 때문에 일본보다 한국이 중국과 무역을 더 많이 할 수 있다.'라는 문장을 제시하고 진위를 판단케 한 후, 그 판단의 근거를 추가적으로 설명하도록 아동에게 요구할 수 있을 것이다. 이 문항의 경우 증거의 신뢰도와 다른 관점에서의 해석 가능성이라는 측면에서 아동의 비판적 평가능력을 측정한다고 볼 수 있다. 논리적 내용 전개의 측면에서 비판적 평가능력을 확인하기 위해서는 여러 개의 문장들을 제시하고, 이를 논리적 순서에 따라 재배열하도록 하는 과제를 사용할 수 있을 것이다. 이는 아동의 논리적 내용 전개에 대한 평가능력을 간접적으로 측정하는 방법이라고 할 수 있다.

3) 비형식 읽기검사

(1) 비형식 읽기검사의 개념적 소개

비형식 읽기검사(informal reading inventory)는 난이도가 다른, 즉 각 학년별 읽기 자료를 이용해 개발된 검사 자료로 구성된다. 구체적으로, 비형식 읽기검사는 유치원부터 고등학교 수준까지 각 학년별 단어읽기검사(word-lists test), 문장읽기검사(passage-reading test) 그리고 듣기이해검사(listening-capacity test)로 구성된다. 비형식 읽기검사의 주목적은 아동의 어휘력, 문자 해독의 정확성 및 유창성, 읽기 이해력 그리고 듣기 이해력에 대한 평가를 통해 읽기장애아동의 현 읽기 능력 및 잠재능력 수준을 파악하고, 나아가 이들이 현재 가지고 있는 읽기 능력 수준에 적합한 교육 프로그램을 제공하는 데 있다(Tindal & Marston, 1990).

비형식 읽기검사를 통해 검사자는 읽기장애아동의 현 읽기 능력이 독립적 읽기 수준(independent level), 수업을 통한 읽기 수준(instructional level), 심리적 좌절 수준(frustration level), 듣기 이해 수준(listening capacity) 측면에서 각각 몇 학년 수

비형식 읽기검사 난이도가 다른, 즉 각 학년별 읽기 자료를 이용해 개발된 검사 자료로 구성된 검사

준에 있는지를 확인하게 된다. 독립적 읽기 수준은 다른 사람의 도움 없이 혼자서 읽기활동을 수행할 수 있는 수준으로, 문자 해독 활동에 있어서 99% 이상의 정확성과 읽기 이해력에 있어서는 95% 이상의 정확성을 나타내는 학년 수준을 의미한다. 수업을 통한 읽기 수준은 수업활동을 통한 조력을 제공했을 때 자신감을 가지고 읽기활동을 수행할 수 있는 학년 수준을 가리킨다. 구체적으로, 문자 해독 활동에 있어서 95% 이상의 정확성, 읽기 이해력에 있어서 75% 수준의 정확성을 나타내는 학년 수준을 말한다. 심리적 좌절 수준이란 필요한 조력을 제공받더라도 읽기에 심각한 어려움을 갖는 수준을 말한다. 이 수준에서의 문자 해독의 정확성은 75% 이하, 읽기 이해력의 정확성은 50% 이하를 나타낸다. 마지막으로, 듣기 이해 수준은 문자 해독 활동을 제외했을 때 읽기장애아동의 언어 이해 수준이 어느 정도인지를 측정하기 위한 것이다. 검사자가 검사 자료를 읽어 주었을 때 내용에 대한 이해력이 75% 이상으로 나타나는 최종 학년 수준이 읽기장애아동의 듣기 이해 수준이 된다.

(2) 비형식 읽기검사의 실시 절차

① 단어읽기검사의 실시

비형식 읽기검사의 실시는 단어읽기검사, 문장읽기검사 그리고 듣기이해검사 순으로 진행된다. 먼저, 단어읽기검사는 각 학년별 수준으로 구성된 단어 목록을 이용해 이루어진다. 단어읽기검사는 읽기활동이 근본적으로 맥락(context)을 포함하는 활동이라는 측면에서 인위적인 검사라는 비판을 받는다. 하지만 단어에 대한 해독 및 이해능력이 문장으로 쓰인 전체 읽기 자료의 이해에 기본이 된다는 측면에서 중요한 정보를 제공한다.

단어읽기검사 각 학년별 수준으로 구성된 단어 목록을 제시하고 이를 읽도록 하는 검사.

단어읽기검사는 시간제한(timed)과 무제한(untimed) 방식으로 이루어진다. 먼저, 단어 목록에 수록된 단어들을 1초 간격으로 아동에게 제시하고, 아동이 이를 즉시 해독할 능력이 있는지 확인한다. 만일 주어진 단어를 즉시 읽지 못하는 경우, 시간을 주고 해독 전략(예: 음운분석, 음절 분석)을 활용해 읽어 내도록 요구한다. 그러므로 시간제한 방식은 아동의 즉시 읽기 능력을, 무제한 방식은 문자 해독과 관련된 아동의 읽기 전략 활용능력을 측정하기 위한 것이라고 할 수 있다.

검사 시 아동이 나타내는 반응은 다음 다섯 가지 유형으로 나누어 교사용 검사지에 표시하도록 한다.

- 정반응을 한 경우: 체크 기호(∨)를 사용하여 표시한다.
- 대체반응을 한 경우: 시간제한 방식의 검사 시 대체반응을 한 경우에는 아동이 발음한 대체어를 그대로 써 넣는다. 이어지는 무제한 방식의 검사에서 정반응을 하면 아무런 표시를 하지 않으나, 아동이 같은 대체어를 반복하여 사용하는 경우 상동 기호(〃)를 사용해 표시한다.
- 모른다고 한 경우: 'dk'(don't know)를 사용해 표시한다.
- 무반응의 경우: 숫자 '0'을 사용하여 표시한다.

시간제한 방식으로 검사를 실시하는 과정에서 단어 목록에 있는 전체 단어의 반 이상을 연속적인 두 학년 수준에서 즉시 해독하지 못하는 경우 단어읽기검사를 중단하게 된다. 단어읽기검사에서 단어 목록에 있는 모든 단어를 즉시 해독한 마지막 학년 수준이 이어서 실시될 문장읽기검사의 시작 수준을 결정하게 된다.

② 문장읽기검사의 실시

문장읽기검사는 아동이 문자 해독과 읽기 이해력에 있어서 현저한 어려움을 나타내는 심리적 좌절 수준을 확인할 때까지 검사 자료의 난이도를 증가시켜 가면서 실시하게 된다. 문장읽기검사의 실시는 크게 읽기검사 전 활동, 읽기검사 중 활동, 읽기이해력검사로 나누어 볼 수 있다.

읽기검사 전 활동은 검사에서 사용될 읽기 자료에 포함되어 있는 내용에 대한 아동의 사전지식 평가와 읽기 자료의 주 내용이 무엇인지를 아동이 추론해 보도록 하는 활동으로 구성된다. 사전지식의 평가는 읽기 자료에 포함된 내용에 대한 아동의 사전지식과 경험이 검사 결과에 중요한 영향을 미칠 수 있기 때문에 실시하게 되며, 검사 결과의 해석 과정에 활용된다. 가장 직접적이고 간단한 사전지식 평가 방법으로는 읽기 자료의 내용과 관련해 검사자가 몇 개의 질문을 구성해 이를 물어보는 방법이다. 또 다른 방법으로 아동에게 읽기 자료에 포함되어 있는 정보 단서(예: 전체 제목, 소제목, 삽화, 표)를 보고 이들과 관련해 자신이 알고 있는 모든 것을 이야기해 보도록 하는 방법을 사용할 수도 있다. 사전지식

문장읽기검사 아동이 문자 해독과 읽기 이해력에 있어서 현저한 어려움을 나타내는 심리적 좌절 수준을 확인할 때까지 검사 자료의 난이도를 증가시켜 가면서 실시하는 검사

에 대한 평가가 끝나면 제목이나 삽화와 관련하여 읽기 자료에 포함되어 있는 주요 내용이 무엇인지 아동에게 추론하여 이야기해 보도록 한다. 이는 읽기 자료를 읽는 동안 내용 이해에 아동이 더 많은 주의를 기울이도록 하는 동시에 검사 참여 동기를 높이는 기능을 한다.

　읽기검사 중 활동은 문자 해독의 정확성, 읽기 유창성, 읽기 이해력, 읽기 전략에 대한 평가를 중심으로 이루어진다. 먼저, 읽기 자료의 주요 내용과 관련해 아동이 추론한 것이 맞았는지를 확인해 보는 과정으로서 자료에 대한 구두 읽기를 실시하도록 요구한다. 검사자는 구두 읽기 과정 중 아동이 나타내는 다음과 같은 읽기 행동 및 반응을 체계적으로 기록하도록 하며, 검사 결과는 〈표 5-2〉와 같이 요약할 수 있다.

- 단어에 대한 잘못된 해독을 하는 경우: 오류반응 자체를 표시한다.
- 자료에 포함된 단어를 읽지 않고 넘어가는 경우: 사선을 사용해 생략하고 넘어간 단어를 표시한다.
- 불필요한 단어를 삽입하는 경우: 삽입된 단어를 삽입 기호(∨)와 함께 기록하도록 한다.
- 같은 단어를 반복하여 읽는 경우: 반복된 단어에 반복 횟수만큼 밑줄을 긋는다.
- 주저하는 반응이 나타나는 경우: 즉시 단어 해독이 이루어지지 않는 경우 주저하는 반응이 나타난 위치에 수직 직선(|)을 표시하도록 한다.

표 5-2 　문장읽기검사 채점표 요약

교육과정 수준	구두 읽기			이해력		
	정확성 기준: 95%	비율 기준: 학년 기준	유창성 기준: 5	사실적	추론적	정반응율 기준: 75%
쉬운 수준 (예: 2학년)				/2	/2	
중간 수준 (예: 3학년)				/2	/2	
어려운 수준 (예: 4학년)				/2	/2	

출처: 김동일(2008a).

• 도움을 요청하는 경우: 해독이 어려운 단어와 관련하여 도움을 청해 올 때 이에 대한 도움을 제공하고, 해당 단어는 동그라미를 사용해 표시하도록 한다.

구두 읽기 다음에 이어지는 읽기이해력검사는 주로 '다시 말하기(retelling)' 방법을 이용해 이루어진다. 다시 말하기 방법은 읽기 자료를 모두 읽고 난 후 가능한 한 자세하게 아동이 자신의 말로 주요 내용에 대해 이야기해 보도록 요구하는 방법이다. 이때 아동이 읽기 자료의 내용을 충분히 자세하게 전달하지 못한다면 다음과 같은 촉진질문(prompting questions)을 사용할 수 있다.

• 상황 관련 질문: 언제(어디서) 사건이 시작되었습니까?
• 인물 관련 질문: 이야기의 주인공은 누구입니까? 주인공의 성격은 어떻습니까?
• 문제 관련 질문: 무슨 문제가 발생했습니까? 문제해결을 위해 주인공이 어떤 노력을 했습니까? 어떻게 문제가 해결되었습니까?

아동이 읽기 자료의 이해와 관련해 표현한 반응 결과는 다음 준거들을 고려하여 평가할 수 있다.

• 주요 사건이나 개념이 강조되었는가?
• 인물이나 사건과 관련해 적절한 추론이 이루어졌는가?
• 아동이 자신의 말로 바꾸어 말한 내용이 정확했는가?
• 읽기 자료 내용이 아동의 사전지식과 적절하게 통합되었는가?
• 읽기 자료 내용에 대한 아동의 평가가 있었는가?
• 읽기 자료 구성(조직 또는 순서)과 아동이 말한 내용 구성이 일치하는가?

구두 읽기를 통한 이해력검사가 끝난 후 같은 학년 수준의 읽기 자료를 활용해 묵독검사를 실시한다. 구체적인 묵독검사의 실시는 구두읽기검사와 마찬가지로 사전지식 평가, 읽기 자료 내용에 대한 추론, 읽기활동 실시, 이해력 평가의 순으로 이루어진다. 묵독검사는 상대적으로 문자 해독보다는 글의 내용 이해에 더 많은 정신적 에너지가 투입될 수 있도록 검사 조건을 달리한 것이다.

표 5-3	영어에서 각 학년별로 기대되는 읽기 속도(단위: 분당 단어 수)	
	구두 읽기	묵독
1학년	55	55
2학년	85	85
3학년	115	130
4학년	135	155
5학년	145	185
6학년	150	205

묵독검사를 할 때는 해독 오류에 대한 분석 대신 읽기 속도에 대한 측정을 실시한다. 일반적으로 기본적 단어 해독 기술을 숙달한 경우 구두 읽기보다 묵독 조건에서 더 많은 단어를 제한된 시간 안에 읽을 수 있다. 〈표 5-3〉은 영어의 경우 구두 읽기와 묵독 시 읽을 수 있는 1분당 단어 수의 평균 기대치를 각 학년별로 제시한 것이다(Gunning, 1998).

문장읽기검사가 끝나면 마지막으로 듣기이해검사가 실시된다. 듣기이해검사는 검사자가 아동에게 읽기 자료를 읽어 준 후 자료 내용에 대한 이해력을 평가함으로써 이루어진다. 아동이 가지고 있는 듣기 이해능력은 자료 내용에 대한 이해의 정확성이 75% 이상의 수준을 유지하는 최종 학년 수준으로 결정된다. 일반적으로 아동에게는 읽기 이해력보다는 듣기 이해력이 높은 것으로 나타나는데, 이는 읽기 수업 활동을 통해 교사가 어느 정도까지 아동의 읽기 이해력을 성장시켜 줄 수 있는지를 파악하는 하나의 지표로서 활용될 수 있다.

(3) 비형식 읽기검사 결과의 활용

단어읽기검사의 경우 단어 해독의 정확성과 오류 유형을 검사 결과로 얻을 수 있다. 단어 해독의 정확성 결과의 경우 시간제한을 통해 얻은 검사 결과와 시간제한 없이 얻은 검사 결과 간의 비교가 유용한 정보를 제공한다. 시간제한 방식의 검사가 해독 전략을 사용하지 않고 자동적으로 단어를 인식할 수 있는 능력을 측정하는 반면, 무제한 방식의 검사는 해독 전략을 활용했을 때의 읽기 능력을 측정한다. 두 검사 결과 간에 유의미한 차이가 있으며 주로 시간제한 방식의 검사 결과가 현저하게 낮은 경우, 읽기활동 중 아동의 주의력과 작업기억력이 단어 해독 과정에 집중 투여됨으로써 상대적으로 읽기 이해에 많은 어려움을 겪을 것으로 생각할 수 있다. 이 경우 문자 해독 전략에 대한 교육보다는 읽기 유창성을 높이기 위한 교육에 강조점을 두어야 할 것이다. 한편, 두 검사 모두에서 낮은 결과를 나타낸 경우에는 문자 해독 전략 훈련에 더 많은 시간을 할애하는 것이 바람직할 것이다.

또한 문장읽기검사 결과와 듣기이해검사 결과 간의 차이를 살펴보는 것도 유용한 정보를 제공한다. 듣기이해검사 결과는 아동의 인지능력 또는 일반적 언어이해능력을 나타내 주는 지표라고 할 수 있다. 수업을 통한 읽기 수준과 듣기이해능력 수준 간에 차이가 많이 나는 경우는 집중적인 수업활동을 통해 아동의 읽기 이해력이 상당히 향상될 잠재력이 있음을 시사한다.

또한 수업을 통한 읽기 수준과 관련해 교사가 고려해야 하는 것이 읽기장애아동의 심리적 좌절 수준이다. 수업을 통한 읽기 수준과 심리적 좌절 수준 간 차이가 큰 아동은 두 수준 간 차이가 작은 아동보다 적절한 교육 프로그램을 제공받았을 때 급속한 읽기 성장을 나타낼 가능성을 더 많이 가지고 있다. 한편, 두 수준 간 차이가 작은 아동은 그렇지 않은 아동보다 더 집중적이고 체계화된 교육프로그램이 제공되어야 한다.

마지막으로 살펴보아야 할 것은 단어읽기검사 결과와 문장읽기검사 결과 간의 차이다. 단어읽기검사 결과보다 문장읽기검사 결과가 현저하게 낮게 나타나는 경우에는 아동이 읽기 이해와 관련된 인지 전략(예: 읽기 시작 전 제목이나 삽화를 이용한 전반적 개요 파악, 이해가 어려운 부분에 대한 반복 읽기 또는 천천히 읽기, 각 단락별로 요약하기 등)을 효과적으로 활용하지 못하고 있다고 생각할 수 있다. 이 경우 읽기 이해력을 증진시키기 위한 체계적인 프로그램이 우선적으로 계획 · 제공되어야 한다.

4) 학습장애 진단평가 시 활용되는 읽기검사

학습장애 진단평가 시 각 교과영역별로 기초학습기능을 측정하여 학습부진을 판단할 수 있다. 읽기 분야에서는 낱글자, 단어(두 글자 단어, 세 글자 단어 등 글자 수별 단어 범위 포함), 문장, 문단 등을 포함하여 문자 해부호화와 독해 능력 모두를 측정한다. 문자 해부호화는 쓰여진 문자나 단어를 보고 읽을 수 있는 능력으로, 이를 위해 읽기검사 기초평가는 학생들이 주어진 시간 내에 얼마나 많은 글자를 정확하게 읽는지 측정하는 내용으로 구성되어 있다. 학생들은 제시된 이야기를 지시에 따라 1분 동안 되도록 또박또박 읽도록 하고 이를 검사자가 채점한다. 〈표 5-4〉와 〈표 5-5〉는 문자 해부호화 능력을 측정한 채점용 예시다.

표 5-4 문자 해부호화 능력 측정을 위한 BASA 읽기검사 예시	
토끼야 토끼야 (채점용)	
학교 뒷마당에는 사육장이 있습니다.	15
슬기는 사육장에 자주 놀러 갑니다. 여러 동물들이 보고 싶어서입니다.	42
사육장에는 토끼, 다람쥐, 너구리를 비롯하여 오리, 거위, 칠면조, 잉꼬,	68
꿩, 공작새 등 여러 동물들이 많습니다. 이름표가 다 붙어 있어 알기도	94
쉽습니다.	100
슬기가 사육장에 가면,	109
"슬기 왔니?"	113
하고 동물들이 반기는 것 같습니다. 왜냐하면 동물들이 슬기를 빤히(계속)	140

출처: 김동일(2008a).

독해력을 측정하기 위한 읽기검사는 '빈칸 채우기'로, 문맥에 맞는 적절한 단어를 선택하는 문항으로 구성되어 있으며 학생들에게 마음속으로 읽다가 제시되어 있는 단어 중 적절한 한 단어를 고르도록 한다. 검사자는 주어진 시간 동안 학생이 바르게 선택한 문항의 수를 계산한다. 다음은 독해력 측정을 위한 읽기검사의 예시다.

표 5-5 독해력 측정을 위한 BASA 읽기검사 예시
아이들이 자라서 학교에 다닐 때쯤에는, 남자와 여자는 조금 더 달라져요. 사람들은 아이들을 (① 겉모습만/② 열심히/③ 오랫동안) 보고도 남자인지 여자인지 쉽게 알아봅니다. '나는 (① 학생이야/② 남자야/③ 아니야), 너는 여자야/' 하고 아이들끼리도 (① 차마/② 서로/③ 별로) 구별을 해요. 그래서 남자 아이들은 남자 아이들끼리, 여자(① 어른들인/② 놀이는/③ 아이들은) 여자 아이들끼리 어울립니다. 남자아이와 여자아이가 어울려 놀면 (① 친구들이/② 아버지가 /③ 교장선생님이) 놀려 대기도 하지요. 하지만 '(① 예쁜/② 가벼운/③ 진짜) 남자, 진짜 여자'가 되려면 좀 더 (① 어울려야/② 자라야/③ 놀려야) 해요.

출처: 김동일(2008a).

5) 사례분석: 기초학습기능 읽기검사

(1) 기초학습기능 읽기검사의 소개

기초학습기능 읽기검사는 교육과정중심측정 읽기검사의 측정학적 특성 및 절차를 반영하여 우리나라 초등학교 1, 2, 3학년생 973명을 대상으로 표준화한 읽기검사다(김동일, 2008a). 이 검사는 읽기 정확성과 유창성을 측정하기 위한 구두읽기검사와 읽기 독해력을 측정하기 위한 선택형 빈칸 채우기 읽기검사로 구성되어 있다. 동형의 여러 검사 자료들로 검사가 구성되어 있기 때문에 아동의 현 수준에 대한 평가뿐만 아니라 진전도 평가에도 활용될 수 있는 장점을 가지고 있다. 〈표 5-4〉와 〈표 5-5〉는 기초학습기능 읽기검사의 두 유형인 구두읽기검사와 선택형 빈칸 채우기 읽기검사의 예를 보여 준다.

구두읽기검사의 경우, 주어진 읽기 자료를 학생이 1분 동안 얼마나 정확하게 많이 읽었는지 측정한다. 검사를 통해 아동의 읽기 유창성이 또래 아동의 수행 수준과 비교할 때 상대적으로 어느 정도인지와 현재의 학년 수준에 비추어 보았을 때 읽기 발달이 어느 수준에 있는지에 대한 정보를 얻을 수 있다. 또한 이 검사는 아동이 소리 내어 읽는 동안 어떤 읽기 오류를 보였는지를 습득, 전이, 숙달 오류의 측면에서 분석하여 이를 개별화 교육계획을 수립하는 데 활용할 수 있다는 장점을 가지고 있다. 아동이 나타내는 이 읽기 오류의 유형들을 간략히 설명하면 다음과 같다.

- 습득 오류: 교사의 도움을 받아서 글자 해독을 하는 경우, 잘못된 발음을 하는 경우, 주어진 글자를 다른 글자로 대체하거나 누락하는 경우를 포함한다.
- 전이 오류: 자신이 잘못 읽은 단어를 수정하는 경우, 읽기 자료에 포함되지 않은 글자를 삽입하는 경우, 마침표를 무시하고 계속해서 쉬지 않고 읽는 경우 등을 포함한다.
- 숙달 오류: 주어진 글자를 반복하여 읽거나, 읽기 전에 필요 이상으로 주저하는 경우를 포함한다.

선택형 빈칸 채우기 읽기검사는 집단용 읽기검사로서, 문맥에 맞는 적절한 단어를 선택하는 문항으로 검사가 구성되어 있다. 검사는 3분 동안 실시되며, 학생이 주어진 시간 동안 읽기검사 자료에 주어진 선택 문항에 빠짐없이 답하도록 한다. 검사 실시를 통해 얻은 결과는 또래 아동과 비교할 때의 상대적 수행수준과 현재 학년 수준을 고려했을 때의 발달수준에 비추어 해석된다.

(2) 사례분석의 예

기초학습기능 읽기검사를 이용한 사례분석을 위해 초등학교 1학년에 재학 중인 신내일 학생에게 5월에 실시한 검사를 예로 사용하고자 한다. 검사를 실시할 때 검사자는 〈표 5-6〉에 제시된 검사 결과 기록지를 활용한다. 검사 실시와 관련된 사항들을 기록지에 포함된 하위 내용에 따라 단계별로 설명하면 다음과 같다.

표 5-6 BASA 읽기 영역 검사 결과 기록지

이 름			검 사 자	
학 교 명			검사 실시일	
성 별			출 생 일	
학년/반/번호			검사 시 연령	
읽기검사 1회	①	원점수		
읽기검사 2회	②	원점수		
읽기검사 3회	③	원점수		
읽기 수행수준	①	원점수(중앙치)		
	②	T점수(중앙치)		
	③	백분위 점수(중앙치)		
	④	백분위 점수 단계		
	⑤	현재 수준 설명		
	⑥	현재 학년		
	⑦	학년 점수(중앙치)		
	⑧	학년 차이(학년 점수-현재 학년)		
	⑨	월 진전도		
선택형 빈칸 채우기	①	원점수		
	②	백분위 점수		
	③	T점수		
	④	학년 점수		

① 인적사항의 기록

먼저, 읽기검사를 실시하기 전에 검사자와 대상 학생의 인적사항을 기록하도록 한다. 기록되어야 할 인적사항으로는 검사자의 이름, 대상 학생의 이름, 소속 학교, 성별, 학년, 생년월일, 검사 실시일, 검사 시 연령이다. 이 기록들은 검사 결과를 해석하기 위한 활동의 하나로서, 나중에 검사도구의 표준화 작업에 참여한 규준집단 가운데 적절한 비교집단을 결정하는 데 필요하다.

② 읽기검사의 실시

먼저, 기초선 단계에서 신내일 학생의 읽기 수행수준을 알아보기 위해 동형의 구두읽기검사를 이용해 3회에 걸친 검사를 실시하도록 한다. 구두읽기검사가 끝나고 난 다음에는 학생의 읽기 이해력을 측정하기 위한 선택형 빈칸 채우기 읽기검사를 실시한다. 구두읽기검사는 1분, 선택형 빈칸 채우기 읽기검사는 3분의 시간이 주어진다.

③ 읽기검사 결과의 기록

검사가 종료된 후 검사자는 대상 학생의 읽기검사 결과를 〈표 5-6〉에 제시된 검사 결과 기록지에 기록하여야 한다. 먼저, 구두읽기검사 결과는 대상 학생이 올바르게 읽은 음절 수에서 틀리게 읽은 음절 수를 뺀 것을 원점수(raw score)로서 기록지에 기록하게 된다. 3회에 걸쳐 실시한 검사 결과를 모두 기록지에 기록하고, 세 원점수의 중앙치(median)를 아동의 기초선 단계에서의 읽기 수행수준으로 결정하도록 한다. 신내일 학생의 경우 3회에 걸친 구두읽기검사에서 107, 114, 112점을 각각 획득하였으며, 따라서 학생의 기초선 단계에서의 읽기 수행수준을 나타내는 세 원점수의 중앙치는 112점이 된다(〈표 5-7〉 참조).

다음 단계에서는 세 원점수의 중앙치를 가지고 대상 아동의 표준화 점수와 그에 해당하는 백분위 점수, 학년 점수, 기대되는 월 진전도 수준을 결정하게 된다. 신내일 학생의 경우 기초선 단계에서의 읽기 수행수준은 112점으로서, 이는 같은 또래 학년 규준집단에 비추어 볼 때 T 표준점수로 47.28에 해당하는 점수다. T 표준점수를 근거로 백분위 점수와 학년 점수를 구할 수 있는데, 대상 학생의 경우 백분위 점수가 42, 학년 점수가 1.0인 것으로 나타났다. 이는 전체적으로 볼 때 평균보다는 약간 낮으나, 정상적인 읽기 수준을 나타내고 있음을 보여 주는

표 5-7 신내일 학생의 BASA 읽기영역 검사 결과표

이 름		신내일	검 사 자	정희경
학 교 명		희망초등학교	검사 실시일	2000년 5월 24일
성 별		남	출 생 일	1994년 4월 23일
학년/반/번호		1학년 2반 32번	검사 시 연령	6년 1월 1일
읽기검사 1회	①	원점수		107
읽기검사 2회	②	원점수		114
읽기검사 3회	③	원점수		112
읽기 수행수준	①	원점수(중앙치)		112
	②	T점수(중앙치)		47.28
	③	백분위 점수(중앙치)		42
	④	백분위 점수 단계		3단계
	⑤	현재 수준 설명		정상적인 읽기 수준
	⑥	현재 학년		1.2
	⑦	학년 점수(중앙치)		1.0
	⑧	학년 차이(학년 점수-현재 학년)		0.2
	⑨	월 진전도		8+
선택형 빈칸 채우기	①	원점수		3
	②	백분위 점수		85
	③	T점수		58.43
	④	학년 점수		1.5

결과다. 또한 대상 학생이 획득한 학년 점수에 비추어 기대되는 월 진전도 수준을 검사 규준표에서 찾을 수 있다. 검사 지침서에 제시된 규준표에 의하면, 신내일 학생의 경우 매달 8음절씩의 향상을 기대할 수 있는 것으로 나타났다.

　선택형 빈칸 채우기 읽기검사의 경우에는 1회만 검사를 실시하므로, 1회 시행으로 얻은 검사 결과가 기초선 단계에서 대상 학생의 읽기 수행수준을 나타내게 된다. 신내일 학생의 경우 선택형 빈칸 채우기 읽기검사에서 3개의 올바른 선택을 했으므로 원점수로서 3점을 획득하였다. 획득한 원점수에 해당하는 T 표준점수는 58.43이고, 이에 해당하는 백분위 점수는 85, 학년 점수는 1.5로 나타났다. 전체적으로 선택형 빈칸 채우기 읽기검사를 통해 평가된 대상 학생의 읽기 이해력 수준은 평균보다 높은 정상적인 읽기 수준을 나타내고 있다고 생각할 수 있다. 구두읽기검사와 선택형 빈칸 채우기 읽기검사를 이용해 얻은 검사 결과를

종합한 것이 〈표 5-7〉에 나타나 있다.

④ 월 진전도를 근거로 한 목표선의 설정 및 계속적인 진전도 평가

기초선 단계에서 대상 아동의 읽기 수행수준을 확인한 다음, 교사는 아동이 일정 시점(예: 학기 말 또는 학년 말)까지 성취해야 할 목표 수준을 설정함으로써 계속적인 평가활동을 수행하게 된다. 이때 현 기초선 단계의 수행수준과 일정 기간 후 도달해야 할 성취수준을 연결하는 선을 목표선(aim line)이라고 한다.

목표선의 설정은 일반적으로 두 가지 방식으로 이루어진다. 첫 번째 방법은 같은 읽기 수준에 있는 또래 아동의 성장속도(growth rate)에 근거한 방법이다. 만일 구두읽기검사에서 1학년 아동의 월 평균 성장속도가 8이라고 하면, 기초선 단계의 수행수준에 매월 8점씩을 더한 점수가 일정 기간 후에 도달해야 할 성취수준이 된다. 신내일 학생의 경우 5월 현재 기초선 단계의 읽기 수준이 112음절이고 이 수준에 있는 아동이 나타내 보이는 평균 성장속도가 8이므로, 12월 초를 기준으로 할 때 도달해야 할 읽기 수행수준은 112음절+8음절×6개월=160음절이 된다. 이때 기초선 단계의 수행수준과 12월 초에 도달해야 할 수행수준을 연결한 선이 바로 목표선이 된다.

두 번째 방법은 일정 시점에서 같은 학년의 또래들이 나타내는 평균적인 성취수준 정보를 이용하는 것이다. 만일 구두읽기검사에서 1학년 아동의 평균 성취수준이 학년 말에 200음절이라면, 기초선 단계에서의 대상 아동의 읽기 수행수준(112음절)과 학년 말의 평균 수행수준(200음절)을 연결한 선이 바로 목표선이 된다. 기초학습기능 읽기검사의 경우 첫 번째 방법을 사용하고 있으며, 이 방법을 통해 설정된 신내일 학생의 목표선은 [그림 5-2]와 같다.

목표선이 설정된 다음, 교사는 제공되는 교육 프로그램이 대상 아동의 읽기 능력 향상에 효과적인지를 계속 평가하게 된다. 이러한 프로그램 효과성 평가는 대상 아동의 진전도와 설정된 목표선의 비교를 통해 이루어지게 된다. 일반적으로 아동의 성장속도가 목표선의 성장속도보다 높을 때 프로그램이 효과적이라고 생각할 수 있으며, 반대의 경우에는 프로그램의 수정이나 다른 교육방법을 고려하게 한다. [그림 5-3]은 반복 읽기 방법이 신내일 학생의 구두 읽기 능력 향상에 효과적으로 적용되고 있음을 보여 준다.

생각해 보기 통합교육지원이 이루어지고 있는 학교의 경우, 기초 읽기 평가 후 목표선 설정과 이를 바탕으로 한 프로그램 개발 과정에서 통합학급의 담임교사와 특수교사의 바람직한 역할 및 관계는 어떻게 형성되어야 할까?

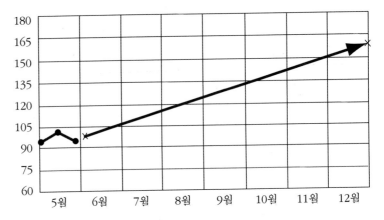

[그림 5-2] 비슷한 또래 아동의 성장속도에 근거한 신내일 학생의 목표선 설정의 예

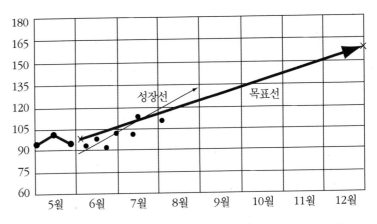

[그림 5-3] 학생의 진전도와 목표선의 비교를 통한 프로그램 효과성 평가

4. 문제해결 과정으로서의 읽기 평가

지금까지 학습장애아동의 읽기 능력 평가를 위해 교사가 직접 개발하여 활용할 수 있는 검사로서 교육과정중심측정 읽기검사와 비형식 읽기검사에 대해 소개하였으며, 우리나라에서 개발된 표준화 검사로서 기초학습기능 읽기검사(김동일, 2008a)를 소개하였다. 이 검사들은 학습장애아동이 가지고 있는 읽기 문제의 진단 및 해결을 위해 진단적 · 형성적 · 총괄적 목적으로 활용될 수 있는 특성을 갖는다.

문제해결 과정으로서 이 읽기검사들은 읽기 문제를 가지고 있는 아동들의 읽기 정확성과 유창성 그리고 읽기 이해력을 평가하는 데 유용하게 활용될 수 있을 것이다. 읽기 정확성과 유창성에 있어서의 문제들은 구두읽기검사를 통해 측정될 수 있으며, 읽기 이해력의 문제들은 비형식 검사의 경우에는 다시 말하기와 촉진질문 방법을 통해, 교육과정중심측정이나 기초학습기능검사의 경우에는 빈칸 채우기와 선택형 검사 방법을 통해 확인될 수 있다.

또한 이 검사들은 또래 아동의 수행수준에 비춘 읽기 문제의 상대적 심각성, 또는 학년별로 기대되는 최소 수행수준에 비춘 읽기 문제의 절대적 심각성에 따라 대상 아동에게 특수교육이 필요한지를 결정하는 데 활용될 수 있다. 표준화된 기초학습기능 읽기검사의 경우 학년 점수를 근거로 읽기 성취가 얼마나 지체되어 있는지를 확인할 수 있도록 구성되어 있다. 일반적인 학습장애 판정 기준에 따라 현재의 읽기 학년 점수가 배치 학년보다 2학년 이상 지체된 경우 특수교육 서비스를 받도록 고려할 수 있을 것이다.

문제해결 과정으로서 이 읽기검사들은 주기적 평가활동을 통해 대상 아동의 읽기 능력 향상 평가와 이를 기초로 한 교육 프로그램 효과성 평가에 활용될 수 있다. 특히 기초학습기능 읽기검사의 경우 동형의 검사들이 학년 수준별로 제공되고 있기 때문에 이를 활용해 아동의 읽기 능력이 얼마나 향상되고 있는지를 반복적으로 평가할 수 있다. 앞에서 설명한 바와 같이, 대상 아동의 성장속도는 기대되는 목표선 성장속도에 비추어 비교·평가되고, 평가 결과는 적용되고 있는 교육 프로그램의 효과성 결정에 중요한 기초 자료로서 활용된다. 계속적인 평가와 교육 프로그램의 제공을 통해 아동의 읽기 성취수준이 설정된 목표 수준에 도달하면 특수교육 프로그램 제공을 종료할 수 있다.

읽기활동에 있어서의 학습장애아동의 총체적 이해는 이들 읽기검사를 통한 능력수준의 객관적 이해뿐만 아니라, 아동의 읽기 관련 흥미 또는 학습동기에 대한 이해를 함께 가질 때 이루어질 수 있다. 학습장애아동들은 누적된 학습실패 경험으로 인해 학습된 무력감을 가지고 있다. 그러므로 학습장애아동의 평가에 있어서는 객관적 능력 요인과 더불어 정의적 태도에 대한 평가를 실시할 필요가 있다.

이러한 정의적 태도에 대한 평가는 표준화 검사나 비형식 검사보다는 면접이나 관찰을 통해 더 효과적으로 이루어질 수 있다. 이때 면접 방법을 사용하는 경우,

생각해 보기 교사가 면접 시 꼭 제공해야 하는 질문과 고려해야 할 주의점으로는 무엇이 있을까?

교사는 미리 구조화된 질문을 준비할 수도 있고, 상황에 따라 적합한 질문을 생각하여 활용할 수도 있다. 다음은 일반적으로 교사가 읽기활동과 관련한 아동의 정의적 태도를 면접을 통해 확인할 때 고려할 수 있는 질문들이다.

- '책 읽기' 하면 무슨 느낌이 가장 먼저 떠오릅니까?
- 책을 읽는 동안 어려운 일이 생기면 문제해결을 위해 어떻게 합니까?
- 무엇 때문에 읽기가 어렵다고 생각합니까?
- 지금까지 읽은 책 중에 가장 재미있었던 책은 무엇입니까? 그리고 이유는?
- 남들처럼 읽기를 잘하고 싶습니까?
- 어떻게 하면 읽기를 쉽고 재미있게 배울 수 있다고 생각합니까?

면접뿐만 아니라 아동의 읽기 행동에 대한 관찰 역시 정의적 태도와 관련해 중요한 정보를 제공할 수 있다. 관찰을 통해 교사는 읽기활동의 지속성과 집중성에 대한 자료를 수집할 수 있을 뿐만 아니라 아동의 읽기활동을 촉진할 수 있는 교육 환경이나 방법에 대한 중요한 정보를 얻을 수 있다.

읽기를 포함한 모든 학습활동은 인지적 활동일 뿐만 아니라 그 안에 재미와 흥미가 내재해 있는 정의적 활동이다. 그러므로 학습장애아동이 가지고 있는 인지적·정의적 문제들을 총체적으로 고려하는 평가 및 교육활동이 계획되고 실시되어야 한다. 이를 통해 보다 나은 교육 결과가 학습장애아동에게 나타날 것으로 기대되며, 이를 위해서는 검사, 면접, 관찰과 같은 다양한 평가활동이 학습장애아동에게 실시될 필요가 있다.

제 **6** 장

읽기 지도

1. 읽기와 학교학습 개관

전체 특수교육대상자의 6.7%가 학습장애를 가진 학생으로, 이 수치는 지적장애, 자폐스펙트럼장애 다음의 비율로 나타났다(교육과학기술부, 2011). 미국의 경우에도 학령기 아동의 학습장애는 큰 비율을 차지하는데, 2007년 「미국장애인교육법(IDEA)」의 도움을 받고 있는 학습장애아동은 전체 장애 인구의 약 40%를 차지하는 것으로 나타났다(http://www.ideadata.org/PartBReport.asp; 김동일 외, 2009에서 재인용). 미국과 영국에서 학령기 아동을 대상으로 한 연구는 5~10%의 아동이 단어 수준의 읽기에 심각한 어려움을 보인다고 보고하였다(Rutter et al., 2004). 또한 2007년 미국의 전국교육성취도평가(National Assessment of Educational Progress) 결과, 8학년 학생의 69%가 글 속에서 적절한 의미를 파악하는 데 어려움이 있는 것으로 나타났다. 읽기 문제는 학습 전반에 걸쳐 영향을 미치기 때문에 적절한 진단과 조치가 매우 중요하다(Kamil et al., 2008).

기초학습능력의 중요한 구성 요인으로서 읽기 기능의 결함은 다른 교과 학습에도 심각한 부정적 영향을 미치게 된다. 연구에 따르면, 아동이 초등학교 1학년 때 심각한 읽기 문제를 나타내는 경우 3학년이 되면 다른 교과 학습에서도 심각한 학습결손을 나타낸다고 한다. 이러한 학습결손은 아무런 교육적 처치가 제공되지 않으면 계속해서 커지게 되고, 이로 인해 다른 아동과의 학업성취 차이도 점점 크게 벌어진다(Juel, 1988; Stanovich, 1986).

읽기 기능은 학교학습뿐만 아니라 일상적인 생활이나 활동에 있어서도 중요한 의미를 갖는다. 읽기 기능은 신문이나 잡지 등을 통해 생활과 관련된 정보를 얻는 데 사용되는 생활 기능이며, 시나 소설을 읽음으로써 일상적인 여가활동을 수행하는 데 중요한 수단이 되기도 한다. 또한 성공적인 직장생활을 위해서는 계속적인 자기계발을 수행해야 하는데, 이러한 과정에서 읽기 기능은 중요한 도구로서의 역할을 하게 된다.

이 장에서는 학습장애학생들이 가지고 있는 읽기 문제를 해결하기 위해 적용할 수 있는 교육 프로그램이나 교수 전략에 대해 중점적으로 살펴보고자 한다. 읽기 교육 프로그램이나 방법에 대한 소개를 시작하기 전에 학습장애학생들이 가지고 있는 읽기 문제에 대해 먼저 살펴보고자 한다. 이를 통해 학습장애학생들이 필요로 하는 교육적 도움이 무엇인지를 구체적으로 이해할 수 있을 것이며, 또한 어떤 교수방법이 효과적으로 이 학생들의 읽기 문제해결을 위해 적용될 수 있는지 알 수 있을 것이다.

2. 읽기 문제의 원인

1) 읽기 문제 원인에 대한 초기 이해

학습장애학생들이 나타내는 읽기 문제가 무엇인지를 정확하게 이해하는 것은 효과적이고 효율적인 교수방법 및 교육 프로그램을 개발·실행하는 데 중요한 의미를 갖는다. 이 책의 제1장에서 논의된 학습장애 분야의 역사적 발전에 대한 고찰은 학습장애 분야의 초기 연구들이 교육적 배경보다는 주로 의학적 배경을 가지고 이루어졌음을 보여 준다. 의학적 배경과 경험을 가지고 아동의 학습 문제에 관심을 가졌던 초기 연구자들은 심각한 학습문제가 주로 신경생리학적 결함과 관련이 있다고 생각하였다(Kavale & Forness, 1995). 이들은 읽기 문제 역시 신경학적 결함과 관련이 있으며, 특히 시지각과 관련된 정보처리과정의 이상 그리고 읽기 학습 방법과 개인이 선호하는 정보지각 형식 간의 불일치가 읽기 문제를 유발한다고 보았다.

(1) 시지각 정보처리과정의 이상

시지각과 관련된 읽기 문제를 대표하는 것이 바로 난독증(dyslexia)이다. 난독증을 가지고 있는 아동들은 시각 자극을 인지하는 데 있어 심각한 오류를 나타낸다고 한다. 이러한 오류반응 중 가장 대표적인 것이 바로 '반전(reversal)'이다. 반전은 주어진 시각 자극을 반대 방향으로 지각하는 시지각 오류행동으로서, 'ㄱ'을 'ㄴ'으로, 'ㅂ'을 'ㅍ'으로, 'ㅏ'를 'ㅓ'로, 'ㅗ'를 'ㅜ'로 인식하는 것을 말한다. 이러한 시각 자극에 대한 인식 오류는 주어진 단어의 해독을 어렵게 하고,

단어 해독의 어려움은 글에 대한 이해력의 결함으로 이어지게 된다는 것이다. 따라서 시지각 훈련을 통해 주어진 시각 자극을 제대로 인식하도록 하는 것이 읽기 지도의 중요한 지침이 된다.

일부 교사나 학부모들이 가지고 있는 오해 중의 하나는 학습장애학생들이 보이는 읽기 문제가 주로 시지각과 관련된 신경학적 결함이라는 생각이다. 즉, 학습장애학생들은 바로 이러한 시각 자극에 대한 정보처리과정에서 기질적 이상을 가지고 있기 때문에 심각한 읽기 문제를 보인다는 것이다.

하지만 지금까지의 연구 결과들은 난독증과 같은 시지각과 관련된 기능 이상을 가지고 있는 학습장애학생들의 수가 극히 적다고 한다. 학습장애학생들 가운데 시각정보처리 과정의 이상으로 인해 심각한 읽기 문제를 나타내 보이는 학생들은 전체의 1% 이내다(Bender, 1992). 또한 학습장애학생들이 일반학생들보다 시지각 과제(visual-perception tasks)에서 많은 오류를 나타내 보이는 것이 사실이지만, 학습장애학생들이 보이는 다른 읽기 오류(예: 첨가, 생략, 반복 등) 정도를 고려하건대, 시지각 문제가 두드러진 읽기 문제라고 보기는 어렵다(Hallahan, Kauffman, & Lloyd, 1999). 또한 실제 시지각 과제에서 오류를 보이는 경우에도 반전 오류가 시각정보처리 과정의 이상 때문이라고 보는 것은 무리가 있다. 예를 들면, 'ㅏ'를 'ㅓ'로 잘못 인식한 경우, 그 이유를 'ㅏ'와 'ㅓ'라는 시각 자극에 대한 언어 부호화를 수행하는 데 상대적인 결함을 보이기 때문이라고 볼 수 있다. 즉, 우리는 보통 'ㅏ'와 'ㅓ'에 대한 초기 낱자 학습과정에서 'ㅏ'의 경우에는 '바깥쪽으로', 'ㅓ'의 경우에는 '안쪽으로' 삐침이 나와 있다는 것을 언어정보로서 기억하고, 이러한 언어정보를 통해 두 시각 자극을 서로 다른 것으로 구별한다. 학습장애학생의 경우에는 이러한 언어 부호화 과정을 의식적으로 수행하지 못하기 때문에 한동안 두 모음에 대한 인식에 있어 혼동을 더 많이 보인다는 것이다.

(2) 읽기 학습 방법과 선호하는 정보지각 양식의 불일치

읽기뿐만 아니라 다른 교과 영역에서 학습장애를 유발하는 원인으로서 초기 학습장애 연구자들이 생각했던 것은 개인이 선호하는 정보지각 양식과 교수-학습 방법의 불일치를 들 수 있다(Hallahan, Kauffman, & Lloyd, 1999; Kavale & Forness, 1995; Mercer, 1992). 이들은 일반적으로 개인이 정보를 받아들이는 방식에 있어서 서로 다른 선호를 가지고 있다고 가정하였다. 즉, 개인에 따라 시각적·청각적 또는 운동감각적 방식을 통해 주어진 정보를 처리하는 것을 선호한다는 것이다. 따라서 개인이 선호하는 방식과 다르게 정보를 처리하도록 요구받는 경우 학습의 효과성이나 효율성은 떨어지게 된다는 것이다. 읽기 기능에 대한 학습 역시 개인이 선호하는 정보지각 양식에 따라 청각중심 자료 제시 방법, 시각중심 자료 제시 방법, 운동감각중심 자료 제시 방법 등을 사용하지 않는 경우 학습의 효과성과 효율성을 떨어뜨리게 되고, 이것이 심각한 경우 읽기장애를 유발한다고 본다.

따라서 학습장애학생들이 가지고 있는 읽기 문제를 해결하기 위해서는 개인이 선호하는 정보지각 양식을 확인하고, 이에 따라 교수 자료나 전략을 계획·개발·실행할 필요가 있다. 예를 들어, 청각정보처리를 선호하는 학생에게는 글자 학습을 할 때 글자의 음운 구성을 중심으로 한 학습활동으로 프로그램이 구성되어야 하며, 시각정보처리를 선호하는 학생에게는 글자의 시각적 특징 분석을 중심으로 프로그램이 구성·운용되어야 한다. 운동감각을 중심으로 한 정보처리를 선호하는 학생들에게는 읽기 학습 과정에서 쓰기 활동이 중요한 학습활동이 되도록 프로그램이 구성·운영될 것이다.

1970년대까지 이러한 개인의 정보지각 양식의 선호도에 따라 구성된 교육 프로그램에 많은 현장 교사들이 관심을 가졌고, 실제 이들 프로그램을 자신의 교실현장에 적용하기도 하였다. 하지만 지금까지의 연구 결과들은 개인의 정보지각 양식과 교수-학습 방법의 일치를 중심으로 한 교육적 접근이 기대했던 것만큼 효과적이지 못함을 보고하고 있다(Kavale & Forness, 1987). 연구들은 개인이 선호하는 정보지각 양식을 고려하기보다 교수-학습 과정 자체를 체계적으로 구조화하고 아동에게 필요한 구체적 읽기 기능을 직접적인 방식(예: 명시적 교수, 연습기회 부여, 반응에 대한 피드백 제공 등)으로 가르치는 것이 더 효과적일 수 있다고 보고한다.

2) 읽기 문제 원인에 대한 최근 이해

학습장애학생들이 보이는 읽기 문제에 대한 최근 연구들은 이들의 읽기 문제가 시지각 정보처리 과정에서의 이상보다는 언어와 관련된 인지능력의 상대적 결함이나 어휘력, 구문론과 같은 언어지식에 대한 부족 그리고 읽기 자료와 관련한 사전 경험이나 선행학습의 부족과 관련이 있다고 보고한다(Bender, 1992; Hallahan, Kauffman, & Lloyd, 1999). 학습장애학생들의 읽기 문제와 관련된 이 요인들을 구체적으로 살펴보면 다음과 같다.

(1) 언어 관련 인지능력의 결함:
음운인식능력 및 언어정보에 대한 단기기억력 결함

학습장애학생들의 읽기 문제와 관련된 인지 요인으로서 교육학과 심리학 분야의 많은 학자들이 연구를 수행한 것이 바로 음운인식(phonological awareness)능력이다. 음운인식능력이란 단어를 구성하는 음절 또는 음소들을 분석해 내고 이를 하나의 소리로 조합할 수 있는 인지능력을 말한다. 예를 들어, '컴퓨터'라는 단어의 경우 음절 수준에서는 '컴' '퓨' '터'라는 세 부분으로, 음소 수준에서는 'ㅋ' 'ㅓ' 'ㅁ' 'ㅍ' 'ㅠ' 'ㅌ' 'ㅓ'라는 구성 요인으로 분석해 내고 이 구성 요인들을 하나로 결합하여 '컴퓨터'라는 단어를 말할 수 있는 능력을 말한다. 이때 단어를 구성하는 소리를 분석해 내는 능력을 음운분절(phoneme segmentation)능력이라고 하고, 분석된 소리를 하나로 결합하는 능력을 음성혼성(sound blending) 능력이라고 한다.

지금까지의 연구들은 아동이 가지고 있는 음운인식능력이 나중의 문자 해독과 관련한 읽기 능력과 밀접한 관련이 있음을 보여 주고 있다(Wagner & Torgesen, 1987). 음운인식능력은 구어를 문어로 표현해 주는 기호체계인 자모(字母)의 기능에 대한 이해를 형성하는 데 중요한 역할을 수행한다. 이러한 음운인식능력에서의 아동이 학습을 통해 획득하게 되는 자모와 음소의 대응관계에 대한 지식 그리고 이들 자모를 결합하여 하나의 소리 단위로 만들어 낼 수 있는 능력들이 문자 해독과 관련한 중요한 기초적 읽기 능력이 되는 것이다.

음소의 분석 및 결합 능력과 관련되어 있으면서 읽기 이해력에 영향을 미치는 인지 요인으로서 들 수 있는 것이 단기기억력(short-term memory)이다. 단기기억력은 상대적으로 짧은 시간 동안 주어진 정보를 기억할 수 있는 인지능력을 가리킨다. 단기기억력을 측정하는 방법은 크게 시각 과제를 사용하는 방법과 청각 과제를 사용하는 방법으로 대별해 볼 수 있다. 시각 과제를 사용하는 경우 그림이나 도형들이 순서적으로 제시되고 제시된 순서대로 그림이나 도형을 순서화

음운인식능력 단어를 구성하는 음절 또는 음소들을 분석해 내고 이를 하나의 소리로 조합할 수 있는 인지능력

단기기억력(short-term memory) 상대적으로 짧은 시간 동안 주어진 정보를 기억할 수 있는 인지능력

하는 과제로 검사가 구성된다. 청각 과제를 사용하는 경우에는 숫자나 단어들을 순서적으로 불러 주고 이를 제시된 순서에 따라 재생하도록 한다.

생각해 보기　단기기억력에 결함을 갖고 있는 학습장애 학생들의 성공적인 읽기 이해를 위한 인지활동에는 어떠한 것들이 있을까?

지금까지의 연구들은 학습장애를 가진 학생들이 일반학생들보다 단기기억에 있어 결함을 가지고 있다고 보고한다(Swanson, 1993a, 1993b). 구체적으로, 시각 자극과 청각 자극에 대한 단기기억력을 비교한 연구들에 의하면, 학습장애학생들이 시각 과제와 관련된 단기기억보다 청각 과제와 관련된 단기기억에서 더 심각한 결함을 가지고 있다고 한다(Hulme & Snowling, 1992). 이는 언어를 매개로 한 학교학습에서 학습장애학생들이 상대적으로 더 어려움을 겪을 수 있음을 보여 주는 연구 결과라고 할 수 있다.

이러한 단기기억력의 결함은 학습장애학생들이 가지고 있는 읽기 이해력 문제와 관련이 있다(Swanson & Alexander, 1997). 성공적인 읽기 이해를 위해 아동은 자신이 이미 읽은 내용과 현재 읽고 있는 내용과의 관련성을 파악하고자 하는 인지활동을 수행해야 한다. 글 자료를 구성하는 내용들 간의 관계를 파악하는 것은 글 전체 내용을 이해하는 데 상당히 중요한 의미를 가지며, 만일 내용들 간의 관계 파악이 제대로 이루어지지 않는 경우 읽기 이해에 심각한 문제가 발생할 수 있다. 이러한 읽기 과정에서 단기기억력은 현재 읽고 있는 내용에 대한 이해와 이전 내용 간의 관련성을 파악하는 데 중요한 인지적 기반이 된다(Bender, 1992). 학습장애학생들은 짧은 시간 동안 언어정보를 간직하는 데 상대적인 어려움을 가지고 있기 때문에 글의 이해 활동에 결함을 나타낸다고 볼 수 있다.

생각해 보기　내용 간의 관련성을 파악하기 위해 할 수 있는 읽기 수업(지도) 중 활동에는 무엇이 있을까?

(2) 언어지식의 부족: 어휘력, 의미론, 구문론과 관련된 지식의 부족

개인이 경험하는 사물, 사건, 현상에 대한 이해와 관련해 중요한 영향을 미치는 것이 사물, 사건, 현상을 대표하는 개념 또는 어휘에 대한 개인의 지식이다. 개념 또는 어휘 관련 지식을 통해 인간은 사회적 · 자연적 현상에 질서를 부여하고, 이를 체계적인 통합체로서 인식하게 된다. 또한 이 지식들은 일상적인 생활에서의 인지적 이해뿐만 아니라 학교학습에서의 성공적인 내용학습을 위해 필요한 기본적인 학습단위로서 중요한 의미를 갖는다. 특히 사회 교과나 자연 교과와 같은 내용 교과에서의 학습활동에서는 핵심 개념 또는 어휘를 얼마나 잘 이해하고 있는지가 성공적인 학습활동에 중요한 요인이 된다.

내용 교과뿐만 아니라 읽기활동에 있어서도 어휘에 대한 지식과 이해는 중요한 의미를 갖는다. 읽기 자료에 포함된 핵심 어휘뿐만 아니라 관련 어휘에 대한 지식이 없는 경우 읽기 유창성과 읽기 이해력에 있어서 부정적인 결과를 초래할 수 있다. 학습장애학생들을 대상으로 한 연구들은 이 학생들이 경험하는 읽기 이해 문제가 부분적으로 어휘력의 부족과 관련되어 있음을 보여 준다(Ackerman, Peters, & Dykman, 1971). 특히 어휘력 부족으로 인해 읽기 이해에 어려움을 갖는 경우, 학습장애아동은 글 내용을 자신의 주관적 입장에서 왜곡하여 이해하는 오류행동을 일반아동보다 더 많이 보인다. 예를 들면, 글을 읽고 난 후 주어진 문제에 답하도록 한 경우 일반학생들은 자신의 이해가 분명하지 않으면 자신의 주관적 생각에 근거해 답을 추측하려는 경향이 학습장애학생보다 적게 나타나는 것으로 보고되고 있다.

　의미론적 언어능력과 관련하여 일반아동들은 읽기활동을 수행하는 동안 자신들의 읽기 이해력을 점검·향상시키기 위해 문맥(context)을 적절하게 활용하는 것으로 보고되고 있다. 문맥의 적절한 활용은 낯선 단어를 접하게 되는 경우에도 단어 이해와 관련하여 긍정적인 영향을 미칠 수 있다. 학습장애학생들을 대상으로 한 연구들은 이 학생들이 주어진 문맥을 적절하게 활용하는 데 어려움을 가지고 있다고 보고하고 있다. 예를 들면, '1학년인 철수는 매일 _____을(를) 제출해야 한다.'라는 문장을 읽는 경우, 행동의 주체가 '학생'이고 행동의 내용이 '타인에게 무엇인가를 주어야 한다.'라는 정보를 근거로 들어가야 할 단어가 '숙제' '과제' '반성문' 또는 '일일 계획서'라는 추측을 할 수 있다. 일반적으로 학습장애학생들은 일반학생들보다 주어진 맥락정보를 적절히 활용하는 데 있어 상대적인 어려움을 더 많이 가지고 있다.

　마지막으로, 구문론과 관련된 지식 역시 아동의 읽기 이해에 영향을 미친다(Hallahan, Kauffman, & Lloyd, 1999). 구문론이란 문장을 구성하는 요소들 간의 관계를 규정하는 규칙에 관한 연구 분야로, 문장을 구성하는 단어들 간의 관계를 파악함으로써 문장에 대한 적절한 이해를 할 수 있게 한다. 일반적으로, 문장은 단문, 중문, 복문, 혼성문으로 그 유형을 대별해 볼 수 있다. 단문은 하나의 주어와 동사로 구성된 문장을, 중문은 '그리고' '그러나' '또한'과 같은 등위접속사를 통해 두 개의 단문이 서로 대등하게 연결된 문장을 말한다. 복문은 하나의 문장이 다른 문장의 한 구성 요인으로서 역할을 하는 문장 형태를 말하는 것으로, '꽃이 아름다운 것은 향기를 같이 가지고 있기 때문이다.'가 그 예가 될 수 있다.

생각해 보기　읽기 이해력을 점검·향상시키기 위해 문맥을 적절하게 활용할 수 있는 읽기 지도 활동에는 무엇이 있을까?

이 예문은 '꽃이 아름답다.'가 명사절로서 다른 문장의 주어 역할을 하고 있는 경우라고 할 수 있다. 마지막으로, 혼성문은 대등절과 종속절을 가진 문장으로서 단문, 중문, 복문이 하나의 문장 안에 섞여 있는 경우를 말한다. 학습장애아동의 경우 일반아동보다 문장구조에 대한 이해력이 상대적으로 낮은 것으로 보고되고 있으며, 문장구조에 대한 교육이 학습장애아동의 읽기 이해력을 향상시킬 수 있는 것으로 보고되고 있다(Deshler, Ellis, & Lenz, 1996).

또한 문장구조의 변화는 때로 전달하고자 하는 의미의 변화를 초래하기도 한다. 예를 들면, '나는 영희를 좋아한다.'와 '영희를 좋아하는 것은 나다.'라는 두 문장에서 전달하고자 하는 바는 서로 차이가 있을 수 있다. 전자의 경우에는 영희가 강조되는 경향이 있는 반면, 후자의 경우에는 내가 강조되는 경향이 있어 차이가 존재한다고 볼 수 있다. 같은 단어를 사용해 문장을 구성하는 경우에도 어떤 문장 형태가 사용되었느냐에 따라 전달되는 내용에 차이가 있을 수 있으므로, 읽기 이해력을 향상시키고자 하는 학생들에게 있어서도 문장구조에 대한 지식이 읽기 이해에 긍정적 또는 부정적 영향을 미칠 수 있음을 아는 것이 필요하다.

> **생각해 보기** 문장구조에 대한 지식이 읽기 이해에 미치는 긍정적 또는 부정적 영향에는 어떠한 것들이 있는가?

(3) 읽기 자료와 관련된 사전 경험이나 선행학습의 부족

성공적인 읽기에 중요한 영향을 미칠 수 있는 요인 중에 하나가 읽기 자료 내용에 대한 아동의 친숙성이다. 즉, 읽어야 할 내용과 관련해 적절한 지식이나 경험을 가지고 있을 때 자료에 포함된 내용을 이해하는 것이 훨씬 용이할 수 있다. 지금까지의 연구들은 학습장애학생들이 일반학생들보다 관련 지식이나 경험이 부족하므로 읽기 수행에 심각한 어려움을 겪는다고 보고한다(Mercer, 1992). 학습장애학생들이 갖고 있는 누적된 학습실패 경험은 상대적으로 지식기반의 결함을 가져오게 되고, 이것이 새로운 내용에 대한 읽기 수행에 부정적인 영향을 미치게 된다. 또한 학습장애학생들은 사회경제적 수준이 낮은 가정 배경을 가지고 있는 경우가 많이 있고, 이러한 낮은 사회경제적 배경은 빈약한 사회적 경험을 초래할 가능성이 많다. 지식기반의 결함과 마찬가지로 빈약한 사회적 경험은 다양한 내용에 대한 읽기활동을 요구하는 학교학습에서 부정적인 영향을 미칠 가능성이 있는 것이다.

읽어야 할 자료 내용에 대한 사전지식이나 경험이 있는 경우에도 학습장애학생들은 전체 주제와 관련하여 자신의 사전지식 및 경험을 연결시키기보다는 읽기 자료에 포함된 부분적 내용을 자신의 사전지식 및 경험과 연결시키려는 경향을 보인다(Hallahan, Kauffman, & Lloyd, 1999). 예를 들어, 학습장애학생이 '비 오는 날 집에 오는 도중에 우산을 잃어버려서 비에 흠뻑 젖어 감기에 걸린 아동의 이야기'를 읽는다고 가정해 보자. 이 학생은 며칠 전 비가 많이 내린 날 친구와 장난을 치다 우산을 잃어버리고, 그래서 비를 흠뻑 맞고 집에 돌아와서 어머니에게 혼난 경험을 가지고 있었다. 글을 읽는 동안 이 학습장애학생은 글에서 전달하고자 하는 주 내용의 하나인 '아이가 비를 맞아 감기에 걸리게 되었다.'는 것보다는 '이야기 속의 아이도 우산을 잃어버렸기 때문에 어머니에게 혼이 났을 것이다.'라는 잘못된 추론을 할 가능성이 높다.

그러므로 학습장애학생들의 성공적인 읽기활동을 도와주기 위해서는 읽어야 할 자료 내용과 관련된 배경지식이나 경험을 체계적으로 활성화시켜 주는 것이 필요하다. 이를 위해 교사는 관련된 배경지식이나 경험을 직접 설명해 주거나, 학생들이 각자 자신의 경험을 이야기할 수 있도록 활동을 구조화해 줄 수 있을 것이다. 학생들 간의 논의를 구조화함으로써 배경지식이나 경험을 활성화하고자 하는 경우 읽을 자료 내용과의 관련성을 중심으로 해당 논의 내용의 적절성을 평가해 주는 활동이 수반되어야 한다.

생각해 보기   읽기 자료 내용과 관련된 배경지식이나 경험을 활성화시킬 수 있는 구체적인 방안에는 무엇이 있을까?

3. 읽기 교육 프로그램에 대한 소개

지금까지 학습장애학생들의 읽기 문제를 유발하는 관련 요인들에 대해 살펴보았다. 학습장애학생들의 읽기 문제는 크게 단어인식, 읽기 유창성, 읽기 이해로 대별해 볼 수 있으며, 이 문제들을 해결하기 위한 다양한 교수방법 및 교육 프로그램들이 개발 · 실행되고 있다. 여기서는 개발 · 실행되고 있는 이들 읽기 교육 프로그램을 전통적인 다감각적 교수법, 단어인식능력 향상을 위한 교수법, 읽기 이해능력 증진을 위한 교수법으로 나누어 살펴보고자 한다.

1) 전통적인 읽기 교수법: 다감각중심 읽기 교수법

학습장애학생들의 읽기 문제를 해결하기 위해 적용되었던 초기 교육 프로그램들은 주로 읽기 문제가 감각기관을 통한 다양한 경험의 부족 또는 이들 감각정보를 처리하는 과정에서의 이상(예: 시지각 변별문제)에서 기인한다는 생각에 근거하여 개발되었다(Hallahan, Kauffman, & Lloyd, 1999; Lovitt, 1989; Mercer & Mercer, 1993). 그러므로 이 접근은 여러 감각양식을 통해 읽기 학습을 수행하도록 함으로써 학습장애학생들이 가지고 있는 읽기 문제를 완화시킬 수 있다는 가정을 포함하고 있는 접근이라고 할 수 있다. 여러 감각양식에는 시각, 청각, 촉각, 운동감각이 포함되며, 읽기 학습 활동이 이러한 다감각적인 요인들을 포함하도록 구성된 것이 다감각중심 교수법의 특징이라고 할 수 있다. 다감각중심 읽기 교수법으로는 Fernald 읽기 교수법, Gillingham 읽기 교수법, Hegge-Kirk-Kirk 읽기 교수법, 신경학적 각인(neurological imprinting) 읽기 교수법을 들 수 있다.

(1) Fernald 읽기 교수법

Fernald 읽기 교수법은 시각, 청각, 촉각, 운동감각 모두를 사용하도록 구성된 교육프로그램이다. 이 교수법은 참여 학생들의 학습동기를 중시하여 학습해야 할 단어를 학생들이 선택하도록 허용한다. 또한 구성요소를 중심으로 한 음운분석 방법이 아닌 전체 단어로서 단어학습이 이루어지도록 구성되어 있는 것이 특징이다(Hallahan, Kauffman, & Lloyd, 1999).

구체적으로, Fernald 읽기 교수법은 아동의 읽기 능력 발달에 따라 4단계의 수준별 학습활동이 이루어지도록 구성되어 있다(Lovitt, 1989). 1단계에서는 학생이 불러주는 이야기를 교사가 적고, 적은 이야기에 포함된 단어 중 학생이 학습하고자 하는 단어를 선택하도록 한다. 교사는 선택된 단어를 단어장에 크게 쓰고, 학생은 손가락으로 단어를 따라 쓰면서 소리 내어 읽게 된다. 이때 4개의 감각(시각, 청각, 촉각, 운동감각)이 단어학습 과정에 관여하게 된다. 선택된 단어에 대한 학습은 단어카드를 보지 않고 학생이 단어를 쓸 수 있을 때까지 계속되며, 학습된 단어카드는 단어상자에 알파벳 순으로 보관된다. 아동이 구술한 이야기에 포함된 모든 단어에 대한 학습이 끝나면, 학습한 단어를 가지고 아동에게 글을 직접 쓰도록 요구한다. 이 과정에서 새로운 단어가 출현하는 경우 이전의 단어학습을 병행하게 된다. 아동이 이야기를 다 쓰면, 교사는 이를 워드 프로그램을 이용해 다시 작성토록 한다. 이후 워드 프로그램을 이용해 작성된 글을 출력하여, 아동이 이를 읽어 보도록 하는 교수-학습 활동이 마지막으로 진행된다.

2단계에서는 한 가지만 제외하고 1단계에서와 동일한 읽기 교수-학습 활동이 진행된다. 제외되는 한 가지 활동은 단어학습 시 손가락을 이용해 글을 쓰는 활동으로서, 2단계에서는 제시된 낯선 단어를 단순히 보고 말하도록 한다.

3단계에서는 일상적인 읽기 자료가 단어학습에 이용되기 시작한다. 이 단계에서는 학생들이 흥미를 가지고 있는 읽기 자료를 선택한 후, 읽기 자료에 포함되어 있는 단어 중 자신이 모르는 단어를 확인하여 단어학습을 시작하게 된다. 낯선 단어에 대한 학습이 끝난 다음에는 1단계와 2단계에서와 마찬가지로 글쓰기 활동이 진행된다.

마지막 4단계는 단어학습 과정에서 문맥 및 이전에 학습한 단어와의 유사성을 통해 단어의 의미를 학생 스스로가 확인해 보도록 하는 활동을 포함한다. 읽기 자료를 본격적으로 읽기 전에 전체 자료 내에서 낯선 단어가 무엇인지를 확인하도록 하고, 낯선 단어의 의미를 문맥과 이전에 학습한 단어를 중심으로 추론해 보도록 한다.

(2) Gillingham 읽기 교수법

Gillingham은 그의 동료 Stillman과 함께 학습장애학생들이 가지고 있는 읽기 문제와 읽기 교수법에 대한 Orton의 주장에 근거하여 구체적인 프로그램을 개발하였다(Hallahan, Kauffman, & Lloyd, 1999; Mercer & Mercer, 1993; [그림 6-1] 참조). 신경과 의사였던 Orton은 대뇌의 정보저장이 거울 이미지 형태로 좌반구와 우반구에 대칭적으로 이루어진다고 생각하였다. 예를 들어, 만일 좌반구에 '바나나'라는 정보가 기억되어 있다면, 우반구에는 대칭적인 거울 이미지 형태인 '나나바'가 저장되어 있다는 것이다. 이때 개인이 좌반구 또는 우반구 어느 한쪽의 우세성을 개발하지 못하는 경우, 어느 반구에 담겨 있는 정보가 올바른 정보인지 혼돈하게 된다는 것이다. Orton은 이러한 혼돈이 읽기 수행에 있어 반전(reversal) 오류반응을 나타낸다고 보았다. 따라서 좌반구와 우반구 어느 한쪽의 우세성을 발달시키지 못한 경우 읽기장애가 나타나며, 이들 읽기장애 아동의 치료 교육은 전체 단어를 중심으로 한 방법보다는 음운 분석을 중심으로 한 방법을 사용할 때 더 효과적이라는 것이 Orton의 주장이다.

이러한 주장에 근거해 Gillingham은 음운 분석적 방법을 통해 학습장애학생들의 읽기 문제를 치료하기 위한 구체적인 프로그램을 개발했다. 그는 아동이

[그림 6-1]   Gillingham 읽기 교수법

출처: http://www.amazon.com/The-Gillingham-Manual-Disability-Penmanship/dp/0838802001

문자(letter)와 음소(phoneme)의 대응관계에 대한 지식을 다감각적 방법을 통해 획득하도록 프로그램을 구성하였다. 그의 읽기 교수 프로그램은 크게 다음 세 단계를 통해 이루어진다(Lovitt, 1989).

1단계에서는 아동이 문자에 대한 지식과 문자와 음소의 대응관계를 획득하도록 교수-학습 활동이 진행된다. 먼저, 학습해야 할 문자(예: 'ㅂ')를 소개하기 위해 이 문자가 들어가 있는 단어(예: '바나나')를 같이 제시하게 된다. 문자에 대한 소개가 끝나면 문자가 적혀 있는 연습카드를 이용해 문자의 이름 및 문자와 대응하는 음소에 대한 교수-학습 활동이 전개된다. 이때 자음과 모음에 대한 학습이 같이 이루어지는데, 자음과 모음을 구별하기 위해 사용되는 연습카드는 다른 색이어야 한다.

처음 열 개의 문자에 대한 학습이 끝나고 나면, 2단계에서는 음운혼합 (phoneme blending) 활동을 통해 단어 만들기 활동이 이루어진다. 배운 문자를 이용해 형성된 단어는 단어카드에 기록되며, 기록된 단어카드는 따로 보관된다. 단어카드가 어느 정도 만들어진 후에는 그것을 이용해 문자에 대한 복습활동을 같이 실시하게 된다. 즉, 학생들이 단어카드에 쓰인 단어를 쓰면서 단어를 구성하는 문자가 무엇인지 구두로 말하도록 학습활동이 구성된다.

마지막 3단계에서는 지금까지 작성된 단어카드를 이용해 문장을 작성하거나 이야기를 작성하는 활동이 이루어진다. 이 단계에서는 학습한 단어에 대한 재학습 및 읽기활동과 함께 글쓰기 활동이 중요한 교수–학습 활동이 되는 것이다.

3단계에 걸친 교수–학습 활동은 2년에 걸친 장기간의 시간과 일주일에 다섯 번씩 실시되는 지속적인 교육을 통해 이루어진다. 이 읽기 교수법의 한 가지 단점은 프로그램에 참여하는 아동의 학습동기에 대한 고려가 거의 없다는 것이며, 이는 유의미한 학습활동을 강조하는 Fernald의 교수법과 대조된다고 할 수 있다.

(3) Hegge–Kirk–Kirk 읽기 교수법

미국 일리노이 대학교에서 개발된 Hegge–Kirk–Kirk 읽기 교수법은 교정적 읽기훈련(Remedial Reading Drills) 프로그램이라고도 불린다. 이 교수법의 특징은 많은 연습 기회를 통해 문자와 음소의 대응관계를 파악하도록 교수–학습 활동이 구성되어 있다는 것이다(Lovitt, 1989). 먼저, 이 프로그램에서는 아동이 모든 자음과 모음에 해당하는 음소를 알도록 교수–학습 활동이 이루어진다. 교사는 칠판에 자음 또는 모음을 쓰고 그 문자가 어떤 소리를 가지고 있는지 학생들에게 말해 준다. 이후 교사는 칠판에 적힌 문자를 지우고 학생들에게 방금 본 문자를 적어 보도록 한 후, 이 문자가 가지고 있는 음소를 말해 보도록 한다. 이 활동들은 학생들이 주어진 문자와 그 음소의 관계를 완전히 습득할 때까지 반복하여 이루어진다.

문자와 음소에 대한 학습이 끝난 다음에는 이 문자들로 구성되는 단어를 중심으로 한 활동이 이루어지게 된다. 먼저, 교사는 단어에 포함된 문자들에 해당하는 음소를 말해 보도록 학생에게 요구한다. 학생들은 각 음소를 하나씩 말하며, 다음에는 이 음소들을 결합하여 전체 단어를 말한다. 이때 교사는 학생들에게 단어를 구성하는 각 음소를 알고 있는 것이 단어를 확인하는 데 중요한 기능을 수행하는 것임을 강조하게 된다.

문자와 음소에 대한 이러한 집중적인 연습을 보충하는 활동으로 문장이나 이야기 읽기활동이 수행될 수 있다. 이때 읽을 문장이나 이야기는 학생들이 이미 학습한 단어들을 중심으로 구성되는 것이 바람직하다. 만일 학생들이 음운결합을 통해 인식하지 못하는 불규칙 단어(예: 삶)가 있는 경우 이를 하나의 통단어(whole word)로 기억할 수 있도록 가르칠 수 있다.

(4) 신경학적 각인 읽기 교수법

신경학적 각인 읽기 교수법은 음운 분석이나 단어인식, 읽기 이해와 관련한 명시적 교수–학습 활동보다는 학생의 읽기 유창성을 향상시키기 위해 적용할 수 있는 방법이다(Lovitt, 1989; Mercer & Mercer, 1993). 이 교수법은 교사와 학생이 함께 주어진 자료를 가능한 한 빨리 읽는 연습을 하도록 구성되어 있다. 신경학적 각인 읽기 교수법의 기본적인 가정은 학생들이 읽기 과제 수행 시 자신의 목소리와 타인의 목소리를 함께 들음으로써 유창성과 관련된 읽기 기능을 더 효과적으로 획득할 수 있다는 것이다.

이 교수법을 적용하는 초기 단계에서는 교사가 학생보다 더 큰 목소리와 약간 더 빠른 속도로 읽기 자료를 읽어 나간다. 그리고 학생이 점차 읽기 유창성을 획득해 감에 따라 읽기활동에서 주도적 역할을 맡도록 계획되며, 이후 교사와 학생이 주도적 역할을 번갈아 가며 수행한다. 읽기활동 시 주도적 역할을 수행하는 사람은 현재 읽고 있는 위치를 손가락으로 가리키면서 읽기활동을 주도하게 된다(그림 6-2 참조).

[그림 6-2] 신경학적 각인 읽기교수법 장면

출처: https://www.youtube.com/watch?v=xhOGj6i8f8s

신경학적 각인 방법에서는 별도로 준비·개발된 읽기 자료를 요구하지 않는다. 이 교수법은 읽기 유창성 향상을 목적으로 하기 때문에 읽기 자료의 선택은 대상 학생이 포함된 단어를 성공적으로 인식할 수 있는 수준의 자료를 중심으로 이루어진다.

신경학적 각인 읽기 교수법과 관련이 있는 다른 교수법으로 반복 읽기 (repeated reading)를 들 수 있다(Samuels, 1979, 1987). 이 방법은 50~200개 단어로 구성된, 학생들이 포함된 단어들을 대부분 인식할 수 있는 읽기 자료를 가지고 일정 수준의 유창성에 이를 때까지 반복적으로 자료를 읽도록 하는 것이다. 학습장애학생들은 읽기 정확성뿐만 아니라 유창성에 있어서도 일반학생보다 심각한 결손을 나타낸다. 따라서 읽기 유창성의 문제는 학습장애학생이 보다 많은 주의력을 단어인식에 사용함으로써 읽기 이해에 부정적인 영향을 미치게 된다는 것이다(Samuels, 1987). 그러므로 학습장애학생들의 읽기 유창성을 향상시키기 위해 반복 읽기와 같은 교수 프로그램의 적용을 고려해야 할 것이다.

2) 단어인식능력 향상을 위한 교수법

학습장애학생들의 단어인식(word recognition)능력을 향상시키기 위한 프로그램들은 크게 의미중심(meaning-based) 프로그램과 해독중심(decoding-based) 프로그램으로 대별해 볼 수 있다. 전자는 통언어적 접근(whole-language approach)과 언어경험 접근(language experience approach)으로 나누어 볼 수 있으며, 후자는 음운분석적 접근(phonics approach)과 언어학적 접근(linguistic approach)으로 나누어 볼 수 있다. 여기서는 학습장애학생들의 단어인식능력을 향상시키기 위해 사용될 수 있는 이들 프로그램들의 특징을 살펴보고자 한다.

(1) 의미중심 프로그램: 통언어적 접근과 언어경험 접근

학습장애학생들의 단어인식능력 향상을 위해 적용되고 있는 의미중심 프로그램은 문자 해독과 관련된 개별 기능들을 가르치기보다 의미 형성을 위한 전체적인 학습활동으로서 읽기활동을 전개한다는 데 그 특징이 있다. 의미중심 프로그램의 한 유형으로서는 먼저 통언어적 접근을 들 수 있다. 통언어적 접근에서는 문자 해독을 위한 구체적인 기능(예: 음운분석)을 직접 가르치기보다, 이 기능들이 의미 획득 또는 내용 이해를 위한 읽기활동 과정에서 자연적으로 습득된다고 본다. 따라서 일상적인 언어경험이나 기능과 구별되는 인위적인 음운분석이나 결합 기능에 대한 교육은 불필요하다는 것이 통언어적 접근의 기본 가정이다. 읽기 능력 향상을 위한 교육자료는 읽기 기능 중심이 아닌 주제중심으로 구

통언어적 접근 문자해독을 위한 구체적인 기능을 직접 가르치는 것이 아닌 이들 기능들이 의미획득 또는 내용 이해를 위한 읽기 활동 과정에서 자연적으로 습득된다고 보는 이론

성되며, 읽기활동은 말하기, 듣기, 쓰기와 같은 다른 언어 관련 활동과 연계되어 이루어진다(Mercer, 1992).

아동의 문자 해독 기능을 향상시키기 위해 통언어적 접근에서 사용하는 방법은 일견단어(sight word) 교수방법이라고 할 수 있다(Bender, 1992). 즉, 반복적인 노출을 통해 주어진 단어의 시각적 형태를 기억하도록 하고, 단어의 시각적 형태와 음(sound)과 의미를 서로 연합시키도록 하는 것이다.

통언어적 접근이 갖는 장점은 읽기활동과 쓰기활동이 통합됨으로써 서로 연계되어 강조된다는 것이다. 일반적으로 일선 학교에서의 쓰기 교육은 읽기 교육보다 덜 강조되는 경향이 있는데, 의미중심의 통언어적 접근에서는 읽기뿐만 아니라 쓰기를 함께 강조함으로써 두 학습활동에 균형을 제공하고 있다. 통언어적 접근이 갖는 두 번째 장점은 학생들의 흥미와 관심을 유발하기 위해 기능중심의 인위적 자료가 아닌 문학작품과 같은 흥미 있는 읽기 자료를 사용한다는 것이다. 학습활동에서 학습동기가 차지하는 영향을 감안할 때, 학생들의 흥미를 유발할 수 있는 교육자료를 활용하는 것은 학습활동의 효과성과 효율성을 증가시키는 데 중요한 의미를 갖는다(Hallahan, Kauffman, & Lloyd, 1999).

통언어적 접근과 유사하게 언어경험 접근은 읽기활동과 다른 언어활동(예: 말하기, 듣기, 쓰기)을 통합하여 프로그램이 구성된다는 것과 아동의 학습동기 유발을 통해 적극적인 학습 참여를 유도한다는 특징을 갖는다(Mercer, 1992). 언어경험 접근에서 사용되는 읽기 자료는 학생들이 경험한 이야기를 중심으로 구성된다. 학생은 교사에게 자신이 경험한 이야기를 구두로 말하고, 교사는 이를 문어로 기록한다. 이때 학생들이 자유롭게 이야기를 전개할 수 있도록 학생이 자신의 경험을 그림으로 나타낸 결과물을 활용할 수도 있다. 일단 교사는 학생의 이야기를 있는 그대로 적은 다음, 편집과정을 통해 문자 해독, 적절한 다른 대체단어의 선택, 사용된 문장구조의 확인 및 변경 등을 수행하게 된다. 이러한 과정을 통해 작성된 글이 바로 읽기활동을 위한 교수-학습 자료로서 사용된다.

언어경험 접근은 말하기, 듣기, 쓰기 활동을 읽기 프로그램에 통합함으로써 아동이 자신의 언어활동, 환경과의 접촉, 일상적 생활경험에 더 민감해지도록 한다는 장점을 갖는다. 또한 자신의 경험을 중심으로 한 읽기 자료의 구성은 읽기활동에 대한 학생들의 학습동기를 높여 주는 기능을 수행하며, 논리적인 이야기 전개나 여러 사상들(events)에 대한 통합적 사고 등을 통해 언어뿐만 아니라

일견단어(sight word) 교수방법 반복적인 노출을 통해 주어진 단어의 시각적 형태를 기억하도록 하고, 단어의 시각적 형태와 음(sound)과 의미를 서로 연합시키도록 하는 것

생각해 보기 학생들의 학습동기를 증가시키기 위한 읽기 지도 및 활동의 역할에 대해 생각해 보고, 도움이 되는 활동에는 무엇이 있는지 생각해 보자.

언어경험 접근 읽기활동과 다른 언어활동을 통합하여 프로그램이 구성되며, 아동의 학습동기 유발을 통해 적극적인 학습 참여를 유도함

사고력도 함께 개발할 수 있다는 장점이 있다. 반면에, 단점으로는 계열성을 갖는 구체적 읽기 기능(예: 음운분석, 음운결합, 단어 형성 등)에 대한 체계적인 교육을 제공하지 않는다는 것을 들 수 있다. 또한 읽기활동이 아동의 경험과 어휘력에 의존하는 데 비해, 어휘력 개발을 위한 구체적 프로그램이 존재하지 않는다는 것도 언어경험 접근의 한계라고 할 수 있다(Mercer & Mercer, 1993).

언어경험 접근은 읽기를 유의미한 개인의 활동으로 생각한다는 측면에서 통언어적 접근과 유사하다고 할 수 있다. 하지만 문어를 구어로부터 유도된 이차체제(secondary system)로 본다는 것과 쓰기활동을 할 때 구두 받아쓰기 활동을 하지 않는다는 것이 통언어적 접근과 구별되는 특징이다(Mercer, 1992).

> **생각해 보기** 수업상황에서 통언어적 접근과 언어경험 접근으로 실시할 수 있는 교실 활동에는 무엇이 있을까?

(2) 해독중심 프로그램: 음운분석적 접근과 언어학적 접근

해독중심 프로그램에서는 의미에 대한 이해보다는 주어진 낯선 단어의 기능적 인식이 중요한 활동으로 고려된다. 해독중심의 읽기 활동을 강조하는 접근으로는 음운분석적 접근과 언어학적 접근을 들 수 있다.

먼저, 음운분석적 접근에서는 문자(letters) 및 문자와 음소(phoneme)의 대응관계에 대한 지식 그리고 단어를 구성하는 음소의 분석 및 결합 기능들이 문자 해독 기술 향상을 위한 중요한 교수-학습 활동이 된다(Mercer, 1992; Mercer & Mercer, 1993). 이러한 문자 해독 기능의 향상을 촉진하기 위해 음운분석적 접근에서는 다음 두 가지 접근법을 사용한다.

> **음운분석적 접근** 문자 및 문자와 음소의 대응관계에 대한 지식 그리고 단어를 구성하는 음소의 분석 및 결합 기능들이 문자 해독 기술 향상을 위한 중요한 교수-학습 활동이 된다.

첫 번째 방법은 종합적 방법(synthetic method)으로, 이 교수법에서는 학생들이 각 문자에 대응하는 음소에 대한 지식을 획득하도록 하는 활동이 먼저 이루어진다. 이때 각 문자가 갖는 음가(音價)를 강조해 가르친다. 예를 들면, 'ㄱ'에 해당하는 음가인 '그-으'라는 음, 'ㅌ'에 해당하는 음가인 '트-으'라는 음을 각 문자와 연합해 가르친다. 각 문자에 대한 음가를 학습한 다음에는 학습한 음가들의 결합을 통해 주어진 단어에 대한 해독활동을 수행하도록 한다. 예를 들면, '가'는 '그-으' + '아-'라는 음운분석과 결합을 통해 단어로서 해독될 수 있도록 교수-학습 활동이 이루어진다.

두 번째 방법은 분석적 방법(analytic method)으로, 이 교수법에서는 단어를 구성하는 통합된 부분으로서 문자의 음가를 학습하도록 하는 것이 강조된다. 예를 들면, 'ㄱ'에 해당하는 음가가 '그'라는 것을 가르칠 때에 'ㄱ'이 포함된 단어인

'가방'이 예로서 활용된다. 'ㄱ'의 음가는 바로 '가방'에 포함된 '그-으'라는 음이 강조되어 가르쳐진다.

지금까지의 연구들은 학습장애학생들이 일반학생들보다 음운분석적 기능에 있어 낮은 수행을 보인다고 말한다(Hallahan, Kauffman, & Lloyd, 1999). 낯선 단어 해독과 관련해 주어진 단서 단어들을 얼마나 효과적으로 활용하는지에 대한 비교 연구는 학습장애학생들이 일반학생들보다 주어진 단서 단어에 대한 기억능력이나 활용능력이 상대적으로 떨어짐을 보여 준다(Ackerman, Anhalt, & Dykman, 1986). 예를 들어, '바람'과 '강둑'이라는 단어가 단서로서 먼저 제시되고, 이어서 '바둑'이라는 단어가 해독 과제로서 제시되었을 때 학습장애학생들은 단서 단어를 활용해 과제 단어를 적절하게 해독하는 데 어려움을 더 많이 나타낸다.

또한 학습장애학생들은 주어진 낯선 단어에 대한 전체 음운분석과 결합을 통해 단어를 인식하기보다는 일부분만을 해독하고 나머지를 추측하여 읽는 모습을 일반학생보다 더 많이 나타낸다고 한다(Bender, 1992). 예를 들면, '천재지변'이라는 단어를 해독할 때 앞의 두 글자만을 음운분석을 통해 해독하고 나머지 두 글자는 추측하여 '천재소년'이라고 읽는 오류를 더 많이 나타낸다는 것이다.

언어학적 접근은 의사소통을 중심으로 한 문자 해독 읽기활동을 강조한다(Hallahan, Kauffman, & Lloyd, 1999; Mercer, 1992). 즉, 문자 해독이란 인쇄문자를 언어적 의사소통 과정으로 변환시키는 활동이라는 것이다. 학습장애학생들의 문자 해독 능력을 향상시키기 위해 언어학적 접근에서는 음운분석적 접근과는 달리 단어 자체를 문자 해독의 단위로 설정한다. 이때 문자 해독 기능을 가르치기 위해 사용되는 단어들은 철자나 발음이 서로 유사한 것들로 구성된다. 예를 들면, '수리' '구리' '무리' '부리' 등과 같이 반복적으로 제시되는 동일한 음운 부분과 구별되는 음운 부분을 통해 각 음운 부분이 가지고 있는 소리를 학생들이 쉽게 파악할 수 있도록 하는 것이다. 이때 음운분석적 방법과는 달리 각 낱자의 음들은 따로 가르쳐지지 않는다.

언어학적 접근의 장점은 실제 단어를 사용함으로써 문자와 음소의 대응관계에 대한 간접적 교육과 더불어 읽기가 쓰인 구어를 의미화하는 과정이라는 것을 학생들이 느끼게 한다는 점이다. 반면에, 단점으로는 어휘 선정이 제한적일 수 있다는 것과 여전히 읽기 이해력의 향상에는 크게 도움을 주지 못한다는 것을 들 수 있다.

지금까지의 연구들은 의미중심 읽기 프로그램보다는 해독중심 읽기 프로그램이 학습장애학생들의 초기 읽기 능력 향상에 더 효과적임을 보여 준다 (Hallahan, Kauffman, & Lloyd, 1999). 학습장애학생들은 의미중심 읽기 프로그램에서 가정하는 것처럼 의미 획득 및 이해 중심의 읽기활동 중에 자연스럽게 문자 해독과 관련된 기능 요인들을 습득하지 못하는 것으로 보고되고 있다. 따라서 학습장애학생들의 문자 해독의 정확성을 증가시키기 위해서는 명시적인 기능 훈련을 제공할 필요가 있다.

3) 읽기 이해능력 증진을 위한 교수법

지금까지의 연구들은 학습장애학생들의 읽기 이해와 관련된 문제가 읽기 자료의 기본 구성단위인 어휘력의 부족 및 전체 글을 이해하는 데 필요한 읽기 전략 활용의 부재 등과 연결되어 있음을 지적하고 있다. 여기서는 학습장애학생들의 읽기 이해력을 향상시키기 위한 교수방법과 관련하여 어휘력 증진을 위한 방법과 독해력 증진을 위한 방법으로 나누어 살펴보고자 한다.

(1) 어휘력 증진을 위한 교수 전략

어휘력 증진을 위한 교수 전략은 수업 초반부나 중간에 읽기 자료에 새롭게 나타난 단어의 의미를 설명하기, 새로운 단어에 대한 단순한 정의 내리기, 새로운 단어의 동의어나 반의어 찾기 등의 수업행동을 포함한다. 어휘력 증진을 위한 교수 전략을 다룬 연구들은 새로운 단어의 의미나 정의를 전반적인 글의 맥락 속에서 설명하는 것이 단순히 새로운 단어의 사전적 의미나 정의를 제공하는 방법보다 훨씬 효과적이라고 밝히고 있다. 또한 이러한 어휘력 증진을 위한 교수 전략은 학생들이 배운 어휘를 직접 담고 있는 글뿐만 아니라, 그렇지 않은 글에 대한 이해에 있어서도 긍정적인 영향을 미치는 것으로 나타났다(Stahl & Fairbanks, 1986).

어휘력 증진을 위한 교수 전략은 크게 문맥을 이용한 교수 전략(contextual strategies)과 범주를 이용한 교수 전략(categorical strategies)으로 대별해 볼 수 있다 (Lovitt, 1989). 먼저, 문맥을 이용한 교수 전략에는 문맥을 활용한 어휘 정의하기 (contextual redefinition, 예: 〈표 6-1〉 참조), 어휘 의미 발견하기(preview in context)

생각해 보기 학습장애학생들의 문자 해독의 정확성을 증가시키기 위해 교실에서 실시될 수 있는 기능 훈련에는 어떠한 것들이 있을까?

그리고 문장 만들기(possible sentence) 방법이 포함된다. 문맥을 활용한 어휘 정의하기 방법에서는 교사가 먼저 새로운 어휘를 학생들에게 소개하게 된다. 소개활동이 끝난 후 교사는 새로운 어휘가 포함된 문장을 학생에게 제시하고, 문장 속에 내포된 어휘의 의미를 학생들이 정의하도록 요구하는 활동을 전개한다. 어휘 의미 발견하기 방법은 학생들이 읽어야 할 부분 중 새로운 어휘가 나오는 일부분을 발췌하여 이를 이용한다. 학생들에게 발췌문을 제시하고, 주어진 자료의 전반적 내용을 고려했을 때 새로운 어휘의 의미가 무엇인지를 질문과 토론을 통해 발견하도록 한다. 마지막으로, 문장 만들기 방법은 학생들이 새롭게 접하게 될 단어 및 이 단어와 관련되어 있으면서 학생들이 이미 알고 있는 단어들을 동시에 제공하고, 이들을 이용해 문장을 만들어 보도록 하는 것이다. 이러한 문장 만들기 활동을 통해 교사는 새로운 단어의 의미가 무엇인지 파악할 수 있도록 구조화된 활동을 제공하게 된다.

범주를 이용한 교수 전략에는 단어 유창성(word fluency), 나열-범주화-명칭(list-group-label) 부여하기, 특징 분석(feature analysis), 그래픽 조직자(graphic organizer) 방법이 포함된다. 단어 유창성 방법은 학생들에게 주어진 시간 안에 범주에 속하는 가능한 한 많은 단어를 말하도록 요구함으로써 유창성을 향상시키

단어 유창성 방법 주어진 시간 안에 범주에 속하는 가능한 한 많은 단어를 학생들에게 말하도록 요구함으로써 유창성을 향상시키려는 방법

표 6-1 문맥을 활용한 어휘 정의하기 도표 예시

문맥을 활용한 어휘 정의하기 도표

이름: _____   날짜: _____

단어	0=모른다 1=들어봤다 2=알고 사용한다	읽기 전 예측된 의미	읽기 후의 의미	문맥단서

출처: http://effectiveinstructionalstrategies.weebly.com/brocks-lesson-plans.html

려는 방법이다. 나열-범주화-명칭 부여하기 방법에서는 제시된 대상 단어와 관련이 있는 단어들을 학생들에게 모두 나열하도록 하고, 그다음으로는 이를 범주화하도록 하며, 마지막으로 범주화된 집단에 대해 적절한 명칭을 부여하는 활동이 이루어진다. 특징 분석 방법은 범주들이 먼저 제시되고, 제시된 범주에 해당하는 단어들을 학생들이 나열하도록 요구한다. 그다음에 각 범주의 특징이 무엇인지를 확인하도록 하고, 마지막으로 여러 범주들에 걸쳐 공통된 특징과 그렇지 않은 특징이 무엇인지를 확인하도록 학생들에게 요구한다. 이러한 활동을 통해 학생들은 범주에 속하는 단어들의 의미적 차이점과 유사점을 확인해 나가게 된다. 마지막으로, 그래픽 조직자 방법은 핵심 어휘를 중앙에 위치시키고, 이와 관련된 단어들을 그래픽 형식으로 확인해 나가도록 함으로써 학생들에게 핵심 어휘의 의미를 파악하도록 요구한다.

> **그래픽 조직자 방법** 핵심 어휘를 중앙에 위치시키고, 이와 관련된 단어들을 그래픽 형식으로 확인해 나가도록 함으로써 학생들에게 핵심 어휘의 의미를 파악하도록 요구하는 방법

(2) 독해력 증진을 위한 교수 전략

학습장애학생들의 독해력을 직접적으로 증진시키기 위한 교수 전략으로는 관련 지식 자극하기(background knowledge practice), 질문하기(questioning practice), 심상 만들기(imagery practice) 등을 들 수 있다. 이 교수 전략들을 살펴보면 다음과 같다.

첫째, 관련 지식을 자극하기 위해 사용되는 교수 전략은 읽기 자료의 주요 내용들을 논리적이고 의미 있게 서로 연결하고 글의 내용을 중심으로 적절한 추론을 내릴 수 있도록 학생들을 도와주는 역할을 수행한다(Lloyd, 1995-1996; Pearson & Fielding, 1998). 이 교수 전략의 예로는 이전 읽기 내용과 현재 읽기 내용을 서로 연관시켜 주기, 이야기의 전반적 맥락을 제시하여 주기, 학생들이 글의 내용과 관련한 경험이나 지식을 서로 이야기하도록 하기 등을 들 수 있다. 한 관찰연구에 의하면, 초등학교 교사의 약 90% 정도가 학생들의 관련 지식을 자극하기 위해 관련된 교수 전략을 읽기 수업시간 중에 사용하는 것으로 나타났다(Lloyd, 1995, p. 96).

둘째, 질문하기 교수 전략 또한 학생들의 글에 대한 이해력을 증진시키기 위해 주로 사용되는 교수방법으로, 학생들이 글의 주요 내용에 주의를 기울이도록 유도하고, 글의 전체 내용을 단계적으로 요약할 수 있도록 도와주고, 학생 스스로가 글을 읽는 동안 글의 내용에 대한 자신의 이해를 점검해 볼 수 있도록 도

> **생각해 보기** 단어 유창성 방법, 나열-범주화-명칭 부여하기 방법, 특징 분석 방법, 그래픽 조직자 방법을 학습장애학급에서 활용할 수 있는 예시에는 무엇이 있을까?

외주는 기능을 수행한다(Mastropieri & Scruggs, 1997; Pearson & Fielding, 1998). 질문하기 교수 전략은 교사가 직접 학생들에게 단계적으로 준비된 질문을 제시하거나, 학생들이 글의 제목, 그림, 도표 등을 이용해 스스로 질문을 만들고 그에 대한 답을 찾도록 함으로써 활용될 수 있다. 교사는 글 전체 내용을 가장 잘 대표하는 핵심어를 찾도록 하는 질문, 글의 주요 내용에 대한 문단별 요약을 요구하는 질문, 읽은 내용을 중심으로 다음 단계에서 어떤 일이 일어날지 예견하고 그 결과를 확인해 보도록 하는 질문 등을 만들어 읽기 수업에 활용할 수 있을 것이다.

셋째, 심상 만들기 교수 전략은 학생들이 주요 내용을 효과적으로 연결하고 요약할 수 있도록 도와주기 위해 주로 활용된다(Mastropieri & Scruggs, 1997; Pearson & Fielding, 1998). 읽기 능력 발달을 설명하는 심상모형(mental image model)에 의하면, 학생들은 글을 읽는 동안 글 속에 기술되어 있는 인물, 사건, 상황 등을 반영하는 영상을 마음속에 형성하는 동시에 사실적 정보에 대해서는 그 내용을 명제로서 부호화한다고 한다(McNamara, Miller, & Bransford, 1996). 예를 들면, '농구선수들은 하루에 슈팅 연습을 최소한 100회 이상 한다.'라는 문장을 읽는 경우, 학생들은 '농구선수들이 슈팅하는 모습'을 영상정보로서 기억하는 동시에 '100회 이상'이라는 사실정보는 명제로서 기억한다는 것이다. 읽는 자료가 공간적 정보(spacial information)를 많이 담고 있을수록 학생들은 제시된 정보에 대한 심상을 형성하려는 경향을 보이는 반면에, 글 속에 기술된 세부적인 사항을 모두 기억해야 하는 경우에는 공간적 정보라 할지라도 제시된 정보를 명제로서 기억하려는 경향을 나타낸다고 한다.

한 관찰연구에 의하면, 초등학교 교사의 약 3분의 1가량이 읽기 수업 시 심상 만들기 교수 전략을 사용하는 것으로 나타났다(Lloyd, 1995, p. 96). 심상 만들기 교수 전략의 예로는 학생들에게 글을 읽는 동안 마음속에 글의 내용에 대한 심상을 만들어 보도록 요구하기, 글을 읽고 난 후 글의 내용을 대표할 수 있는 그림을 그리도록 요구하기, 글을 읽는 동안 글 속에 들어 있는 삽화를 보면서 글의 내용과 관련지을 수 있도록 유도하기 등을 들 수 있다.

넷째, 효과적인 학습동기 교수 전략의 사용은 학생들이 읽기활동에 적극적으로 참여하도록 유도함으로써 궁극적으로 학생들의 읽기 능력 향상에 도움을 주는 기능을 수행한다(Sweet & Gurthrie, 1996; Wharton-McDonald, Rankin, & Mistretta,

1997). 학생들이 읽기활동에 참여하는 동기는 크게 내재적 동기(internal motivation)와 외재적 동기(external motivation)로 나누어 볼 수 있다. 내재적 동기요인으로는 글의 내용에 대한 관심(involvement), 새로운 내용에 대한 학습 호기심(curiosity), 글 속에 숨어 있는 복잡한 암시나 해결책을 찾아내기(challenge), 친구들과의 대화에서 책의 내용에 대해 이야기하기(social interaction) 등을 들 수 있고, 외재적 동기요인으로는 교사의 요구에 순응하기, 교사로부터 인정받기, 친구들과 경쟁하기 등을 들 수 있다.

연구 결과들은 내재적 동기가 외재적 동기보다 학생들의 지속적이고 적극적인 읽기활동을 유도하는 데 더 효과적인 것으로 보고하고 있다(Sweet & Gurthrie, 1996). 학생들의 읽기활동을 동기화시키기 위해 이용될 수 있는 다른 동기 전략으로는 학생의 읽기 수준에 맞는 적절한 읽기 자료를 선정하기, 학생의 참여를 격려해 주는 학습환경 조성하기, 학생의 읽기 행동에 대한 긍정적인 피드백 제공하기, 학생의 읽기 수행이 나아질 것이라는 긍정적 기대 갖기 등을 들 수 있다.

(3) 설명식 글 이해를 돕기 위한 교수 전략

① 설명식 글의 전반적 내용 파악을 위한 교수 전략

학생들이 설명식 글에 포함된 지식을 보다 쉽게 이해하도록 돕기 위해서 교과서에는 제목, 도입, 요약, 중요 단어 강조, 핵심 문제, 도표 등의 많은 구성 요소들이 포함되어 있다. 이런 구성 요소들을 전체적 내용을 이해하기 위한 단서로 활용하도록 하는 교수 전략은 학생들의 이해력을 유의하게 향상시킬 수 있다(Schumaker et al., 1982). 교과서 내용의 구성을 전체적으로 먼저 분석하는 것은 학생들이 제시된 글을 왜(why), 무엇을(what) 그리고 어떻게(how) 읽어야 하는지 효과적이고 효율적으로 알도록 도와준다. 본문을 읽기 전에 글에 제시된 단서를 분석하는 것은 전체 내용이 무엇에 관한 것인지에 대한 감각을 갖도록 하고, 본문을 읽는 중에도 내용을 보다 명백하게 이해하도록 하는 데 도움을 준다. 설명식 글의 전반적인 내용 파악을 위해 추천되는 효과적이고 효율적인 교수 전략은 다음과 같다.

첫째, 목표를 설정하라(Perform goal setting). 자기동기화(self-motivation)는 글을 읽기 전에 학생이 갖추어야 할 중요한 요소이며, 적절히 사용되는 경우 이해와

생각해 보기 읽기 활동에서 다음과 같은 내재적 동기요인을 활용할 수 있는 교수방법에는 어떠한 것들이 있을까?

기억의 결과를 높이는 데 효과적이다. 따라서 제시된 글을 읽는 전반적 목적과 관련된 세부 목표를 설정하는 것은 중요한 의미를 갖는다. 또한 목표를 세운 다음에는 자기확신진술(self-affirmation statement)을 사용하도록 하는 것이 도움이 된다. 자기확신진술은 '나는 이것을 잘한다.' '이것은 약간의 노력이 필요하지만 나는 해낼 수 있다.'와 같은 것으로, 긍정적인 자기동기화 전략 중 하나라고 할 수 있다.

생각해 보기 수업에서 읽기 활동 혹은 자기확신진술을 활용하여 목표를 설정하는 방법에는 무엇이 있을까?

둘째, 제목, 주제어, 시각 자료와 같은 구성 요소들을 분석하라(Analyze little parts). 학생들은 글을 구성하는 제목들을 먼저 훑어봄으로써 전체적인 내용의 구조를 파악할 수 있다. 또한 주제어 또는 강조된 단어들을 봄으로써 세부적으로 중요하게 다루어지는 내용이 무엇인지를 파악할 수 있다. 또한 표나 그림들을 통해 구체적 세부내용들을 확인할 수 있다.

셋째, 서론과 결론 부분을 읽으라(Review big parts). 구체적으로 본문을 읽기 전에 글에 제시된 서론과 결론을 읽는 것이 전체 내용의 얼개를 형성하는 데 도움이 될 수 있다. 서론은 전반적 내용의 구성에 관한 아이디어를 보다 구체화하는 데 도움이 될 수 있으며, 결론은 중요 내용을 파악하는 데 도움이 될 수 있다.

생각해 보기 학생의 이전 경험 및 관련 지식에 근거하여 제시된 질문에 대한 예상 답을 유도할 수 있도록 돕는 방법에는 어떠한 것이 있을까?

넷째, 본문에 질문이 제시된 경우 예상 답을 생각해 보라(Think of questions you hope will be answered). 최근 교재들을 보면 각 장별로 주요 질문들이 장의 앞 또는 뒤에 제시된 경우가 있다. 제시된 질문에 대한 예상 답을 학생이 파악하고 있는 전체 내용과 이전 경험 또는 관련 지식에 근거해 작성해 본다. 이 경우 나중에 본문을 읽을 때 중요 내용들을 정확하게 파악하고 이해하는 데 많은 도움이 될 수 있다.

② 설명식 글의 구조 파악에 근거한 이해 촉진 교수 전략

설명식 글의 전체 내용을 이해하는 데 전체 글의 구조를 파악하는 것이 많은 도움을 줄 수 있다. 설명식 글의 구조는 일반적으로 나열형, 비교대조형, 원인결과형 등의 유형으로 구분될 수 있다. 설명식 글의 구조를 파악하면서 글을 읽는 것은 글에 포함된 중요한 내용들을 인지하는 데 큰 도움을 준다.

첫째, 나열형(enumerative format) 설명식 글은 여러 가지의 중요 사실들을 동등한 수준에서 제시하고 이를 설명하는 형식을 갖는다. 일반적으로 이 유형의 설명식 글은 전체 글의 주제, 주요 개념들, 주요 개념 설명에 포함된 세부 개념들로 구성된다고 할 수 있으며, 학생이 그래픽을 이용해 구성요소들을 파악하면서 글을 읽게 되면 글에 대한 이해와 기억이 촉진될 수 있다([그림 6-3] 참조).

둘째, 비교대조형(compare-and-contrast format) 설명식 글은 일반적으로 2개 이상의 사건, 현상 또는 사물을 서로 비교하는 형식을 취한다. 이때 비교 대상 간에 존재하는 차이점과 공통점이 무엇인지를 파악하는 것이 중요하며, 이러한 활동을 수행하는 데 시각 보조도구를 사용하면 도움이 될 수 있다([그림 6-4] 참조).

셋째, 원인결과형(cause-and-effect format) 설명식 글은 현상이나 사건이 촉발되게 한 원인과 그로 인해 발생한 결과를 설명하는 형식으로 구성된다. 따라서 각 결과를 확인하고 그 결과와 관련된 원인 요인들을 파악하는 것이 글을 이해하는 데 중요한 부분을 차지하게 된다. 이러한 활동을 돕기 위해 [그림 6-5]와 같은 시각 보조도구가 활용될 수 있을 것이다.

생각해 보기 각 유형별 설명식 글(나열형, 비교대조형, 원인결과형)에 맞는 읽기활동에는 어떠한 것들이 있을까?

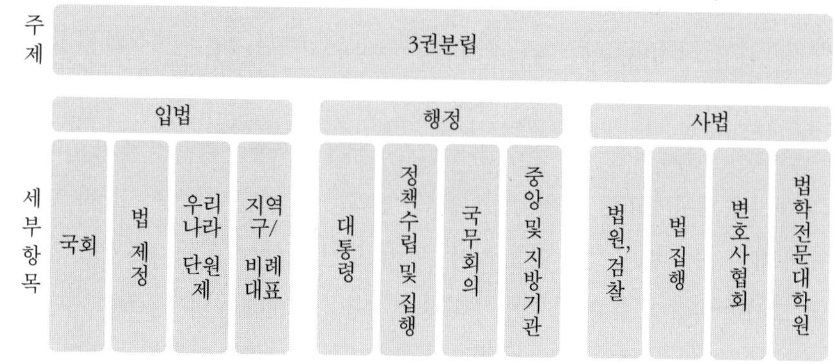

[그림 6-3] 나열형 설명식 글의 구조 파악을 돕기 위해 사용될 수 있는 그래픽조직자

주제: 3권분립
- 입법: 국회 / 법제정 / 우리나라 단원제 / 지역구/비례대표
- 행정: 대통령 / 정책수립 및 집행 / 국무회의 / 중앙 및 지방기관
- 사법: 법원, 검찰 / 법집행 / 변호사협회 / 법학전문대학원

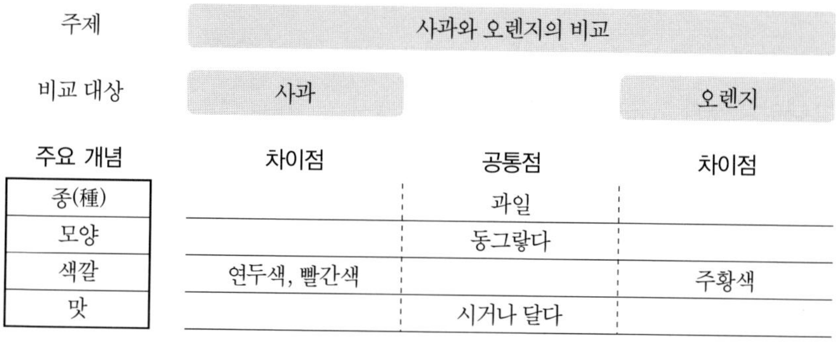

[그림 6-4] 비교대조형 설명식 글의 구조 파악을 돕기 위해 사용될 수 있는 그래픽 조직자

주제: 사과와 오렌지의 비교
비교 대상: 사과 / 오렌지

주요 개념	차이점(사과)	공통점	차이점(오렌지)
종(種)		과일	
모양		동그랗다	
색깔	연두색, 빨간색		주황색
맛		시거나 달다	

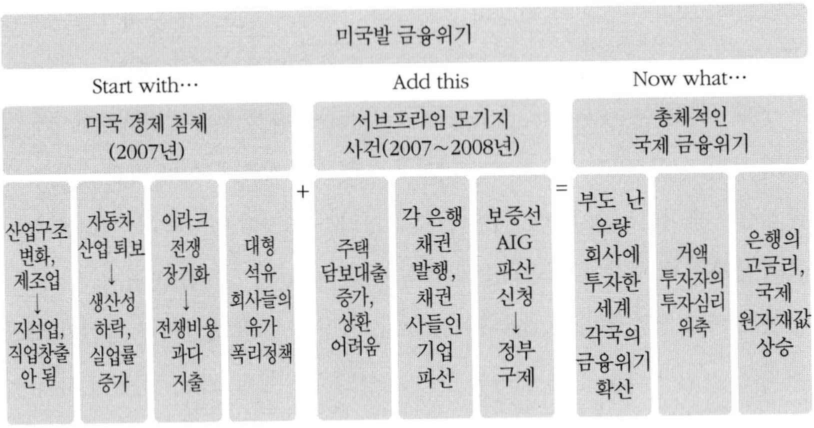

미국발 금융위기		
Start with…	Add this	Now what…
미국 경제 침체 (2007년)	서브프라임 모기지 사건(2007~2008년)	총체적인 국제 금융위기

산업구조 변화, 제조업 ↓ 지식업, 직업창출 안 됨	자동차 산업 퇴보 ↓ 생산성 하락, 실업률 증가	이라크 전쟁 장기화 ↓ 전쟁비용 과다 지출	대형 석유 회사들의 유가 폭리정책	주택 담보대출 증가, 상환 어려움	각 은행 채권 발행, 채권 사들인 기업 파산	보증선 AIG 파산 신청 ↓ 정부 구제	부도 난 우량 회사에 투자한 세계 각국의 금융위기 확산	거액 투자자의 투자심리 위축	은행의 고금리, 국제 원자재값 상승

[그림 6-5] 원인결과형 설명식 글의 구조 파악을 돕기 위해 사용될 수 있는 그래픽 조직자

(4) 실제 읽기 중재 교수 전략 예시

읽기와 관련하여 증거기반 교수-학습전략 및 전략의 효과성 확인을 위한 수행평가체제인 BASA(Basic Academic Skills Assessement)에서 제안하는 실제 읽기 중재 교수 전략을 확인해 보면 다음과 같다.

〈표 6-2〉는 동화를 이용한 수업에서 교사가 활용 가능한 읽기 중재 프로그램의 예시를 제시하고 있다. 첫 번째 예시는 전래동화 '햇님 달님'을 이용한 수업에서 학습활동으로 주인공 이름 지어 주기나 등장인물에게 말하기를 하는 것으로, 교사는 아동의 수준, 상상력, 주의집중 시간을 고려하여 전래동화를 자연스럽고 똑똑한 발음으로 읽어 주는 것을 중재 전략으로 사용할 수 있다.

두 번째 예시인 '커다란 무' 동화를 이용한 수업에서는 채소 분류하기나 채소의 좋은 점 말하기, 함께할 수 있는 일 표현하기 등으로 전개할 수 있다. 이 과정에서 교사는 다양한 매체를 사용하고 아동과 나란히 앉아 읽으며 아동의 모든 생각을 수용하려는 중재 전략을 사용함으로써 아동의 읽기 이해력을 향상시키고 다양한 생각을 유도할 수 있다.

세 번째 예시인 '세 마리 염소'는 동화를 읽고 여러 가지 소리를 이야기에서 찾아 써 보는 것을 수업의 주제로 한다. 관련 활동으로는 여러 가지 소리 써 보기, 선택 단어 읽고 쓰기 등이 있다. 이때 소리와 관련한 단어나 학습할 내용이 나오는 부분이 있으면 교사는 학생들이 단서를 찾아낼 수 있도록 시간적인 여유를 주는 중재 전략을 활용할 수 있다. 이와 같이 교사는 하나의 수업매체를 이용

표 6-2 읽기 중재 전략 예시

동화명	주제	동화 속의 선택 단어	전래동화놀이 학습	교사 중재
햇님 달님	오늘날과 옛날	• 어머니, 달, 마을, 오누이, 해, 떡, 옷, 호랑이, 밧줄, 그림자 • 우물가, 도끼, 동생, 수수밭, 식탁, 책상, 침대, 냉장고, 의자, 시계	−주인공 이름 지어 주기 −요리 순서표 만들기 −재미있는 단어 찾기 −단어 만들기 −단어 연상하기 −등장인물에게 말하기 −선택 단어 읽고 쓰기	아동의 수준, 상상력, 주의 집중 시간을 고려하여 전래동화를 자연스럽게 똑똑한 발음으로 읽어 준다.
커다란 무	채소와 과일	• 할아버지, 할머니, 밭, 손자, 강아지, 고양이, 생쥐, 허리, 크다, 작다 • 오이, 배추, 당근, 고구마, 무, 감자, 옥수수, 마늘, 딸기, 참외	−채소 분류하기 −무로 만들 수 있는 음식 그리기 −채소의 좋은 점 말하기 −함께할 수 있는 일 표현하기 −동화책 만들기 −동극하기 −선택 단어 읽고 쓰기	다양한 매체를 활용하여 지도하고 아동과 나란히 앉도록 하며, 모든 생각을 수용한다.
세 마리 염소	여러 가지 소리	• 염소, 개울, 발톱, 목장, 풀, 중간, 괴물, 몸집, 다리 • 사뿐사뿐, 소리, 시계 소리, 붕붕, 밑, 딩동댕, 종소리, 꽃, 고양이, 돼지	−염소의 먹이 조사하기 −염소 이야기 지도로 그리기 −여러 가지 소리 써 보기 −주인공에게 하고 싶은 말 써 보기 −좋아하는 것 세 가지 그리기 −선택 단어 읽고 쓰기	학습할 단어나 내용이 나오는 부분은 단서를 찾아낼 수 있도록 시간적 여유를 준다.

* 최은옥(2000), 한영희(2002)의 지도 프로그램을 수정 · 보완하여 재구성.
출처: 김동일(2013), pp. 193-194.

하여 수업을 진행할 때 주제 및 관련 활동의 특성에 따라 다양한 중재 전략을 사용할 수 있다.

4. 마치는 말

학습장애학생들의 읽기 문제 해결을 위해서는 교사들이 문자 해독뿐만 아니라 어휘력, 읽기 이해력 그리고 학습동기 등을 종합적으로 고려해야 한다. 또한 읽기 문제가 다른 교과 학습에도 부정적인 영향을 미칠 수 있음을 고려할 때, 가능한 한 조기에 읽기 문제에 대한 중재 프로그램을 체계적으로 제공하는 것이 필요하다. 이를 위해서는 효과적이고 효율적인 읽기 지도 프로그램들이 무엇이며, 이를 학습장애학생들에게 어떻게 적용할 수 있는지에 대한 명확한 인식과 활용능력이 교사들에게 요구된다.

또한 읽기 지도는 사용되는 교육 프로그램이나 교수방법에 대한 계속적인 평가활동을 수반할 때 더 효과적으로 적용될 수 있다. 유능한 교사들의 특징 중 하나는 학생의 성취수준 향상에 근거해 교수방법이나 교육 프로그램의 효과성을 계속적으로 평가하고, 이들 평가 결과를 근거로 현재의 수업 방식을 변화시키는 데 상당히 유연하고 민감하다는 것이다. 실제 교육 프로그램 적용과 더불어 교사의 형성평가 활용이 학생의 학업성취에 미치는 연구들을 종합한 메타연구(meta-analysis)에 의하면, 학생의 학업성취를 자주 평가하고 그 결과를 수업활동에 반영한 교사가 그렇지 않은 교사보다 더 학생들의 학업성취를 현저하게 향상시키는 것으로 보고되고 있다(Fuchs & Fuchs, 1986). 따라서 학습장애학생들을 담당하는 교사들은 읽기 평가 및 지도와 관련된 제반 사항에 대해 전체적인 이해를 가지고 있어야 하며, 이를 하나의 통합된 교수활동으로 활용할 수 있어야 할 것이다.

제**7**장

쓰기 평가와 지도

1. 쓰기의 개관

쓰기란 언어적 전달 내용을 기호로 전환하는 과정이며, 언어의 소리를 정확한 철자 형태를 갖춘 문자기호로 나타내는 과정이다. 언어기술에서 가장 복잡한 영역이 쓰기이며, 단순히 글자를 쓰는 낮은 수준의 능력에서부터 자신의 생각을 표현하는 높은 수준의 능력까지 그 범위가 다양하다. 아동이 쓰기를 통해 의사소통을 하기 위해서는 구어기술과 읽기기술을 적용해야 한다. 또한 아동들은 주제에 따라서 생각하고 그것을 조직할 수 있어야 하며, 단어를 쓰면서 제대로 필기할 수 있어야 한다.

쓰기는 통상적으로 글씨쓰기(습자, handwriting), 철자쓰기(spelling), 작문(written expression–composition)의 세 영역으로 분리하여 살펴볼 수 있다. 그러나 이 중에서도 글씨쓰기와 철자쓰기가 쓰기 교육의 최종 목표인 의사소통을 하는 데 사용되는 것으로, 이들 간의 상호 관련성에 주목해야 한다.

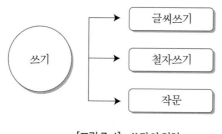

[그림 7-1] 쓰기의 영역

1) 글씨쓰기

글씨쓰기의 주목적은 정보를 기록하고 의사소통하는 데에 있다. 이는 개인적인 용도, 상대방에게 쓰기, 구직과 사무 관련 능력에 관한 쓰기, 상대로부터 정보를 획득하기 위한 쓰기를 포함한다. 가정과 일터에서 컴퓨터를 도입함으로써,

그리고 최근의 기술 발전으로 인해 좋지 않은 글씨쓰기 능력과 관련된 문제들 중 일부는 극복할 수 있게 되었다. 그러나 여전히 의사소통을 위해 단어와 낱자를 숙달되게 쓸 수 있도록 하는 것은 필요하다. 글자를 잘 쓰는 것에 대해 배우지 못한 학생들은 교실에서 경쟁할 수 있는 능력이 떨어진다.

쓰기 능력을 진단하고 지도할 때 글씨쓰기에 대한 평가는 특히 모순되고 비체계적이다. 대부분의 교사는 학생의 수행 결과를 적절히 평가하는 방법, 그리고 평가 결과와 적절한 교정 전략을 관련시키는 방법을 알지 못한다. 글씨쓰기는 구체적이고 영속하는 결과물을 남기지만 객관적으로 측정하기는 매우 어렵다. 쓰기 평가 과정은 형식과 기능 양 측면을 기본으로 한다. 형식 평가는 문자 구성 자체에 영향을 주는 일반적 요소들과 관련이 있다. 문자 구성은 일반적 쓰기 평가의 '3P(자세, 위치, 연필 쥐는 법)'에 의해 좌우된다고 할 수 있다. '자세(posture)'에는 몸의 올바른 태도와 발의 위치, 시선의 꼿꼿함 등이 속한다. '위치(position)'는 글자가 기울어지지 않도록 하기 위한 종이의 위치와 관련된다. '연필(pencil)'은 연필을 잡는 방법에 대한 것이다.

글씨쓰기의 질적 측면도 주의 깊게 측정되어야 한다. 글씨쓰기의 평가 준거는 글씨 모양(shape), 띄어쓰기(spacing), 크기(size), 연결성(connectedness), 기울기(slant) 그리고 위치(position) 등에 초점을 둔다. 쓰기의 기능은 문자화된 결과물의 의사소통 정도와 관계가 깊다. 학생들은 아마도 혼자서는 올바른 형태의 문자를 쓸 수 있을 것이다. 그러나 평가를 마치기 위해 빠르게 써 내려가는 과정에서는 읽기 쉽게 쓰는 것이 어려울 수 있다. 선행 문헌에 따르면, 쓰기의 읽기 용이성에 관한 평가는 특히 주관적인 견해에 근거를 두어 왔다. 예를 들어,

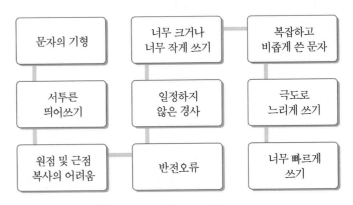

[그림 7-2] 글씨쓰기의 평가 요소

Starlin(1982)은 정확성을 판단하기 위해 읽기 용이성을 문자 형성, 크기, 기울기, 띄어쓰기의 4개 범주로 나눈다.

질적 측면과 함께 학생의 쓰기의 양적 특성은 학업성취에 영향을 미친다. 낱자와 단어를 쓰는 속도가 매우 느린 학생은 특정 교과에 대해 그들이 갖고 있는 지식을 교사에게 전달할 수 없다. 평가를 제대로 마치지 못해서 낮은 성적을 얻고, 부족한 상태인 것으로 보이는 이런 단순한 순환은 점진적인 실패를 야기할 수 있다. 꼼꼼하게 각각의 글자를 쓰는 학생을 돕기 위해 교사는 평가 목표를 설정하고 인정할 만한 숙달 수준이 될 때까지 학생의 수행을 늘리는 것이 필요하다(Gable et al., 1986).

2) 철자쓰기

선행 연구에 따르면, 읽기와 쓰기 표현, 철자능력은 정적 상관관계에 있다. 철자를 배우는 것은 단어를 익히고 읽는 것과 밀접한 연관이 있다. 철자의 기능적 배경은 쓰기다. 철자는 목적에 이르는 수단이지 그 자체가 목적은 아니다. 상습적인 철자 부진아를 발전시키기 위해서 학생은 철자를 배우고 전략을 외워야 할 뿐만 아니라 정확한 철자쓰기의 중요성에 대한 가치를 인식해야 한다.

Graham(1985)에 의하면, 철자쓰기는 인식, 재생, 단어의 정확한 철자 배열과 같은 능력을 포함하는 다양한 과정이라고 정의할 수 있다. 많은 학생들에게, 특히 학습, 언어, 읽기에 난점을 가진 학생들에게 있어서 철자쓰기를 배우는 것은 어려운 일이다.

보통 교수-학습 과정에서 대부분의 교사는 단어 철자쓰기를 맞거나 틀렸다고 간단하게 점수 매긴다. 맞고 틀린 단어의 수는 학습 가능성에 대한 부족한 정보를 제공하게 된다. 이러한 일반적 분석에 의해 수집된 정보는 잘못될 수 있다. 교수 계획이 연구되기 전에 학생들의 '오류'에 관한 더 자세한 정보가 필요하다. 정확한 오류 양식의 평가를 위해서 필요한 잘못 쓰여진 단어의 최소한의 숫자는 아직 밝혀지지 않았다. Spache(1976)는 최소한 75개의 오류표본이 필요하다고 언급했다. Hasselbring과 Owen(1981)은 초기 오류 분석을 위해 25개의 오류표본이 필요하다고 하였다. 오류에 대한 표본은 단어들의 목록이나 문단, 이야기(4~5학년 범위의 성취를 나타내는 학생들을 위해)를 받아쓰게 해 봄으로써 얻을 수

오류 논리학에 있어서 바르지 못한 논리적 과정, 특히 외견상 바르게 보이면서 틀린 추리를 의미한다.

있다. Starlin(1982)은 자유 받아쓰기(free-dictation) 방식에 대해 언급했다. 학생들을 자유 받아쓰기 방식에 적응시키면 가장 바람직한 수준으로 철자쓰기를 할 것이다. 조사에 의하면, 자유 받아쓰기에서 학생들의 오류는 대개 단어 목록 받아쓰기와 일치한다고 나타난다. 그러나 한편, 자유 받아쓰기 방법은 문맥적인 철자쓰기에 유익하고 실제 '관용법'에 부합된다.

관용법 어떤 사회에서 관습적으로나 일반적으로 쓰는 말의 법칙이다.

3) 작문

작문능력은 다른 기본능력, 곧 수학, 말하기, 읽기와는 여러 가지 점에서 다르다. 즉, 수학은 정해진 논리적 규칙을 따르고, 말하기는 거의 모방을 통해 학습되며, 읽기에서는 문자가 종이에 전부 인쇄되어 남아 있게 된다. 하지만 작문은 작문 기법들에 초점을 맞추는 동시에 목적(줄거리, 구상, 묘사, 논거, 설명 등)에 초점을 맞추기 위해서 '글 쓰는 이'가 필요한 것이다. 많은 학습장애학생들은 "내가 뜻하는 것은 알지만, 그것을 글로 쓸 수 없어요."라고 몇 번이나 호소한다.

작문에서 비형식적 검사(informal test)는 보통 여러 가지 측정 지표에 근거하여 학업의 실제 글을 점수화한다. 유창성 혹은 완숙성이라고 하는 문법적 복잡성은, 예를 들면 종종 글쓰기 기술의 평가 관점으로 쓰인다. 글쓰기 작품은 또한 독자의 감상에 근거한 '전체적' 절차에 따라 순위가 매겨질 수 있다. 문법적 복잡성의 평가는 특정한 작문구조(예: '종속절', 구 그리고 '동격어'의 사용)를 알아내는 반면, 전체적 점수화는 작문의 전체적 질과 관계가 있다. 작문에서 문법적 복잡성은 비교적 적은 단어로 많은 생각을 표현하는 능력과 관련이 있다. 글을 능숙하게 쓰는 사람은 문장을 연결하고 문장 내에서 의미를 확장시키는 데 복잡한 문법적 구조를 사용한다. 반면에, 미숙하게 글을 쓰는 초보들은 수식어가 거의 없는 간단한 문장을 쓰는 경향이 있다(Hunt, 1965).

종속절 이어진 문장에서 주절을 한정하는 절이다.

동격어 문장에서 같은 자격을 가지는 단어나 구다.

대등접속사 단어와 단어 또는 절과 절, 문장과 문장을 대등하게 잇는 접속사다.

독립절 주어와 동사가 있고 뜻이 완성되는 문장이다.

문법적 복잡성을 측정하는 전통적인 방법은 minimal terminable unit(최소 문장 의미 단위), 즉 T단위다. T단위는 단문이나 '대등접속사'로 연결되는 '독립절'이다(Hunt, 1977). 아동이 높은 언어구사력을 획득하면 복문구조를 더 많이 사용하여 T단위를 확장할 수 있다.

2. 쓰기 발달과 학습문제

1) 쓰기 발달

쓰기는 말하기보다 복잡한 문법 구조와 명확한 문단 설정이 간결하면서도 형식을 갖추어야 한다. 쓰기는 가장 어려운 의사소통 도구로서 여러 가지 기술을 종합적으로 사용할 수 있는 능력을 요구한다. 쓰기는 필자가 자기 자신의 경험이나 생각을 독자가 이해할 수 있는 기호(단어)로 부호화하는 것이다. 그러므로 쓰기는 변형할 수 있는 능력을 요구한다(Moffet & Wagner, 1983). 이러한 변형에는 경험을 생각으로 바꾸고, 생각을 음성언어로 바꾸고, 마지막으로 음성언어를 문자언어로 바꾸는 과정이 들어간다. 이를 그림으로 나타내면 [그림 7-3]과 같다(Hoy & Gregg, 1994).

글은 필자, 글의 내용, 독자라고 하는 삼각의 틀 속에서 이루어지는데, 화자와 청자 사이에서 이루어지는 '말 주고받기'와 같은 직접적인 상호작용이 이루어지지 않기 때문에 필자는 말하고자 하는 내용을 독자가 정확하고 효과적으로 이해하도록 구조화할 수 있어야만 한다. 결국 일차적으로 음성언어에서의 문제가 쓰기 과정에서의 문제를 예언한다고 볼 수 있다(Myklebust, 1965).

많은 학자들이 쓰기의 본질이 문제해결이며, 쓰기 능력은 문제해결능력이라는 데 동의하고 있다. 쓰기 능력 발달에 관한 대부분의 연구에서 아동은 쓰기를 통해 쓰는 법을 배울 수 있고, 우수한 교사들은 읽기와 쓰기를 통합하여 지도할

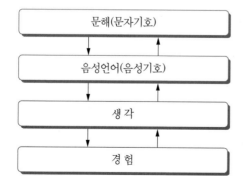

[그림 7-3] 문자언어의 발달

수 있으며, 읽기 능력은 쓰기를 통해 더욱 발전될 수 있다고 권고하고 있다 (Pressley, 1998; Robinson, Mckenna, & Wedman, 1996; Ysseldyke & Algozzine, 1995). 이는 쓰기를 통해 쓰기 능력만 개발되는 것이 아니라 읽기 능력도 같이 개발될 수 있음을 의미하며, 서로 관련된 유사성이 차이점보다는 더 많다고 할 수 있다.

발달적 측면에서 쓰기의 발달단계는 글자와 그림을 변별하고 연필을 바르게 잡는 쓰기 준비 단계와 음절이나 어절을 맞춤법에 맞게 쓰고 받아쓰는 모사 단계에서 문법적 규칙을 따르고 글의 흐름을 유지하는 글짓기 단계, 근거의 제시 및 설득과 설명을 할 수 있는 작문 단계 그리고 창조적인 글을 작성하는 문학 단계로 나누어 볼 수 있다(교육부, 1997).

쓰기 발달의 위계적 측면을 연구한 Bereiter(1980)는 단순 연상적 쓰기 기능, 언어수행적 쓰기 기능, 의사소통적 쓰기 기능, 통합적 쓰기 기능, 인식적 쓰기 기능으로 구분하였다. 단순 연상적 쓰기 기능은 필자가 자신의 머릿속에 떠오르는 생각을 그대로 문자로 옮기는 글쓰기 기능이다. 이런 글쓰기는 '개념중심적 정보처리'보다는 '자료중심적 정보처리'에 의존한다. 미숙한 필자들은 대부분 이 수준에 머물러 있으며 이들이 가장 어려워하는 것은 글감을 찾는 일이다. 언어수행적 쓰기 기능은 국어의 어법, 문체, 규칙, 관습에 익숙해짐으로써 도달할 수 있는 수준의 기능으로서 특정 단어의 철자, 구두점, 표현, 문맥에 맞지 않는 표현의 회피 등과 같은 표현행위가 자동적으로 이루어지는 단계다. 의사소통적 쓰기 기능은 독자를 고려하여 글을 쓸 수 있는 기능이다. 처음에는 자기가 잘 아는 독자를 대상으로 글을 쓰지만 나중에는 자기가 잘 모르거나 전혀 모르는 독자를 대상으로 하게 된다. 통합적 쓰기 기능은 필자가 쓰기 과정에서 예상되는 독자의 입장을 고려함과 동시에 필자 자신이 독자가 되어 독자의 입장을 반영할 수 있는 기능이다. 즉, 자신의 글에 대한 비판적 평가가 가능한 단계다. 인식적 쓰기 기능은 정보의 저장, 인출, 처리 및 조정, 재고 및 교정의 복잡한 사고 과정을 통해 창의적인 글쓰기가 가능한 단계다.

Hoy와 Gregg(1994)는 쓰기 능력의 발달을 [그림 7-4]에서와 같이 4단계로 나누어 제시하고 있다.

쓰기 발달에 영향을 미치는 요인으로서 학생의 환경과 경험 및 교사의 역할이 중요하며, 쓰기 발달은 또한 쓰기 과정에서의 발달과 관계가 있다. Flower와 Hayes(1986)는 쓰기 과정을 쓰기 전 단계, 쓰기 단계 그리고 다시 쓰기 단계의 과

개념중심적 정보처리 사고나 판단의 결과로서 형성된 여러 생각의 공통된 요소를 추상화하여 종합한 보편적인 관념적 정보처리다.

자료중심적 정보처리 정보를 받아 특정 결과를 만들어 내는 것이다.

[그림 7-4] 쓰기 능력의 발달단계

정으로 구분하였다.

　요약하자면, 표현언어이자 문자언어로서 쓰기는 초등학령기에 익혀야 하는 중요한 기술이며, 말하기와 읽기보다 복잡한 문법적 규칙을 사용한다. 또한 독자를 대상으로 한 조직적이고 체계적인 활동으로, 글을 생성·계획 및 작성하고 고치는 과정을 거친다. 쓰기 능력의 발달은 개인과 환경의 상호작용을 통해 이루어지며, 쓰기를 통해 읽기 능력을 개발할 수 있을 뿐 아니라, 쓰기 경험을 많이 할수록 쓰기 능력은 더욱 개발될 수 있다. 또한 쓰기는 학생의 학습능력을 읽기보다 더욱 잘 나타낼 수 있는 좋은 준거가 된다.

2) 쓰기와 학습문제

　대부분의 학습장애아동에게 쓰기는 읽기보다 훨씬 더 어려운 과제이고, 쓰기장애는 읽기 문제가 해결된 뒤에도 오랫동안 지속될 수 있다(김승국 외, 1997). 쓰기 표본을 바탕으로 살펴보면, 일반적으로 문장 내의 문법 및 문장부호의 오류, 문자조직에 있어서의 취약함, 다철자에 있어서의 오류 그리고 글씨를 알아보기 힘들게 쓰는 것 등의 문제점이 발견된다. 그러나 다른 쓰기 표현에 결함이 없다면 철자 오류나 글씨를 잘 못 쓴다는 이유만으로 이 진단을 내릴 수 없다. Gregg (1986)와 Myklebust(1965) 그리고 김영애(1988)는 쓰기장애가 특히 철자, 문맥, 글의 구조, 독자의 이해, 관념 및 글씨체와 관련 있다고 하여 글씨체가 중요함을 강조하고 있다.

발달적 측면에서 학습장애아동들은 6~8세가 되어서도 사선이 수직선화되거나 기하도형의 각이 찌그러지는 현상이 나타나는 등 정상 발달 연령보다 훨씬 이후까지 지체를 보인다(Silver & Hagin, 1975). 쓰기는 학교와 직장에서 성공하는 데 크게 영향을 주는 필요조건이지만 학습에 문제를 지닌 학생들에게는 작문할 기회가 거의 주어지지 않는다. 수업의 대부분이 읽기에 치중되어 있기 때문에 일반적으로 쓰기가 읽기보다 심하게 지체된 경우가 많고, 쓰기를 할 때 읽기도 향상되는 것이 사실임에도 작문하는 데 들이는 시간이 아주 적은 것이 현실이다. 쓰기를 잘하는 학생과 쓰기를 잘 못하는 학생은 첫째, 쓰기 과정 면에서 생성, 계획, 작성 및 고치기의 쓰기 전 과정상의 차이를 보인다(김선 외, 2001; 정동빈, 1994). 둘째, 정보 활용 면에서 '음운론적 정보' 및 시각적 정보 활용상의 차이가 있다. 셋째, 쓰기 유창성 면에서 쓰기를 잘 못하는 학생의 경우 주어진 시간에 몇 단어만 쓰고 완성되지 않은 문장을 쓴다. 넷째, 오류 면에서 쓰기를 잘하지 못하는 학생은 문법적 오류가 많고 알아볼 수 없게 쓴다. 다섯째, 구문 측면에서 글을 잘 쓰는 아동의 경우 구와 절을 사용하여 복문 등 문장의 질이 높은 문장을 많이 쓰는 반면에, 글을 잘 쓰지 못하는 아동은 단순한 주어-동사 또는 주어-동사-목적어 문장만을 쓴다(김승국, 김은경, 1999). 이러한 학습문제는 학습뿐만 아니라 학생의 자신감과 '자기정체감'에도 영향을 주어 학생이 학습된 무기력감을 겪게 만든다(김창대 외, 1994). 하지만 이러한 학습문제는 적절한 중재를 통해 해결할 수 있다(김병하, 1995; 김동일 외, 2002).

음운론적 정보 언어의 음성 체계와 일반적인 자질들에 대한 정보다.

자기정체감 시간의 흐름에 따라 본질적으로 불변하는 자기 자신에 대한 개인적 느낌이다.

3. 쓰기 평가

쓰기를 지도할 때 학생의 쓰기에 대한 평가는 비체계적이며, 대부분의 교사는 학생의 수행 결과를 적절히 평가하는 방법, 그리고 평가 결과와 적절한 교정 전략을 관련시키는 방법에 대한 정보를 잘 알지 못한다. 그러므로 규준 지향 및 준거 지향의 대안 평가들은 교사가 쓰기의 형태와 기능에 관한 교수를 결정하는 데 도움을 줄 수 있다(이도영, 2001; Gable & Hendrickson, 1990). 평가의 목적은 교수과정의 단계에 따라 다양하다. 개개 학생에 관한 의사결정은 교사가 교수의 주안점을 결정할 때 더욱 개별화되고, 교수의 효과를 생각할 때 보다 포괄적이 된다. 쓰기 평가는 가급적 직접 평가를 실시하여야 하며, 직접 평가를 실시할 때에는 평가의 목표와 관련지어 글의 주제, 목적, 예상 독자, 분량, 시간 등을 제한하여 명시하여야 한다.

쓰기 평가의 초점은 ① 개별적 문자 형성 능력을 개발하거나 교정하는 것, ② 문제가 나타날 때마다 그 문제를 정확히 찾아내는 것, ③ 전반적 쓰기에 있어 목표 능력을 포함한 숙달이 실제적 개선을 가져왔는지의 여부를 결정하는 것이다. 쓰기 과정 및 글에 대한 평가를 할 때 고려해야 할 사항은 첫째, 표본으로 삼을 행동 및 기준, 둘째, 신뢰도와 타당도다. 쓰기 평가는 반드시 교육적 의사결정에 유용할 수 있도록 안정적이면서도 적절한 것이어야 하며, 이 두 가지가 학생 쓰기 평가의 양적 · 질적 지침이 된다.

'쓰기 평가'는 크게 쓰인 글을 기준에 의해 평가하는 직접 평가와 기준에 의해 개발된 문항을 가지고 시험과 같은 형태로 평가하는 간접 평가가 있다. 간접 평가에 대한 연구로는 이희세(1989)의 빈칸 채우기 검사 등이 있으나, 간접 평가는 실제적인 쓰기 능력을 밝히는 데 한계가 있다는 비판을 받았으며, 대부분의 국어학자들은 직접 평가에 의한 평가가 바람직하다고 제시하고 있다(노명완, 박영목, 권경안, 1988; 박영목, 한철우, 윤희원, 1995; 이성영, 2001; 한철우, 이인제, 성낙수, 1993). 쓰기 평가의 과정을 그림으로 나타내면 [그림 7-5]와 같다(Tindal &

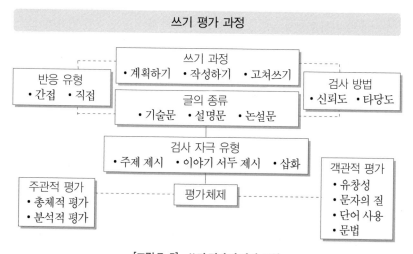

[그림 7-5] 쓰기 평가의 과정 모형

Marston, 1990).

다음에서는 쓰기 반응 유형에 따른 평가(직접 · 간접 평가)와 평가체제(주관적 · 객관적 평가)에 대하여 살펴본다.

1) 반응 유형에 따른 평가: 직접 평가와 간접 평가

직접 평가는 글쓴이에게 자극을 제공하고, 특정 방식으로 자신을 표현하는 반응을 글로 이끌어 내도록 하는 것이다(Moran, 1987). 예컨대, 설명문, 논설문, 시와 소설 등이 포함된다. 직접 평가에는 구체적으로 표준화된 기준을 사용하는데, 이 기준에 따라 채점이 매겨지고 기록된다. 반대로, 간접 평가에서는 특정한 과정적인 것 혹은 설명적인 것을 요구하지 않는다. 학생들은 글을 짓는 대신에 선택 문항 중에서 올바른 답안을 고르게 된다. 빈칸 채우기와 같은 이런 문항들은 선다형 방식을 취하기도 하며 주로 문장구조, 단어 사용 및 철자, 구두점 혹은 대문자 사용에 중점을 둔다. 직접 그리고 간접 평가는 객관적 평가 및 주관적 평가와 혼동되어서는 안 된다. 객관적 평가란 학생의 응답을 채점하는 가시적이고 명백한 기준이 있다는 것을 의미한다. 그렇기 때문에 평가 절차를 반복할 수 있고 신뢰도가 높다. 반면, 주관적 평가에서는 반응의 옳고 그름 혹은 질을 결정하는 데 어느 정도 평가자의 주관적 판단이 개입되며, 객관적 기준보다는 내재적 기준이 활용된다. 직접 그리고 간접 평가 모두 객관적 평가 방식과 주관적 평가 방식을 사용할 수 있다. 직접 평가에서는 작문능력에 중점을 두고, 간접 평가는 언어 사용과 의사소통에 중점을 둔다. 쓰기 평가에서 많은 직접 평가 방식들이 질적 차원을 반영하는 등급척도, 즉 주관적 기준을 사용한다. 그러나 직접 평가는 객관적 방식, 즉 반응이 옳으냐 그르냐에 대해서 점수를 부여하는 잘 정의된 외적 기준을 바탕으로 평가될 수도 있다(예: 단어 순서가 맞는가). 마찬가지로, 대부분의 간접 평가에서는 쓰기의 자질을 모호하게 추론하거나, 평가자의 주관적 판단이 개입되지 않는 객관적 형식이 많이 활용된다. 그러나 간접 평가에도 주관적 평가 기준을 도입할 수 있다(예: 내재적 기준에 근거한 판단을 내리게 되는 문장 순서나 단어 사용 부분).

직접 평가의 장점은 첫째, 학생이 쓴 글을 분석하기에 용이하며, 둘째, 문장의 구조와 작문능력 두 가지를 다양하게 볼 수 있고, 셋째, 단순히 수행의 산출물이

나 결과보다는 어떻게 학생이 수행하는가에 대한 과정적인 평가를 할 수 있다는
것이다. 직접 평가의 단점은 첫째, 시간이 많이 들고, 둘째, 신뢰도가 낮은 점수
를 산출할 우려가 있으며, 셋째, 자극이 선행 지식에 따라 달리 나타날 수 있어
결과를 자극 유형에 기인한 것으로 돌릴 수도 있다(Langer, 1982). 혹은 교사의
'평정'(Applebee, 1981), '담화방식'(Lloyd-Jones, 1976), 학생의 다양한 인지적 구
조에 차이가 있을 수 있다(Flower & Hayes, 1986). 마지막으로, 학생들의 취향에 따
라 문법과 구문 형태를 선택해서 글을 짓기 때문에 쓰기 표본이 종종 특정 기술
을 평가하지 못할 수도 있다.

> **평정** 평가하여 결정하는 것이다.
>
> **담화방식** 서로 이야기를 주고받는 방식이다.

　　현재 쓰기 측정에 활용되고 있는 대부분의 방법들은 양적 평가이면서 질적 평
가다(Charney, 1984). 질적 평가에서는 질에 대한 주관적인 평가 방식으로서 총체
적 평가가 사용된다. 등급척도의 가장 기초가 되는 것은 명확한 의사소통, 개성
적인 기제 사용, 특정 독자를 대상으로 한 글에서의 독창성 또는 특정 유형의 담
화 형식이 나타나는가 하는 점 등이다.

　　양적 평가는 객관적 평가에서 사용되는데, 글을 셀 수 있을 정도의 작은 구성
요소로 잘게 분해하여 측정한다. 양적 평가의 예로는 총 단어 수, 구문성숙도,
정확한 단어 수 등이 사용된다(Deno, Marston, & Mirkin, 1980; Deno, Mirkin, &
Marston, 1982). 현재 미국에서 상용화된 많은 성취도검사에는 학생들이 문장을
검토하고 단어의 순서, 구두점, 구문, 문체, 문법, 철자의 숙달도를 측정할 수 있
는 선다형 문항들이 포함되어 있다. 올바르게 응답한 항목을 합산하여 총점으
로 나타내는데, 이런 유형의 검사가 바로 대표적인 양적 평가다. 일반적으로 대
부분의 직접 평가에서는 질적 평가가 이용되는 반면, 간접 평가에서는 양적 평
가를 활용한다.

2) 평가체제: 주관적 평가와 객관적 평가

(1) 주관적 평가

　　주관적 평가 혹은 질적 평가는 분석적 평가와 총체적 평가로 나누어 볼 수 있
다. 분석적 평가에 대한 대표적인 연구인 노명완 등(1988)과 김정자(1992)의 연구
에서는 글을 하나하나의 구성요소가 합쳐진 전체로 보고, 글의 내용, 글의 조직,
글의 표현이라는 세 가지 영역으로 나누어 평가하였는데, 글의 내용은 내용의

풍부성, 내용의 정확성, 내용의 관련성, 추론적 사고, 종합적 사고, 비판적 사고, 대안적 사고로 나누었고, 글의 조직은 글의 짜임, 문단의 구성 및 결합관계, 글 전체의 통일성으로 나누었으며, 글의 표현은 표현의 정확성, 표현의 독창성, 표현의 적절성 그리고 문장의 다양성으로 나누었다. 또한 표기 및 어법으로서 맞춤법, 문장부호, 글씨, 어법을 평가 준거로 삼았다. 이 연구들을 바탕으로 곽지순(1999)은 내용 생성, 내용 조직, 표현의 유창성, 고쳐쓰기, 협의하기, 반응의 준거를 사용하였고, 박영민(2000)은 내용 생성, 초고 쓰기, 고쳐쓰기의 준거를 사용하였으며, 주영미(2001)는 글의 내용, 조직, 표현의 세 가지 영역으로 나누어 평가하였다. 세 가지 영역의 하위 영역 준거로는, 글의 내용으로 주제의 명확성과 뒷받침 내용의 타당성, 글의 조직으로 논리적 조직성과 구조의 명확성, 그리고 글의 표현으로 표현의 명확성을 준거로 삼았다.

총체적 평가는 학생들이 작성한 글에 대한 총체적 인상에 의존하는 것으로, 한 편의 글을 통일성 및 일관성을 갖춘 유기적 조직체로 인식하고 글의 전체적인 유창성을 평가한다. 총체적 평가는 글 전체를 읽고 상호 침투된 형식을 함께 검토하는 것으로서 시간과 비용을 최소화할 수 있어 효율적이고 경제적이며, 하나의 평가척도를 다른 유형의 글에도 그대로 활용할 수 있다. 하지만 평가자의 주관이 개입될 가능성이 높아 신뢰도가 위협받게 된다. 따라서 평가의 객관성을 확보하는 것이 중요하다.

총체적 평가에 관련된 연구로서 배향란(1995)은 6단계로 글의 내용에 대한 총체적 평가를 실시하였고, 윤희령(1995)은 총체적 평가로서 글의 내용을 준거로 사용하였으며, 김동일과 임승권(2000)도 교사 평정에 의한 총체적 평가를 실시하였다. 7차 교육과정 국어과 영역의 평가에서는 평가의 기준과 방법을 미리 알려줌으로써 국어 학습과 발달을 유도하고 있는데, 학습과정과 결과를 모두 평가하도록 하였다. 평가 방법으로는 질적 평가와 양적 평가, 형식 평가와 비형식 평가를 적절히 활용하도록 하였고, 쓰기 수행 평가 방법으로는 직접 평가를 중심으로 총체적 평가, 분석적 평가, 관찰에 의한 누가 기록 및 프로토콜 분석 방법을 제시하고 있다.

(2) 객관적 평가

주관적 평가가 평정척도와 추론적으로 결정되는 최종점수를 통한 질적 평가에 기반하고 있는 반면, 객관적 평가는 구체적인 특성들의 실제적인 평가에 기반하고 있다. 가장 빈번하게 사용되는 객관적 평가는 유창성, 문장의 질, 어문규정에 의한 것이다.

① 유창성

쓰기 형태를 평가하는 방법은 문자나 문장부호들의 정확성을 측정하는 것이며, 글자 형성과 읽기 용이성을 평가하는 것과 함께 중요한 것은 유창성(fluency)이다. 유창성은 "학생이 작문을 하는 데 있어 문장이 점점 능숙해지고, 점점 그 길이가 증가하는 정도"로 정의할 수 있다(Issacson, 1985). 유창성은 학업성취에 영향을 미치는데, 낱자와 단어를 쓰는 속도가 매우 느린 학생은 특정 교과에 대해 자신이 갖고 있는 지식을 교사에게 전달할 수 없다. 단어 속에서의 글자, 문장과 문단 속에의 글자, 산문 내에서의 단어에 관한 유창성은 제한된 시간 안에 쓰인 글을 대상으로 하여 맞게 쓴 총 단어 수, 정확한 단어 수, 정확한 음절 수, 정확한 철자 수, 순서에 맞는 단어 수로 보기도 한다(Gable & Hendrickson, 1990).

② 문장의 질

문장의 질은 흔히 구문성숙도(syntax maturity)라고 하기도 한다. 문장의 질 혹은 구문성숙도는 "학생이 보다 폭넓고 복잡한 문장을 사용하는 정도"로 정의할 수 있다(Issacson, 1985). 구문성숙도를 측정하는 방법으로는 첫째, 명백히 다른 범주(불완전문, 단문, 중문, 복문)에 속하는 문장의 수를 세는 것과 둘째, 'T단위' 길이의 평균을 계산하는 것이 있다(Hunt, 1965, 1977).

> **T단위** 단문이나 대등접속사로 연결된 하나의 독립절이다.

절, 단문, 중문, 복문의 수를 세는 방법에는 다음과 같은 정의가 적용된다.

- 불완전문: 주어, 동사, 목적어가 없거나 주어, 동사의 불일치 또는 기타 문장상의 문제가 있는 문법적으로 불완전한 문장
- 단문: 주어, 동사, 목적어가 하나만 있고 '독립절'이 없는 문장
- 중문: 주어, 동사, 목적어가 하나만 있고 접속사를 사용하며 독립절을 가지고 있는 문장
- 복문: 여러 개의 주어, 동사, 목적어가 있고 '종속접속사'를 사용하며 독립절을 가지고 있는 문장

> **종속접속사** 어떤 절을 다른 절에 접속하는 작용을 하면서, 실은 절을 인도하는 전치사의 하나다.

> **독립절** 주어와 동사가 있고 뜻이 완성되는 문장이다.

일반적으로 초기 작문능력에서 고급 작문능력으로 옮겨 갈 때 복잡성과 다양성의 양 측면에서 문장의 구조가 발달한다.

③ 어문규정

어문규정은 기본적으로 문장부호, 맞춤법 등 문장을 문법적으로 올바르게 쓰는 것과 쓰기 표현에 적절한 요소들을 포함한다. 이를 측정하기 위해서는 문법적으로 맞지 않는 문장이나 쓰기의 오류 빈도를 살펴본다. 여기에는 적절한 어휘 사용, 맞춤법, 여백 주기(왼쪽, 오른쪽, 이름, 날짜, 줄 건너뛰기, 제목 가운데 정렬, 들여쓰기), 구두점(마침표, 의문부호, 쉼표, 인용부호 등)과 가끔 글씨체(글의 가독성)도 포함된다.

4. 효과적인 쓰기 평가 방법

읽기 영역은 유창성을 지표로 하여 음독에서의 오류, 독해에서의 오류 등을 평가함으로써 양적 평가의 객관성이 보장되지만, 쓰기에 비해 그 신뢰도와 타당도가 보장되기 힘들다(김동일, 2008a; Deno, Marston, & Mirkin, 1980). 쓰기 평가에서는 앞서 제시한 것과 같이 두 가지 측면을 살펴보아야 하는데, 첫 번째는 양적인 부분으로서 전체 단어의 수, T단위의 수, 삽입, 대치, 왜곡, 구두점 사용 등 문법적 오류의 수를 통해 신뢰도와 타당도를 나타낼 수 있다. 이러한 쓰기 오류 유형에 대한 자세한 내용은 〈표 7-1〉과 같다.

또한 글이라는 것은 자신의 사고를 문법적 규칙에 맞게 쓰는 것으로, 글을 읽는 독자가 이해할 수 있어야 하기 때문에 쓰기에서는 질적인 부분의 평가가 매우 중요하다고 볼 수 있다(김동일, 2002). 질적인 부분, 즉 글의 창의성, 문체(style), 구성, 내용의 측면에 대한 평가에는 글을 읽는 이의 경험 및 사고의 변인이 영향을 미치게 된다. 쓰기 평가에서는 양적인 부분과 함께 질적인 부분에서의 변인을 통제하는 것이 매우 중요하다(Deno, 1989; Shinn, 1989).

이 장에서는 효과적인 쓰기 평가 방법으로 교육과정중심측정 쓰기검사인 기초학습기능 수행평가체제 쓰기검사(BASA-WRITING)를 소개하고자 한다.

| 표 7-1 | 쓰기 오류 유형 및 예시 |

오류 유형		정의 및 예시
문장부호 잘못 사용 (문장부호)	정의	쉼표, 마침표, 따옴표와 같은 문장부호를 잘못 사용하거나 생략한 경우
	예시	내가 말하였습니다(.)(")엄마 왜 짐을 챙기십니까?(")(")왜 챙기냐고 (?)(")엄마는 어디 놀러 간다(.)(")(")어디요(?)(")
소리 나는 대로(소리)	정의	맞춤법을 무시하고 소리 나는 대로 쓴 음절
	예시	안자(앉아), 가방을 매고(메고), 따까씀니다(닦았습니다)
생략	정의	써야 할 음절을 빠뜨리고 쓰지 않은 경우
	예시	갔습다(갔습니다), 등교하였습(등교하였습니다), 이상걸(이상한 걸)
대치	정의	써야 할 음절 대신에 글자나 발음이 유사한 다른 음절을 잘못 사용한 경우
	예시	서둘어(서둘러), 예배(예배), 줌넘기(줄넘기)
삽입	정의	불필요한 음절을 삽입한 경우
	예시	체조조를 하고, 할머니가가
순서 무시	정의	한 단어 내에서 음절의 순서를 무시하고 쓰거나 뒤바꾸어 쓴 경우, 혹은 무의미 단어
	예시	수수었습니다(?), 산을 가다 돌을 밝아 보니(?)
T단위	정의	단문이나 대등접속사로 연결된 하나의 독립절
	예시	나는 세수를 하고//밥을 먹고//학교로 가서 공부를 하고//쉬는 시간엔 밖에서 놀았다.
문맥에 불일치하는 T단위 (불일치 T)	정의	전체 이야기의 문맥에 적당하지 못하거나, 의미가 일치되지 않는 T단위
	예시	집을 둘러보았다.// 나는 책상 이런 거를 둘러보았다.// 나는 엄마가 참 좋다.// 왜냐구요.// 제가 어렸을 때 모습 사진을 집에 걸어 두고,// 이모 생신이 화요일이다.
불완전한 T단위 (불완전 T)	정의	시간의 부족 등으로 인해 완성하지 못한 채 남겨진 T단위
	예시	…… 아빠와 운동을 하고 들어와 아침밥
접속사 과다 사용 (과다 접속)	정의	그리고, 그러나 등의 대등접속사를 문장 앞이나 중간에 2회 이상 연속하여 사용한 경우
	예시	그래서 어머니에게 칭찬을 받고 세수를 했습니다. 그리고 양치를 했습니다. 그리고 밥을 먹고 또 양치를 했습니다. 그리고 나서 숙제를 하고……

(1) 기초학습기능 쓰기검사

　기초학습기능 수행평가체제 쓰기검사는 '교육과정중심' 측정 쓰기검사의 측정학적 특성 및 절차를 반영하여 표준화한 쓰기검사다(김동일, 2008b). 이 검사는 개인 검사로서 이야기 서두제시검사의 형태로 실시하며, 학생이 주어진 시간 내

교육과정중심측정　학습목표 달성의 정도가 교육과정에 근거한다.

표 7-2 쓰기 기초평가 검사지

쓰기 기초평가 검사지			
이름		검사지	
성별		검사 실시일	
학교별		생년월일	
학년·반		검사 시 연령	

나는 오늘 아침에 일찍 일어났습니다.

표 7-3 이야기 서두제시검사 지침

이야기 서두제시검사 지침-검사자용

실시 시간: 총 4분(1분 준비, 3분 작성)

1. 이야기 서두제시검사 자료를 학생에게 제공해 주십시오.
2. 자료 맨 윗 편에 학년, 반, 번호, 이름을 기록하게 하십시오.
3. 학생에게 먼저 다음과 같이 말씀해 주십시오.
   "여기 ○○이가 쓸 이야기의 첫 문장이 있습니다. 첫 문장을 읽고, 그 뒤에 계속해서 재미있는 이야기를 만들어 보세요. 이야기는 경험한 일을 바탕으로 지어도 좋고 상상으로 꾸며내도 좋습니다. 먼저 무슨 이야기를 쓸지 1분 동안 생각하고, 그다음 3분 동안 글을 쓰면 됩니다. 자, 그럼 첫 문장을 소리 내어 읽어 볼까요?"
4. 학생에게 제시된 이야기 서두를 읽게 합니다. 학생이 이야기 서두를 읽은 뒤에는 다음과 같이 말한 후 시간을 잽니다.
   "아직 연필을 들지 말고 지금부터 선생님이 말할 때까지 1분 동안 무슨 이야기를 쓸지 생각해 보세요."
5. 1분이 지나면 다음과 같이 말한 후 계속해서 시간을 잽니다.
   "이제 연필을 들고 종이에 이야기를 쓸 준비를 하세요. 자, 시작."
6. 3분이 지나면 "그만"이라고 말한 후 검사지를 수거합니다.
7. 만일 아동이 이야기를 끝까지 완성하기를 원하는 경우에는 3분 동안 작성한 분량에 '//' 표시를 한 후 계속 쓰도록 합니다.

정량적 평가 어느 일정 기간 동안의 성과를 총량 또는 평균적으로 평가하는 방법이다.

정성적 평가 어느 일정 기간 동안의 성과를 성과 위주로 평가하는 방법이다.

에 얼마나 많은 글자를 얼마나 정확하게 쓰는지를 측정한다. 검사자는 아동에게 이야기 서두를 제시한 후 1분간 생각하고, 3분간 이야기 서두에 이어질 내용을 쓰도록 한다. 검사는 기초평가와 형성평가로 나누어 실시하며, 채점은 쓰기 유창성 수준을 측정하는 '정량적' 평가를 기본으로 하되, 아동의 쓰기 수행에 대한 부가적인 정보를 얻기 위해 '정성적' 평가를 실시할 수 있다. 이야기 서두제시검사는 지침서와 같이 제시되어 있다. 〈표 7-2〉, 〈표 7-3〉은 기초평가와 형성평가에서 사용되는 이야기 서두제시검사의 지침과 그 예다.

채점은 정량적 평가를 기본으로 하되, 필요한 경우 부차적으로 정성적 평가를 겸해서 실시한다. 정량적 평가(쓰기 유창성 평가)를 하는 방법은 다음과 같다.

- 총 음절 채점: 아동이 쓴 글에서 음절의 수를 모두 센다.
- 빨간색이나 파란색 등 색깔 있는 펜으로 오류를 표시한다. 이때 오류 유형은 소리 나는 대로, 생략, 대치, 삽입 네 가지로 제한하여 오류를 계산한다.
- 정확 음절 채점: 총 음절 수에서 오류의 개수를 뺀다.

정성적 평가의 경우에는 아동이 쓴 글을 6개의 영역으로 나누어 1~5점 중 적절한 점수를 부여한다. 각 영역은 글의 형식, 글의 조직, 글의 문체, 글의 표현, 글의 내용, 글의 주제로 나눌 수 있다. 그중 글의 형식에 대한 채점 기준만 제시하면 〈표 7-4〉와 같다.

이야기 서두제시검사에 대한 정량적 · 정성적 평가 결과를 기록한다. 쓰기 유창성을 측정하기 위한 정량적 평가를 기본으로 실시하고, 전반적인 쓰기 능력을 측정하기 위한 정성적 평가는 부가적인 평가로 실시한다.

표 7-4 글의 형식

수준	채점 기준
5	글의 종류에 알맞은 형식 및 구성요소들을 잘 갖추고 있습니다.
4	글의 종류에 알맞은 형식 및 구성요소들을 대부분 잘 갖추고 있습니다.
3	글의 종류에 알맞은 형식 및 구성요소들을 비교적 잘 갖추고 있습니다.
2	글의 종류에 알맞은 형식 및 구성요소들을 거의 갖추고 있지 않습니다.
1	글의 종류에 알맞은 형식 및 구성요소들을 전혀 갖추고 있지 않습니다.

(2) 사례분석의 예

기초학습기능 수행평가체제 쓰기검사를 이용한 사례분석을 위해 초등학교 3학년 김소연 학생이 6월에 실시한 검사를 예로 사용하고자 한다. 검사를 실시할 때 검사자는 〈표 7-5〉에 제시된 검사 결과 기록지를 활용하도록 요구된다. 검사 실시와 관련된 사항들을 기록지에 포함된 하위 내용에 따라 단계별로 설명하면 다음과 같다.

① 인적사항의 기록

쓰기검사를 실시하기 전에 먼저 검사자와 대상 학생의 인적사항(대상 학생의 이름, 검사자의 이름, 성별, 학교명, 학년과 반, 검사 실시일, 생년월일, 검사 시 연령)을 기록하도록 한다. 이 기록들은 검사 결과를 해석하기 위한 활동의 하나로서, 나중에 검사도구의 표준화 작업에 참여한 규준집단 가운데 적절한 비교집단을 결정하는 데 필요하다.

② 쓰기검사의 실시

먼저, 기초평가용으로 제작된 이야기 서두제시검사를 실시하여 아동의 기초선을 확인한다. 기초평가용 이야기 서두는 "나는 오늘 아침에 일찍 일어났습니다."이다. 기초평가는 1회 실시를 원칙으로 하되, 아동의 검사 수행 태도에 근거하여 검사 결과를 신뢰하기 어려울 때는 이야기 서두제시검사를 총 2회 실시하여 더 높은 점수를 채택하도록 한다. 재검사에서 사용될 이야기 서두는 형성평가용 이야기 서두 중 하나를 선택한다.

기초평가를 실시하여 아동의 기초선을 확인한 후, 형성평가를 통하여 아동의 지속적인 성장을 점검할 수 있다. 이를 위해 형성평가용으로 제작된 이야기 서두제시검사에서 무선적으로 하나의 검사 자료를 선택하여 형성평가를 실시한다. 기초평가와 형성평가 모두 1분 동안 생각하고, 3분 동안 글을 쓴다.

③ 쓰기검사 결과의 기록

〈표 7-6〉 기초평가 기록지의 ①번에 원점수를 기입하도록 한다. 원점수를 기입하면 ②번부터 ⑨번까지의 점수가 산출된다.

표 7-5 BASA 쓰기 영역 검사 결과 기록지

이름	김소연	검사지	최민수
성별	남 · ㉐	검사실시일	2008년 6월 26일
학교별	서울초등학교	생년월일	1999년 5월 25일
학년 · 반	3학년 7반 3번	검사시연령	10년 1월 1일

쓰기 유창성 수준	①	원점수	72
	②	T점수	42.34
	③	백분위 점수	32%
	④	백분위 점수 단계	3단계
	⑤	현재 수준 설명	정상적인 쓰기 수준입니다.
	⑥	현재 학년	3.3
	⑦	학년 점수	2.9
	⑧	학년 차이(학년 점수-현재 학년)	0.4
	⑨	월 진전도	2+

		영역	수준	평가 기준
정성적 평가 결과 (선택)	⑩	형식	2	글의 종류에 알맞은 형식 및 구성요소들을 거의 갖추고 있지 않습니다.
	⑪	조직	2	문장 및 단락 간의 연결과 글의 형식 및 구성요소들의 조직이 대부분 자연스럽지 않습니다.
	⑫	문체	3	-어휘의 선택이 무난하며, 구체적이고, 정확하게 표현한 노력들이 보입니다. -어휘의 사용이 틀에 박혀 있지 않고, 다양한 어휘를 사용하고자 시도하고 있습니다.
	⑬	표현	3	맞춤법, 문장부호, 띄어쓰기를 비교적 잘 지키고 있습니다.
	⑭	내용	3	-글의 주제와 관련된 내용을 적당히 포함하고 있습니다. -글의 내용이 다소 일관성이 있습니다.
	⑮	주제	3	-글을 쓴 목적이나 동기가 다소 드러나 있습니다. -글의 주제나 중심내용이 다소 드러나 있습니다.

	총평
⑯	김소연 학생의 글은 글의 주제와 관련된 내용을 적당히 포함하고 있으며, 글의 내용이 다소 일관성이 있습니다. 하지만 문장 및 단락 간의 연결과 글의 형식 및 구성요소들의 조직이 대부분 자연스럽지 않습니다. 따라서 김소연 학생의 글이 보다 매끄럽게 구성될 수 있도록 접속어의 기능과 실제 문장에서 접속어가 어떻게 사용되는지를 문장 수준에서 글 수준으로 점차 확장하면서 재미있는 놀이와 활동을 통해 지도할 필요가 있습니다.

T점수 원점수 분포를 평균 50, 표준편차 10으로 하는 점수 분포로 변환시켜 놓은 환산점수다.

백분위 점수 전체 자료의 분포에서 특정 백분위에 해당하는 등분점을 말한다.

표 7-6 기초평가 기록지

① 원점수: 이야기 서두제시검사의 정량적 평가 원점수, 즉 정확하게 쓴 음절수다.

② T점수: 위 ①에 기록된 원점수에 해당하는 'T점수'가 기록된다.

③ 백분위 점수: 위 ①에 기록된 원점수에 해당하는 백분위 점수가 기록된다.

④ 백분위 점수 단계: 학생의 '백분위 점수' 단계는 다음과 같은 5단계로 구분된다.

> 1단계: 95% 초과
>
> 2단계: 85% 초과 95% 이하
>
> 3단계: 15% 초과 85% 이하
>
> 4단계: 5% 초과 15% 이하
>
> 5단계: 5% 이하

위의 단계를 준거로 하여 위 ③번의 백분위 점수가 어느 단계에 해당하는지 기록된다.

⑤ 현재 수준 설명: 위 ④번의 수준에 대한 설명이다.

> 1단계: 매우 우수한 쓰기 수준입니다.
>
> 2단계: 우수한 쓰기 수준입니다.
>
> 3단계: 정상적인 쓰기 수준입니다.
>
> 4단계: 기초 쓰기 능력 향상을 위하여 지도를 부탁드립니다.
>
> 5단계: 전반적이고 지속적인 쓰기 지도가 필요합니다.

⑥ 현재 학년: 학생이 학교에 다니기 시작한 시점을 기준으로 하여 표시한 연령이다. 즉, 3월에 입학한 1학년 아동의 학령은 3월 현재 1.0이며, 4월이 되면 1.1, 5월이 되면 1.2이다. 단, 여름방학인 8월과 겨울방학인 1월은 현재 학년 계산에서 제외하므로, 1학년 7월의 현재 학년은 1.4, 그다음에는 9월의 학령을 1.5로 정한다.

⑦ 학년 점수: 원점수에 해당되는 쓰기검사의 학년 점수가 기록된다.

⑧ 학년 차이: 학년 차이란 '학년 점수−현재 학년'의 절대값을 의미한다.

⑨ 월 진전도: ⑦ 학년 점수 해당 월의 월 진전도가 기입된다. 월 진전도란 해당 학령의 학생이 한 달 동안 얼마만큼 향상을 보일 것인지를 예상하게 해 주는 평균치다. 예를 들어, 월 진전도가 6이면 그 학생은 검사 실시일로부터 한 달간 6만큼의 향상을 보일 것으로 기대된다.

④ 채점 및 결과

이야기 서두제시검사 결과, 정량적 평가에서 총 78음절을 썼고 오류가 6개 발견되었으므로 정확한 음절은 72(78−6)이다. 정성적 평가에서는 형식 2점, 조직 2점, 문체 3점, 표현 3점, 내용 3점, 주제 3점을 얻었다.

나는 오늘 아침에 일찍 일어났습니다.
그레서 부보님께 먼져 인사를 하고 세수도 하고 아침밥을 먹고 다시 이빨을 닦고 머리도 벚고 양말도 신고 수져도 챙기고 신발을 신고 학교로 간 다음 선생니께 인사를 드리고 하루를 시작했습니다.

5. 작문 지도

작문 지도는 창의적 글쓰기를 고려해야 하지만, 또한 기능적 쓰기도 포함해야 한다. 창의적 글쓰기는 시, 동화, 수필과 같은 독특한 형태를 통하여 개인의 생각과 경험을 표현하는 것이며, 기능적 쓰기는 질문에 서술로 답하기, 사업에 관련된 편지쓰기, 초대장, 보고서, 회의 내용 적기 등 구조적 유형의 정보 쓰기에 초점을 맞춘다. 학습장애학생을 위한 쓰기 프로그램은 창의적 · 기능적 쓰기 모두를 포함해야 한다. 학생은 논리적으로 사고를 조직하는 것을 배워야 하고, 명확하고 정확하게 의사소통할 수 있도록 쓰기 표현을 해야 한다.

1) 쓰기 과정적 접근

쓰기를 지도하려면 쓰기의 결과물과 그 결과물이 나오기까지의 과정 모두가 강조되어야 한다. 과정적 접근에서 보면 학생은 다양한 쓰기 단계를 통해 쓰기를 수행하게 되며, 교사는 각 단계에 집중하여 지도한다. 쓰기 단계의 개요는 〈표 7-7〉에 제시되어 있다.

학생은 쓰기 준비 단계에서 주제와 제재를 선택하고, 이에 맞추어 초고를 작성한다. 이 초고를 중심으로 교사나 또래의 피드백을 받고 내용을 수정하고 글의 형식을 적절하게 편집하게 된다. 글의 수정은 글의 내용이나 구성을 바꾸어 보는 것을 지칭하고, 편집은 '어문규정'에 맞게 철자와 문법의 오류를 교정하는 것으로, 문법, 통사법, 구두법, 철자법 등에서의 실수를 수정하는 과정을 말한다. 마지막으로, 그 결과물은 제출되거나 게시되어 다른 학생들이 볼 수 있게 된다. 교사는 학생에게 쓰기 과제를 주고 쓰기 과정 동안 학생이 작업한 결과물을 지

어문규정 국민의 어문 생활에 도움을 주고자 마련한 것으로 크게 한글 맞춤법, 표준어 규정, 외래어 표기법 및 국어의 로마자 표기법으로 구성되어 있다.

통사론적 문장 내에서 받아들여질 수 있는 단어의 연결, 단어의 결합 및 기능과 관련한 규칙이다.

표 7-7 쓰기 단계

글쓰기 준비 단계	• 글쓰기 주제를 선택한다. • 쓰는 목적(정보제공, 설명, 오락, 설득 등)을 명확히 한다. • 독자를 명확히 한다(또래 학생, 부모, 교사, 외부 심사자). • 목적과 독자에 기초하여 작문의 적절한 유형을 선택한다(이야기, 보고서, 시, 논설문, 편지 등). • 쓰기를 위한 아이디어를 생성하고 조직하기 위한 사전활동을 한다(마인드맵 작성, 이야기하기, 읽기, 인터뷰하기, 브레인스토밍, 주제와 세부항목 묶기 등). • 교사는 학생과 협력하여 글쓰기 활동에 참여한다(내용을 재진술/질문을 한다. 논리적으로 맞지 않는 생각을 지적한다).
초고 작성 단계	• 일단 초고를 작성하고, 글을 쓸 때 수정하기 위해 충분한 공간을 남긴다. • 문법, 절차보다 내용을 생성하고 구성하는 데 초점을 맞춘다.
수정 단계	• 초고를 다시 읽고, 보충하고, 다른 내용으로 바꾸고, 필요 없는 부분을 삭제하고, 옮기면서 내용을 고친다. • 글의 내용을 향상시키고 다양한 시각을 제안할 수 있도록 또래집단(글쓰기 도우미 집단)을 활용하여 피드백을 제공한다.
편집 단계	• 구두점 찍기, 철자법, 문장구조, 철자 등 어문규정에 맞추어 글쓰기를 한다. • 글의 의미가 잘 전달될 수 있도록 문장의 형태를 바꾼다. • 필요하다면 사전을 사용하거나 교사로부터 피드백을 받는다.
쓰기 결과물 게시 단계	• 쓰기 결과물을 게시하거나 제출한다(학급신문이나 학교 문집에 제출한다). • 적절한 기회를 통하여 학급에서 자기가 쓴 글을 다른 학생들에게 읽어 주거나 학급 게시판에 올려놓는다.

속적으로 점검하고 평가할 수 있다. 이런 쓰기 과정을 통하여 문제해결능력, 비판적 사고기술, 긍정적인 자아개념이 발달할 수 있다.

쓰기 과정적 접근에서 교사가 해야 할 일을 구체적으로 제시하면 다음과 같다.

① 쓰기 과정에서 교사의 모델링(시범)을 제공한다. 글쓰기 준비 단계에서 교사는 학생에게 직접 정보를 조직하고 요점 정리를 하는 것을 보여 준다. 그리고 조직화한 개요를 중심으로 어떻게 초안이 작성되었는지 제시한다. 또한 초안을 읽고 내용을 수정하고 편집한 결과를 제시하여, 초안과 마지막 결과물이 어떻게 달라졌는지 보여 준다.

② 쓰기 과정은 협동 작업을 통해 이루어지도록 한다. 쓰기 과정을 협동적으

로 운영하면 아이디어 생성(브레인스토밍), 정보의 제시와 조직, 어문규정에
맞게 편집하는 활동에서 교사와 또래집단의 피드백을 체계적으로 반영할
수 있다. 또래 학생을 중심으로 쓰기 도우미 집단을 만들어 아이디어를 발
전시키거나 쓰기 결과물을 공유할 수 있도록 한다.

③ 교사는 지속해서 구체적인 단서를 제공한다. 교사는 쓰기 과정의 각 단계
에서 적절한 단서를 제시하여 촉진할 수 있다. 예를 들면, 글쓰기 준비 단계
에서는 글의 주제가 될 수 있는 어휘의 목록을 제시한다. 또한 편집 단계에
서는 자주 보이는 철자나 어문규정의 오류 유형을 제시하여 이를 바탕으로
교정할 수 있도록 한다.

④ 학생이 주도적으로 점검과 수정을 할 수 있도록 훈련시킨다. 각 쓰기 단계
를 끝낼 때마다 학생으로 하여금 자신이 하고 있는 활동을 점검하고 빼먹
은 것이 없는지 점검표를 이용하여 주도적으로 점검하도록 한다.

쓰기 과정을 강조하는 쓰기 지도의 장점은 첫째, 글쓰기 활동이 지속적으로
일어나고 반복된다는 것, 둘째, 자기주도적인 학습을 강조하는 교육환경을 조성
한다는 것, 셋째, 읽고 쓰기를 통합하는 학습이 강조된다는 것이다. 그러나 학습
장애학생들에게 글씨쓰기나 철자쓰기와 같은 기능적 훈련을 제공하지 않고, 매
단계마다 구체적이고 적극적인 도움을 제공하지 않으면 이러한 과정중심 접근
은 적절하지 않다. 그러므로 학습장애학생들을 위한 쓰기 지도에서는 쓰기의 기
초 기능을 강조하고 적절한 훈련을 제공하며, 기능적 훈련을 쓰기 과정에 통합
하는 것이 필요하다.

2) 작문 지도를 위한 지침

작문에 어려움을 겪는 학생을 지도하기 위한 효과적인 교수 지침을 제시하면
다음과 같다(Mercer & Mercer, 2001).

① 쓰기를 위한 시간을 따로 할당한다. 직접 써 보아야만 쓰기를 학습할 수 있
고 쓰기 능력이 발달할 수 있기 때문에 충분한 시간이 쓰기 수업에 할당되
어야 한다(예: 일주일에 4시간).

② 다양한 쓰기 과제를 제시한다. 자기가 자유롭게 작성하는 작문뿐만 아니라 조건이 제시된 구조화된 문제해결을 위한 글쓰기에도 참여하도록 한다.

③ 쓰기를 촉진하는 글쓰기 환경을 조성한다. 교사는 위협적이지 않은 교육환경을 조성해야 하며, 학생들이 서로 쓴 작문을 공유하고 협동하게 하여 상호 의사소통을 촉진한다.

④ 다른 과목과 쓰기를 통합한다. 쓰기 경험을 늘리고 기술을 발달시키기 위해서 쓰기를 다른 언어 예술 활동과 통합해야 한다.

⑤ 효과적인 쓰기를 위한 쓰기 단계를 따르도록 한다. 쓰기 단계(예: 준비하기, 초고 쓰기, 교정하기)에 따라서 쓰기를 하고, 각 쓰기 단계의 특이성을 파악하고 메타인지 전략을 활용한다.

⑥ 어문규정에 익숙하게 하고 쓰기를 자동화한다. 교사는 맞춤법, 문장부호 등 기능적인 부분의 오류를 교정해 주고 직접적인 지도를 해야 한다.

⑦ 훌륭한 쓰기 작품의 특징에 대한 명확한 지식을 갖도록 지도한다. 좋은 작품이나 교사가 제시하는 글을 통해 다양한 쓰기 작품의 특징, 특수한 스타일이나 기능, 문장구조 등에 주목하고 이를 모델링하도록 한다.

⑧ 세련된 글을 쓰는 과정을 수행할 수 있도록 한다. 세련된 글을 쓰기 위하여 교사는 학생과 글에 대해 토론해야 하고, 체계적으로 외부(다른 사람)의 피드백을 받을 수 있는 절차를 규정하고, 자기교수 전략 등 메타인지 전략을 활용한다.

⑨ 쓰기를 향상하기 위한 목표를 세우고 이를 달성하도록 한다. 목표를 세우고 명시적인 기준에 따라 자신이나 다른 사람의 쓰기 작품을 평가하도록 하여, 쓰기 과정을 모니터하고 성취수준에 대한 피드백을 받는다.

⑩ 학생들의 쓰기 수행능력을 향상시키는 교육을 지속적으로 실시한다. 문법이나 철자 문제는 실제 쓰기활동에서 다루어져야 하며, 쓰기 교육이 전체 교육체계에서 강조되어야 한다. 특별히 자주 발생하는 오류와 쓰기 문제는 따로 교정적 피드백을 제공한다.

제**8**장

수학 평가

1. 수학 학습문제의 심각성

수학학습장애란 아동이 자신의 연령이나 지능 수준에서 기대되는 것보다 현저히 낮은 수학 학업성취를 보이는 경우를 말한다. 미국정신의학회의 『정신질환 진단 및 통계 편람(DSM-5)』에 제시된 수학학습장애 진단 준거는 다음과 같다.

글상자 8-1 **DSM-5의 수학학습장애 진단 준거**

다음과 같은 증상이 중재에도 불구하고 다음 영역에서 6개월 이상 지속되는 경우
- 수 감각, 단순 연산, 수식 계산 등의 숙달(예: 숫자, 수의 크기, 관계 이해에서의 어려움, 또래와는 달리 단순 연산을 기억에서 인출해서 대답하지 않고 손가락 셈으로 하는 경우, 계산 과정에서 무엇을 해야 할지 모르고 맞지 않는 계산 절차를 적용하는 경우)
- 수학적 추론(예: 수량 관련 문제해결을 위해 수학적 개념, 연산 혹은 절차를 적용하는 데 심각한 어려움을 겪음)

출처: American Psychiatric Association (2013).

수학학습장애 영역은 읽기에 비해 상대적으로 관심을 덜 받아 왔던 것이 사실이다. 이는 다분히 미국 등에서 수학을 못하는 아동보다 읽기를 못하는 아동이 더 많이 학습장애로 분류되어 왔고, 또 그에 따라 연구와 교육적 노력도 읽기학습장애에 집중되어 왔기 때문이다. 하지만 수학 성취수준의 저하 문제는 어느 국가나 읽기에 못지않다.

[그림 8-1]은 교육부(2014. 11. 28.)에서 발표한 2014년 국가수준 학업성취도 평가 결과를 각 학년 수준별·과목별로 기초학력미달 비율 검토를 위해 그래프로 나타내 본 것이다.

국가수준학업성취도 평가 결과 수학에서의 기초학력미달자 비율이 압도적으로 높다.

생각해 보기 수학 교과에서 기초학력 미달 비율이 상대적으로 높은 이유는 무엇인가?

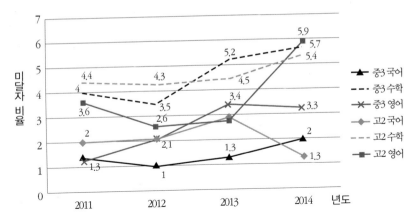

[그림 8-1] 최근 4년간 국가수준 학업성취도 평가 결과 기초학력미달자 비율:
과목 및 학년 간 비교

출처: 교육부(2014. 11. 28.)의 자료를 재구성.

  그래프를 보면 이 중 수학 과목에서의 기초학력미달자 비율은 2014년의 고등
학교 2학년 영어를 제외하고는 국어나 영어에 비해 월등히 높음을 알 수 있다.
중학교 3학년의 경우 국어(2%)에 비하면 약 2.8배, 영어(3.3%)에 비하면 거의 2배
가까이 높은 비율을 보이고 있다. 고등학교도 예외가 아니라서 수학(5.4%)은 국
어(1.3%)에 비하면 4배 이상 높은 기초학력미달자 비율을 보이고 있다.

  미국의 경우 한 연구에 의하면, 약 1/3 정도의 학습장애아동들이 수학학습에
심각한 문제를 보였다(Miller, Butler, & Lee, 1998). 문제는 초등학교 때의 수학학습
장애는 중등학교에 가서도 쉽게 고쳐지지 않을 뿐만 아니라(Miller & Mercer, 1997)
성인이 되어서도 수학과 관련된 직업생활이나 일상생활에서 어려움을 겪는다
(Lerner, 2000)는 점이다.

  이 장과 다음 장에서는 수학학습장애에 관한 내용을 다룬다. 이 장에서는 먼
저 수학학습장애를 가진 학생들의 특징과 그러한 학생들을 타당하고 신뢰할 수
있게 진단하고 판별할 수 있는 방안에 대해 알아보고자 한다. 다음 장에서는 효
과적인 수학학습장애아동 지도 프로그램에 대해 알아보기로 한다.

2. 수학학습장애의 유형과 특성

1) 수학학습장애의 유형

수학학습장애 유형으로는 주로 다음 네 가지가 언급되고 있다(Geary, 1993; Rourke & Conway, 1997). 첫 번째 유형으로는 단순 연산의 인출과 장기기억화의 어려움으로 인한 수학학습장애를 들 수 있다. 이러한 어려움을 갖고 있는 사람들 중 일부는 좌반구 후두엽의 기능에 문제가 있는 것으로 알려져 있으며(Geary, 1993), 대개 읽기장애를 동반하는 것으로 나타났다. 연산 인출 속도와 정확성의 문제는 유전 가능성이 높고, 일정한 시기가 지나면 회복되는 발달적 지체가 아닌 발달적 차이로 보아야 한다는 견해가 우세하다(Geary, Brown, & Samaranayake, 1991).

두 번째 유형은 주의집중 부족이나 논리적 연산 수행에 어려움을 겪는 것으로 연산 절차(덧셈문제 해결 전략이나 받아내림 등)상의 어려움을 겪는 경우다. 이러한 어려움은 연령이 높아 감에 따라 어느 정도 그 어려움이 완화되는 것으로 보여 연산 유창성과 달리 발달적 차이라기보다는 발달적 지체로 볼 수 있다.

세 번째 유형으로는 수리적 정보의 시공간적 표상 혹은 시공간적 정보의 수리적 처리의 어려움을 들 수 있다. 사물의 공간적 조작과 인식에 어려움을 겪는 것은 물론, 수리적 정보를 시공간적 정보로 변환하는 과정에 많은 어려움을 보인다. 이러한 장애 현상 역시 어느 정도 신경생리학적 결함과 관련이 있다. 이러한 증상을 보이는 사람에게서는 흔히 우반구 후두엽 부분의 손상을 볼 수 있다.

네 번째 유형으로는 읽기장애가 공존하는 경우다. 읽기 능력과 수학 연산능력, 특히 그중에서도 수학 문장제 문제해결능력 간에는 상당한 상관관계가 있다. 소위 수학-읽기학습장애 공존성에 관한 연구들(Knopik, Alarcon, & DeFries, 1997)은 수학학습장애와 읽기학습장애가 공존할 수 있음을 보여 준다.

수학학습장애 유형   단순 연산의 어려움, 연산 절차 이행의 어려움, 수리적 정보의 시공간적 기술 사용의 어려움, 읽기장애와의 공존 등이 있다.

글상자 8-2   원인으로 본 수학학습장애 유형

- 단순 연산의 인출과 장기기억화의 어려움
- 주의집중 부족, 논리적 연산 수행의 어려움으로 인한 연산 절차(덧셈문제 해결 전략이나 받아내림 등)상의 어려움
- 수리적 정보의 시공간적 표상 혹은 시공간적 정보의 수리적 처리의 어려움
- 읽기학습장애 공존

2) 수학학습장애의 일반적인 특성

수학학습장애아동을 효과적으로 진단하고 중재하려면, 먼저 이들이 수학학습 과정에서 어떠한 특징을 보이는지 명확히 이해해야 한다. 수학학습장애아동의 특징을 파악할 때에는 우선 다음에서 열거한 것처럼 수학학습장애아동들이 보이는 특징이 매우 다양하다는 점을 인식해야 한다. 즉, 수학학습장애학생 모두가 다음의 특징을 모두 같은 정도와 양상으로 보이는 것은 아니라는 뜻이다. 이는 곧 모든 수학학습장애의 원인이라고 볼 수 있는 한두 가지 변인을 제시한다든가, 수학학습장애 전반에 적용할 수 있는 한두 가지 효과적인 교수방법을 제시한다든가 하는 것이 현실적으로나 이론적으로 매우 어렵다는 것을 의미한다.

그동안 선행 연구나 문헌들이 제시한 수학학습장애를 보이는 아동들이 수학 학습과정 중에 보이는 특징들을 나열해 보면 다음과 같다.

- 취학 전 기본 수학 개념(크기, 순서, 양, 거리, 공간 등) 습득 정도 불충분
- 공간지각능력 미흡
- 시각–운동 혹은 지각–운동 능력 간의 협응 부족
- 읽기의 어려움으로 인한 수학 문장제 문제 혹은 지시문 이해의 어려움
- 방향이나 시간 개념 미흡
- 기억(특히 작업기억)능력 부족
- 학습전략의 사용 의지 및 사용 능력 부족

• 수학 불안 및 수학 교과에 대한 부정적인 태도

이를 좀 더 구체적으로 살펴보면, 수학성적이 특별히 저조한 아동들은 보통 일찍부터(예: 초등학교 1~2학년부터) 학업부진 현상을 보이면서 일반아동보다 훨씬 느린 속도로 학습해 가다가, 어느 시점이 되면(예: 초등학교 5~6학년쯤) 그나마 학습 자체가 정체되는, 만성적이고 지속적인 학습부진을 보인다(Cawley & Miller, 1989).

신경심리학적 측면에서도 학습장애아동들은 일반아동들보다 다른 뇌신경 구조를 보이는 것으로 나타났다. 예컨대, Rourke 등(Geary, 1993; Geary, 1994; Rourke & Conway, 1997)에 따르면, 연산능력과 입체도형 파악능력과 관련된 우뇌 부분에서 일반아동들의 뇌보다 덜 치밀하거나 덜 민감한 반응을 보였다. 이렇게 수학 개념이나 계산에 관련된 중추신경계통의 문제(Rourke & Conway, 1997)는 보통의 교수방법으로는 쉽게 치유되기 어렵고 특별한 교수방법을 필요로 한다.

정보처리 특성 측면에서는 작업기억력이 특히 낮고, 빠른 이름 대기 능력 역시 일반아동에 비해 낮은 점이 특징이다. 송찬원(2011)에 따르면, 수학학습장애아동 20명과 일반아동 20명을 대상으로 '아동용 Rey-Kim 기억검사' 실시 결과 수학학습장애아동이 일반아동에 비해 낮은 작업기억의 수행력을 보여, 이들에게는 일반아동과는 차별화된 기억활성화 교수전략과 중재방법이 필요함을 시사하였다. 빠른 이름 대기 측면에서도 수학학습장애 위험아동은 일반아동에 비해 빠른 이름 대기 총점을 보였으며, 사물·색깔 이름 대기 하위 검사에서도 낮은 점수를 보였다. 또한 빠른 이름 대기 능력과 수 감각 능력 간의 관계를 알아본 결과, 수학학습장애 위험집단에서는 두 변인의 총점과 더불어 규칙을 제외한 대부분의 하위 영역들 간에 상관이 나타났다(김자경, 강혜진, 김기주, 2015).

지각능력 측면에서는 공간, 거리, 크기, 순서 등을 지각하는 능력이 또래보다 뒤처진다. 공간 지각상의 어려움은 이차적으로 자릿수 정렬, 수의 방향 인식 등에 어려움을 줄 수 있다. 또한 숫자를 도치하여 읽는다든지 숫자의 크기를 균형 있게 맞추지 못해 자릿수를 배열하지 못한다든지 하는 등의 특징을 보인다. 미세한 시각적 기능이 요구되는 수학적 기호를 잘못 보거나 빠뜨릴 수 있다. 지각-운동 협응능력 결함상의 오류는 숫자를 균형 있게 쓴다든가, 연산과정에서 보조 숫자나 보조선을 미숙하게 활용한다든가 하는 등의 형태로 나타날 수 있다.

수학학습장애학생의 특징 신경심리, 지각, 지적 유연성, 기본 인지, 정서 등의 측면에서 일반학생에 비해 불리한 특징들을 갖고 있다.

수학학습장애아동들은 또한 한 과제에서 다른 과제로 유연하게 이동한다든지 복잡한 단계를 거쳐 수행해야 하는 과제에는 약점을 보인다. 학습장애아동들이 이처럼 어려움을 겪는 이유 중의 하나는 기능적 고착성(perseveration) 때문이다. 기능적 고착성이란 인지적으로 한 과제에서 다른 과제로 이동하는 데 어려움, 불안, 불쾌감을 느끼는 경우로, 다단계 과정을 거쳐서 해결해야 할 문제에 특히 어려움이 있다. 예컨대, 덧셈을 하다가 뺄셈을 해야 하는 경우에 계속 덧셈을 하는 것이다.

기본적인 판단력과 추리력 부족도 수학학습장애아동의 주요 특징이다. 예컨대, 72−39와 같은 연산을 하는 데 있어서 답이 72보다 클 수 없음에도 불구하고 2134 등으로 대답을 하는 학생의 경우, 기본적으로 뺄셈을 하고 나면 원래 숫자보다 항상 작은 숫자가 나오게 된다는 판단을 전혀 하지 않았다고 짐작할 수 있다. 이는 자신이 작성한 답이 해당 문제가 요구하는 것에 맞는지 여부를 따지는 소위 메타인지능력과도 또한 관련이 있다.

정서적인 측면에서 누적된 학습실패감은 낮은 학습자아감, 학습된 무기력 그리고 낮은 학습동기를 낳는다. 일반적으로 자신의 능력에 의심을 갖고 있는 학생들은 학업성취상의 실패를 자신의 결함 탓으로 돌리고, 자신의 낮은 능력이 향상될 수 없다고 믿으며, 미래에도 또 실패할 것으로 생각하면서 어려운 과제를 만나면 바로 포기해 버리는 경향을 보인다(Chapman, 1988). Johnson과 Myklebust (1967), Rourke(1993)에 의하면, 수학학습장애아동들은 주의집중, 자조기능, 조직력, 주변정리능력, 사회적 기술, 책임수용능력이 약하다(Bos & Vaughn, 1998, p. 334에서 재인용).

앞서 열거한 일반적인 학습 특성 이외에 수학 교과의 주요 영역별로 학습장애아동들이 보이는 특징을 살펴보면 다음과 같다.

3) 내용 영역별 학습 특성

(1) 수학 개념 이해

일반적으로 아동들은 취학 전이라고 하더라도 크기, 양, 대소, 순서 등과 같은 대부분의 기본적인 수학 개념들을 초보적인 형태로나마 습득한다. 하지만 수학학습장애아동들의 경우 이러한 기본적 수학 개념 학습 정도가 미약하다. 따라서 취학 이후에 학습하게 되는 좀 더 고차원적이고 추상적인 수학 개념(집합, 확률, 함수 등) 등에서도 자연히 일반아동들보다 이해하는 데 더 많은 어려움을 겪는다. 연산의 속도 및 정확성과 함께 추상적인 수학 개념 이해 부족은 수학학습장애의 중요한 특징 중 하나다.

(2) 기본 연산

기본 연산을 얼마나 빠르고 정확하게 처리하는가 하는 것은 고등 수학능력 형성에 결정적이다(Geary, 1994; Silbert, Carnine, & Stein, 1990). 이러한 기본 연산능력은 장기기억에 저장되어 있는 기본 연산들을 얼마나 신속하고 정확하게 인출해 내는가에 달려 있는데(Geary, 1993, 1994), 수학성적이 낮은 학생들은 대개 이 인출과정이 신속하지 못하고 그 정확도도 떨어진다(김자경, 김기주, 2005; Geary, Brown, & Samaranayake, 1991). 또한 이들은 연산과정에서 건너뛰며 수를 세기보다는 처음부터 모든 수를 다 세는 등 비효과적인 연산 전략을 사용하기 때문에 단기기억 용량상의 부담이 클 뿐만 아니라 연산속도와 정확도 면에서 또래보다 뒤떨어질 수밖에 없다. 정확도 면에서 크게 차이가 나지 않는 경우가 많기 때문에 이런 경우에는 단순 연산의 자동화를 통한 숙련이 필요하다(Garnett, 1992).

> 수학학습장애학생의 기본연산에서의 핵심 문제는 기본 연산의 저장과 인출의 유창성(속도+정확성) 부족이다.

(3) 문장제 응용문제

수학 문장제 응용문제 해결능력 부분에서는 문제를 읽고 이해하는 데 필요한 기본 읽기 능력, 기본 계산능력 그리고 단기기억능력 등의 부족(Geary, 1994; Swanson, 1993b)으로 문제를 이해하는 데 어려움을 겪고, 특히 주어진 응용문제를 수학적으로 해결하기에 용이하도록 표상(representation)하는 능력이 부족하다(Hutchinson, 1993; Montague & Applegate, 1993). 설사 기본 연산능력상에 별 차이를 보이지 않는다고 해도 일반아동들보다 훨씬 비효과적인 문제해결 전략을 사용한다(Montague, 1997; Parmar, Cawley, & Frazita, 1996).

> 수학학습장애 진단과 평가 방법, 도구는 그 결과의 활용 목적을 고려하여 결정해야 한다.

(4) 도형

도형 영역은 비단 학습장애학생뿐만 아니라 많은 일반학생들도 어려움을 느끼는 부분 중의 하나다. 도형 영역에는 단순히 선과 면 그리고 점들의 공간적 배치와 이동뿐만 아니라 기본 개념과 수리적 연산 등의 기능도 포함되어 있다. 그

중 기하와 공간지각 영역에서 특히 취약함을 보이는 기능들에는 공간 시각화 능력, 심적 회전능력 등이 있다. 예컨대, 특정 도형을 180도로 회전하거나 뒤집을 경우 나타나게 될 모양을 추론한다든지, 전개도를 보고 해당되는 입체도형을 추측한다든지 하는 활동들은 일반아동은 물론 수학학습장애를 보이는 아동들이 특히 어려워하는 내용영역이다.

3. 수학학습장애의 진단과 평가

생각해 보기 수학 성적만으로 수학학습장애 여부를 확인하면 어떤 문제가 있는가?

수학학습장애아동에 대한 평가는 검사 활용 목적에 따라 검사도구와 활용 양상이 다르다는 점을 먼저 인식해야 한다. 수학학습장애아동을 대상으로 하는 진단평가의 활용 목적은 크게 선별, 진단, 교수활동에의 활용, 교수활동이나 중재 프로그램의 효과 평가 등으로 나눌 수 있다. 어떤 아동이 정말 수학학습장애아동이라고 판명될 만큼 심각한 학습장애를 갖고 있는지 보기 위한 행정적 차원의 검사를 할 경우에는 주로 표준화 검사를 사용한다. 반면, 특정 영역에서 어떠한 학습문제를 보이는지 진단하고 그에 따라 교수방법을 처방할 목적이라면 준거지향 검사의 성격을 갖고 있는 교육과정중심평가나 교사 제작 간편검사를 사용할 수 있다. 또한 수학 학업성취 문제를 초기에 간편하게 진단할 목적으로는 교육과정중심측정이 유용하다. 이 밖에 개인의 수학 수행 정도와 그 특징을 좀 더 자세히 분석하기 위해서는 가시적인 수행 결과물(portfolios) 평가, 구조화된 면담 그리고 오류 분석 등을 할 수 있다. 면담과정에서는 흔히 사고과정을 '생각을 말로 표현하기(think aloud)' 등으로 분석할 수 있다.

물론 이들 평가의 목적은 특정 형태의 평가로만 달성되는 것은 아니다. 예컨대, 선별을 목적으로 한 검사 결과는 교수나 진단 목적을 위해서도 활용될 수 있다. 즉, 표준화 검사로도 경우에 따라서는 오류 유형을 부분적으로 파악할 수 있고 교육과정중심측정으로도 아동 또래의 상대적인 성취 정도에 관한 정보를 얻을 수 있다.

1) 수학 평가 영역

수학학습장애의 진단과 평가를 위해 어떤 수학 내용을 측정할 것인가 하는 점은 간단한 문제가 아니다. 평가의 목적과 평가 대상자의 연령에 따라 평가 영역이 달라진다. 첫째, 대상 학생이 수학학습장애 위험을 갖고 있는지 혹은 현재 학습장애를 갖고 있는지를 확인하기 위해서는 우선 수학 기초학습기능의 소유 여부를 확인하는 것이 필요하다. 이러한 기초학습기능에는 단순 연산 유창성, 수 개념, 수 감각, 문장제 문제해결능력 등이 포함될 수 있다(김애화, 2006; 이대식, 2007; Gersten, Jordan, & Flojo, 2005). 김애화와 유현실(2012)은 조기 수학 검사 영역으로 수 식별, 수 의미, 수량변별, 빈칸에 알맞은 수 넣기, 간단한 덧셈과 뺄셈, 작업기억, 단기기억, KISE 기초학력검사 중 수학 영역 총점을 제시했다.

둘째, 일반적인 의미의 수학 학업성취도를 평가하기 위해서는 현재의 교육과정에 명시된 내용 영역들이 평가대상이 된다. 현재 제7차 교육과정에 분류되어 있는 수학 교과의 영역을 보면 수와 연산, 도형, 측정, 확률과 통계, 규칙성과 함수, 문자와 식으로 분류되어 있다(교육과학기술부, 2011). 이러한 영역을 다 측정대상으로 할 것인지, 아니면 이 중에서 특정 영역만 선별하여 측정할 것인지 논란의 여지가 있을 수 있다.

> **수 감각** 빠르고 정확한 수에 대한 지각, 또는 수량 비교, 수 세기, 단순 연산 등을 포함한 기본적인 양에 대한 감각

> **생각해 보기** 수학학습장애 여부를 확인하기 위해서 진단 대상으로 작업기억, 수 감각 등도 포함하고 있는 이유는 무엇이라 생각하는가?

2) 수학학습장애의 진단과 판별 방법

어떤 아동들이 수학학습장애를 보일 위험이 있는가? 혹은 어떤 아동이 현재 수학학습장애를 보이고 있다고 할 수 있는가? 국내 학술연구 측면에서는 주로 학습장애 진단 및 선별 기준으로서 지능을 중요한 변인으로 고려하면서 불일치 기준을 많이 사용하는데, 한편으로는 저성취 기준을 적용하고 있다. 김애화와 이동명(2005)의 학습장애 관련 논문 분석 결과에 따르면, 분석 대상 78편의 논문 중 약 3분의 1에서만 선별과정의 구분이 가능하였고, 일반적으로 학교 수준에서 실시한 학업능력 평가 및 교사의 경험 결과 교과 영역(특히 국어 교과)에서 저성취를 보이는 것으로 학습장애 위험학생을 파악하였다. 30편의 논문에서 학습장애 진단과정에 가장 많이 사용된 모형은 불일치 모형(n=30, 특히 학년 수준 편차 공식)이었고, 12편에서는 저성취 모형을 그리고 3편에서는 불일치와 저성취 모

> **생각해 보기** 세 가지 진단 방법을 이론적 타당성, 학교 현장에서의 적용 용이성 측면에서 비교해 보자.

형의 혼합형을 적용하였다. 한편, 78편 중 58편의 논문에서는 평균 혹은 그 이상의 지능(정상 지능 준거)을 중요한 요소로 언급하고 있었다.

수학학습장애 진단과 판별도 일반적인 학습장애 진단과 판별을 위한 세 가지 접근(불일치 접근, 중재-반응 접근, 인지처리과정 접근) 중 어느 것을 취할 것인지에 따라서 세부적인 절차와 대상 영역 및 방법이 달라진다. 불일치 접근과 중재-반응 접근에는 학업성취 정보가 핵심이고, 인지처리과정 접근에는 수학 기초학습기능(수 감각, 연산 유창성 등) 정보가 기본이 된다. 그중에서 인지처리과정 접근은 작업기억이나 처리속도 같은 인지처리과정 변인과 수학성적 간의 관계를 규명하려는 연구, 수 감각이나 단순 연산능력 같은 수학 기초학습기능과 수학성적 간의 관계를 규명하려는 연구 그리고 인지처리과정과 기초학습기능 변인들의 조합과 학업성적 간의 관계를 규명하려는 연구 등 크게 세 가지로 분류해 볼 수 있다(이대식 외, 2007). 이 변인들은 대체로 수학성적을 상당한 분량으로 설명하고 있는 것으로 나타났으며, 특히 수 감각이나 작업기억 등의 변인들은 읽기에서의 음운인식능력과 같이 수학학습장애 위험아동의 조기 선별 및 진단은 물론, 효과적인 중재 프로그램 개발에 효과적으로 활용될 가능성이 높은 것으로 나타

표 8-1 수학 기초학습기능과 수학성적 간의 관계에 관한 선행 연구

연구자	연구대상 수학 기본학습 기능	수학성적과의 관계
김애화 (2006)	• 12개 수 감각 영역: 뛰어 세기, 거꾸로 세기, 수 읽기, 수 의미, 수량변별, 빠진 수 넣기, 덧셈구구, 뺄셈구구, 숫자 바로 따라 하기, 숫자 거꾸로 따라 하기, 색깔규칙 찾기, 숫자규칙 찾기	• 12개 영역을 중심으로 한 검사는 수학학습장애 위험학생 조기 선별에 유용하게 사용 가능
이대식 등 (2007)	• 수량변별, 덧셈 유창성, 뺄셈 유창성	• 기말점수를 종속변인으로 했을 때 약 46%, ACCENT 수학검사 성적을 종속변인으로 했을 때 약 38% 설명
송영혜 등 (1998)	• 표상과정(사건변화 파악과제, 사건변화-수량화 대응과제) • 변환과정(작업수식-문장제 대응과제, 작업수식-수식화 대응과제) • 계산과제(일반 수식제 과제, 미지항 수식제 과제, 수 개념제 과제)	• 산수장애 위험학생은 중·상위 수준의 학생에 비해 유의하게 낮은 수행

출처: 이대식(2007).

났다(김애화, 2006; 이대식, 2007). 〈표 8-1〉은 내재적 처리과정 결함 접근 측면에서 수학성적과 비교적 관련이 높은 기초학습기능에 관한 선행 연구 내용을 정리한 것이다. 문제는 이들 변인 이외에 수학성적과 관계가 깊은 여타의 수학 기초학습기능이 아직 규명되지 않고 있고, 이미 그 관계가 밝혀진 수 감각이나 단순연산 유창성도 수학의 각 내용 영역(도형, 기하, 확률, 통계 등)에 따라 그 관계 정도가 어떻게 변할지 좀 더 많은 연구가 필요하다는 점이다.

수학학습장애 진단과 선별을 위한 평가의 유형에는 표준화 검사를 통한 평가, 면접을 통한 평가, 관찰을 통한 평가 등이 있다(김동일, 2006). 수학학습장애아동의 진단과 평가의 구체적인 방법 및 절차는 또한 진단 평가의 목적에 따라 약간씩 차이가 날 수 있다.

(1) 표준화된 수학학력진단평가

현재 국내에서 구할 수 있는 수학학습장애 전용 진단검사로는 기초학습기능수행평가체제: 초기수학(Basic Academic Skills Assessment: Early Numercy[BASA-EN]; 김동일, 2014), 기초학습기능 수행평가체제: 수학검사(BASA: Math; 김동일, 2006) 등을 들 수 있다. BASA-EN 검사는 만 4세 이상의 아동을 대상으로 수학학습장애 혹은 학습장애 위험아동을 조기 판별하거나 초기 수학 준비기술을 평가할 목적으로 만들어진 개별 검사다. 검사 소요시간은 약 30분이고, 하위 검사 영역은 수인식, 빠진 수 찾기, 수량 변별, 추정이다. 검사에 대한 자세한 정보는 [그림 8-2], 〈표 8-2〉와 같다. 한편, BASA-Math는 초등학교 1학년부터 성인까지를 대상으로 수학 학습 수준의 발달과 성장을 측정하고 학습부진이나 학습장애에 해당하는지 여부를 알기 위한 평가로, 개별 검사이고 소요시간은 25분이다.

일부 표준화된 검사의 하위 검사에서도 수학학습장애 여부를 진단할 수는 있다. 대표적인 검사로는 기초학습기능검사(박경숙, 윤점룡, 박효정, 1989)와 국립특수교육원이 개발한 기초학력검사(KISE-BAAT)를 들 수 있다. 기초학습기능검사는 한국교육개발원에서 박경숙 등(1987)이 개발한 것으로, 유치원(만 5세)부터 초등학교 6학년(만 12세)까지 장애 및 비장애 아동의 기초학습기능의 학년 수준 및 연령 수준을 파악할 수 있도록 고안된 검사다. 검사 점수는 아동의 현재 학습 수준이 또래에 비해 어느 정도인지 확인하고, 어느 수준의 아동 집단에 배치해야 하는지 밝히며, 나아가서 선수학습능력이나 학습결손 상황을 파악하여 구체적

표준화된 수학 학력 진단평가에는 BASA, KISE-BAAT, 기초학습기능검사 등이 있다.

[그림 8-2] 기초학습기능 수행평가체제: 초기수학

표 8-2 기초학습기능 수행평가체제: 초기수학 하위 검사 영역과 검사 내용 및 문항 수

검사명	검사 내용	문항 수
수 인식	1~100까지의 수를 빠르고 정확하게 읽는 능력 측정	80
빠진 수 찾기	1~20까지의 수 중 연속된 세 수에서 수들의 배열 규칙을 찾아 빠진 수를 인식하는 능력 측정	30
수량 변별	아동이 두 수 중 어떤 수가 더 큰지를 변별하는 능력 측정	40
추정	아동이 수직선 위에서 수의 위치를 추정해 보는 능력 측정	30
전체		180

으로 개별화 교육 프로그램 작성 시 필요한 정보를 제공할 목적으로 활용될 수 있다(한국지적장애아연구회, 1993).

기초학습기능검사는 크게 정보처리(관찰, 조직, 관계 짓기), 언어(문자와 낱말의 인식, 철자의 인식, 독해력) 그리고 수(기초 개념 이해, 계산능력, 문제해결력) 등 세 영역으로 나누어져 있다. 정보처리는 정보에 대한 학습자의 지각과정, 자극에 반응하는 시각-운동과정, 시각적 기억과 양, 길이, 무게 및 크기에 대한 관찰능력과 묶기, 분류하기, 공간적 특성과 시간에 따라 순서 짓기 등의 조직능력, 학생의 추론 및 적용능력, 유추, 부조화된 관계 알기 등의 능력을 측정한다. 그중에서 수 영역은 숫자 변별, 수 읽기 등과 같은 셈하기의 기초 개념부터 간단한 사칙연산, 십진기수법, 기하, 분수, 측정 그리고 응용문제 등을 측정하는 문항들로 구성되어 있다. 문항 형식은 사지선다형이다.

국립특수교육원의 기초학력검사(KISE-BAAT)는 만 5~17세 연령층의 학생을 대상으로 하며, 수학 영역의 경우 여섯 개 하위 검사로 구성되어 있다. 규준은 유치원에서 중학교 3학년 10개 학년까지 나와 있고, 검사 소요시간은 60~90분 정도다. 제공되는 정보는 수학학력지수다.

이들 검사 이외에도 표준화 수학학업성취도검사로서 학습준비도검사를 들 수 있다. 각 검사에 대한 설명은 〈표 8-3〉과 같다.

미국의 경우 대표적인 수학학력진단용 검사로는 Key Math Diagnostic Arithmetic Test와 Stanford Diagnostic Mathematics Test(4판)를 들 수 있다. 가장 최근에 개정된 Key Math Diagnostic Arithmetic Test는 유치원생부터 9학년까지

표 8-3 국내 표준화 수학학업성취검사

검사명	검사 대상, 영역, 주요 특징
기초학습 기능검사	• 유치원부터 초등학교 6학년까지 기초능력 정도 평가 • 정보처리(관찰, 조직, 관계 짓기), 언어(문자와 낱말의 재인, 철자의 재인, 독해력), 수(숫자 변별, 수 읽기 등 셈하기의 기초 개념부터 간단한 사칙연산, 십진기수법, 분수, 기하, 측정 영역의 계산 및 응용문제 등 실생활에 필요한 기초적인 수학적 지식과 개념을 측정하는 문항으로 구성) • 학생들의 선수학습능력이나 학습결손 상황의 파악, 학생들이 부딪치고 있는 학습장애의 현상이나 요인 등을 밝혀내고 개별화 교육 프로그램(IEP)을 작성하는 데 활용 • 조기 취학의 가능 여부, 미취학 아동의 수학 기초기능 보유 여부, 선수학습 능력과 학습결손 상황 파악, 학습장애 요인 분석, 아동 학습 수준의 정상과의 이탈도를 판정, 각 학년별·연령별 규준을 설정, 학업성취도 파악 가능
초등학교 3학년 국가 수준 기초학력 진단평가	• 2002년 10월 15일 처음 시행 • 읽기, 쓰기, 기초수학의 세 영역으로 구성 • 진단평가 실시 후 학생 개인별 분석 카드를 통해 결과 제공 • 표집학교 학생에게는 진단평가 결과에 대한 개인별 분석카드 제공: 읽기, 쓰기, 기초수학의 영역별 기초학력 도달 여부, 영역별 진단 정보, 세부 영역별 도달 여부, 내용 영역별 진단 정보 등 제공 • 미달 학생을 위해 읽기, 쓰기, 기초수학의 각 영역별로 4권씩 총 12권의 『기초학력 보정교육 자료』와 『기초학력 보정교육 자료 사용 지도서』 제공
기초학력검사 (KISE-BAAT; 국립특수교육원	• 검사 대상: 만 5~17세 • 검사도구의 구성: KISE-BAAT(읽기)-7개 소검사, KISE-BAAT(쓰기)-5개 소검사, KISE-BAAT(수학)-6개 소검사 • 규준: 유치원~중학교 3학년까지 10개 학년별 • 소요시간: 과목별로 60~90분 정도 • 읽기학력지수, 쓰기학력지수, 수학학력지수 산출

기초학습기능 수행평가체제: 수학 (BASA: Math)	• 검사 대상: 초등학생 • 수학 연산 유창성을 중심으로 기초수학능력을 측정 • 기초평가와 형성평가를 통하여 학습부진과 학습장애 진단, 판별에 적용됨 　(지속적인 모니터링과 중재를 결합할 수 있음) • 검사지침서에 수학 지도 및 중재방법이 포함됨
국가 수준 학업성취도 평가	• 국가 수준 교육과정에서 규정하고 있는 교과 목표와 내용을 제대로 학습하 　였는지를 평가 • 초등학교 6학년, 중학교 3학년, 고등학교 1학년 대상으로 국어, 사회, 수학, 　과학, 영어 교과 평가 • 선택형과 서답형 및 수행 평가로 구성 • 학생 · 교사 · 학교장 설문지를 통한 교육성취도의 배경 변인 조사 병행 • 준거지향 평가로 성취수준을 보고함 • 우수학력, 보통학력, 기초학력, 기초학력 미달
ACCENT 수학학업 성취도검사	• 초등학교 저학년(1~3학년)용과 고학년(4~6학년)용으로 구분 • 검사 소요시간은 총 50분이고 제한시간을 별도로 두는 문항은 없으며, 저학 　년용과 고학년용 모두 총 30문항으로 구성, 총 30문항 대부분이 선택형 문 　항이고 단답형 문항이 일부(저학년용 8문항, 고학년용 5문항) 포함됨 • 학년별로 연산지수, 비연산지수 그리고 전체수학능력(총합)지수를 산출하 　여 평균 100, 표준편차 15인 환산점수로 환산하여 제시
Wide Range Achievement Test (3판)	• 미국의 Wide Range Achievement Test를 번역한 것 • 셈하기, 숫자나 기호 읽기, 구두나 지필로 계산하기 • 5~75세까지 대상 • 개인용 학업성취검사

출처: 이대식(2006).

의 학생들을 대상으로 하는 개인용 검사다. 이 검사의 주요 영역별 진단 항목은 〈표 8-4〉와 같다.

Key Math Diagnostic Arithmetic Test를 통해서는 총 네 가지의 다른 정보를 얻을 수 있다. 총 점수, 영역별 점수, 하위 검사 항목별 점수 그리고 각 내용별 검사 점수가 그것이다. 그중 전체 점수와 세 영역별 점수에 대해서는 표준점수(평균: 100, 표준편차: 15), 학년과 연령 점수, 백분위 점수 그리고 스테나인(Stanine) 점수를 얻을 수 있다.

Stanford Diagnostic Mathematics Test(4판)는 집단과 개인 모두에게 실시할 수 있는 수학학력진단검사로서, 1~12학년까지 기본적인 수학 개념과 수학기술을 측정하기 위한 목적으로 제작되었다. 선다형과 주관식 문항 모두 들어 있고 두

표 8-4	Key Math Diagnostic Arithmetic Test의 주요 검사 영역과 문항 수
영역	**구체적인 검사 항목 및 문항 수**
기본 개념	• 수(24문항: 0~9, 0~99, 0~999, 기타 큰 수) • 실수(18문항: 분수, 소수, 비) • 기하(24문항: 공간 속성, 2차원 도형, 도형의 변환, 3차원 도형 등)
연산	• 사칙연산(각 18문항) • 암산(18문항)
적용	• 측정(24문항: 비교, 길이, 무게) • 시간과 돈(24문항) • 추정과 근사값(18문항) • 자료 해석(18문항) • 문제해결(18문항)

출처: Taylor (2000), pp. 337-338.

가지 유사 검사가 있다. 이 검사는 여섯 가지 수준으로 나뉘어 있는데, 각 수준별로 해당되는 학년이 다르게 배정되어 있다. 각 영역은 개념과 연산의 적용에 관한 학생들의 지식을 묻는 검사들로 구성되어 있어 학생의 장점과 단점을 규명하는 데 사용된다.

Stanford Diagnostic Mathematics Test에서 얻을 수 있는 점수로는 총점, 백분위 점수, 스테나인 점수, 학년 점수 그리고 각 수준별 척도 점수 등이 있다. 또한 한 가지 독특한 점은 이 검사의 경우 현재 학생이 수업시간의 목표에 어느 정도 도달했는지를 파악하는 데 도움을 주는 향상지표(progress-indicator) 점수도 제공해 준다는 것이다.

진단검사로서 유용한 검사로는 Enright Diagnostic Inventory of Basic Arithmetic Skills 검사를 들 수 있다. 이 검사는 수학에 특히 문제를 갖고 있는 초·중·고등학생들을 대상으로 제작된 것이다. 이 검사는 전체 13개 영역으로 구성되어 있는데, 각 영역은 과제 분석을 통해 도출된 문항들로 구성되어 있다.

검사는 개인으로나 집단으로 실시가 가능한데, 크게 기본 연산, 광역 배치 그리고 기술 배치 등의 세 가지 유형이 있다. 기본 연산 검사 부분에서는 사칙연산능력을 측정한다. 광역 배치 검사 부분에서는 13개의 연산 부분별로 각 두 개의 문항씩을 제시하여 좀 더 세부적인 수학연산기술 배치검사가 필요한 부분을 찾아내기 위해 실시된다. 마지막으로, 세부 수학연산기술검사 부분에서는 총 144개의 하위 기술을 측정한다. 그 하위 기술들을 열거하면 다음과 같다.

- 12개의 정수 덧셈 기술(한 자릿수 두 수 더하기부터 받아올림이 있는 세 자릿수 두 수 더하기까지)
- 15개의 정수 뺄셈 기술(한 자릿수 두 수 빼기부터 세 자릿수에서 백의 자리와 십의 자리에 0이 있는 다른 세 자릿수 숫자 빼기까지)
- 18개의 정수 곱셈(한 자릿수 두 수 곱하기부터 십의 자리에 0이 있는 세 자릿수 수에다 두 자릿수 수를 곱하기까지)
- 22개의 정수 나눗셈(나머지가 없는 한 자릿수 두 수 간의 나눗셈에서 나머지가 있는 다섯 자릿수 나누기 세 자릿수까지)
- 8개의 분수 전환문제(가분수를 정수로 고치는 것부터 분모가 최소공배수를 포함하지 않는 3개의 분수까지)
- 10개의 분수 덧셈
- 9개의 분수 뺄셈
- 6개의 분수 곱셈
- 6개의 분수 나눗셈
- 11개의 소수 덧셈
- 11개의 소수 뺄셈
- 6개의 소수 곱셈
- 10개의 소수 나눗셈

이와 같은 검사를 통해 Enright Diagnostic Inventory of Basic Arithmetic Skills 검사는 세 가지 형태의 정보를 제공할 수 있다. 첫째, 이 검사는 학생들이 어떤 연산 영역을 숙달했는지 알려 준다. 보통 80% 이상을 맞추면 숙달된 것으로 본다. 둘째, 제시된 144개 기술 영역들은 학생들이 배우는 주요 교재 내용과 관련이 있어서 해당 교과서를 학습한 정도를 알려 줄 수 있다. 셋째, 일곱 가지 유형 (받아올림, 대체하는 과정, 생략, 방향 및 위치 인식, 기호에 주의, 추측)으로 범주화할 수 있는 233가지의 다양한 오류 분석을 제시한다.

(2) 교육과정중심측정

교육과정중심측정(Curriculum-based measurement)은 학습목표에 비추어 지속적으로 해당 학습내용을 학습한 정도를 평가하는 방법이다. 교사 제작 비형식적 검사와 다른 점은 타당하고 신뢰도가 높은 표준화된 검사 방법과 절차에 따라 교수방법의 효과를 학습한 내용의 학습 정도를 보고 판단한다는 것이다. 교육과정중심측정을 활용하기 위해서는 먼저 장기 혹은 연간 교육목표를 설정한 후 측정할 기능이나 행위를 선정한다. 그다음, 표준화된 측정방법을 사용하여 측정하고 그 결과에 따라 교수방법을 형성적으로 수정해 간다. 이를 통해 교사들은 학생들의 학습 속도나 정도를 파악하고, 언제 교수방법상의 변화가 필요한지 알 수 있을 뿐만 아니라, 학습목표의 적절성 등을 모두 한꺼번에 알 수 있다.

교육과정중심측정의 가장 중요한 기여 중의 하나는 학습자의 학습성취 정도 자료에 근거하여 교수방법을 수정할 수 있는 메커니즘과 방법을 마련했다는 점이다. 교육과정중심측정을 단순화시켜 말하자면, 특정 교육과정 내용을 중심으로 짧으면서도 신뢰도나 타당도와 같은 측정학적 특성을 우수하게 갖고 있으며 동시에 측정방법과 채점 방식이 표준화되어 있는 검사 방식을 말한다. 교육과정중심측정에서는 특히 전 학년에 걸친 교육내용을 문항의 대상 영역으로 한다. 즉, 연간 학습목표를 달성하는 데 필요한 교육내용 중에서 문항을 선발하여 제시한다. 따라서 검사 결과는 학생들이 연간 교육목표에 얼마나 도달해 가는가 하는 정도를 나타낸다. 예컨대, 의학 분야에서의 일종의 혈압계와 같은 역할을 하는 학습성취 지표라고 할 수 있을 것이다.

(3) 학급에서 교사에 의한 비형식적 검사

학급에서 일단 수학학습장애로 의심이 가는 아동들이 있을 경우, 교사는 대개 형식적 검사 이전에 비형식적 교사 제작 검사나 교육과정중심측정을 통해서 문제의 심각성을 파악해야 한다. 학급에서 교사가 아동의 현재 수학학습 정도를 진단하고 학습문제의 심각성을 진단하기 위해 간편하게 실시하는 비형식적 검사는 주로 준거지향 검사의 성격을 띠게 된다. 즉, 또래와의 상대적 위치 비교보다는 특정 교과 영역에서 현재 학생의 수행수준이 도달해야 할 기준에 비추어 어느 정도나 되는지를 알아보고자 하는 데 주목적이 있다.

비형식적 검사는 단순 연산이나 기본 수학 개념의 이해를 요하는 문제로 구성되며, 짧은 검사 시간(5분 이내)을 요하는 문항들로 비교적 문항 수가 많이 제시되는 것이 좋다. 그 이유는 일단 아동들에게 검사 시간에서 오는 부담을 줄여 주고, 또 문제해결의 속도와 정확성을 파악할 수 있기 때문이다. 적절한 문항 수는

교육과정중심측정 학습목표에 비추어 지속적으로 해당 학습내용을 학습한 정도를 평가하는 방법. 교사 제작 비형식적 검사에 비해 타당하고 신뢰도가 높은 표준화된 검사 방법과 절차를 갖추고 있음

숙달 기준에 따라 달라질 수 있다. 통상 80% 이상을 숙달 기준으로 삼았을 경우에는 5문항 이상, 90% 이상을 숙달 기준으로 삼았을 경우에는 10문항 이상을 준비해야 한다(Bryant & Rivera, 1997).

구체적인 검사 방법은, 먼저 학생이 알아야 할 교육내용이나 연간 교육목표 달성 여부를 즉각 알 수 있는 내용으로 검사를 구성하는 것에서 시작한다. 검사는 복잡하거나 어렵게 구성할 필요가 없다. 가장 기본이 되는 개념이나 연산을 묻는 문제를 제시하는데, 여기서 중요한 것은 반드시 속도검사 형태로 제시해야 한다는 점이다. 왜냐하면 학습장애아동들은 정답 자체를 제시할 수는 있지만 보통 그 과정이 오래 걸리기 때문이다. 그래야 수학문제를 해결하는 과정에서 아동들의 속도와 정확성을 동시에 알아낼 수 있다(Baroody & Ginsburg, 1991).

수학과제 해결 과정에서의 속도를 측정하려면, 기준이 되는 소위 유창성 수준이 결정되어야 한다. Bryant와 Maddox(Bryant & Rivera, 1997에서 재인용)는 내용을 잘 알고 있는 아동들이 과제를 수행하는 데 걸리는 평균 시간에 1.5를 곱해서 소위 유창성 기준(fluency criteria)을 계산해 내는 공식을 제안했다. 이에 따르면, 예컨대 이들이 열 개의 문제를 해결하는 데 걸린 시간이 70초라면, 유창성 기준은 70×1.5=100.5초(1분 40초 정도)가 된다.

일단 비형식적 검사나 교육과정중심측정에서 또래보다 심각하게 낮은 수학 학업성취를 보이는 아동들은 학습장애가 아닌 다른 요인들, 예컨대 감각적 이상이나 심리·정서적 요인이 낮은 학업성취에 관련이 있는지 여부를 조사해야 한다. 만약 다른 요인들, 즉 소위 학습장애의 배제요인들이 관여하지 않았을 경우에는 정식 의뢰를 통한 체계적인 검사를 받도록 해야 한다. 비형식적 검사에서 또래에 비해 심각하게 낮은 수학 학업성취 수준을 보이는 아동들은 수학학습장애 여부를 규명하기 위한 정밀하고 형식적인 평가를 위한 의뢰대상으로 선별된다.

(4) 불일치 정도 판단

현재 널리 수용되고 있는 능력-성취 불일치 기준에 따라 수학학습장애 정도를 판별하기 위해서는, 먼저 1~2개의 표준화된 지능검사와 표준화된 수학규준참조검사를 실시하고, 그 결과를 또래들의 결과와 비교하여 학습장애 여부를 판정한다. 현재 수학 교과 영역에서 전적으로 학습장애의 진단과 선별을 목적으로 개발된 검사는 국내에 아직 없는 실정이다. 다만, 연산 유창성을 측정하기 위한 기초학습기능 수행평가체제: 수학검사(김동일, 2006), 일반적인 수학성적을 측정하기 위한 학업성취도 평가나 국가 수준 기초학력진단평가 등을 통해 객관적인 수학성적 정보를 얻을 수 있다. 이처럼 읽기 분야에 비해 수학 분야가 상대적으로 학습장애의 진단과 평가 관련 연구나 이론이 미진한 이유 중의 하나는, 읽기 영역과 달리 수학 교과는 성격이 다른 여러 가지 하위 영역들로 구성되어 있어 한두 가지의 지표로 수학능력을 나타내기가 지표의 타당성 측면에서 용이하지 않기 때문으로 추측된다. 또한 기능이나 지식들 간 위계가 비교적 분명하여 어느 단계에 기준을 두느냐 하는 점도 간단한 문제가 아니다. 예컨대, 읽기의 경우 초등학교 4학년의 읽기 수준과 중학교 2학년의 읽기 수준은 두 학년 사이의 학습량 차이와 무관하게 어느 한 가지 검사 결과로 표현할 수 있지만, 수학 교과의 경우에는 학습량과 무관하게 측정할 수 있는 기본 기능이 아직 정확하게 규명되지 않고 있는 실정이다.

기초학습기능검사의 경우에는 다섯 개 각 하위 검사에서 현재 학년 수준에 비해 지체된 정도를 파악한다. 대체로 초등학교 저학년의 경우 1.0학년 이상, 고학년의 경우 1.5학년 이상, 중학교의 경우 2.0학년 이상 지체가 보일 경우 좀 더 정밀한 검사 실시를 의뢰한다. 물론 이것은 일반적인 학습장애 배제요인에 해당하는 경우를 제외하고 난 이후에 결정한다.

문제는 지능과 표준화 검사를 대상으로 한 능력-성취 불일치 기준의 문제점을 고려할 때 어떻게 타당하게 수학학습장애를 판별할 수 있을 것인가 하는 점이다. 읽기 분야에 비해 수학 분야는 상대적으로 수학 교과 학습에 결정적으로 영향을 미치는 기초학습기능이 많이 알려져 있지 않으며, 이론적으로도 체계화되어 있지 않은 실정이다. 수학 분야에서 읽기 분야의 음소인식능력에 해당하는 기초학습능력의 예를 든다면 단순 사칙연산능력이 있을 것이다. 문제는 읽기에서의 음소인식능력과 달리 단순 사칙연산능력은 취학 전 아동들을 대상으로 측정할 수 없다는 점이다. 적어도 초등학교 2학년 단계가 지나야만 다양한 문제들을 가지고 단순 연산능력을 측정할 수 있다.

취학 전 아동들의 경우에 앞서 두 평가 방법으로는 수학학습장애 여부를 판단할 수 없다. 왜냐하면 이들은 아직 수학 내용 영역을 학습하지 않았기 때문이다. 결국 아직 수학 내용을 접하지 않은 취학 전 아동들을 대상으로 해서는 장차 수

심각한 불일치 기준 대개 1.5학년 이상 혹은 평균으로부터 1.5표준편차 이상이다.

학 학습과 관련이 깊은 기능들의 발달 정도나 기능 정도를 진단하는 것이 유일한 방법일 것이다. 이들을 대상으로 해서는 비형식적 수학 관련 기본 개념의 이해 정도, 주의집중력, 지각-운동 협응능력, 시각-지각 협응능력 등을 측정할 수 있을 것이다.

(5) 면담과 관찰을 통한 평가

아동의 수학 교과 활동을 체계적으로 관찰하고, 이전 학년 담임과 부모와의 면담 등을 통해 수학 학습부진 혹은 수학학습장애의 설명 가능한 원인을 규명하도록 한다. 예컨대, [그림 8-3]의 분수 문제 풀이 예에서, 위 문제에서는 왜 분모에 10이 왔는지, 아래 문제에서는 왜 자연수가 2가 되고 분모가 13이 되었는지 학생의 답안만 봐서는 도무지 알기 어렵다. 이런 경우에는 반드시 해당 학생에게 어떻게 해서 이러한 답이 도출되었는지 면담을 하든지 아니면 학생이 문제를 푸는 과정을 자세히 관찰해야 무엇을 어떻게 잘못하고 있는지를 알 수 있을 것이다.

$$3\frac{2}{4} - 1\frac{3}{4} = \boxed{1\frac{9}{10}}$$

$$5\frac{1}{2} + \frac{3}{4} + 2\frac{4}{7} = \boxed{2\frac{8}{13}}$$

[그림 8-3] 수학 평가에서 면담이나 관찰이 필요한 경우 예

(6) 평가 대상별 검사 유형

취학 전 아동들의 경우에는 수학 교과를 본격적으로 학습하지 않았기 때문에 일반적으로 활용되고 있는 '능력-성취 불일치 기준'을 사용할 수 없다. 대신 이들에게는 비형식적 수학 관련 기본 개념의 이해 정도, 주의집중력, 지각-운동 협응능력, 시각-지각 협응능력 등을 측정할 수 있을 것이다.

취학 후 아동들에게는 기본적인 사칙연산능력을 측정하는 것이 유용하다. 예

컨대, 50~100개의 간단한 연산문제로서 1~2분 동안의 검사 결과만으로도 아동들의 수학학습능력을 간단히 측정할 수 있다. 이러한 교육과정중심측정 결과는 표준화 검사에서의 수학성적을 60~70% 이상 예언하는 것으로 나타나고 있다 (Marston, 1989). 간단한 사칙연산문제가 아동들의 수학학습능력을 검증하는 하나의 수단이 될 수 있는 것은 그러한 문제들이 연산의 정확성과 신속성을 나타내는 지표로서의 역할을 하기 때문이다. 연산의 신속성과 정확성은 간단한 연산문제뿐만 아니라 고등 수준의 수학과제 해결에도 필수적인 기초학습기능이다 (Geary, 1993).

취학 전이든 취학 후이든 일단 또래에 비해 심각하게 낮은 성취수준을 보이는 아동은 일단 학습장애의 위험을 안고 있다고 보아야 한다. 물론 이들을 공식적으로 학습장애로 판명하기까지는 여러 가지 절차들이 필요하지만 교수—학습 차원에서는 원인 규명에 앞서 당장에 효과적인 교수방법을 적용하는 것이 급선무다(이대식, 2001). 어느 정도 차이가 있을 때 '심각한 차이'로 보는가 하는 것은 해당 아동이 처해 있는 주변 여건이나 상황에 따라 적절하게 정해질 수 있다. 예컨대, 저학년의 경우에는 그 기준이 고학년보다는 낮아야 할 것이다. 또한 전반적으로 성적이 상위권인 아동들이나 하위권인 아동들이 다수를 차지하고 있는 상황에서도 그 기준은 달리 정해져야 할 것이다. 핵심은 또래를 어떤 집단으로 볼 것인가 하는 점인데, 그 판단 과정에서 주변의 문화나 전반적인 학습능력, 교육과정 등이 고려될 수 있다.

4. 수학 평가에 대한 대안적인 접근들

수학학습장애의 여부 확인을 하는 데 있어서 최근에 대두되고 있는 의견은 더이상 수학 학습 정도는 종이와 연필을 사용한 시험 점수로서 나타낼 수 없다는 점이다. 즉, 수학 학습능력은 단순히 계산문제나 문장제 응용문제를 정확하게 해결했느냐로 판단할 수 없게 되었다. 그 이유는 미국수학교사협의회(NCTM)에서도 주장했듯이, 이상적으로 수학을 학습한 상태는 단순히 계산문제를 해결할 수 있는 것뿐만 아니라 적어도 수학적으로 사고하고, 수학적으로 문제를 해결하며, 수학적인 태도를 갖고, 수학 개념을 수학적으로 활용하는 것까지를 포함해야 할 것을 요구하고 있기 때문이다.

이러한 흐름을 반영하기 위해서 최근에 새로운 평가 방법이 수학교육에 많이 도입되고 있다. 그 대표적인 방법들이 역동적 평가(dynamic assessment), 포트폴리오 평가(portfolio assessment), 수행 평가(performance assessment) 그리고 진 평가(authentic assessment) 등이다. 그중 여기에서는 포트폴리오 평가와 오류 분석에 대해 좀 더 알아보고자 한다.

1) 포트폴리오 평가

포트폴리오 평가란 일정 기간 학생에 의해 수행된 관찰 가능한 증거에 대해 평가하는 활동을 말한다. Paulson 등(1991)은 포트폴리오 평가를 다음과 같이 정의하였다. "하나 혹은 그 이상의 교과 영역에서 학생의 노력, 향상 정도 그리고 학업성취 정도를 나타내는 학생활동이나 그 결과물의 유목적적인 수집활동이다. 수집할 때에는 평가내용 선정과정의 학생 참여, 평가내용 선정 기준, 평가활동의 유용성 기준 그리고 학생의 자기성찰 증거 등을 반드시 포함해야 한다." (Taylor, 2000, p. 138에서 재인용)

포트폴리오 평가는 문제해결 과정에 초점을 두어 학생의 학습 진행 정도를 파악함으로써 학습목표 달성 여부는 물론, 추후 교수활동에 참고할 만한 정보를 제공할 수 있는 유용한 도구다. 이미 학습장애아동으로서 개별화 교육 프로그램을 수행하고 있을 경우, 평가내용은 물론 개별화 교육 프로그램의 틀 내에서 선정되어야 한다. 수학 교과에서의 가시적인 수행 결과물 평가의 예로서는 문제해결 과정의 기술 및 다이어그램, 과제해결 결과물의 비디오, 오디오, 기타 컴퓨터 프로그램 산물 그리고 수학 탐구과제에 대한 보고서 등을 들 수 있다.

2) 오류 분석

오류 분석 오류 분석의 핵심은 미리 오류를 예상하고 각 오류 유형을 확인할 수 있는 문항을 개발하여 학생이 실제로 그 문항을 풀 기회를 줘야 하며, 필요하다면 그 과정을 밀착 관찰하는 것이다.

교수과정에서 학생이 갖고 있는 학습문제의 유형과 성격을 정확히 파악하고 그에 따라 효과적인 중재 방안을 내리는 것을 주요 목적으로 하는 검사로는 대표적으로 오류 유형 분석을 들 수 있다. 수학교육 영역에서 오류 유형 분석과 교정은 단순히 수학 진단 평가를 위해서뿐만 아니라 교수목적 달성을 위해서도 이

글상자 8-3 수학 연산과정의 오류 진단 · 교정을 위한 9단계 모형

- 학생들의 계산 자료를 확보한다.
- 학생 면담을 통해 문제해결 과정을 분석한다.
- 오류를 분석하고 오류의 유형을 규명한다.
- 가장 중요하고 두드러진 오류를 선택하여 학생에게 명확히 보여 준다.
- 정확한 해결 방법, 절차 혹은 과정을 보여 준다.
- 정확한 문제해결 전략을 선정한다.
- 적절한 연습을 한다.
- 숙달 기준을 설정한다.
- 수행 정도를 평가한다.

제는 거의 필수적인 과정 중의 하나로 인식되고 있다. Enright 등(1988)은 다음과 같이 수학 연산과정에서의 오류를 진단하고 교정하기 위한 9단계 모형을 제시하였다(〈글상자 8-3〉 참조).

그러나 Enright의 9단계처럼 일반적인 절차나 방법상의 제언들은 자칫 중요한 사항에 대해서는 주의를 소홀히 하게 만들 우려가 있다. 수학학습장애아동들의 오류 분석을 위해서는 몇 가지 고려사항이 있다.

첫 번째 고려사항은 학습장애아동들이 매우 다양한 형태의 오류를 범한다는 것이다. 그러나 중요한 점은 그들이 스스로 그러한 다양한 형태의 오류를 보이는 것이 아니라 다양한 형태의 오류를 범할 기회가 있어야 한다는 점이다. 이는 교사가 학생들이 다양한 유형의 오류를 범할 수 있도록 내용을 조직하고 제시해 주어야 함을 의미한다. 학습과정에서 드러나지 않는 오류에 대해서는 논리적으로 학생들이 스스로 그러한 오류를 교정할 것이라는 믿음을 가질 수 없다. 일반아동들의 경우에는 상대적으로 높은 일반화 능력에 근거하여 직접 교사가 가르치지 않았거나 다루지 않은 오류 유형이라 할지라도 스스로 교정할 수 있는 경우를 상정할 수 있지만 학습장애아동들의 경우에는 그렇지 않다.

가능한 한 최대한의 오류를 범할 수 있는 기회를 제공하기 위해서는 우선 해당 영역에서 필요한 기능과 지식을 최대한 철저하게 분석하여 조금이라도 상이한 접근이나 일반화 혹은 전이, 적용을 요하는 과제는 모두 개발해야 한다. 즉,

교사가 아동이 어떠한 오류를 범할 것인지 그리고 그 오류는 어떠한 과제를 통해서 확인할 수 있을지를 알기 전에는, 그리고 실제로 시행하기 전에는 아동의 오류는 추적이 불가능하고 그 오류의 교정도 불가능할 것이다.

예컨대, 분모가 다른 분수의 덧셈과 뺄셈을 하는 데에는 적어도 세 가지 다른 유형의 분수셈이 있다. 첫째, 두 분모가 공통약수를 갖지 않을 경우, 둘째, 하나의 분모가 다른 분수의 배수이거나 약수인 경우, 셋째, 두 분모가 제3의 숫자(예: 4와 6의 경우 12)를 최소공배수로 갖고 있는 경우다. 이 세 가지 경우, 분수식을 해결하는 과정은 약간씩 차이가 난다. 제대로 문제를 해결했다는 것을 보이기 위해서는 이 세 가지 분수셈을 약간씩 다르게 해결해야 할 것이다.

$$① \ \frac{1}{2} + \frac{1}{4} \qquad\qquad ② \ \frac{2}{3} + \frac{3}{4} \qquad\qquad ③ \ \frac{3}{4} + \frac{5}{6}$$

두 번째 고려사항은 한 가지 오류 유형의 진단 및 처치가 반드시 다른 유형의 오류를 감소시키거나 없애 주지는 않는다는 점이다. 일반아동의 경우, 약간 문제가 변형되어도 학습한 기술이나 지식을 적용하는 데 큰 어려움을 겪지 않을 수 있다. 하지만 학습장애아동들의 경우에는 다르다. 오류를 범하는 즉시 그 자리에서 교정해 주고, 반복 연습을 통해 숙달에 이르도록 해야 비로소 오류를 범할 가능성이 줄어들 것이다.

〈표 8-5〉는 뺄셈에서 아동들이 흔히 보이는 오류의 유형과 원인 진단 및 교정 방법을 정리한 것이다. 우선, 두드러진 특징은 아동들이 두세 자리 뺄셈에서도 여덟 가지나 되는 오류를 범할 수 있다는 점이다. 이 오류들을 대략 분류해 보면, 연산 방법을 잘못 선택함, 기호나 숫자를 잘못 지각함, 계산상의 오류, 무작위 응답, 연산 전략의 오류 등을 보인다. 단순히 아동들의 과제 해결 결과나 시험 답안만 고려할 경우에는 모두 틀렸으니 0점이라고 할 수 있을 것이다. 자, 이제 어떻게 할 것인가? 다들 학습이 덜 된 것 같으니 연습을 더 시킬 것인가? 아니면 어느 하나의 문제를 택해서 풀이과정을 보여 주고 숙제를 더 내줄 것인가? 확실한 것은 그 여덟 가지 오류 유형을 모두 명시적으로 교사가 교정해 주지 않는 한 학습장애아동은 동일한 오류를 반복할 가능성이 매우 높다는 점이다.

세 번째 고려사항은 아동이 오류를 보이면 즉시 정확하고 구체적으로 교정해 주어야 하며, 반드시 충분한 연습을 통해 숙달하도록 해야 한다는 것이다. 선행

4. 수학 평가에 대한 대안적인 접근들

표 8-5 뺄셈에서의 오류의 유형과 대응 방안

오류 유형		오류 진단	대응 방안
$^3 4^1 37$ $-1\ 80$ $2\ 47$	$^5 6^1 3$ $-2\ 8$ $3\ 4$	단순 연산 오류(13-8)	13-8의 반복 연습
$3^1 4$ $-1\ 8$ 26	$3^1 52$ -71 381	하위 기술 부족: 받아내림을 하지 않았음	1을 받아내린 현재 숫자를 지우고 새로운 숫자를 쓰는 연습
34 -18 24	72 -36 44	전략 오류: 연산을 거꾸로 함	기본연산 연습
$^2 3^4 0^1 4$ $-2\ 1$ $271\ 3$	$^5 6^1 4$ $-2\ 1$ $31\ 0$	전략 오류: 받아내림 부정확	받아내림 절차 연습
$^7 63$ -48 35	$^3 51$ -2 39	단순 연산 오류(빼기 1)	빼기 1 연습을 하든지, 오류를 보이는 문제 반복 연습
34 -14 49		하위 기술 부족: 부호 혼동	부호에 동그라미를 치고 문제를 풀게 함
$^2 30^1 4$ $-2\ 6$ $28\ 8$		하위 기술 부족: 십의 자리에 0이 있는 경우 어려움(부적절한 받아내림)	필요시 10-1 연습 후 0이 있는 숫자에서의 받아내림
$^2 3^9 02$ -41 $2\ 511$	$^3 4^1 0^1 2$ $-5\ 2$ $34\ 1\ 0$	전략 오류: 받아내림 부정확	받아내림 절차 연습

출처: Silbert et al. (1990), p. 184.

연구에 의하면, 오류는 발생하는 즉시 직접 교정해 주는 것이 효과적이다. 또한 학습장애아동들은 단순히 오류를 지적받았다고 해서 혹은 자신의 오류를 깨달았다고 해서 오류를 범할 가능성이 아주 없어지지 않는다. 오류를 지적하는 것과 함께 충분한 연습을 시켜서 학생이 그 오류에서 완전히 '자유롭게' 만들어야 한다. 오류의 반복 여부를 확인하는 데에는 새로운 유형의 과제를 주어 일반화 능력을 살피는 것이 가장 효과적인 방법이다.

　오류 분석을 위해서는 진단 문항을 어떻게 개발하는지가 매우 중요하다. 왜냐하면 학생들의 오류 특징은 교사가 어떤 문항(혹은 과제)을 제시하고 그에 대해 해당 학생이 어떻게 반응하는지에 근거하여 파악될 수밖에 없을 것이기 때문이다. 일반적으로, 오류 분석을 위한 진단 평가는 먼저 학생이 도달하기를 기대하는 상태(지식, 기능, 규칙, 태도 등)를 가급적 구체적 · 세부적 · 행동적으로 진술하는 것에서 시작되어야 한다. 그런 다음, 진술된 기대 상태에의 도달 여부를 객관적으로 알 수 있는 지표를 설정한다. 이어서 설정한 지표를 드러내는 문항을 개발하여 학생에게 검사 형태로 실시하는데, 이때 문항은 가급적 정답 자체를 요구하기보다는 풀이과정을 상세하게 드러낼 수 있는 형태로 제작한다. 채점과 평가는 기본적으로 단위 기능이나 정보별로 실시한다.

5. 마치는 말

수학학습장애아동들을 대상으로 한 평가는 평가 결과의 활용 목적에 따라 다양한 유형의 도구와 검사 절차가 필요하다. 심층적인 진단을 위한 선별이 목적인지, 특정 영역에서 학생이 보이는 오류 유형을 파악하여 그것을 교정하는 것이 목적인지 혹은 필요한 사전 기술을 소유하고 있는지 등에 관한 정보는 한 가지 형식의 평가에서 모두 알아낼 수 없다. 해결해야 할 문제나 달성하고자 하는 목적에 따라 교사들의 분별 있는 평가가 요구된다. 수학 평가와 관련하여 흔히 간과하기 쉬운 원리 중의 하나는 수학 평가가 제공될 수 있는 정보는 수학 평가 문항 제작자의 수준을 넘을 수 없다는 점이다. 평가의 목적이 궁극적으로 수학 학습문제를 해결하기 위한 지도에 필요한 정보를 타당하고 신뢰도 높게 제공하기 위한 것이라면, 평가 제작자는 수학 학습과 관련하여 학생들이 지도를 요하는 분야를 파악하고 있어야 할 것이다. 이는 평가자가 아동이 특정 수학 학습문제를 해결하는 데 거쳐야 하는 절차나 단계, 하위 기술이나 내용 및 개념 그리고 이들 간의 상호 위계나 관련성을 그야말로 완벽하게 이해하고 있으면서, 동시에 그중에서 아동이 어느 부분에서 특히 취약할 것인지를 짐작하고 있어야 함을 의미한다. 결국 유용한 수학 평가는 다음 장에 소개될 효과적인 수학 지도에 관한 이해를 기반으로 하고 있다고 할 수 있다.

제 9 장

수학 지도

1. 효과적인 수학 지도 방법의 조건

제8장에서는 수학 학습문제 해결을 위해 해당 문제를 규명하고 정의하며, 문제해결의 대안을 도출하기 위해 필요한 정보를 얻는 평가 지식과 기술을 다루었다. 평가와 지도가 유기적으로 연관되기 위해서는 평가 정보가 수학학습장애 문제를 해결하는 데 유용하게 활용되어야 한다. 제8장의 평가를 통해 드러난 수학학습장애의 문제는 대체로 다음과 같았다.

- 또래보다 심각하게 낮은 수준의 수학 성취도를 보인다.
- 일찍부터 수학 학습에 어려움을 보이고, 그 어려움은 시간이 지나도 별로 개선되지 않는다.
- 누적된 학습결손을 보인다.
- 인지적 영역뿐만 아니라 정의적 영역에서도 누적된 학습결손으로 인한 자신감의 상실, 수학 교과에 대한 흥미 감소 등 또래보다 수학 학습에 불리한 특징을 보인다.
- 누적된 학습결손과 상대적으로 낮은 인지능력을 감안할 때, 또래에 비해 상대적으로 짧은 시간 안에 더 많은 내용을 학습해야 또래와 비슷한 수준의 학업성취를 보일 수 있다.
- 개인 내와 개인 간 수학 각 단원 내용별로 나타나는 학습장애 정도가 다양할 수 있다.

이 장에서는 대안의 탐색과 적용을 통해 수학학습장애 문제해결을 위한 다양한 지식과 기술을 다룬다. 우리가 먼저 인식해야 할 것은 수학학습장애아동들이 갖고 있는 특성을 고려할 때, 이들을 효과적으로 지도하기 위해서는 특별한 대응 방안이 필요하다는 점이다. 예컨대, 일반학생이 단순 사칙연산을 잘 못할 경우에 대개 교사는 한두 번 설명을 해 주거나 추가로 개인 연습과제를 제시하여 문제를 해결할 수 있을 것이다. 하지만 단순 연산의 정확성이 70~80% 이하에 머물고, 문제해결 시간이 오래 걸리며, 지속적으로 자릿수를 맞추지 못하는 등의 문제를 보이는 학생들의 경우에는 특수하게 고안된 교수법을 사용해야 한다.

효과적인 수학 지도방법을 논할 때에는 연구에서 검증된 것인지, 교실 현장에 적용하기 적절한지, 내용의 특성을 고려한 것인지 등을 고려해야 한다.

수학학습장애아동들을 위한 효과적인 수학 지도법을 논할 때는 적어도 세 가지를 고려해야 한다. 첫째, 잘 통제된 실험연구에 의해 특정 지도 방법의 효과가 경험적으로 검증되었는가 하는 것이다. 역사적으로 제안된 수많은 교수이론이나 지도 방법을 보면, 경험적 근거보다는 주장하는 사람의 개인적 견해나 신념, 제안된 방법의 철학이나 이념 혹은 그 지도 방법에 대한 사회적 분위기에 따라 특정 교수방법이 유행하다가 일정 기간 후에는 다른 교수방법이 그 자리를 대신하는 경우가 많았다(이대식, 2000).

둘째, 제안된 지도 방법이 일선 학교에서 교사들이 적용하기에 용이한가 하는 것이다. 어떤 지도 방법이 아무리 효과가 좋다고 해도 그것을 학급에서 적용하기에 비용이나 효과 및 인력 측면에서 어려움이 많다면, 일선 학교 교사들에게 별로 도움을 주지 못할 것이다. 예컨대, 5~6명의 소규모 집단을 대상으로 한 학생들의 자발적인 활동이 많이 포함된 지도 방법을 25~30명 정도의 다양한 수준의 학생들이 입급되어 있는 상황에 적용하기에는 현실적으로 어려움이 많다.

셋째, 모든 수학학습장애아동들에게 모든 수학 내용에 대해 효과적인 지도 방법을 찾는 것은 현실적이지 않다. 수학학습장애의 원인과 나타나는 현상은 매우 다양하다. 또한 수학 교과 내의 각 내용 영역별로 학습에 요구되는 기능과 지식이 다른 교과에 비해 상대적으로 이질적인 점도 교수활동을 어렵게 만드는 요인이다(예: 연산, 문제해결, 도형, 확률 등과 같은 과제 해결에 필요한 기능과 지식을 생각해 보기). 따라서 이후에 제시되는 지도 방법들도 각 학생의 특성과 내용의 성격을 고려하여 실제로 적용되어야 한다.

2. 일반적인 수학 지도 방법

지금까지 제안된 수많은 수학 지도 방법 중에서 앞서의 세 가지 고려사항을 비교적 충실히 만족시킨다고 간주되는 접근으로는 명시적 교수(explicit instruction), 교육과정과 수업과정의 재조직, 직접교수법, 교육과정중심측정(curriculum-Based

Measurement: CBM) 자료를 활용한 목표구조의 활용, 통합학급에서의 수학학습장애학생 지도, 컴퓨터 및 전자계산기의 사용, 그리고 인지 전략의 활용 등을 들 수 있다. 물론 이 접근들은 다른 교과의 교수에도 효과적으로 사용될 수 있고 또 효과가 있음이 많은 연구에서 밝혀졌다. 이 중에서 인지 전략의 활용은 수학 문장제 응용문제 지도법 부분에서 자세히 다루기로 하고, 이 장에서는 나머지 지도방법들을 개관하고자 한다.

1) 명시적 교수

일반적으로 일반학생들을 대상으로 한 수학 수업에서는 탐구하고 발견해서 스스로 문제를 해결해 나가는 것이 바람직한 것으로 권장될 수 있지만, 수학학습장애학생들에게는 명시적 교수(explicit instruction)가 효과적이다(Baker, Gersten, & Lee, 2002; Carnine, 1997; Gersten & Carnine, 1994). 명시적 교수란 〈표 9-1〉과 같이 분명하고 정확하면서 애매하지 않게 내용을 전달하는 것이다. 어떤 수업이 명시적이려면 다음과 같은 요소들을 포함해야 한다.

첫째, 문제를 풀거나 과제를 해결해야 하는 상황이라면 교사가 먼저 그것을 어떻게 풀거나 해결하는지 학생들이 이해하기 쉽게 시범을 보여 주어야 한다. 이때 중요한 점은 시범은 어디까지나 학생이 이해하고 따라 할 수 있을 정도로 명쾌하고, 구체적이며, 분명해야 한다는 것이다. 개념을 학습하는 상황이라면 명확하게 정의를 내려 주고 그에 해당하는 예와 예가 아닌 것을 들어 주는 것이 이 단계에 해당한다고 볼 수 있다.

둘째, 시범 후에 곧바로 학생이 문제를 풀거나 과제를 해결하도록 요구하기보다는 비계설정(scaffolding) 원리를 적용하여 점진적으로 지원을 감소해 나가면서 궁극적으로 학생이 혼자 해결해 나갈 수 있도록 한다.

셋째, 초기 학습 단계에서 다른 것과 혼동하거나 정확하게 이해하지 못하는 일이 없도록 가급적 풍부하고 다양한 예를 동원하여 변별 연습을 확실하게 시킨다. 예를 들어, 뺄셈에서 받아내림을 언제 하는 것인지 확실하게 알도록 하여 무조건 큰 수에서 작은 수를 빼거나 받아내림이 필요하지도 않은데 받아내림을 하는 일이 없도록 하려면 〈표 9-1〉에서와 같이 다른 조건은 같게 하면서 오직 받아내림 조건만 변화시키고, 예를 제시하며, 시범을 보이는 것이 필요하다.

명시적 교수가 되려면 교사의 시범, 비계설정, 풍부하고 다양한 예 등이 필요하다.

표 9-1 명시적 교수의 예(받아내림이 있는 두 자릿수 뺄셈 지도)

교사	학생
Part A: 받아내림이 필요할 때 ① (칠판에 다음과 같이 적는다.) $\begin{array}{r} 75 \\ -\ 49 \\ \hline \end{array}$ "뺄셈에서 받아내림을 할 때 규칙은 이렇습니다. 작은 수에서 큰 수를 뺄 때에는 받아내림을 해야 합니다. 내 차례예요. 언제 받아내림을 해야 한 다고요? 작은 수에서 큰 수를 뺄 때입니다. 여러분 차례예요. 언제 받아내 림을 한다고요?" (학생들이 스스로 잘 말할 때까지 이 단계를 같이 반복한다.)	"작은 수에서 큰 수를 뺄 때입니다."
② (5를 가리키며) "일의 자리에서 무슨 수부터 시작하죠?" "5에서 9를 빼야 합니다. 받아내림을 해야 하나요?" (멈춘 후 신호를 준다.) "맞아요. 작은 수에서 큰 수를 빼야 하기 때문에 받아내림을 해야 합니다. 9는 5보다 큽니다."	"5" "예."
③ (칠판에 다음 문제를 적는다.) $\begin{array}{r} 75 \\ -\ 43 \\ \hline \end{array}$ "일의 자리에서 어떤 수부터 시작하나요?" "어떤 수를 빼죠?" "3을 빼면 받아내림을 해야 하나요?" (멈춘 후 신호를 준다.) "받아내림을 하지 않죠. 작은 수에서 큰 수를 빼지 않았습니다."	"5" "3" "아니요."
④ (칠판에 다음 문제를 적는다.) $\begin{array}{r} 38 \\ -\ 27 \\ \hline \end{array}$ "일의 자리에서 무슨 수부터 시작하나요?" "무슨 수를 빼죠?" "받아내림을 해야 합니까?" "왜 그렇죠?"	"8" "7" "아니요." "작은 수에서 큰 수를 빼지 않기 때문입니다."
⑤ (다음 문제를 가지고 단계 4를 반복한다.) $\begin{array}{r} 38 \\ -\ 29 \\ \hline \end{array}$ $\begin{array}{r} 42 \\ -\ 37 \\ \hline \end{array}$ $\begin{array}{r} 42 \\ -\ 30 \\ \hline \end{array}$ $\begin{array}{r} 42 \\ -\ 33 \\ \hline \end{array}$ (몇 명의 아동을 대상으로 개별적으로 시켜 본다.)	

2) 교육과정과 수업과정의 재조직

내용을 어떻게 조직하고 어떤 순서로 제시하는가 하는 교수-학습 자료 설계 상의 특징이 학습에 미치는 영향은 보통의 학생보다 학습에 어려움을 겪는 학습 장애아동이나 학습부진아동들에게 있어서 상대적으로 더 크다(Carnine, Jones, & Dixon, 1994). Carnine 등(1997)은 미국 일선 학교에서 사용되고 있는 사설 출판사들의 교재를 효과적인 수업 및 교수-학습 자료 설계 특징을 중심으로 면밀히 검토했다. 놀랍게도 많은 교수-학습 자료들이 핵심 아이디어 전달, 적절하고 풍부한 예의 제시, 학생들의 오해 가능성을 막기 위한 내용의 전달 등의 측면에서 심각한 문제점을 지니고 있었다. Kelly 등(1990)은 고등학생들이 분수를 배우는 데 있어서 교수-학습 자료 내용을 어떻게 조직하고, 어떤 특징을 가진 예나 연습과제를 어느 정도 분량으로 제시하며, 내용을 어떤 순서로 제시하는가 하는 점이 학습에 중요한 영향을 미친다고 주장했다.

학습장애아동이나 학습부진아동 교육에 있어서 현행 교수-학습 자료의 문제점 중 하나는 그것이 학습장애나 학습부진을 겪고 있는 학생들 입장에서 조직되고 개발되었다기보다는 일반아동, 심지어는 이미 내용을 알고 있는 사람이나 성인의 입장에서 조직되고 개발되었다는 점이다. 예컨대, 현행 수학 교과서나 익힘책의 경우, 학습장애아동이나 학습부진아동이 따라가기에는 내용의 제시 순서가 너무 빠르고 축약적인 경우가 많다. 또한 연습할 예제도 매우 적은 실정이다(이대식, 장수방, 2002; [그림 9-1] 참조).

그동안 많은 연구들이 교수-학습 자료의 효과적인 조직과 계열화를 포함한 설계 원리를 제안하고 또 그 효과를 경험적으로 검증해 왔다. 다음의 일곱 가지 설계 원리는 그와 같은 과정을 거쳐서 다양한 배경의 학습자들과 다양한 영역의 교과 영역을 상대로 도출된 것들 중 일부다(Carnine, Dixon, & Silbert, 1998).

> 주변의 수학 학습 교재나 학습지, 교과서 등을 일곱 가지 설계원리에 비추어 평가해 보자.

- 학생들에게 전달하고자 하는 주요 개념(big ideas)을 명료화한다. 꼭 알아야 할 지식이나 기술, 개념, 아이디어를 가장 확실하고 효과적으로 숙달할 수 있도록 교육과정을 조직하는 것이 필요하다.
- 각종 학습 전략이나 인지 전략을 활용할 경우에는 그 필요성, 효과 그리고 활용 방법과 활용 절차를 학생들에게 명확히 보여 주거나 납득시킨다.

• 시작하기 전

① 학습목표의 명료화: 해당 차시나 단원에서 반드시 학습해야 할 내용이나 기술이 무엇인지 가급적 관찰 가능한 형태로 진술한다.

② 선행학습 정도 확인
 - 가분수 개념, 자연수 개념, 분자와 분모 개념 이해 정도 확인
 - 자연수를 분수로, 분수를 자연수로 변환하는 능력 소유 여부 확인

• 학생들에게 물어 보기 전

③ 새로운 내용이나 기술 명시적 교수
 - 대분수 표기 방법, 대분수 개념 등을 명시적으로 교사가 먼저 시범을 보이고 설명한다.

④ 전략의 명시적 교수
 - 가분수를 대분수로 고치는 절차를 step-by-step으로 제시하고 이를 명시적으로 교사가 시범 보인 후 학생들로 하여금 그 절차를 이행하도록 한다.

• 주요 개념 명료화

⑦ 주요 개념(big ideas)의 명료화
 - 꼭 알아야 할 지식이나 기술, 개념, 아이디어를 확실하게 학습하도록 한다.

활동 4 가분수 $\frac{15}{6}$ 를 대분수로 나타내는 방법을 알아보라.

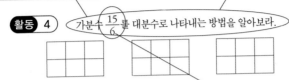

• 가분수 $\frac{15}{6}$ 만큼 앞에서부터 차례로 색칠하라.

• 완전하게 색칠한 직사각형은 몇 개인가?

• 가분수 $\frac{15}{6}$ 를 대분수로 나타내라.

$$\frac{15}{6} = \square \frac{\square}{\square}$$

• 왜 그렇게 나타내었다고 생각하는가?

• 예의 수와 유형

⑥ 충분하고 다양한 예 활용
 - 가분수를 대분수로 나타내는 연습은 최소한 10개 내외의 다양한 예 활용
 - '익히기'에 제시된 예들은 모두 자연수가 우연히도 3으로 동일하여 예의 다양성이 부족하다. 자연수로 나누어 떨어지는 예도 포함시킬 필요가 있다.

• 수업 진행

⑤ 비계설정(scaffolding) 원리 구현
 - 학생이 스스로 익히기 문제를 시도하기 전 가분수를 대분수로 나타내는 능력이 어느 정도 익숙해질 때까지 점진적으로 교사의 지원을 감소시키는 것이 필요하다.

가분수를 대분수로 고치는 방법

활동 3과 활동 4에서 공부한 것을 생각하여 가분수를 대분수로 고치는 방법을 찾아보라.

$\boxed{\frac{13}{4}} \rightarrow 3\frac{1}{4}$ $\frac{15}{6} \rightarrow 2\frac{3}{6}$

• 분모는 어떻게 되었는가?
• 자연수는 어떻게 만들어졌는가?
• 분자는 어떻게 되었는가?

익히기

가분수를 대분수로 나타내라.

$\frac{7}{2}$ $\frac{11}{3}$ $\frac{17}{5}$

[그림 9-1] 학습장애아동을 위한 현행 수학 교과서 수정 가능 항목의 예

- 교사는 학생에 대한 지원을 점진적으로 줄여서 마침내 학생 스스로 학습해 나갈 수 있도록 비계설정 원리를 구현한다.
- 학습하고자 하는 개념이나 아이디어와 관련이 있는 다른 여러 교과목의 내용들을 의미 있고 요령 있게 통합시킨다.
- 본 내용을 학습하는 데 필수적인 사전 배경지식을 확인하고 준비시킨다.
- 복습은 누가적(累加的)으로, 자주, 다양한 유형의 과제를 가지고 충분하게 시킨다.
- 충분하고 다양한 예를 제시한다.

3) 직접교수법

직접교수법은 *The theory of instruction*의 저자인 Engelmann과 Carnine 등이 직접교수법 원리에 따라 학습부진아동과 학습장애아동 등을 대상으로 읽기, 쓰기, 산수, 추리 등의 분야에 대한 많은 교수–학습 자료를 직접 개발하고 이를 현장에 적용하기 시작한 이후로 미국에서는 대표적인 교수법 중의 하나로 알려져 있다. 지금은 미국의 여러 지역에서 직접교수법 지지자들을 회원으로 하는 직접교수법학회가 있고, 정기적으로 학술 워크숍과 현직교사 재교육 등 다양한 프로그램이 진행되고 있다. 또한 상업적 목적으로 개발된 직접교수법 교재들은 읽기, 쓰기, 산수, 추리력 등 다양한 영역에 걸쳐서 많은 학교에서 주로 특수교육 대상 학생들(주로 학습장애아동)을 상대로 활용되고 있다. 학술적으로도 직접교수법의 인상적인 효과를 최초로 보고했던 'Project Follow Through' 연구 이후 전문학술지의 수많은 연구물들이 다양한 교과내용과 다양한 인구학적 특성을 가진 학습자들을 상대로 직접교수법의 효과를 보고해 오고 있다(이대식, 2004; Adams & Engelmann, 1996).

직접교수법의 특징과 원리를 자세히 소개하는 것은 이 장의 범위를 넘어선다. 개략적으로 설명하자면, 직접교수법의 특징은 크게 내용 조직 방식과 교사의 수업 진행 방식에서 찾아볼 수 있다. 먼저, 내용을 조직하고 제시할 때 논리적 위계와 과제 분석 기법 원리를 적용한다. 이는 학생들에 대한 직접교수법 주장자들의 기본 전제에 따른 것이다. 즉, 직접교수법 주장자들은 기본적으로 학습장애아동과 같이 학업부진아동이 잠재력이나 현재 학습능력에 있어서 훨씬 불리한

직접교수법의 독특한 점은 무엇인가? 직접교수법은 학습장애 교수법으로서 어떤 장점과 단점을 갖고 있는가?

위치에 있다고 전제한다. 따라서 이들에게는 스스로 원리나 내용을 깨닫도록 하기보다는 교사가 직접 명료하게 가르쳐 주어야 한다.

교사의 수업 진행 방식과 관련하여 직접교수법에서는 기본적으로 자극과 반응 간의 관계에 관한 행동주의 입장을 취한다. 이에 따르면, 기본적으로 인간은 환경으로부터 영향을 받기 때문에 환경을 잘 설계하면 얼마든지 목표로 하는 학습상태에 도달하도록 할 수 있다. 이때 환경과 학생을 매개하는 것이 바로 교사와 학생 사이의 의사소통 과정이다. 이 의사소통 과정은 대체로 교사가 학생에게 내용을 전달해 주는 과정이 중심을 이룬다. 다분히 행동주의적 사고방식에 토대를 두고 있는 직접교수법에 따르면, 교사의 의사소통 방식이나 교재가 학생들에게 일차적으로 애매하지 않고 분명해야 한다. 정확하고 뚜렷하게 원하는 행동을 보여 주고 학생들로 하여금 실행해 보도록 하는 것이다. 그리고 결국에 가서는 혼자서도 할 수 있도록 도움을 주는 정도를 점점 줄여 간다.

학습목표를 가장 효과적으로 달성하기 위해서는 무엇보다도 목표 학습상태를 교사가 직접 가능한 한 상세히 그리고 구체적으로 보여 주고, 잘 계획된 수업 환경에서 반복적으로 익히도록 하는 것을 최선으로 간주한다. 학습장애아동들에게는 '이 정도면 원리를 스스로 깨닫겠지'라는 기대를 아예 하지 말고, 적극적으로 학습 정도를 확인하고, 부진하면 이를 교사가 직접 학습시키는 것이 중요하다. 즉, 학생들이 자신에게 유의미한 상태로 지식을 구성해 갈 것이라는 낙관적인 가정 자체를 하지 않는 것이 학습부진을 예방하는 데 최선이다.

따라서 교사가 교재를 개발하거나 내용을 전달하고자 할 때에는 규칙이나 전략을 명확하게 보여 주고, 예를 선정·계열화·조직화하며, 잘못된 반응이 나오면 즉시 교정하는 교수 설계 원칙을 준수해야 한다. 이 과정에서 직접교수법은 몇 가지 측면에서 특징을 보인다. 첫째, 교수 전략으로서는 철저하게 학습 향상을 위한 피드백을 주고, 잘못된 반응을 보일 때는 정확하고 신속하게 이를 교정해 준다. 둘째, 학생들이 지루하지 않게 학습진도를 빠르게 이끌어 나가면서 숙달 정도를 높인다. 그러면서도 학생들의 적극적인 참여를 유도한다. 셋째, 교사가 이러한 교수활동을 능숙하게 해 나갈 수 있도록 숙달될 때까지 바람직한 교수활동의 시범과 체계적인 보조를 제공한다. 넷째, 일단 교수활동이 종료되면 지속적으로 학생들의 학업성취 정도를 평가하되, 평가내용은 교수활동에서 다루었던 것과 밀접하게 관련이 있어야 한다. 중요한 것은 실제 학생들이 학습에

투여한 시간을 최대한 증가시킴으로써 효율적이고 밀도 있는 학습이 이루어지
도록 하는 것이다. 〈표 9-2〉는 직접교수법에 따른 두 자릿수 곱셈 지도 방법을
나타낸 것이다.

표 9-2 직접교수법에 따른 두 자릿수 곱셈 지도 교사용 매뉴얼

1단계: 교사 시범 단계

교사			학생
│5│8 ×│4│3 │　│	│2│7 ×│9│6 │　│	│4│2 ×│5│7 │　│	

① 58×43을 손가락으로 가리키며 "문제를 읽어 봅시다." "지금부터 두 자릿수 곱셈
에 대해 배워 봅시다. 먼저, 위에 있는 모든 수를 아래 숫자 3(3을 가리키며)으로
곱한 다음, 4(4를 가리키며)로 곱합니다."

② "내가 먼저 해 보겠습니다." 해당 숫자를 가리키며 "먼저, 3×8을 하고 3×5, 4×
8, 4×5를 차례로 합니다."

	학생
③ 3을 가리키며, "먼저, 어떤 수와 어떤 수를 곱하지요?"	"3×8"
3을 가리키며, "다음에 어떤 수와 어떤 수를 곱하지요?"	"3×5"
4를 가리키며, "다음에 어떤 수와 어떤 수를 곱하지요?"	"4×8"
(이 과정을 끝까지 하고, 나머지 곱셈문제에 대해서도 같은 과정을 거친다.)	

2단계: 구조화된 개인 연습 단계

	학생
(곱셈문제 3개 중 첫 번째 문제 제시)	
① 교사: 문제를 가리키며 "문제를 읽어 봅시다."	"58×43"
② "3×8은 얼마죠?" 잠시 멈추었다가 대답 신호를 준다.	"24"
십의 자릿수 위를 가리키며 "여기에다 어떤 숫자를 써야 하지요?"	"2"
일의 자릿수 밑을 가리키며 "여기에다 어떤 숫자를 써야 하지요?"	"4"
③ "다음에는 무슨 수를 곱해야 하지요?"	"3×5"
"3×5는 얼마죠?"	"15"
"그다음에는 어떻게 해야 하지요?"	"15에 2를 더합니다."
"위 숫자 중에서 더 이상 곱할 수가 없기 때문에 4 옆에 17을 씁니다."	
"3×58을 했습니다. 얼마였죠?"	"174"

$$
\begin{array}{r}
2 \\
5\;8 \\
\times\;4\;3 \\
\hline
1\;7\;4
\end{array}
$$

교사: 아래를 가리키며 "우리가 방금 한 것이 끝났기 때문에 올린 2와 곱했던 3을 지우겠습니다."

```
   2
   5 8
 × 4 3
 1 7 4
```

"이제 40과 58을 곱할 차례입니다. 십의 자릿수라는 것을 나타내기 위해 일의 자리에 0을 쓰도록 합니다. 십의 자릿수를 곱했다는 것을 어떻게 나타낸다고요?"

일의 자리에 0을 쓴다. "4×8, 4×5를 계산합시다. 4×8은 얼마죠?" 잠시 멈추었다가 대답 신호를 준다.

십의 자릿수 5 바로 위를 가리키며 "여기에다 어떤 숫자를 쓰지요?"

0 바로 밑을 가리키며 "여기에다 어떤 숫자를 쓰지요?"

④ "다음에는 무슨 수와 무슨 수를 곱하지요?"

(이 과정을 끝까지 반복한다.)

⑤ 교사: "3×58을 해서 174를 얻었고, 40×58을 해서 2320을 얻었습니다. 이 둘을 합하여 43×58이 얼마인지 알아봅시다." 학생과 같이 덧셈을 한다.

(응답)
"일의 자리에 0을 씁니다."
"32"
"2"
"4"
"4×5"
"2494"

3단계: 구조화된 개인 연습 단계

학생들에게 다음과 같은 문제지를 제시한다.

```
   2 8          2 7          4 2
 × 3 6        × 9 6        × 5 7
```

① "첫 번째 문제를 보고 읽어 봅시다."

"맨 먼저 어떤 수와 어떤 수를 곱해야 하지요?"

"6×8은?" 잠시 멈추었다가 대답 신호를 준다.

(이 과정을 끝까지 수행하고, 나머지 문제도 같은 방식으로 진행한다.)

(응답)
"28×36"
"6×8"
"48"

4단계: 덜 구조화된 개인 연습 단계

학생들에게 두 자릿수 곱하기 두 자릿수 문제와 두 자릿수 곱하기 한 자릿수 문제를 섞어서 제시한다. 또한 덧셈문제도 몇 개 포함시킨다.

① "문제를 보고 읽어 봅시다. 무슨 문제인가요?" (문제 수만큼 반복한다.)

② "맨 처음에 어떤 수와 어떤 수를 곱해야 하나요?" (문제 수만큼 반복한다.)

③ "십의 자릿수와 곱하기 전에 무엇을 해야 하지요?" "맞습니다. 0을 쓰는 것 잊지 마세요. 자, 이제 여러분 스스로 해 보세요."

출처: Stein et al. (2006), pp. 163-166 수정 인용.

4) 교육과정중심측정 자료를 이용한 목표구조의 활용

자신이 설정한 목표에 비추어 현재 자신의 진전 정도가 어느 정도인지를 알게 했을 때 학생들의 성취도는 일반적으로 향상된다. 이러한 원리를 이용한 것이 목표구조의 활용이다. 읽기 영역에서와 마찬가지로, 학생들이 학습한 내용 중에서 연간 교육목표 달성 정도를 나타낼 수 있는 내용으로 구성된 평가를 수시로 하여 학습 진전 정도는 물론이고 학기 중간에 지도 방법을 개선하는 데에도 활용할 수 있다. 학생들로 하여금 스스로 자신의 목표를 설정하도록 하고 그 목표 달성 정도를 CBM 자료를 활용하여 스스로 점검하도록 했을 때, 수학성취도는 향상되거나 안정적으로 유지되었다(Fuchs et al., 1997).

CBM을 활용하기 위해서는 먼저, 학생들이 배운 교과내용에 근거하여 적절한 교육목표를 설정하고, 수업을 한 다음, 지속적으로 자주 평가를 실시한다. 이때 평가는 타당하고 신뢰도가 높으면서도 단시간에 손쉽게 교사들이 실시할 수 있는 형태로 개발한다. 평가 결과가 나오면 그 결과를 그래프나 도표로 표현하여 학생들이 자신의 목표 달성 여부를 확인하도록 한다. 도표나 그래프 위에는 여러 시점에서 얻어진 수학성적을 그래프로 나타내어, 미리 정해진 목표에 비추어 그 목표를 달성해 가는 성장 정도를 알 수 있도록 한다. [그림 9-2]는 목표선에 비추어 본 세 가지 형태의 학습 진행 유형(적정, 미흡, 초과)을 나타낸 것이다.

[그림 9-2]에서 '목표초과'의 경우는 애초에 목표가 너무 낮은 수준에서 결정

왜 CBM 자료를 이용한 목표 구조를 활용하는 것이 수학 성적 향상에 도움을 주는가?

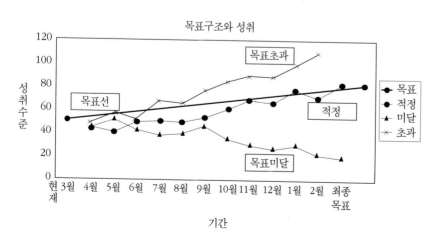

[그림 9-2] 목표선에 비추어 본 세 가지 형태의 학습 진행 유형

글상자 9-1　목표선에 비추어 본 적정 학습 진행 유형의 사례

RTI 1단계 중재에서 BASA-M 검사 결과에 따른 A 아동의 점수 변화 흐름은 다음 그림과 같다. A 아동은 1, 4, 6월에는 최하점수인 5점을 반복적으로 받았으며, 그 외의 2, 3, 5, 7월에는 3점 혹은 4점 정도의 점수 향상은 있었지만 점수의 상승과 하락이 반복되는 불안정한 점수 변화의 추이를 나타내고 있다. 1단계 중재에서 A 아동의 점수 범위는 5점에서 9점이었으며, 평균값은 6.9, 중간값은 8점으로 매우 저조하게 나타났다. 그러나 교실 수업이 지속적으로 제공되고 이와 더불어 소집단의 집중적인 중재가 투입됨에 따라 8월 이후부터는 큰 폭으로 점수가 향상되었다. 9월 검사에서는 15점, 10월과 11월에는 각각 17점, 23점을 받았다. 이후 12월에 19점으로 점수의 하락이 있었으나 1년간의 점수 변화를 살펴보았을 때 최하 5점에서 최고 23점을 기록함으로써 총 18점의 점수 상승이 있었음을 알 수 있다. 이러한 결과를 토대로, 지속적으로 제공된 교실 수업과 함께 집중적인 소집단 중재가 투입됨에 따라 A 아동의 수학 연산능력이 향상되었음을 확인할 수 있었다.

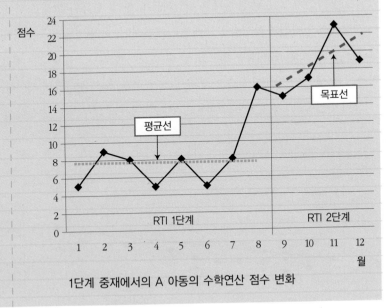

1단계 중재에서의 A 아동의 수학연산 점수 변화

출처: 김동일, 고혜정, 이해린(2014), p. 205.

되었거나, 아니면 수업이 예상보다 높은 효과를 나타내고 있다. 이 경우의 대처 방안은 먼저 목표를 상향 조정하는 것이다. '적정'의 경우에는 애초 설정되었던 목표선에 학생의 성취수준이 근접해 가는 모습을 보여 주고 있어 바람직하다고 할 수 있다. '목표미달'은 두 가지 경우로 설명할 수 있다. 우선, 애초에 목표가 너무 높았을 경우다. 이 경우에는 정확하게 학생의 현재 수준을 조사하여 목표를 재조정할 필요가 있다. 두 번째, 목표 자체에는 무리가 없지만 교수방법에 문제가 있을 수 있다. 이 경우에는 가능한 한 조속히 현재의 교수방법을 변경해야 한다.

5) 통합학급에서의 수학학습장애학생 지도

통합학급에서의 수학학습장애학생 지도와 관련해서는 두 가지 쟁점이 있다. 첫 번째 쟁점은 수학학습장애학생을 통합학급에서 교육하는 것이 적절한가 하는 점이다. 일반적으로는 다른 학생들과 수준 차이가 많이 나서 교육과정 이수에 어려움이 있을 경우, 보충학습반이나 특수학급에서 수학 수업을 받도록 한다. 그렇지만 그 기간이 길어질수록 일반학생들과의 수학 내용 학습 정도에서의 격차는 점차 벌어질 수밖에 없을 것이다. 그렇다고 같은 학급에서 이해하기 어려운 내용의 수업을 일반학생들과 같이 듣게 하거나, 보조원이 옆에서 다른 내용을 지도하는 것 역시 적절하지 않을 것이다. 결국 차선의 방안은 학습보조원이 본 수업 내용의 핵심을 이해하도록 지원하고, 방과 후나 별도의 시간에 부족한 부분을 집중 지도하여 가능한 한 최단 시간 안에 또래와의 격차를 줄이는 것이다.

두 번째 쟁점은 수학학습장애학생의 수학교육 목표를 무엇으로 설정할 것인가 하는 점이다. 수학교사는 수학 교과 고유의 교육목표가 무엇인가 하는 점과 그 목표를 일반학생이 아닌 수학학습장애학생이 어떻게 달성할 수 있을 것인가 혹은 달성해야 하는가 하는 점들을 먼저 결정해야 한다. 최근의 수학교육에서는 적어도 일반학생을 대상으로 해서는 단순 연산 위주의 학습활동을 강조하기보다는 수학 개념을 사용하여 수학적으로 사고하고 의사소통하며 일상생활의 문제를 수학적으로 해결하려는 태도를 중시한다(NCTM, 1989). 그러나 수학학습장애학생들에게도 이러한 목표를 추구하도록 해야 하는지에 대해서는 아직 이렇다 할 지침이 없는 형편이다. 따라서 수학 교사는 수학학습장애학생들의 수학

통합학급 내에서 수준 차이가 많이 나는 여러 학생들을 지도하기 어려울 경우, 어떻게 학생 집단을 구성해서 수학 지도를 해야 하는가? 그렇게 해야 하는 이유와 근거는 무엇인가?

수학학습장애학생에게 수학적 사고력을 어떻게 길러야 한다는 목표는 타당한가? 타당하다면 그것이 어떻게 가능한가?

학습목표를 정해 주어야 하는데, 분명한 것은 이들이 갖고 있는 여러 가지 인지적·정의적 특성상 일반학생들처럼 수월성을 추구할 수는 없다는 점이다. 현재로서는 이들의 수학교육 목표에 대한 어떤 공식적인 견해나 지침은 없다. 다만, 분명한 것은 이들에게도 단순 연산문제만 가르칠 것이 아니라 이들 나름대로의 수준에서 실생활에 수학을 활용하거나 수학이 가지고 있는 의미를 느끼고 접할 수 있는 체험 기회를 제공해야 한다는 점이다. Canine 등(1994)에 따르면, 학습장애학생들이라고 해도 고차원적인 수학 문제를 해결하도록 했을 때 일반학생들보다 평균적인 수행수준은 분명히 낮았지만, 실생활에 관계된 내용일 경우 수업 참여도와 성과는 훨씬 높았다.

이제 더 이상 단순히 선수학습 기능이 모자라거나 불충분하다는 이유로 단순 연산문제만을 한 시간 내내 해결하는 과제를 하는 형식의 수학 교육은 지양되어야 한다. 수학교육의 목표를 가장 잘 보여 주는 것은 미국수학교사협의회 발표문이다. 우리나라 제7차 교육과정에 나타난 수학교육의 목표는 〈표 9-3〉과 같다. 두 국가 모두 수학교육에서 다분히 단순 연산이나 기계적인 문제풀이보다는 고차원적이고 수학적인 사고와 실제 생활문제의 수학적 해결 등을 강조하고 있

표 9-3 제7차 교육과정상의 수학교육 목표와 미국수학교사협의회(NCTM, 1989)의 수학교육 목표 비교

제7차 교육과정상의 초등수학교육 목표	미국수학교사협의회 수학교육 목표 (유치원~고등학교)
가. 여러 가지 생활현상을 수학적으로 고찰하는 경험을 통하여 수학의 기초적인 개념, 원리, 법칙과 이들 사이의 관계를 이해할 수 있다.	가. 수학의 가치를 학습한다. 나. 수학을 학습하거나 활용하는 데 자신감을 갖는다. 다. 수학적으로 문제를 해결한다. 라. 수학적으로 의사소통하는 방법을 학습한다. 마. 수학적으로 추론하는 방법을 배운다.
나. 수학적 지식과 기능을 활용하여 생활 주변에서 일어나는 여러 가지 문제를 수학적으로 관찰, 분석, 조직, 사고하여 해결할 수 있다.	
다. 수학에 대한 흥미와 관심을 지속적으로 가지고, 수학적 지식과 기능을 활용하여 여러 가지 문제를 합리적으로 해결하는 태도를 기른다.	

출처: 교육부(1999), pp. 20-21.

음을 알 수 있다.

6) 컴퓨터 및 전자계산기의 사용

수학교육에서 컴퓨터를 활용한 연구는 아직 초기 단계에 지나지 않는다. 기존 연구를 보면, 대개 컴퓨터 보조 수학학습과 교사 보조 학습의 효과를 비교한 연구, 게임 형식의 컴퓨터 보조 수업과 단순 반복 연습 방식의 수업을 비교한 연구, 멀티미디어 효과를 첨가한 프로그램과 정적 그래픽만을 제시한 것 간의 효과를 비교한 연구, 그리고 또래 지도나 전략 사용과 컴퓨터 보조 수업을 결합시킨 것과 그렇지 않은 것 혹은 단순 전통 수업과의 효과를 비교한 것들에 관한 연구가 대부분이었다(Miller, Butler, & Lee, 1998).

전자계산기를 사용해야 하는가 하는 점이 논란이 되는 이유는 두 가지다. 첫째는 전자계산기를 사용하도록 했을 때, 학생들이 계산원리를 미처 체득하지 못하거나 단순 기본연산을 장기기억에 저장시켜 인출하는 연습과 능력을 형성하지 못하지 않을까 하는 점이다. 하지만 단순 연산 자체만 놓고 보면 그렇게 말할 수 있지만 문제해결 문제의 경우에는 다르다. 일단 많은 학습장애학생들이 문제해결 방법을 알아도 계산과정에서 오류를 범하는 경우가 많기 때문에, 이 경우 계산기를 사용하게 하면 효과를 얻을 수 있다. 미국의 경우, 1974년 미국수학교사협의회에서 일선 학교 교사들에게 전자계산기를 사용하도록 권장한 바 있다. 하지만 일선 교사들은 전자계산기 허용을 꺼려 해서 처음에는 별 호응이 없었다. 전자계산기 사용 효과에 관한 연구들을 종합적으로 검토한 Hembree(1986)는 전자계산기를 사용함으로써 다음과 같은 효과를 얻을 수 있다고 결론을 내렸다.

수학 시간에 계산기 사용의 장·단점을 구체적으로 조사해 보자. 사용 찬성 혹은 사용 반대 주장의 근거가 있는가?

• 단순 계산능력을 저해하기보다는 오히려 향상시켰다.
• 4학년의 경우에는 계산기 사용이 단순 연산능력의 발달을 저해하였다.
• 특히 시험을 치를 때 계산기를 사용함으로써 성적이 향상되었다. 이 효과는 학습상의 문제가 있는 학생들에게서 두드러졌다.
• 계산기 사용으로 인해 학생들의 수학에 대한 태도가 향상되었다.
• 계산기 사용은 지필 연습과 함께 지도될 수 있다.
• 복잡한 문제해결에 전자계산기를 사용하도록 함으로써 수학 과목 자아개

념을 향상시켰다.

전자계산기 사용 효과에 관해서는 보다 많은 연구가 필요하다. 또한 전자계산
기를 사용하는 것이 수학학습장애학생의 수학학습에 도움을 준다고 하여도 신
중한 접근이 필요하다. 일단 기본 계산 원리를 익히기 전에는 가급적 계산기 사
용을 자제시켜야 할 것이다. 또한 계산기 조작에 서투른 학습장애학생들이 많기
때문에 계산기 조작을 숙달시켜야 할 것이다. 전자계산기를 사용하게 함으로써
얻을 수 있는 효과 중 가장 중요한 것은 학생들이 갖게 될 자신감과 자아개념의
향상일 것이다. 어려운 문장제 문제나 수학문제를 만났을 때 미리 포기하기보다
는 계산기를 사용함으로써 할 수 있다는 자신감과 도전하려는 태도를 갖게 해
줄 수 있다. 계산기를 사용한 결과로 수학성적이 향상된다면 이는 수학학습 관
련 자아개념에도 긍정적으로 기여할 수 있을 것이다. 무엇보다, 1,000원짜리나
10,000원짜리 지폐 등 비교적 큰 수 단위의 화폐를 사용해서 바쁘게 물건 및 서
비스를 구매·판매해야 하는 일상생활 맥락에서는 계산 원리를 비록 충분히 모
른다고 해도 계산기를 사용하도록 하는 것이 수학학습장애학생들에게는 더 필
요한 기능일 수 있다.

3. 각 영역별 수학 지도 방법

1) 기본적인 수학 개념 이해

일반적인 수학능력에서의 최고 수준에 대한 특징과 관련하여 현재까지 비교
적 많은 학자들이 기본적인 수학 개념은 비공식적·비형식적 경험에 의해 많이
결정된다는 데 공감을 표하고 있다. 취학 전 아동들은 이미 수, 대소, 양, 순서 등
과 같은 상당수의 비형식적 수학 관련 경험을 하고 온다(Lerner, 2000). 대개 아동
들은 취학 전에 이미 모종의 수학과 관련된 여러 개념들을 습득하고 그것을 촉
진하는 다양한 활동들, 예컨대 수를 세고, 비교하고, 범주화시키고, 순서를 정하
고, 대응시키고, 정렬하는 활동들을 한다. 이 활동들은 공간, 시간, 질서, 형태,
거리, 양 등의 개념을 익히는 데 중요하다. 이 경험의 양과 질의 차이가 곧바로

학업성취의 차이로 나타날 수 있다. 그 차이는 시간이 지날수록 회복하기가 어렵다. 그런데 일부 아동들의 경우, 주의력 부족, 지각이나 감각 능력의 결함, 운동능력의 부족, 감각적 변별력 부족 등으로 그러한 개념들을 익히는 데 어려움을 겪는다. 이들의 취학 전 비형식적 수학 개념의 질과 양에 따라 이후 수학학습이 크게 영향을 받을 것임을 쉽게 짐작할 수 있다.

수학 개념을 지도하기 위해서는 일반적으로 구체물(Concrete)–반구체물(Semiconcrete)–추상물(Abstract) 등의 순서에 따라 보조 교재나 교구 또는 구체물(예: 콩, 블록, 나무젓가락, 빨대, 사탕, 모형 과일 등)을 사용하는 것이 효과적이다(Rivera & Bryant, 1992). 수학적 추리 또한 이러한 'CSA' 순서에 따라 지도하는 것이 효과적이다. 하지만 학습장애아동들은 주의가 산만하고 구체물을 다루는 데서 서투르기 때문에 지나치게 주의를 끄는 요소를 갖추었거나 크기와 촉감 때문에 다루기 힘든 것(바둑알, 콩알 등) 등은 가급적 사용하지 말아야 한다. 때로는 구체물보다 반구체물을 사용하는 것이 더 효과적인 경우도 있다.

일대일 대응과 같은 기본 개념 형성을 위해서는 친숙한 물체와 숫자 간 일대일 대응 연습을 시킨다. 범주 개념은 크기, 색, 모양 등에 따라 범주화하는 연습을 통해 기를 수 있다. 또한 순서 개념은 크기, 강도, 길이 등에 따라 사물을 순서 매기는 연습을 통해 기를 수 있다.

> 언제나 구체물이 항상 효과적인 것은 아니다. 어떤 경우가 그러하고, 그 경우에는 어떻게 해야 하는가?

2) 수 세기

수 세기는 그것 자체로서뿐만 아니라 이후 사칙연산을 수행하는 데에도 매우 중요한 기초 수학능력이다. 수 세기에는 크게 단순 수 세기(rote counting), 물건 세기(rational counting), 중간에서부터 세기(counting from a number), 건너뛰며 세기(skip counting), 중간에서부터 건너뛰며 세기(skip counting from a number) 그리고 서수 세기(ordinal counting) 등이 있다. 초등학생이 학습해야 할(혹은 가르쳐야 할) 수 세기 요소에는 무엇이 있고 그 순서는 어떠해야 하는지에 대해서는 여러 가지 의견이 있을 수 있겠지만, 대략 [그림 9-3]과 같은 요소와 순서로 지도한다. 핵심은 모든 학생이 이러한 요소와 순서로 학습해야 하는 것이 아니라 각자 자신의 능력과 수준에 따라 필요한 곳에서 적절한 속도로 학습해 나갈 수 있도록 소위 수 세기 영역에서의 '지적 징검다리'를 마련하는 것이다.

> 수 세기는 왜 중요한가? 다양한 수 세기 유형을 왜 가르쳐야 하는가?

① 1부터 20까지 수 세기

↓

② 한 묶음의 선의 개수 세기

↓

③ 두 묶음의 선의 개수 세기

↓

④ 1 이외의 숫자로 시작하는 수 세기

↓

⑤ 1부터 30까지 수 세기

↓

⑥ 1~10까지 서수 수 세기

↓

⑦ 10부터 100까지 10씩 뛰어 세기

↓

⑧ 10부터 0까지 거꾸로 세기

↓

⑨ 1부터 100까지 수 세기 및 쓰기

↓

⑩ 2, 5, 100씩 뛰어 세기 및 쓰기

↓

⑪ 100부터 999까지 수 세기 및 쓰기

↓

⑫ 9, 4, 3, 8, 7, 6 등 뛰어 세기 및 쓰기

↓

⑬ 1000부터 9999까지 수 세기 및 쓰기

[그림 9-3] 수 세기 내용 요소 및 지도 순서

출처: Stein et al. (2006).

이들 수 세기 능력은 이후 덧셈이나 뺄셈을 빠르고 정확하게 수행하는 데 필수적인 하위 능력들이다. 예컨대, 중간에서부터 세기는 단순 덧셈(예: 9+3)이나 뺄셈(예: 12-3)에 유용하고, 건너뛰며 세기는 곱셈이나 나눗셈에 유용하다. 이들 수 세기 기능 간에는 위계가 존재하여, 대응 수 세기는 단순 수 세기가 적어도 10까지 이루어진 다음 소개하는 것이 좋다. 또한 중간에서부터 세기나 건너뛰며 세기는 단순 수 세기가 어느 정도 이루어진 다음 도입하는 것이 바람직하다. 여기에서 주의할 점은 무조건 구체물을 이용한 수 세기가 유리한 것만은 아니라는 점이다. 간혹 구체물보다는 구체물을 표현한 그림이나 간단한 상징(예: 점이나 그림) 등 중간 정도의 구체물을 조작하도록 하는 것이 더 효과적인 경우가 있다(Silbert, Carnine, & Stein, 1990).

구두로 수 세기를 가르칠 경우에는 학생들의 응답을 통일시킬 필요가 있다. 그렇지 않으면 일부 학생들만 정답을 말하고 나머지 학생들은 정답을 말하지 않아도 교사가 파악하지 못할 수 있다. 따라서 학생들의 반응을 동일하게 통제하

는 것은 매우 중요하다. 다수의 학생들로부터 동시에 반응을 유도하기 위해서는 수신호를 사용하는 것이 효과적이다.

만약 수 세기에서 오류를 범하면 그 즉시 수행을 멈추도록 하고 교사가 시범을 보인다. 시범을 보인 다음에는 다시 한 번 학생들에게 반복하도록 하는데, 이때 중요한 것은 이전에 배운 내용과 새로 배운 내용을 어느 정도 중복되게 해서 내용의 연속성을 유지해야 한다는 점이다. 예컨대, '11, 12, 13, 15······'로 수를 세었다면, 다음에 연습할 때에는 바로 '14'부터 세도록 하는 것이 아니라 전후 수를 포함하여 세도록 하는 것이다.

3) 자리값

자리값을 제대로 학습했다면 적어도 다음의 세 가지 기능을 보일 수 있어야 한다.

- 숫자 읽고 쓰기: 예컨대, 427을 '사이칠' 대신 '사백 이십 칠'로 읽을 수 있다든지, 반대로 '사백 이십 칠'을 듣거나 읽고 이를 숫자 '427'로 나타낼 수 있는 능력
- 자리값에 맞게 세로로 배열하기: 427+35를 세로로 배열하는 능력

표 9-4 자리값 내용 요소 및 지도 순서

단계	구체적인 교수-학습 항목	수행 준거의 예
1	20부터 99까지 수 읽고 쓰기	
2	가로 식을 세로 식으로 맞추어 쓰기: 십의 자리까지	46+5, 8+24, 61−6
3	100 이하의 자릿수 풀어서 자리값 표현하기	39= ___+___
4	100부터 999까지의 수 중 십의 자리에 0이 들어가는 수와 들어가지 않는 수 읽고 쓰기	
5	가로식을 세로 식으로 맞추어 쓰기: 백의 자리 포함	25+76+9, 769−41
6	100단위 자릿수 풀어서 자리값 표현하기	237= __+__+__
7	1000부터 9999까지의 수 중 백 및 십의 자리가 0인 수와 0이 아닌 수 읽고 쓰기	
8	가로 식을 세로 식으로 맞추어 쓰기: 천의 자리 포함	27+2,560+307=

출처: Stein et al. (2006), pp. 48-49. 일부 수정 인용.

• 풀어서 자리값 표현하기: 427을 400+20+7로 표현하는 능력

자리값을 가르치는 데에도 물론 먼저 가르쳐야 할 것과 나중에 가르쳐야 할 것이 있다. 아동이 1부터 20까지 읽고 쓸 수 있고, 20개 이내의 사물을 보고 그 개수를 언어나 숫자로 표현할 수 있다면, 대체로 〈표 9-4〉와 같은 순서로 학습해 나가도록 하는 것이 바람직하다.

그중에서 자릿수를 풀어서 쓰는 방법을 가르치는 것을 예로 들어 보겠다.

표 9-5 자릿수 풀어서 자리값 표현하기 지도 예

1단계: 칠판을 활용한 교사중심 수업	
교사	학생
① "잘 듣고 따라 하세요. 391. 따라 하세요."	"391"
② "내가 391을 덧셈 형식으로 말할 테니 잘 들으세요."	
③ "300+90+1"	
④ "이제 여러분 차례예요. 391을 덧셈 형식으로 말해 보세요."	"300+90+1"
⑤ 위의 ④단계를 208, 927, 219, 812, 37 등의 숫자로 반복한다.	
2단계: 학습지를 활용한 수업	
교사	학생
① "376을 덧셈 형식으로 말해 보세요."	"300+70+6"
② "378을 덧셈 형식으로 말해 보세요."	"300+70+8"
③ 위의 ①, ②단계를 7개 정도의 다른 예로 연습시킨다.	
3단계: 교사 관찰하의 개인적인 문제 연습	
교사	학생
다음과 같은 형식으로 된 연습지를 나누어 준다. 281 = __ + __ + __ 755 = __ + __ + __ 그러고 나서 학생들에게 숫자들을 덧셈 형식으로 채우라고 한다.	

4) 사칙연산

10 이하의 수를 사용한 덧셈, 뺄셈, 곱셈 등의 기본 연산에 효과적인 방법으로 현재까지 알려진 것들로는 다음과 같은 것들이 있다.

- 동일 수끼리의 덧셈 활용(예: 6+6, 7+7, 3+3)

- 큰 수로부터 이어 세기(예: 7+2)

- 수 조합이나 덧셈과 뺄셈의 관계 이용(예: 3+5=8, 5+3=8, 8−3=5, 8−5=3)

- 수 계열 이용(예: 5+5, 5+6, 5+7)

- 10을 이용(예: 9+6=10(9+1)+5=15)

- 9가 있는 덧셈의 경우 언제나 일의 자리는 하나 적다는 전략 사용

- 뛰어 세기

예를 들어, 연산 결과가 1씩 더해지거나 빼지는 방식으로 수의 연속성을 이용하여 연산을 하는 방식은 4+3=7, 5+3=8, 6+3=9, 7+3=10…… 등과 같은 성질을 활용하여 덧셈을 가르치는 방식이다. 수집단 및 덧셈과 뺄셈의 상보적인 성격을 활용하는 방식은 4+3=7, 3+4=7, 7−4=3, 7−3=4 등을 동시에 가르치는 방식이다. 학생들은 이를 통해서 3, 4, 7 등의 세 숫자를 이용하여 네 가지 셈을 익히게 되는 것이다. 곱셈도 마찬가지 방식으로 가르칠 수 있고, 나눗셈의 경우에는 몫이 연속성을 갖도록 가르칠 수 있을 것이다. 이 밖에도 단순 연산능력 향상을 위해 사용될 수 있는 교수방법으로는 특히 연령이 높은 또래에 의한 동료 교수법, 지속적인 시간 지연법, 협동 학습법 등이 있다.

기본 연산을 하는 과정에서 흔히 볼 수 있는 것이 손가락을 많이 사용하는 경우다. 아동들 중에서는 손가락을 사용해서 기본 연산을 잘하는 경우도 있겠지만 어설프게 하여 종종 틀리는 경우도 있을 것이다. 처음부터 손가락 사용을 금지해서는 안 된다. 다만, 궁극적으로는 손가락을 사용하지 않고 셈을 해야 한다는 것을 주지시켜 주는 것은 필요하다. 또한 손가락 셈은 덧셈이 어느 정도 익숙해진 후에 뺄셈을 하도록 하는 것이 혼동을 줄일 수 있다.

기본 연산의 숙달 정도는 보통 10% 이하의 오류를 보이는 경우로 하는 것이 좋다. 일부 학자들(예: Silbert, Camine, & Stein, 1990)은 20%를 주장하기도 하나, 이후 연산에서 기본 연산이 차지하는 중요성에 비추어 봤을 때 적어도 90% 정도는 정확하게 연산을 해야 할 것이다.

받아내림과 받아올림이 필요하고 계산 결과가 10을 초과하는 덧셈이나 뺄셈, 그리고 이를 기반으로 하는 곱셈이나 나눗셈 과제는 수 세기나 손가락 셈으로는 한계가 있다. 가장 중요한 것은 기본 연산이 빠르고 정확하게 이루어지도록 자

동화시키는 것이다. 보다 복잡한 연산을 위해서는 단순 연산 해결능력이 유창해야 하지만, 수학학습장애학생들의 경우 문제해결 전략이나 절차는 훈련이나 연습으로 어느 정도 습득이 가능하더라도 특히 단순 연산을 빠르고 정확하게 처리하는 능력에서 일반학생들과 큰 차이를 보인다(Geary, Brown, & Samaranayake, 1991). 일단 기본 연산이 어느 정도 가능하면 시각적 촉진([그림 9-4] 참조)이나 언어적 촉진("항상 위에서 아래를 빼세요!"), 보조선 등을 사용하여 필요한 절차나 단계를 정확하게 밟아 나가도록 한다.

사칙연산능력을 향상시키는 또 다른 효과적인 방법 중 하나는 학생들이 보인 오류 유형에 따라 지도하는 것이다. 다양한 오류 유형을 고려하지 않은 교육은 효과를 거둘 가능성이 적다. 문제는 그러한 오류 유형은 저절로 드러나지 않는다는 점이다. 오류 유형을 파악하기 위해서는 먼저 다양한 유형의 문제를 제시해야 한다. 즉, 나타날 수 있는 오류 유형을 미리 파악하여 해당 오류를 파악하게 할 수 있는 문제를 학생들에게 제시해야 한다. 단순 연산의 경우, 나타날 수 있는 오류는 전략 사용상의 오류, 단순 연산 오류, 절차 잘못 적용의 오류 등이 있다. 오류 분석에서 중요한 것은 오류를 보였을 때에 즉시 교정해 주고 비슷한 유형의 문제를 통해 숙달할 수 있도록 기회를 제공해 주는 것이다.

(1) 덧셈

덧셈은 일반적으로 받아올림이 없는 두 개의 두 자릿수, 받아올림이 없는 세 개의 한 자릿수, 받아올림이 없는 두 개의 세 자릿수, 받아올림이 있는 수 등의 순서로 가르친다. 덧셈에서 학생들이 보일 가능성이 있는 오류들에는 단순 계산 오류(예: 56+16=61), 받아올림의 오류(받아올려야 할 숫자를 더해 버리거나 받아올림을 해야 하는 것을 잊음), 뺄셈과 혼동 그리고 전략상의 오류로 받아올림을 해야 할 숫자를 하나의 자릿수로 써 버리는 경우(예: 56+16=612) 등을 들 수 있다.

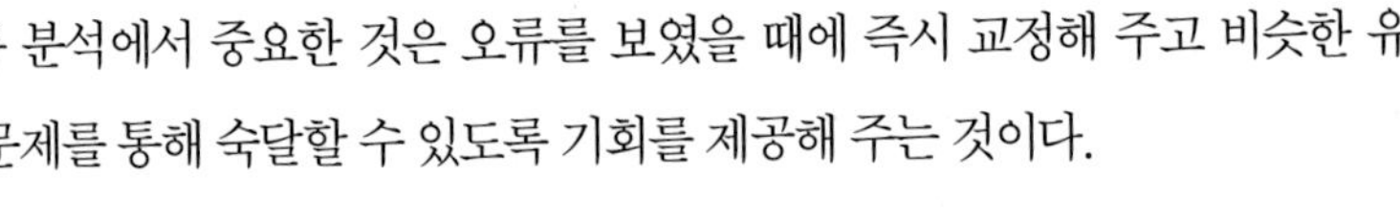

받아내림 혹은 받아올림을 어려워하는 학생들이 빠르고 정확하게 이 기술을 습득하도록 도와주는 방법을 구안해 보자.

[그림 9-4] 연산문제 해결 지원을 위한 시각적 촉진 제공 예

(2) 뺄셈

뺄셈의 순서도 덧셈과 유사하게 먼저 받아내림이 없는 수, 그리고 가운데 0이 들어가지 않는 수 등을 먼저 다루고 나중에 받아내림이 한 번 있는 경우, 두 번 있는 경우 등으로 점점 복잡한 문제 순서로 다룬다. 중요한 것은 각 유형의 문제마다 개인적 연습의 시간을 충분히 주어야 한다. 선수학습 기능도 반드시 확인해야 한다. 예컨대, 받아내림을 요하는 문제를 해결하기 위해서는 십의 자리수 이상의 수에 대한 자리값 지식, 받아내림을 빨리 할 수 있도록 하기 위한 기본적인 단순 연산(예: 11-7, 16-8, 15-7 등)의 암산능력 그리고 받아내림의 의미를 아는 것 등이 선수학습 기능으로 필요하다.

뺄셈의 경우, 문제의 유형이 다양한 만큼 학생들이 보일 가능성이 있는 오류의 유형은 앞 장에서도 제시했듯 단순 연산 오류, 받아내림의 오류, 받아내림의 생략, 무조건 큰 수에서 작은 수 빼기, 계산 자체에는 문제가 없지만 문제해결 과정에서 받아내림을 위한 보조 숫자를 잘못 인식하는 전략상의 오류, 덧셈과의 혼동 등 대략 7~9개 정도가 된다. 따라서 교사는 학생들이 보일 수 있는 오류의 유형을 가능한 한 모두 예측하여 해당 오류를 검증할 수 있는 문제의 유형을 빠짐없이 제시해야 한다. 일단 오류가 발견되면 즉시 정확한 피드백을 제시하고 충분한 반복 연습을 거쳐 완전숙달 정도에 이르렀을 때 다음 단계로 진행할 수 있도록 해야 한다.

(3) 곱셈과 나눗셈

곱셈의 경우, 건너뛰며 세기, 자리값, 덧셈, 받아올림 등에 대한 사전지식이 요구된다. 곱셈에서 학생들이 할 가능성이 있는 오류에는 단순 연산 오류, 자리값의 혼동, 받아올림의 생략, 0을 포함한 숫자에서의 어려움, 두 자릿수 이상의 수들끼리의 곱셈에서의 어려움 등을 들 수 있다.

나눗셈은 사칙연산 중에서 가장 높은 수준의 지적 능력을 요하는 과제다. 나눗셈을 제대로 해결하기 위해서는 사전지식으로서 받아내림이 있는 뺄셈, 어림 짐작하기, 두 자릿수 이상의 두 수 간의 곱셈 등이 필요하다. 다루는 순서는 물론 나머지가 없는 것에서부터 몫을 짐작하기 용이한 것을 먼저 한다. 나눗셈에서 보일 가능성이 있는 오류로는 단순 연산 오류, 몫을 정하는 데 있어서의 어려움, 뺄셈의 문제, 자릿수의 문제 등이 있다.

5) 분수

분수는 수학의 여러 영역 중에서 수학학습장애학생들이 특히 어려움을 겪는 영역 중의 하나다(Engelmann, Carnine, & Steely, 1991). 분수의 경우에는 각 과제 유형 중에서 다양한 예들을 제시하여 학생의 오류 가능성을 최대한 검증하고 그에 대한 교정 조치를 취하도록 한다.

어려움을 겪는 하위 영역 중의 하나는 분모가 다른 두 분수의 덧셈이나 뺄셈이다. 이 경우 통분의 개념을 이해하는 것이 필수인데, 그것도 문제의 유형에 따라 달리 연습해야 한다. 예컨대, 분모가 다른 두 분수의 덧셈이나 뺄셈의 경우 그 유형은 적어도 다음과 같이 세 가지가 있다.

- 바로 분모끼리 곱해서 통분을 하는, 두 분모가 이른바 공통인수를 포함하지 않는 경우다(예: $\frac{1}{2}+\frac{1}{3}$).
- 두 분모가 인수를 포함하되 한쪽이 다른 쪽의 인수가 되거나 배수가 되는 경우다(예: $\frac{3}{4}+\frac{5}{8}$).
- 두 분모가 인수를 포함하기는 하지만 제3의 숫자를 공통인수로 포함하는 경우다(예: $\frac{5}{6}+\frac{1}{4}$).

이 세 가지 유형별로 문제를 해결하는 데 필요한 사고과정에는 약간씩 차이가 있기 때문에 교사는 가급적 이 세 가지 유형의 문제를 모두 제시하여 학생들이 어느 유형에서 문제를 보이는지 확인해야 한다. 그렇지 않고 어느 한 유형의 문제만 제시했을 경우에는 학생이 분모가 다른 두 분수의 덧셈이나 뺄셈을 완전히 이해했다고 단정할 수 없기 때문이다.

이 밖에도 소수, 비율, 측정, 도형 등에서 앞서와 같이 내용의 순서를 먼저 결정하고 각 내용별로 숙달과정을 거친 다음, 해당 영역에서 학생들이 할 가능성이 있는 오류 유형을 파악해야 한다. 이를 위해서는 해당 오류를 검증할 수 있는 다양한 유형의 문제를 먼저 개발해야 한다. 일단 오류가 나타나면 신속하고 정확하게 교정한 다음, 곧바로 해당 유형의 문제를 충분하게 개별 연습시켜서 숙달시킨 후 다음 단계로 이행하도록 한다.

6) 문장제 응용문제

문장제 응용문제는 주로 일상생활에서 경험하는 사례를 소재로 하여 수학 각 영역에 필요한 문제해결능력을 몇 개의 문장으로 표현한 것이다. 따라서 문장제 응용문제를 해결하기 위해서는 적어도 다음 몇 가지의 능력이 필요하다. 첫째, 문제를 읽고 그것을 이해할 수 있어야 한다. 둘째, 문제해결에 적합하게 수학적으로 식을 세울 수 있어야 한다. 문장제 응용문제를 해결하기 위해서는 무엇보다도 주어진 문장을 읽고 그 내용을 그 문제의 해결에 필요한 수학적 계산식으로 나타낼 수 있어야 한다. 이것이 주어진 문장제 응용문제를 수학적으로 재해석하는 능력이다. 이때 가장 중요한 것은 주요 문제 구성 요소들 간의 관계를 문제해결에 적합한 방식으로 서로 관련짓는 능력이다. 셋째, 일단 문제해결에 적합한 식을 세운 다음에는 그 식을 오류 없이 연산할 수 있어야 한다. 즉, 문장제 응용문제 해결을 위해서는 단순히 수학적인 기술뿐만 아니라 단순 읽기 능력 및 내용을 수학적 계산식이나 의미로 재해석할 수 있어야 한다(Hutchionson, 1993b; Light & DeFries, 1995; Montague, 1992; Montague & Applegate, 1993).

문장제 응용문제 지도 방법을 구안할 때, 그리고 학습자들의 문장제 응용문제 해결과정에서의 특징을 이해하기 위해서는 다음과 같은 요소들이 문장제 응용문제 해결에 영향을 미친다는 점을 고려해야 한다.

첫째, 문장제 응용문제의 유형이다. 예컨대, 어떤 문제는 덧셈을 요하는 구조(예: 모두 몇 개를 갖고 있는가?)를 갖고 있는가 하면, 다른 문제는 곱셈이나 나눗셈 혹은 이 연산들의 조합을 요구하는 구조를 갖고 있다.

둘째, 문장제 문제에 나타나는 주요 단어의 존재 유무다. '모두 합하면' '남은 것은' '각자는 모두 몇 개' 등과 같은 단어들은 특정 연산식을 이용하도록 하는 암시를 줄 수 있다.

셋째, 상식에 근거한 문제 속의 내용 이해다. 정답을 쉽게 예측할 수 있는 내용이나 비현실적인 내용으로 인해 특정한 방향으로 정답을 유도하는 경우가 있을 수 있다.

넷째, 문장의 문법적 복잡성이다. 예컨대, 문장의 길이, 사용된 단어의 수준 등이 이에 해당한다.

다섯째, 불필요한 정보의 제시 정도다. 정답을 도출하는 데 별 관련이 없는 정보가 많을수록 특히 학습문제를 보이는 아동들은 어려움을 보인다.

현재까지 연구를 통해 효과가 있다고 발표되어 온 문장제 응용문제 교육방법으로는 핵심어 전략, 시각적 표상화 전략, 인지 전략의 훈련, 문제 자체의 조절 그리고 컴퓨터 보조 수업 등을 들 수 있다(김소희, 2005a).

다양한 문장제 문제해결 지원 방안 중 어떤 경우에 어떤 방안을 사용하는 것이 효과적인가?

어느 방법을 사용하든지 간에 중요한 것은 교사가 먼저 명백히 시범을 보여야 한다는 것이다. 단순히 학생들에게 '문장제 응용문제를 수학적으로 재해석해야 한다.'라고 주문하는 것만 가지고서는 특히 학습부진아동이나 학습장애아동에게 불충분하다. 일단 시범을 보인 후에는 학생들과 같이 연습하면서 점차로 학생들 스스로 과제를 이행할 수 있도록 도움의 정도를 감소시켜야 한다. 그리고 어느 정도 숙달에 이르면 다양한 예를 제시하여 학습한 기술을 일반화할 수 있게 해야 한다.

(1) 핵심어 전략

핵심어 전략은 일반적으로 문장제 문제에 많이 등장하는 단어들(예: 얼마나 더 많이 혹은 적게, 모두, 각각, 남은 것 등)에 적절한 연산을 연계시켜 문제를 해결하도록 하는 방법이다. 이를테면, '얼마나 더 많이'나 '적게' '각각' '남은 것' 등은 주로 뺄셈을 활용하고, '모두'는 덧셈을 활용하도록 한다. 김소희(2005b)의 연구에 따르면, 학습장애학생들을 대상으로 했을 경우 핵심어 전략은 인지 전략이나 그림으로 나타내기 전략보다 단기간에 가장 높은 정확도를 이끌어 냈다. 하지만 핵심어 전략은 자칫 과잉일반화를 초래하여 학생들이 문제의 전체 맥락을 파악하는 대신 특정 단어에만 지나치게 주의를 집중할 경우 오답에 도달하게 만들 가능성이 있다.

(2) 시각적 표상화 전략

시각적 표상화 전략은 제시된 문제 상황을 그림이나 도식으로 나타내어 문제해결을 시도하는 방법이다. 예컨대, [그림 9-5]와 같이 제시된 문장제 문제는 모두 큰 네모 칸과 작은 네모 칸을 이용하여 해결할 수 있음을 가르칠 수 있다. 큰 네모 칸이 비었을 경우에는 작은 네모 칸들의 수를 합하면 될 것이고, 작은 네모 칸 중 어느 것이 비었다면 큰 네모 칸의 수에서 나머지 작은 네모 칸들의 수를 합하여 뺄 될 것이다.

〈문장제 문제〉
1. 철수는 시장에서 1,000원을 주고 토마토를 3개 샀다. 영희는 2,500원을 주고 토마토를 8개 샀다. 철수와 영희가 산 토마토는 모두 몇 개이며, 모두 얼마를 지불했는가?
2. 꽃밭의 2/5에는 채송화를 심고, 1/4에는 봉선화를 심었다. 아무것도 심지 않은 부분은 전체의 얼마인가?
3. 영희는 4,500원을 들고 문방구에 가서 공책 2권을 2,300원에, 볼펜 4자루를 1,250원에 각각 구입했다. 영희가 받게 될 거스름돈은 얼마인가?
4. 4학년 1반 학생과 선생님이 이어달리기를 했다. 모두 3명이 총 2km를 뛰었다. 그중 기철이가 890m, 영철이가 570m를 각각 뛰었다면, 나머지 한 사람은 몇 미터를 뛴 것인가?

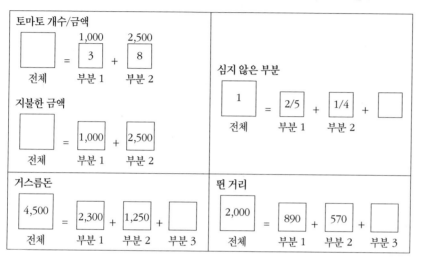

[그림 9-5] 문제의 시각적 표상화전략 사용 예

출처: 이대식, 김수연, 이은주, 허승준(2006), p. 402.

비록 이러한 그림 표상화 전략이 모든 유형의 문장제 문제와 모든 수학학습장애학생에게 해당되지 않을 수도 있겠지만 이들로 하여금 보다 수월하게 문장제 문제를 해결하도록 도움을 줄 수는 있다. 문장제 문제의 문법적 구조와 내용의 의미 요소를 분석하여 의미망 형태로 나타낸 다음, 각 의미망 사이의 관계를 원래 문제의 내용에 따라 수학적으로 표현하는 스키마(도식이나 의미망 등) 사용 전략(Jitendra & Hoff, 1996) 또한 시각적 표상화 전략의 하나다. 이태수와 유재연(2006)은 초등학교 3학년 수학학습부진아동 및 수학학습장애아동 28명에게 의미구조에 따른 표상기법을 적용한 결과, 통제집단에 비해 실험집단 학생들의 문장제 문제해결능력이 유의하게 향상되었음을 확인하였다. 이 연구자들이 사용한 표상기법으로서의 도식 전략의 예는 [그림 9-6]과 같았다.

시각적 표상화 전략 활용을 어려워하는 학생의 경우에는 어떻게 지도해야 하는가?

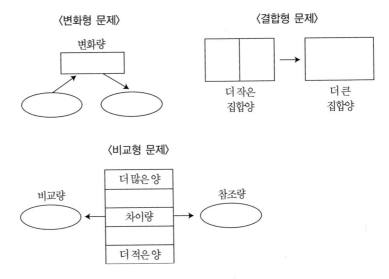

[그림 9-6] 문장제 문제에 따른 도식 유형 예

출처: 이태수, 유재연(2006), p. 8.

(3) 인지 전략의 훈련

인지 전략의 훈련 방법은 문장제 문제해결에 소요되는 과정을 단계별로 나누어 이행해 나가는 과정과 방법상의 절차에 관한 훈련 방법이다. 연구자마다 약간씩 차이는 있지만, 대개 문장제 응용문제를 해결하는 데에는 다음과 같은 절차를 제시하고 있다(Montague & Bos, 1986).

① 문제 읽기
② 문제 해석하기, 문제 의역하기, 문제 수학적으로 해석하기
③ 시각화하기
④ 문제 진술하기
⑤ 가설 세우기
⑥ 추측하기
⑦ 계산하기
⑧ 자기점검하기

한편, 또 다른 연구자들은(Fleishner, Nuzum, & Marzola, 1987) 다음과 같은 절차를 제시했다.

① 문제 읽기　　② 문제 다시 읽으며 필요한 정보 추출하기

③ 생각하기　　④ 문제 풀기　　　⑤ 점검하기

그러나 이러한 단계들을 단순히 암기하여 따라가도록 하는 것만으로는 충분한 효과를 얻기 어렵다. 이러한 절차를 효과적으로 활용하기 위해서는 몇 가지 조건이 필요하다. 첫째, 교사들이 이 과정을 따라 문제를 해결하는 모습을 명시적으로 보여 주어야 한다. 일단 명시적 시범을 보였으면, 둘째, 학생들과 같이 시연하고 나아가 학생들이 개별적으로 자율적인 전략을 활용할 수 있을 때까지 연습을 시키도록 한다. 셋째, 일단 어느 정도 전략 활용이 숙달되면 많은 예와 다양한 예들을 갖고 적용할 수 있는 기회를 제공해야 한다. 이 과정에서 지속적인 점검과 즉각적이고 교정적인 피드백을 제공해야 함은 물론이다.

인지 전략을 자발적이고 자율적으로 활용할 수 있도록 하기 위해서는 메타인지 전략이 필요하다. 즉, 자기점검 전략이나 자기교수 전략을 활용하여 자발적으로 활용할 수 있는 능력을 키워 주는 것이 중요하다. 김나영과 신연숙(2005)은 수학학습장애학생이 가장 어려움을 느끼는 수학 문장제 문제해결에 자기교수 훈련을 적용하여 학습장애학생의 수학 문장제 문제해결능력 신장과 유지 효과를 밝히고자 하였다. 이 연구에서는 초등학교(일반학교) 5학년 학생 중 수학학습장애를 가진 남자 아동 3명을 대상으로 9주 동안 총 27회기에 걸친 자기교수 훈련 중재를 실시하면서 대상 학생들의 수학 문장제 문제해결능력의 변화를 점검하였다. 연구 결과, 자기교수 훈련은 학습장애학생의 수학 문장제 문제해결능력 신장과 유지에 효과가 있는 것으로 나타났다. 최세민(2002)에 따르면, 자기교수 훈련은 설명적 교수보다 학습장애학생의 수학 문장제 문제해결능력을 증진시키는 데 더 효과적이었다. 또한 자기교수 훈련은 설명적 교수보다 학습장애학생의 자기효능감을 증진시키는 데 효과적이었다.

앞서의 결과를 종합해 보면, 효과적인 문장제 응용문제 지도를 위해 인지 전략을 활용할 경우에는 적어도 다음 일곱 가지 요소가 어떠한 방식으로든 포함되어야 한다.

- 문장제 응용문제 해결을 위한 문제해결 절차(보통 7~8단계)
- 문제해결 인지 전략의 자율적인 활용능력 배양을 위한 메타인지 전략

- 교사에 의한 인지 전략 및 메타인지 전략 활용에 관한 명시적 시범
- 인지 전략 및 메타인지 전략 활용을 위한 충분한 기회 제공
- 인지 전략 및 메타인지 전략 활용을 위한 충분하고 다양한 예(주로 실제 생활 문제를 담은 것)
- 지속적인 점검과 즉각적이고 교정적인 피드백
- 단계적인 전략의 자율적 사용

(4) 문제 자체의 조절

문장제 응용문제 자체를 조절함으로써 학습성취를 높여 가는 방법에는 두 가지가 있다. 첫 번째 방법은 문장제 응용문제의 소재를 일상생활에서 일어나는 사례를 중심으로 구성하는 방법이다. 이로써 학생들에게 문제에 대한 현실감을 높이고 이를 통해 학생들의 문제해결에 대한 동기와 흥미를 높인다. 두 번째 방법은 문장제 응용문제의 구조와 용어를 조절함으로써 문제의 난이도를 낮추는 방법이다. 하지만 궁극적으로 학생들에게 다양한 문장제 응용문제를 해결할 수 있는 능력을 형성시키는 것에 초점을 두어야지, 문제 자체를 조절함으로써 난이도를 낮추어 학습성취를 향상시키는 이와 같은 방법은 그리 적절하지 않다.

(5) 컴퓨터 보조 학습과 교수 설계 원리의 결합

컴퓨터를 이용한 문장제 문제 학습 시에도 수업 진행의 일반적인 원칙(숙달학습, 빠른 수업 흐름, 즉각적이고 체계적인 피드백, 개별 학습의 지속적인 점검 등)은 여전히 유효하다. 또한 효과적인 교수 설계 원리(다단계로 이루어진 세부적인 명시적 전략, 전략의 일관성 있는 적용, 다양하고 충분한 예 제공, 혼동할 가능성이 있는 내용의 분리 제시 등)도 프로그램에 반영시켜야 한다.

컴퓨터를 이용한 문장제 응용문제 지도 시에는 특별히 고려해야 할 사항이 몇 가지 있다. 첫째, 단순히 문장제 응용문제를 그것이 게임 형식이든 개별지도 형식이든 컴퓨터를 통해 제시하는 것만 가지고서는 효과를 거둘 수 없다. 기존의 연구들에서 효과적이라고 규명된 원리들, 즉 교사에 의한 명시적 시범과 즉각적이고 교정적인 피드백, 교수 설계 원리, 예의 조직과 범위 등이 함께 구현되었을 때만 효과를 거둘 수 있다. 즉, 컴퓨터 보조 학습의 효과도 결국은 사용된 전략과 그 전략의 훈련 방식 그리고 교수 설계상의 특징에 의해 달라진다. 아울러 비용

문제, 교사의 프로그램 개발 능력, 장비 구비 현황, 학생들의 준비 정도 등도 고려되어야 한다.

7) 도형 및 공간 감각

도형의 경우, 일단 특정 모양을 식별할 수 있도록 하기 위해서는 해당 도형에 속하는 예들과 그렇지 않은 예들을 체계적으로 제시하는 것이 효과적이다. 예를 들어, 원과 타원의 개념을 가르치고자 할 때에는 크기와 특징이 다양한 원이나, 원은 아니지만 원과 비슷한 예들을 많이 보여 주어 학생들이 원과 원이 아닌 것을 구별할 수 있도록 하는 것이 중요하다.

대체적인 교수-학습 순서는 기본 도형의 개념과 이의 식별, 도형의 안과 밖 구별하기, 다면체 개념과 이의 식별, 면적 구하기, 각도나 선분 및 지름 등의 개념, 다각형 구별하기 등으로 생각해 볼 수 있다.

특히 비언어성 학습장애를 보이는 아동들의 경우 공간감각과 위치감각이 매우 미흡할 수 있다(Rourke & Conway, 1997). 이들에게 공간감각을 연습시키기 위한 방법으로는 블록, 장난감, 모형, 퀴즈, 퍼즐, 쌓기용 장난감 등을 활용하는 것이 있을 것이다. 공간감각은 또한 숫자 이해에도 중요한 역할을 한다. 예컨대, 수직선상에서 가까운 수와 먼 수의 차이를 아는 것은 공간감각을 숫자의 크기와 연관시켜 이해하도록 하는 데 중요한 활동으로 볼 수 있다.

4. 마치는 말

지금까지 수학 각 영역별 혹은 각 교수방법별로 효과적인 수학교육 방법을 알아보았다. 하지만 이들 교육방법이나 정보를 활용하고자 할 때에는 다음과 같은 몇 가지 점을 심사숙고해야 한다.

첫째, 모든 수학 영역에 사용할 수 있는 아주 효과적인 단 하나의 교수방법은 존재하지 않는다. 내용에 따라 적어도 여러 가지 효과적인 교수방법을 적절하게 조합하여 사용하여야 한다. 예컨대, 컴퓨터 보조 수업이 더 효과적이라든가 협동 학습이 더 효과적이라든가 하는 식으로 단순화시키기에는 무리가 있다.

둘째, 어떤 교수방법을 사용하든지 간에 교사가 구체적으로 어떻게 해야 하는지에 대한 구체적인 지침을 포함하지 않는 한 그 교수방법은 실제 교실 현장에서 활용될 가능성은 낮다.

셋째, 어떤 교수방법이든 설사 그것이 듣기에 매력적이라고 하더라도 반드시 잘 통제된 경험적 연구에서 그 효과가 어느 정도 검증된 것을 우선적으로 교실 현장에 적용해야 한다.

넷째, 교수방법의 현실 활용 가능 정도를 반드시 고려해야 한다. 예컨대, 많은 효과적인 수학교육 방법들은 한 학급의 규모가 10명 정도나 그 이하인 상황, 혹은 개별 지도 상황에서 적절한 경우가 많다. 그러므로 25명 이상의 학급에서, 특히 한두 명의 학습부진아동이나 학습장애아동이 함께 교육을 받고 있는 현장에서 다른 업무를 맡고 있는 교사들이 실제로 사용할 수 있는지를 고려해야 한다.

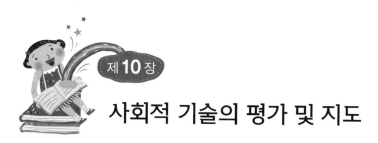

제 **10** 장

사회적 기술의 평가 및 지도

1. 사회적 기술의 중요성

친구나 주변 사람들로부터 인정을 받고 대인관계를 맺고 싶은데 어떻게 해야 할지를 모르는 사람이 있을 수 있다. 타인들과 적절한 사회적 관계를 형성하지 못하는 것이 혹시 장애 때문이라는 생각을 해 본 적이 있는가? 사회적 기술(social skill)에 대한 정확한 정의는 이후에 다루게 되겠지만, 사회적 기술의 핵심은 원만한 대인관계 형성과 유지다. 적절한 대인관계를 형성하는 것은 성인뿐만 아니라 학령기 아동은 물론, 취학 전 아동들에게도 중요하고 절실한 문제다. 어려서부터 사회적 기술이 부족하여 사회적 고립을 경험한 아동은 성인이 되어서도 법에 적응하지 못하거나, 알코올 중독 및 이혼 등과 같은 사회적으로 부적응적인 행동을 보인다. 더욱이 갈수록 인간관계가 복잡해지면서 상대적으로 원만한 대인관계의 중요성도 더욱 강조되고 있다.

학습장애 아동이나 청소년들이 사회적 기술을 적절하게 구사해야 할 상황은 학교, 가정, 지역사회 등 매우 다양하다. 예컨대, 비판이나 칭찬을 적절하게 표현하고 받아들이는 것, 또래로부터의 부적절한 압력이나 언행에서 벗어나는 것, 교우관계를 형성하는 것, 부탁하고 부탁에 응하는 것, 공동활동에서 역할을 수행하고 친구의 역할에 반응하는 것, 교사와 적절한 상호작용을 하는 것 등 많은 상황에서 사회적 기술이 요구된다. 또한 물건이나 자료를 공유하고, 순서를 기다리며, 질서를 지키고, 친구들과 협력을 해야 하는 등의 대인관계 관련 활동이 학교 안팎으로 많이 있다. 이러한 상황에서 적절한 사회적 기술이 발휘되지 않았을 경우 관계에 긴장이 생기고 사회적으로 고립·배척·무시되며 심한 경우 언어적·신체적 공격 행동으로까지 이어질 수 있다.

전통적으로 학습장애는 말하기, 듣기, 쓰기, 읽기 그리고 셈하기 등 언어와 수학 영역의 학습문제와 관련하여 주로 거론되었다. 「미국장애인교육법(IDEA)」의 학습장애에 관한 정의도 사회적 기술에 관한 사항은 포함하고 있지 않다. 하지만 최근에는 학습장애의 하위 유형으로 공간 지각이나 사회적 관계 형성과 관련이 깊은 비언어성 학습장애에 대한 관심이 높아지고 있다. 사실, 언어나 수를 다루는 데 문제가 있는 사람들이 존재한다면 사회적 기술 측면에 문제가 있는 사람들도 존재할 것이다. 최근에 많이 회자되고 있는 정서지능(emotional intelligence)이나 Gardner의 다중지능이론을 보면 대인관계 형성 능력 혹은 사회적 능력도 하나의 하위 능력으로서 개인차가 존재하며, 유사한 특징을 보이는 사람들을 범주화할 수 있음을 보여 준다.

약 30% 정도의 학습장애아동은 사회적 기술에 어려움을 갖고 있다.

실제로 많은 학습장애아동들이 사회적 기술에 어려움을 갖고 있는 것으로 보고되고 있다. 적어도 30% 이상의 학습장애아동들이 사회적 기술에 문제를 갖고 있다(Bryan, 1997; Hagger & Vaughn, 1997). 이를 반영하듯, 미국학습장애합동위원회(National Joint Committee for Learning Disabilities: NJCLD)의 학습장애 정의에서는 다음과 같이 사회적 기술상의 어려움을 학습장애 현상의 한 영역으로 취급하고 있다.

> "학습장애란 말하기, 듣기, 읽기, 쓰기, 추론하기, 수학적 능력 혹은 사회적 기술 등을 습득하고 사용하는 데 있어서 심각한 어려움을 겪는 형태로 나타나는 장애를 갖고 있는 이질적인 집단을 지칭하는 포괄적인 용어다."(Kavanagh & Truss, 1988, pp. 550-551; Bos & Vaughn, 1998, p. 377에서 재인용)

하지만 우리나라의 「장애인 등에 대한 특수교육법」이나 「미국장애인교육법(IDEA)」에서는 학습장애 정의에 사회적 기술이나 능력 관련 항목은 언급하지 않고 있다.

이 장에서는 학습장애아동들이 보이는 사회적 기술의 특징과 이에 대한 평가 그리고 적절한 사회적 기술 지도 방안을 다룬다. 먼저, 사회적 기술의 개념을 살펴보고, 학습장애아동들이 보이는 사회적 기술상의 특징을 개관한다. 이어서 사회적 기술의 평가와 지도 방안을 살펴보고자 한다.

2. 사회적 기술의 개념

사회적 기술 개인이 특정 사회적 관계를 성공적으로 능숙하게 수행하기 위해 사용하는 구체적인 행위

그동안 제기된 사회적 기술의 개념에 대한 정의는 매우 다양하다. 하지만 이

들 정의에 반복적으로 나타나는 특징 또한 확인할 수 있다. Walker 등(1983)은 사회적 기술이란 ① 개인이 긍정적인 사회적 사회관계를 형성하고 유지하게 해 주는 능력, ② 또래들에 의한 수용과 만족스러운 학교 적응, 그리고 ③ 좀 더 큰 사회환경을 효과적으로 다루고 적응하는 능력이라고 보았다. 이러한 사회적 기술에 대한 정의는 사회로부터 지원을 얻어 내고, 친구를 사귀며, 교실과 학교 운동장에서 교사와 또래들의 요구를 충족시키고, 사회환경에서 변화와 어려운 여건에 적응하는 것이 사회적 기술의 필수 요소임을 시사하고 있다(Walker, Colvin, & Ramsey, 1995, p. 227에서 재인용).

사회적 기술과 더불어 혼용되고 있거나 관련이 높은 개념은 사회적 능력(social competence), 사회적 인지(social cognition) 등이다. Gresham 등(2001, p. 333)은 사회적 기술과 사회적 능력을 구분하였다. 이들에 따르면, 사회적 기술이란 개인이 특정한 사회적 과제를 성공적으로 그리고 능숙하게 해결하기 위해 사용하는 구체적인 행위이고, 사회적 능력이란 주어진 준거에 비추어 특정 개인이 사회적 과제를 얼마나 성공적으로 해결했는지에 대해 사회적 작용자가 내리는 성과중심의 평가적 용어다. 이보다 앞서 Gresham(1998)은 또래나 성인들과 만족스러운 대인관계를 형성하고 유지하는 것이 사회적 능력의 핵심이라고 주장했다.

> **사회적 능력** 구체적인 사회적 기술 구사를 가능하게 하는 종합적이고 전반적인, 성과중심의 평가적 용어

McFall(1982) 역시 사회적 능력과 사회적 기술을 구별하였다. 그에 따르면, 사회적 능력이란 부모, 교사, 또래와 같은 사회적 작용자의 행동의 사회적 효과에 대한 종합적이고 전반적인 판단이다. 반면, 사회적 기술은 개인이 친구를 사귀거나 부탁을 하거나, 타인에 의한 사회적 상호작용에 응하는 것과 같은 일상적인 사회적 과제에 반응하기 위해 사용하는 구체적인 전략과 전술을 의미한다(Walker, Colvin, & Ramsey, 1995, p. 227에서 재인용).

한편, Foster와 Ritchey(1979)는 사회적 능력을 "주어진 상황에서 효과적인 것으로 나타나는 반응들로서, 다른 말로는 상호작용자로 하여금 긍정적인 효과를 산출하고 유지하며 증가시킬 가능성을 최대화하는 반응들"(Foster & Ritchey, 1979, p. 26; Vaughn, Bos, & Schumm, 2000, p. 89에서 재인용)이라고 규정하였다.

일반적으로 사회적 능력은 사회적 기술과 사회적 인지를 포함하는 개념으로, 적절한 대인관계 형성 능력을 전반적으로 지칭한다고 볼 수 있다. 사회적 기술

> **사회적 인지** 사회적 정보를 파악하는 능력

이 구체적인 상황에서 발휘되는 적절한 사회적 반응이고 사회적 인지가 사회적 정보를 파악하는 능력이라면, 사회적 능력은 좀 더 포괄적인 개념이라 할 수 있다. 학생들이 학교에서 교사와 또래들로부터 인정받거나 사회적 관계를 형성하기 위해서는 타인의 정서를 정확히 파악하고 그에 적절하게 반응해야 한다. 그리고 자신이 원하는 바를 사회적으로 적절한 방법으로 표현해야 한다. 이처럼 '사회문제를 사회적으로 용인되는 방향으로 해결하는 능력'이 바로 사회적 능력이다. 만약 이러한 능력이 결여되어 있다면 정상적인 사회생활은 물론, 성공적인 사회생활이 가능하지 않을 것이다. 왜냐하면 학업은 주로 학령기 때에 해당하지만 사람과의 관계를 형성하고 상호작용하는 것은 인간 생활의 기본이기 때문이다.

사회적 능력 중에서 특히 사회적 인지는 대인관계에 영향을 미치는 관련 정보를 수집하고 이해하며 적절한 판단을 내리는 능력으로서, 적절한 반응을 보이는 능력까지를 포함하는 사회적 능력과 구분된다. 예컨대, 상대방의 목소리 억양, 표정, 몸짓, 구사하는 용어나 단어, 시선 등을 통해서 상대방이 현재 어떤 생각을 하고 있고, 어떤 감정 상태에 있으며, 무엇을 원하는지 파악하는 것과 관련된 인지 요소가 바로 사회적 인지라고 할 수 있다. 비언어성 학습장애아동들은 바로 이러한 사회적 인지에 결함이 있다.

앞서의 논의를 종합해 보면, 결국 사회적 기술이란 사회적으로 인정되는 방식으로 또래나 주변 사람들과 관계를 형성하는 데 요구되는 기술을 말하는 것으로, 흔히 대인관계 기술 혹은 인간관계 기술을 포함한다고 할 수 있다.

표 10-1 사회적 기술, 사회적 능력, 사회적 인지 개념 구분

사회적 기술	사회적 인지	사회적 능력
• 대인관계 기술과 유사어 • 구체적인 대인관계 상황에서 발휘되는 적절한 사회적 반응	• 대인관계 관련 정보 수집 및 적절한 판단능력	• 사회적 인지 + 사회적 기술 • 사회적 기술보다 포괄적인 개념 • 대인관계 문제를 사회적으로 용인되는 방향으로 해결하는 능력

3. 학습장애아동의 사회적 기술

1) 학습장애아동의 사회적 기술의 특징

학습장애아동들이 사회적 상호작용과 관련하여 보이는 문제점은 그 양상이 매우 다양하다. 대체로 학습장애아동들은 또래와 구별되는 정도의 대인관계 문제를 보이고 있으며, 또래로부터 환영받지 못하고, 사회성도 낮다(김자경, 2002; 조용태, 2000; Kavale & Forness, 1996). 학습장애아동들은 일반아동들보다 청소년 비행에 연루될 가능성이 높다. 비행을 저지른 청소년 가운데는 학습장애를 지닌 비율이 일반학생보다 18~55% 정도 높다(Vaughn, Bos, & Shumm, 2000).

Kavale과 Forness(1996)는 1980년부터 1995년까지의 학습장애아동들의 대인관계 기술 부족을 다룬 연구논문 53편을 종합한 결과, 약 75%의 학습장애아동들이 대인관계에 문제가 있음을 보고했다. Kuhne과 Wiener(2000)는 9~12학년 학습장애아동 38명을 대상으로 또래로부터의 사회적 인정 정도가 시간에 따라 어떻게 변화하는가를 알아보았다. 그 결과, 학습장애아동들은 일반아동들보다 전반적으로 사회적 호감이 낮았고, 또래로부터 사회적으로 거부될 가능성이 훨씬 높았다. 또한 시간이 지날수록 또래로부터 소외되거나 거부되는 사례가 늘어났다. 학습장애아동들이 협동적이거나 리더가 될 것이라고 생각하는 또래의 수도 매우 적었다.

조용태(1998)는 학습장애아동의 사회적 기술의 특성과 문제행동의 관계를 조사하였다. 경기 북부 지역(의정부시, 구리시, 포천군, 연천군)에 위치하고 있는 9개 초등학교의 2~6학년 학습장애아동 115명과 일반아동 240명 등 전체 355명을 대상으로 하였는데, 사회적 기술을 측정하기 위해 사용된 검사도구로는 Gresham과 Elliott의 교사용 사회적 기술 평정척도(Social Skill Rating System-Teacher Form Elementary Level: SSRS)를 김향지(1996)가 타당화한 것을 사용하였다. 그 결과, 전반적으로 학습장애아동은 일반아동보다 사회적 기술이 낮았으며, 학습장애 여아보다 학습장애 남아의 사회적 기술 수준이 더 낮았다. 그러나 학년별로는 사회적 기술에 있어서 차이가 발견되지 않았다. 사회적 기술의 하위 유형 가운데 협력 기술과 자기통제 기술이 주장 기술보다는 문제행동과 부적으로 더 밀접한 학습장애학생의 낮은 사회적 기술 중 어느 부분이 낮은 성적으로 인한 부정적 영향 때문인지 혹은 학습장애 고유의 특성 때문인지 정확히 가려내긴 아직 어렵다.

관계를 가지고 있었으며, 문제행동 가운데 과잉행동과 더 관계가 있었다. 학습장애아동이 사회적 기술의 결함을 가지는 비율을 보면, 적게는 30%에서 많게는 80%까지 다양하였다.

정신건강 측면에서도 학습장애아동들은 또래보다 훨씬 취약한 상태에 있다. 사회적 기술과 관련하여 학습장애아동들은 낮은 자아개념, 정서적 문제(스트레스나 우울증), 품행문제, 공격성 등을 보인다. 학습장애아동들은 대개 낮은 학업성취에서 오는 부정적인 자아개념을 소유하고 있는데, 부정적인 자아개념은 학습장애아동들에게 장기적으로 부정적 영향을 끼친다. Cohen (1985)의 조사연구에 의하면, 학습장애를 갖고 있는 청소년들은 만성적이고 심각한 수준의 우울증, 무력감, 불충분감 그리고 실패에 대한 조바심 등을 보였다.

문제는 이들 스트레스나 낮은 자아개념을 장기간 방치할 경우 학업의 저하는 물론 행동 · 정서적 문제, 약물 복용, 우울증, 심지어 자살로까지 이어질 수 있다는 점이다. 실제로 Bender 등(1999)의 조사연구에 의하면, 비언어성 학습장애아동이나 기본 학업 소양이 부족한 청소년들은 다른 일반아동들에 비해 상대적으로 높은 우울 증세를 보였다.

한편, Settle과 Milich(1999)의 조사연구에 의하면, 학습장애아동들은 다른 아동들보다 우호적인 상호작용과 비우호적인 상호작용에 더 민감하게 반응했다. 특히 비우호적인 상호관계가 누적될수록 학습장애아동들은 부적절한 대인관계를 형성할 가능성이 증가하는 것으로 나타났다.

Swanson과 Malone(1992)은 1974년부터 1990년 사이에 발표된 논문들 중에서 학습장애아동 집단과 다른 아동 집단 사이의 사회성 관련 영역을 직접 비교한 39편의 논문을 ERIC과 PsycINFO에서 검색하여 메타분석을 실시하였다. 이들 연구에 참여한 표본집단은 대다수가 3~5학년 학생들이었다. 학습장애아동집단과 일반아동집단을 사회적 수용 정도, 사회적 거부, 자신감, 사회적 문제해결, 공격성, 성격, 미성숙, 과제 수행 행위 등에서 비교해 본 결과, 모든 영역에서 학습장애아동들은 일반아동들보다 낮거나 심각한 문제를 보였다.

학습장애아동은 또래들에게 사회적 인정을 받는 정도가 일반아동보다 훨씬 낮고 배척되거나 무시되는 정도는 훨씬 심하다. 또래들은 학습장애아동이 덜 협조적이고 일반아동보다 지도자가 될 가능성도 낮은 것으로 여기고 있다. 이러한 낮은 사회적 인정 정도나 선호도는 시간이 지나도 별로 변하지 않고 고정적이다

표 10-2	사회적 기술 부족의 예
• 타인들과의 상호작용을 방해하는 사회적 지각과 사회적 인지 부족 • 결과 예측 능력 부족 • 감정 표현의 어려움 • 타인과 공감하기 어려움 • 충동 조절이 어려움 • 부적절한 옷차림과 위생 • 듣는 사람으로서의 역할 수행과 이해를 못함 • 제3자의 관점에서 보지 못함 • 대화 상대자를 보고 미소를 짓는 시간이 매우 적음	• 최종 결과에 영향을 줄 역할을 사회적 상황에서 하지 않으려 함 • 애매하거나 불완전한 정보를 주었을 때 명료화해 줄 것을 잘 요구하지 않음 • 자신감이 없고 학습된 무기력을 보임 • 공격적이거나 반사회적인 행위를 보임 • 교사에게 부적절한 질문을 하는 경우가 많음 • 대인관계상의 문제해결능력이 약함 • 미래를 계획하는 능력이 약함

출처: Vaughn, Bos, & Schimm (2000), p. 89.

(Kuhne & Wiener, 2000). 학습장애아동이 보이는 사회적 기술 부족의 예는 〈표 10-2〉와 같다.

학습장애아동들의 사회적 기술 결함 문제의 심각성은 시간이 지남에 따라 그 부정적인 영향이 더 커진다는 점에서 찾을 수 있다. 사회적 상호작용 실패의 누적은 학습된 무기력을 사회적 기술 영역에서 가져올 수 있기 때문이다(Settle & Milich, 1999). 왜 학습장애아동들은 상대적으로 이러한 사회적 결함을 보일까? 혹시 학습장애아동들의 낮은 학습능력이 영향을 미치는 것은 아닐까? 다음에서는 학습장애아동의 사회적 기술 결함의 원인을 살펴보기로 한다.

2) 학습장애아동의 사회적 기술 결함의 원인

주위로부터의 낮은 사회적 인정과 대인관계 이해능력의 부족은 분명 학습장애의 중요한 한 특징이지만, 왜 유독 학습장애아동들이 대인관계를 제대로 이해하는 데 어려움을 겪고 있는지, 그리고 대인관계 이해능력이 과연 곧바로 학습장애의 사회적 인정 정도에 영향을 주는지는 아직 분명하지 않다.

학습장애학생들이 적절한 대인관계 형성 및 유지에 어려움을 겪는 이유 중 하나는 비언어적 행위의 사회적 의미나 사회적 맥락 파악에 어려움을 겪기 때문이다.

일반적으로 학습장애아동들이 왜 유달리 사회적 기술에 어려움을 겪는지에 관해서는 다음과 같은 몇 가지 설명 방식이 있다.

첫 번째 설명 방식은 사회적 기술에는 대인관계의 다양한 측면을 이해하는 것이 중요한데, 학습장애아동들은 일반아동들보다 사회적 상황을 파악하는 능력이 부족하다는 것이다. 환언하면, 학습장애아동들은 인지적 성숙도 면에서 사회적 상호작용의 언어적 혹은 비언어적 측면을 제대로 이해하는 능력이 부족하다는 것이다. 적절한 사회적 상호작용을 위해서는 표정, 목소리의 고저 혹은 각종형태의 몸짓에 담겨 있는 사회적 의미를 파악할 수 있어야 하고, 또 그 의미들을사회적 상황에 따라 적절하게 달리 해석할 수 있어야 한다. 하지만 학습장애아동들은 특히 비언어적 · 사회적 상호작용 측면을 이해하는 인지능력이 부족한것으로 보인다(Dixon & Moore, 1990).

적절한 대인관계 형성에는 자신에 대한 적절한 인식과 반응 이외에도 다른사람의 감정과 생각을 의식하는 것이 중요하다. 일반적으로 아동들은 연령이증가할수록 타인들이 어떻게 생각하고 느낄 것인지에 관해 다양한 관점을 갖게된다. 하지만 학습장애아동들은 타인들의 몸짓이나 표정 혹은 목소리의 고저에담겨 있는 사회적 의미에 덜 민감하기 때문에 적절한 사회관계를 형성하기 어렵다(Holder & Kirkpatrick, 1991). Kravetz 등(1999)은 대인관계 이해능력과 사회적인정 정도 사이의 상관을 연구한 결과, 이 두 변인 간에는 높은 상관이 있음을보고했다.

비언어성 학습장애 혹은 아스퍼거 증후군(Asperger Syndrome)에서도 학습장애아동들의 이러한 측면을 찾아볼 수 있다. 비언어성 학습장애아동들의 핵심 문제는, 전체는 부분의 합이라는 것 그리고 부분이 모이면 어떠한 전체를 이룬다는것을 이해하는 데 어려움을 겪는다는 점이다. 사회적 기술 측면에서 보면, 대인관계에서 타인의 표정, 몸짓이나 제스처, 목소리의 톤, 시선, 단어의 선택 등을종합적으로 판단하여 현재 상대방이 무엇을 원하고, 어떤 감정 상태이며, 무엇을 생각하고 있는지에 관한 판단을 내리게 된다. 하지만 비언어성 학습장애를갖고 있는 아동들은 이러한 정보를 종합하여 합리적인 판단을 내리는 능력이 부족하다. 대인관계에 있어서 타인이 무엇을 원하고, 어떤 감정 상태이며, 무엇을생각하고 있는지 잘 알지 못하거나 고려하지 않는다면 원만한 대인관계를 형성할 수 없을 것이다.

> **글상자 10-1** 학습장애아동의 사회적 기술 결함의 원인으로 추정되는 네 가지 요인
>
> • 사회적 상황을 파악하는 능력의 상대적 부족
> • 사회적 기술을 담당하는 뇌신경 기능의 결함
> • 사회적 경험 부족
> • 낮은 학업성취로 인한 학업 자아개념, 그로 인한 대인관계 악화

두 번째 설명 방식은 학습장애아동들이 상대적으로 충동적으로 행동하는 경우가 많고 주의가 산만하여 주변으로부터의 사회적 반응을 제대로 수용하지 못한 이유를 신경생리학적 결함에서 찾는다. 즉, 읽고 쓰고 말하고 셈하는 등의 학습활동에서 심각한 부진을 보이는 이유가 미소뇌기능장애에서 기인한 것으로 설명할 수 있듯이, 사회적 기술의 결함도 확인되지는 않았지만 그것을 담당하고 있는 뇌신경 기능의 결함으로 설명할 수 있다는 입장이다. 하지만 대인관계 기술이 중추신경계의 결함에서 온다는 가설은 그 근거가 약하다. 우선, 경험적 자료가 없고 비슷한 대인관계 기술 부족을 보이는 여타 장애아동들과 달리 유독 학습장애아동만이 그러한 결함을 갖고 있다는 주장은 타당성이 없다.

세 번째 설명 방식은 대인관계 이해 부족이 신경생리학적 결함이나 인지과정상의 결함보다는 사회적 경험 부족에 더 기인한다고 주장한다(Gresham & Elliott, 1989). 즉, 학습장애아동들이 대인관계를 잘 이해하지 못하고 어려움을 겪는 이유는 적절한 사회적 상호작용을 학습할 기회를 충분히 갖지 못했거나 가족과의 일상생활에서의 적절한 상호작용 경험이 부족하기 때문이라는 것이다(Dixon & Moore, 1990). 강혜진과 김자경(2007)도 비슷한 주장을 했다. 초등학교 4~6학년 학습장애아동을 대상으로 사회적 기술 지식과 수행력, 이 변수 간의 관계를 조사한 결과 학습장애아동은 일반아동과 사회적 기술 지식에는 별 차이가 없었지만, 이를 용인된 수준에서 행동으로 옮기지 못하는 수행력 결함을 보였다. 연구자들에 따르면, 이러한 사회적 수행력 결함은 학습장애의 신경학적 원인보다는 사회적 경험이 부족하기 때문일 가능성이 크다는 것이다.

네 번째 설명 방식은 낮은 학업성취나 학습장애 자체가 학업적 자아개념과 나아가서 전반적인 자아개념의 저하로 이어지고, 이것이 다시 원만한 대인관계 형

성에 장애가 된다는 것이다. 예컨대, 왜 학습장애아동이 상대적으로 청소년 비행에 많이 연루되는가 혹은 비행청소년 가운데 학습장애아동이 많은가에 대해 Vaughn 등(2000)은 두 가지 이론으로 설명했다. 첫째는 학업성취실패이론(School failure theory)으로, 지속적인 학업실패는 결국 청소년 비행을 지속적으로 일으키는 원인이다. 둘째는 침투용이성이론(susceptibility theory)으로, 성격의 미숙으로 다른 아동보다 충동적이고 판단이 흐려 결국은 현명하지 못한 사회적 선택을 함으로써 청소년 비행에 이르게 된다는 이론이다. 비록 학업 측면의 부진과 사회적 기술 결함 간의 상관은 높지만, 인과관계를 나타내는 근거는 거의 없다. 하지만 둘 간의 높은 상관은 여전히 학업성취 향상을 통해서 대인관계 기술 부족 현상이 완화될 수 있음을 시사한다.

4. 사회적 기술의 평가

사회적 기술을 평가하기 이전에 평가 원칙을 확인하는 것이 중요하다.

학습장애아동들이 갖는 다양한 형태의 사회적 기술 문제를 해결하기 위해서는 효과적인 지도 방안을 마련해야 한다. 하지만 그 지도 방안 수립을 위한 기본 자료를 제공하고 지도 방안의 투입 여부와 효과를 확인하기 위해서는 타당하고 신뢰롭게 사회적 기술을 평가하는 것이 필수적이다. 문제는 사회적 기술을 측정하고 평가하는 일이 학업성취도를 측정하는 것에 비해 훨씬 복잡하고 어려운 문제를 야기한다는 점이다. 그 이유는 첫째, 사회적 기술의 타당도는 특정 지역이나 상황에 따라 달리 결정되기 때문이다. 즉, 수학의 분수문제를 해결하는 능력은 때나 장소에 따라 다르게 규정되지 않는다. 하지만 다른 사람의 거절이나 칭찬 혹은 놀림에 적절하게 대응하는 것은 그 상황이나 때가 어떠한가에 따라 다르게 규정된다. 더 넓게는 사회나 문화적 여건에 따라 적절한 사회적 기술이 다를 수 있다. 둘째, 무엇을 사회적 기술로 볼 것인가에 관한 합의를 도출하기가 어렵기 때문이다.

구체적인 사회적 기술 평가 방법을 논하기 이전에 먼저, 사회적 기술 평가와 관련된 일반적인 원칙을 확인하는 것이 순서다. 첫 번째 원칙은 가능한 한 다원적인 자료를 활용하라는 것이다. 이후에 기술하겠지만, 학습장애아동의 사회적 기술에 관한 정보는 부모나 교사 및 본인의 평정 결과뿐만 아니라 직접 관찰, 관런 기록물의 분석 등 다양한 자료에서 얻을수록 정보에 대한 판단의 정확성과 신뢰성이 높아진다. 두 번째 원칙은 여러 영역을 대상으로 해야 한다. 즉, 학교는 물론 가정이나 지역사회에서의 사회적 인지능력, 사회적 위축, 사회적 문제해결능력, 사회적 공격성 측면 등 다양한 영역을 평가의 대상으로 해야 한다는 것이다. 세 번째 원칙은 문화적 차이나 개인의 독특한 특성을 고려해야 한다는 것이다.

사회적 기술 평가의 구체적인 모습은 사회적 기술의 구성 요소를 무엇으로 볼 것인가 하는 점과 평가의 결과를 어디에 사용할 것인가 하는 평가의 목적에 따라 크게 달라진다. 사회적 기술 평가를 위해서는 먼저, 무엇이 사회적 기술 영역 혹은 사회적 능력에 해당하는가를 분명히 해야 할 것이다. 무엇을 사회적 기술이나 사회적 능력의 핵심 혹은 구성 요소로 볼 것인가 하는 문제는 결코 간단히 해결될 수 있는 문제가 아니다.

1) 사회적 기술 및 사회적 능력의 구성 요소

사회적 기술의 특징은 사회적 기술이 부족한 아동의 특징을 통해 짐작할 수 있다. 사회적 기술이 부족한 아동들은 대체로 다음과 같은 특징을 보인다.

- 사회적으로 위축되어 있어 개인의 요구나 의견을 표현하지 못한다. 고립되고 수줍어하는 정도가 매우 심하고, 수동적이며 무기력하다. 사회적 상호작용에서 비활동적이다. 사회적 상호작용을 주도하는 경우가 거의 없다. 또래들은 이러한 아동의 접근을 무시한다. 사회적 위축은 또래의 거부를 낳고, 이것은 낮은 자아개념으로 이어져 결국에는 다시 아동의 우울증을 유발하며, 이것이 다시 사회적 위축으로 이어지는 악순환을 가져온다.
- 사회적 환경에 부적절하고 융통성 없는 대응을 한다.
- 사회적 문제해결능력이 부족하여 대인관계 문제가 발생할 경우 적절하게 문제를 해결하지 못한다.
- 사회적으로 부적절한 반응을 표출한다. 친사회적 행동보다는 위협적이고 파괴적이며 무례한 행동을 보이는 경우가 많고, 언어적·신체적 과격성을 보인다. 상대방을 고려하지 못하는 공격적이며 무례한 행동은 심해질 경우 비행, 범죄, 약물 사용 등으로 발전한다.

Gresham(1986)은 사회적 기술 결함과 수행 결함을 구별하였다. 사회적 기술 결함은 필요한 사회적 기술을 어떻게 적용해야 하는지 모르거나 한 번도 그러한 기술을 사용해 본 적이 없는 경우를 말한다. 반면, 수행 결함은 비록 필요한 사회적 기술을 알고는 있지만 그것을 다른 이유로 실행하지 않는다든지 실행을 해도 만족할 만한 수준으로 하지 않는 경우를 가리킨다(Walker, Colvin, & Ramsey, 1995, p. 227에서 재인용).

구체적인 사회적 기술의 종류에 대해 Caldarella와 Merrell(1997; Gresham, Sugai, & Homer, 2001, p. 334에서 재인용)은 19개의 사회적 기술 평정척도를 이용하여 사회적 기술 관련 21개의 논문을 분석하였다. 이들은 해당 논문들에서 사용한 사회적 기술 측정방법에 근거하여 사회적 기술 분류표를 작성했다. 그 결과로 나타난 다섯 가지의 주요 사회적 기술 유형은 다음과 같았다.

- 또래관계 기술: 칭찬하기, 도움이나 지원 제공하기, 놀이에 또래를 초대하기
- 자기관리 기술: 기분 통제하기, 규칙 따르기, 갈등 상황에서 타협하기
- 학업기술: 개인적으로 일 완수하기, 교사의 지시 경청하기, 수용될 만큼의 수준으로 일 완성하기
- 순응기술: 지시 이행하기, 규칙 준수하기, 자유시간 적절히 활용하기
- 주장기술: 대화 시작하기, 칭찬 받아들이기, 놀이에 친구 초대하기

이러한 선행 문헌들을 종합해 보면, 다양한 사회적 기술의 구성 요소들이 제기되고 있지만 여기서 몇 가지 공통적인 측면을 추출할 수 있다. 첫 번째는 상황과 연령에 맞는 적절한 사회적 인지 측면이다. 이것은 구체적인 대인관계 장면이 제기하는 사회적 기술 요구를 제대로 파악하고 적절한 대응 방안을 찾아낼 수 있는 능력을 지칭한다. 두 번째는 적절한 사회적 반응을 표출하는 측면이다. 부적응행동보다는 친사회적 행동을 표출할 수 있고, 그렇게 하려는 경향을 지칭한다. 세 번째는 적절한 방식으로 사회적 관계를 주도하는 측면이다. 원만한 사회적 관계는 수동적 반응과 사회적 인지만으로는 부족하다. 능동적으로 친사회적 관계를 시도하는 행위가 수반될 때 스스로 느끼는 사회적 기술 측면의 자아개념이 상승하고, 이는 다시 적절한 사회적 인지와 사회적 반응에 긍정적인 영향을 미치게 될 것이다.

사회적 기술 결함은 알고서도 이행하지 않는 수행 결함과 구분된다.

2) 사회적 기술 평가 방법

사회적 기술이나 사회적 능력의 구성 요소에 대한 모종의 합의가 이루어지면, 다음에는 평가 결과를 무엇에 활용할 것인가 하는 평가의 목적을 설정한다. 사회적 기술의 평가는 대개 세 가지 목적을 달성하는 데 활용될 수 있다. 첫째는 사회적 기술에 결함을 갖고 있는 학습장애아동의 선별 및 진단을 위해서다. 둘째는 프로그램 구성 및 개발, 프로그램의 목표 설정 및 요구 분석을 위해서다. 셋째는 사회적 기술 향상을 위한 프로그램의 효과를 평가하기 위해서다.

목적이 무엇이든 간에 가장 중요한 점은 사회적 기술을 측정하는 방법과 도구의 타당도 및 신뢰도다. 특히 인지능력과 달리 사회적 기술은 높은 상황 의존성과 그 상황의 다양성 때문에 사회적 타당도가 특히 중요하다. 다양한 목적만큼이나 다양한 사회적 기술 평가 방법 및 기법이 있지만, 여기에서는 Gresham (1998)이 사회적 기술 측정방법을 사회적 타당도 정도에 따라 구분한 것을 살펴보기로 한다.

세 가지 측정방법 중 어느 것이 왜 더 나은 측정방법이겠는가?

Gresham(1998)은 사회적 기술을 측정하는 방법들을 사회적 타당도에 따라 세 가지 유형(유형 1, 유형 2, 유형 3)으로 분류하였다. 유형 1 측정은 사회적 타당도 기준에 따라 측정하는 것으로, 이 측정은 사회기관(학교, 법정, 정신건강 기관들)이나 중요한 타인들(부모, 교사, 또래)이 중요하게 생각하는 사회적 행위를 중심으로 측정한다. 여기에는 또래의 수용 정도, 교우관계 정도, 교사나 학부모 판단 그리고 학교 출석기록이나 훈육조치 사항, 학교 정학 등과 같은 실제적인 자료가 포함된다. 중요한 타인들로부터 정보를 활용하는 경우에는 여러 가지 방법을 사용할 수 있다. 예컨대, 부모나 교사들에게서는 구조화된 면접이나 비형식적 면접을 통해 아동의 사회적 기술에 관한 정보를 다양하게 입수할 수 있다. 또래들로부터는 가장 좋아하거나 싫어하는 친구를 적어 내도록 하는 교우관계도(sociogram)를 통해 아동의 사회적 기술 관련 정보를 입수할 수 있을 것이다. 유형 1 측정의 가장 큰 장점은 높은 사회적 타당도다. 현재 아동이 소속해 있는 기관의 기록이나 중요 타인들을 대상으로 한 것이기 때문에 아동의 사회적 기술 정보를 가장 직접적으로 타당하게 얻을 수 있다. 하지만 이 측정의 결정적 단점은 단기간의 중재효과를 검증하기에는 너무 둔감하다는 것이다. 사회적 행위에 얼마나 변화가 있어야 사회적 타인들이 이를 인정할 것인가 하는 문제인데, 대개는 아주 눈에 띄는 변화가 있어야만 타인들이 이를 알아챌 수 있기 때문이다.

유형 2 측정은 그것 자체로서는 사회적인 타당성을 갖고 있지 않지만 유형 2 측정과 경험적인 관계가 있다. 여기에 해당하는 것이 교실, 운동장 그리고 가정 같은 자연적인 상황에서 사회적 행위를 관찰하는 것이다. 아동의 사회적 기술 구사 여부를 제대로 관찰하기 위해서는 많은 준비와 훈련이 필요하다. 예컨대, 어떤 행동을 어떠한 방식으로 관찰하고 기록할 것인가를 사전에 분명하게 관찰자가 숙지하고 있어야 할 뿐만 아니라, 능숙하게 관찰 결과를 기록할 수 있을 때까지 훈련을 거쳐야 한다. 관찰하고자 하는 상황이 자연적이어야 하겠지만, 종종 의도적으로 상황을 구조화하여 사회적 기술의 특정 측면을 집중적으로 관찰할 수도 있다. 이러한 측정은 사회적 기술 훈련 프로그램 연구에서 많이 사용되며, 특히 개별 실험사례 연구에서 많이 사용된다.

가장 사회적 타당도가 약한 측정은 유형 3 측정으로서 행동적 역할 수행 검사, 사회적 문제해결 측정, 사회적 인지 측정 등이 이에 속한다. 이러한 측정들은 약간의 안면타당도는 있을지 모르지만 앞의 두 측정 유형과는 거의 관계가 없다. 또한 사회적 행동을 제대로 예측하지도 못한다. 이 측정 결과는 자연적인 상황에서의 행동이나 사회적 지위 혹은 교사나 부모의 사회적 기술에 대한 판단과 별로 관계가 없다. 대표적으로는 자기평가나 자기보고 혹은 자기성찰에 근거한 질문지법을 들 수 있다. 사회적 타당도가 가장 낮지만 현실적으로 가장 많이 이용되고 있는 방법이다. 우리나라 학술정보 DB에 실려 있는 사회적 기술 관련 연구들 중 대부분이 이러한 자기질문지를 이용하여 사회적 기술을 측정하고 있다.

이 밖에 Elksnin과 Elksnin(1997)은 미국에서 비교적 널리 알려진 사회적 기술 검사도구들을 〈표 10-3〉과 같이 정리했다. 〈표 10-3〉에 제시된 대부분의 사회적 기술 검사도구들은 다양한 연령층의 학생들을 대상으로 관련된 사람들이 몇 개의 사회적 기술 관련 영역에 걸쳐 평정하는 형태를 띠고 있다. 이제 구체적으로 몇 가지 대표적인 측정방법들을 좀 더 자세히 살펴보기로 한다.

표 10-3 주요 사회적 기술 검사도구

검사도구	내용	대상	피험자
Matson Evaluation of Social Skills with Youngsters (MESSY), 2nd ed. (Matson & Swiezy, 1994)	• 자가평정척도 5개 검사 －적절한 사회적 기술 －부적절한 사회적 기술(충동적, 자만적, 질투) • 교사평정척도 2개 검사 －적절한 사회적 기술 －부적절한 사회적 기술	8~18세	학생, 교사
School Social Skills Rating System (Brown, Black, & Downs, 1984)	• 4영역 －성인관계 －또래관계 －학교 규칙 －학급 행동	초등학생 ~ 고등학생	교사
Preschool and Kindergarten Behavior Scales (Merrell, 1994)	• 사회적 기술: 사회적 협력, 사회적 상호 작용, 사회적 독립성 • 문제행동: 자기중심적/충동적, 주의 문제 /과잉행동, 반사회적/공격적, 사회적 위축, 불안/정서문제	3~6세	교사, 부모, 기타
Social Behavior Assessment Inventory (Stephens & Arnold, 1992)	• 4개의 주요 검사와 30개의 하위 검사 －환경적 행동 －대인 간 행동 －자기 관련 행동 －과제 관련 행동	유치원생~ 중학교 3학년생	교사
School Social Behavior Scales(SSBS) (Merrell, 1993)	• 검사 A: 사회적 능력, 대인 간 기술, 자기 관리 기술, 학업기술 • 검사 B: 반사회적 행동, 적대적－분노, 반사회적－공격적, 강압적－일탈적	유치원생~ 고등학교 3학년생	교사
Social Competence and Behavior Evaluation Edition(SCBE) (LaFreniere & Dumas, 1995)	3개 영역에 대한 8개 기본 검사 • 정서적 표현: 우울－기쁨, 불안－안정, 분노－인내 • 사회적 상호작용: 고립－통합, 공격적－침착, 자기중심적－친사회적 • 교사－학생 관계: 반대－협력, 의존－자립	30~78개월	교사, 기타 아동 보호 전문가

출처: Elksnin & Elksnin (1997), pp. 80-81.

(1) 자기보고법

자기보고법(서술형)은 서면이나 면대면 인터뷰를 통해 사회적 기술과 관련한 자기 상태를 표현하는 방식으로, 여기에서는 비교적 비구조화된 방식으로 자신의 견해나 상태를 표현하는 방식을 의미하는 것으로 한정하기로 한다. 사실, 교우도 검사나 평정척도 검사 등도 넓은 의미로는 자기보고에 의존하지만, 매우 구조화되어 있다는 점에서 자유서술식의 자기보고나 인터뷰와는 차이가 있다. 서술형 자기보고법은 시행이 간편하고 짧은 시간에 많은 사람을 대상으로 많은 문항을 물어볼 수 있다는 점에서 편리하고 간편하다. 또한 자료를 수량화하여 통계 처리하고 이를 수나 표로 제시할 수 있다. 반면, 단점은 사회적 타당도를 보장할 수 없다는 점이다. 행동과 생각의 괴리도 문제다. 특정 상황에서 특정 사회적 기술을 구사해야 한다는 것을 이야기할 수 있다는 것과 실제로 그렇게 하는 것과는 특히 경쟁적인 대안 행동이 가능할 경우에는 별 관련이 없다.

자기보고는 서면과 면대면 인터뷰 두 방식으로 할 수 있다. 면대면 인터뷰는 특히 읽기 부담을 많이 느끼는 학습장애아동들에게 유리한 방법이다. 반면, 서면 질의는 학습장애아동들의 읽기 문제를 고려하여 결과를 해석해야 한다. 서술형 자기보고법은 구체적인 예나 상황을 들어 아동의 반응을 이끌어 낼 수 있기 때문에 아동의 사회적 기술에 관해 좀 더 자세히 알 수 있는 방법이기도 한다.

(2) 지명도 측정법 혹은 교우도 검사

지명도 측정법(Nomination Sociogram) 혹은 교우도 검사는 대상 아동이 또래에게 어떻게 인지되고 있는지를 알아보는 데 유용한 방법이다. 예컨대, 피험자들은 특정 집단에서 가장 좋아하는 친구와 가장 싫어하는 친구 몇 명을 우선순위에 따라 지목하고, 그 결과를 통해 교우도를 작성하는 것이다. 측정 결과에 따라 학급 내의 아동들은 인기 아동, 거부되는 아동, 논란의 여지가 있는 아동 그리고 무관심한 아동으로 구별될 수 있다. 이 방법은 신뢰도가 높고 타당하기는 하지만 거부되는 아동의 경우 그 이유가 해당 아동이 사회적으로 무관심하기 때문인지 아니면 적극적으로 배척당하기 때문인지 구별하지 못한다는 단점이 있다 (Asher & Wheeler, 1985). 또한 문제행동을 보이는 학생을 신뢰도 높게 추출해 낼 수는 있지만, 교사로 하여금 훈련을 시킬 구체적인 문제행동이나 사회적 기술에 대해서는 정보를 제공해 주지 않는다. 학령기 아동의 경우, 발달단계의 특징상

교우도 검사는 거부되는 아동이 사회적으로 무관심한 것인지 아니면 적극적으로 배척당하는 것인지는 확인해 줄 수 없다. 왜 그런가?

변화가 많고 역동적인 교우관계에 따라 항상적인 사회적 기술이나 사회적 수용을 보이기도 하고, 때로는 일시적인 사회적 수용 정도를 보이는 특징을 갖고 있다. 마지막으로, 어떤 아동이 훈련의 결과로 사회적 기술을 갖게 되었어도 실제로 또래들에게 그러한 변화가 감지되기까지는 일정한 시간이 걸린다. 이러한 점에서 사회적 기술 훈련 프로그램의 효과를 측정하는 도구로서 한계가 있다.

(3) 행동평정척도

이 방법은 사회적 기술 소유 정도를 3점, 5점 혹은 7점 척도에 아동 자신, 또래, 부모 혹은 교사로 하여금 평정하게 하는 방법이다. 장점은 짧은 시간에 많은 항목을 조사할 수 있다는 점이다. 특히 연구자나 조사자가 의도한 측면을 적절한 문항 개발을 통해 비교적 구체적으로 자세히 알아볼 수 있다. 서로 다른 상황(가정, 학교, 지역사회 등)이나 집단 내에서 아동의 사회적 기술 상태를 상대적으로 비교해 볼 수 있다는 장점도 있다. 아동이 문항을 이해하는 한 검사 실시가 용이하다. 검사를 실시하거나 아동이 검사 문항에 답하는 것에는 특별한 훈련이 필요하지 않다. 외적 환경의 영향도 별로 받지 않고, 분석 절차가 용이하며 검사의 측정학적 특성과 수량화하기가 용이하다. 〈표 10-4〉는 사회적 기술 평정척도 검사도구의 한 부분을 예시한 것이다.

평정척도 기법은 이러한 장점에도 불구하고 몇 가지 치명적인 약점을 갖고 있다. 첫째, 실제 특정 환경에서 특정 시간에 피험자가 특정 사회적 기술을 구사할 것인지에 대해서는 거의 알려 주는 바가 없다. 그 이유는 사회적 기술이 무엇이고 어떻게 해야 하는지 아는 것과 실제로 행하는 것 간에는 개념의 차이만큼 거리가 있기 때문이다. 둘째, 이 검사의 결과는 전적으로 피험자의 반응에 의존하기 때문에 피험자의 실제 사회적 기술의 구사보다는 피험자의 주관과 감정 그리고 의도에 따라 결과가 달라질 수 있다. 셋째, 평정척도 자체의 특성에서 오는 타

평정척도 기법은 편리하지만 주관적이고 다분히 과거 회상적이라는 단점이 있다.

표 10-4 행동평정척도의 예

문항	전혀 아니다 ↔ 매우 그렇다				
1. 집단토론에 적극적이고 자발적으로 참여한다.	1	2	3	4	5
2. 또래에게 먼저 말을 건다.	1	2	3	4	5
3. 장기자랑에 자발적으로 참여한다.	1	2	3	4	5
4. 또래와의 공동작업에 자발적이고 적극적으로 참여한다.	1	2	3	4	5

당성의 문제다. 즉, 5점 척도 '아주 그렇다'(5점)와 '약간 그렇다'(4점) '보통이다' (3점) '약간 그렇지 않다'(2점) '항상 그렇지 않다'(1점)에서 '보통'과 '아주 그렇다' 간 차이는 2점이고, '항상 그렇지 않다'와 '아주 그렇다' 간 차이는 4점이다. 하지만 이것이 후자가 전자의 두 배를 의미한다고 볼 수는 없다.

평정척도나 교사 혹은 또래들에 의한 평정은 주관적이고 다분히 과거 회상적 이다. Polloway 등(2001)은 문제행동이나 사회적 기술을 보다 구체적으로 평가하 는 데 필요한 절차를 다음과 같이 제안했다.

① 제1단계: 사회적 기술에 대해 과제 분석을 실시한다. 예컨대, 지시 이행하 기 사회적 기술의 경우, 생각할 수 있는 과제 분석 결과는 사람에게 향한다, 눈을 본다, 평상적인 목소리를 유지한다, 자세를 바로 한다, 지시를 잘 듣 는다 등을 들 수 있다.

② 제2단계: 사회적 기술의 각 하위 요소를 학생이 이해할 수 있도록 정확하고 분명하게 행동적으로 정의한다.

③ 제3단계: 2단계에서 정의한 행동적 요소를 수행 정도에 따라(예: 잘 이행했으 면 2점, 미흡하면 1점, 못했으면 0점 등) 평가하기 위한 평정척도를 작성한다.

④ 제4단계: 2단계와 3단계에서 정의한 요소 행동과 평정 기준에 따라 학생 행 동을 신뢰도 높게 관찰할 수 있는 관찰자를 확보한다.

⑤ 제5단계: 학생으로 하여금 해당 사회적 기술을 적용할 것을 요구하는 실제 생활환경을 조성한다.

⑥ 제6단계: 개별적인 검사 시기를 계획하고 비간섭적인 관찰을 하여 사회적 기술의 구사 여부와 정도를 기록한다.

(4) 직접 관찰법

직접 관찰은 관찰 상황을 어떻게 구성하느냐에 따라 구조화된 환경에서의 관 찰과 비구조화된 환경에서의 관찰로 나누어 볼 수 있다. 수업시간, 체육시간, 점 심시간, 여가시간, 등·하교시간, 쉬는 시간, 가정에서의 시간 등 여러 상황에서 아동에 대해 관찰할 수 있다. 관찰 내용으로는 수량화하거나 유목화할 수 있는 것뿐만 아니라 질적인 사항까지 포함해야 한다. 관찰의 성공 여부는 관찰도구 의 치밀성에 따라 달라진다. 어떤 항목을 어떤 식으로 관찰 기록할 것인가는 구

체적인 사회적 기술 문제의 진단은 물론이고 해결책 제시와도 밀접한 관련이
있다.

(5) 행동 간 기능적 연쇄성 분석

행동 간 기능적 연쇄성 분석법은 사회적 기술 문제 진단에서부터 문제해결에
까지 이르도록 해 주는 진단 및 처방 방법이다. 먼저, 핵심은 사회적 기술이 문제
가 되는 상황의 전후 맥락과 사회적 기술 문제를 구체적으로 파악하는 것이다.
다음으로는 해당 사회적 기술 문제의 원인을 규명하여 해당 문제를 일으키거나
유지시키는, 즉 특정 행동에 기능하는 자극이나 반응을 변화시킴으로써 목표행
동을 변화(증가, 감소, 제거 등)시키고자 한다.

이 방법의 가장 큰 특징은 문제나 지도 방법을 미리 정하지 않고 구체적이고
도 종합적인 문제행동과 그 환경 변인의 기능 평가 자료에 근거하여 그때그때
형성된 가설에 따라 문제와 지도 방법을 결정한다는 점이다. 예컨대, 아동의 자
리 이탈 행동이 문제가 된다면 지도 방안을 사전에 결정하여 투입하기보다는 해
당 문제행동이 왜 일어나는지 분석하여 가설을 형성하고, 그 가설이 맞는지를
중재와 효과 검증을 통해 확인하는 것이다.

> **행동 간 기능 연쇄성 분석**
> 특정 행동에 기능하는 자극
> 이나 반응을 분석하여 그 기
> 능 패턴을 분석하고, 궁극적
> 으로 행동을 변화시킬 수 있
> 도록 그 기능패턴을 바꾸는
> 것이 핵심

3) 평가 목적과 평가 방법의 연계

사회적 기술의 평가는 학습장애아동들이 당면한 사회적 기술 문제를 해결하
는 출발점이요, 과정이자 지도 프로그램의 효과를 검증하기 위한 필수적인 활동
이다. 앞서 사회적 기술 평가의 세 가지 목적을 사회적 기술 문제의 선별 및 진
단, 프로그램 구성 및 개발과 프로그램의 목표 설정 및 요구 분석 그리고 사회적
기술 향상을 위한 프로그램의 효과 평가 등으로 제시하였다. 앞서 소개한 다섯
가지 사회적 기술 평가 방법들은 물론 이 세 가지 목적에 정도의 차이는 있을지
언정 모두 기여할 수 있다. 그중에서 평가 목적과 평가 방법의 연계성 측면에서
행동 간 기능적 연쇄성 분석법은 특히 평가와 지도활동이 분리되지 않고 사회적
기술 문제해결을 위한 하나의 필수과정으로 결합되어 있다는 점에서 매우 유용
한 접근이라 하겠다.

5. 사회적 기술의 지도

어떻게 하면 학습장애아동들의 사회적 기술을 향상시킬 수 있을 것인지와 관련한 노력들이 많이 있어 왔지만, 효과는 그리 인상적이지 못한 것 같다(Gresham, 1998). 특정 아동들에게 사회적 기술 지도 프로그램을 투입하기 위해서는 먼저 고려해야 할 사항이 있다. 첫째, 아동이 사회적 기술과 관련하여 어떤 문제를 갖고 있는지가 분명히 규명되어야 한다. 언뜻 당연히 사회적 기술에 문제가 있으니까 사회적 기술 지도 프로그램을 투입하는 것으로 생각하기 쉽지만, 현재의 지도 프로그램이 아동이 보이는 사회적 기술의 결함을 정확히 목표로 하고 있는지 반드시 신중히 분석해야 한다.

글상자 10-2 사회적 기술 지도 프로그램 투입 전 고려해야 할 사항

- 아동이 사회적 기술과 관련하여 어떤 문제를 갖고 있는지를 분명히 규명
- 프로그램 효과에 관한 확실한 이론적 근거
- 사회적 기술 훈련 프로그램을 의도한 대로 충실히 투입
- 프로그램의 효과를 검증하기 위한 측정의 타당도와 신뢰도

둘째, 현재 투입하려고 하는 지도 프로그램이 첫 번째 단계에서 밝혀진 사회적 기술 문제에 영향을 준다는 이론적 근거가 있어야 한다. 어떤 프로그램이든지 투입 후 결과는 효과가 있든 없든 둘 중의 하나로 나올 것이다. 어느 경우로 나오든 왜 그렇게 지도 프로그램의 효과가 나왔는지에 관해 이론적으로 설명할 수 있어야 한다. 이는 사회적 기술 지도 프로그램의 내용 선정과 조직 그리고 투입이 모종의 이론에 따라 체계적으로 이루어져야 함을 의미한다. 흔히 학위 논문이나 몇몇 연구에서 기존에 나왔던 여러 사회적 기술 훈련 프로그램 내용 중 일부만을 선택적으로 혼합하여 투입하는 경우가 있는데, 이는 이론적으로 근본적인 문제가 있다. 기존의 지도 프로그램은 항상 사회적 기술에 관한 특정 이론에 근거하여 개발된 것이며, 서로 다른 지도 프로그램은 서로 다른 이론적 근거

를 갖고 있는 경우가 대부분이다. 따라서 어떤 프로그램에서 어떤 요소를 왜 그리고 어떻게 더하고 뺐는지에 관한 타당한 설명이 있어야 한다. 그러한 타당화가 이루어지지 않은 상태에서는 프로그램의 효과가 나타났다고 해도 그 이유를 설명하기가 어렵다.

셋째, 무엇보다도 의도한 대로 사회적 기술 훈련 프로그램이 충실히 투입되었어야 한다. 이것은 처치의 충실도를 지칭한다. 아무리 구성과 내용이 훌륭한 사회적 기술 훈련 프로그램이라고 해도 실제 적용이 어떻게 이루어졌는지, 어느 정도로 충실히 이루어졌는지에 관한 객관적인 기술이 없다면 그 효과를 주장하는 논문이나 보고서의 주장은 그만큼 설득력을 잃을 수밖에 없을 것이다.

넷째, 앞서의 세 가지 사항을 모두 충족시켰다고 해도 프로그램의 효과를 검증하기 위한 측정이 타당도와 신뢰도를 갖추지 못하면 프로그램의 효과에 관해 아무것도 발견할 수 없다. 문제는 사회적 기술을 제대로 측정한다는 것이 매우 어렵고 복잡하다는 점이다. 예컨대, '사회적으로 위축된 아동을 특정 프로그램을 통해 일정 기간 훈련시킨 다음 어느 정도 향상되었는지를 알아보고자 할 때, 무엇을 준거로 어떻게 객관적으로 자료를 수집할 것인가?' '스스로 느끼는 정도를 자기보고 형식으로 표현하게 할 것인가?' '특정 상황에서 아동이 어떻게 행동하는지 관찰할 것인가?' '관찰한다면 어떤 행위를 어떤 방식으로 기록할 것인가?' '또래나 교사 혹은 부모에게 물어본다면 어떤 형식으로 물어볼 것인가?' 등이 있다.

사회적 기술 훈련 프로그램의 효과에 대해 주장할 수 있으려면 적어도 이 네 가지 질문에 만족스러운 대답을 제기할 수 있어야 할 것이다.

1) 기존 사회적 기술 훈련 프로그램들의 효과

효과적인 사회적 기술 지도를 위한 첫 단계는 기존의 효과적인 사회적 기술 지도 프로그램들의 특징을 살펴보는 것이다. 다행히 많은 수의 사회적 기술 훈련 프로그램들이 존재하고 있고, 또 일부 학자들이 그러한 프로그램들의 효과를 종합적으로 정리하고 있다. 예컨대, Gresham(1998)은 기존 사회적 기술 훈련 프로그램들의 효과 논문을 종합 정리한 문헌들을 요약하면서, 다음과 같은 결론을 내렸다.

어느 경우에 어떤 사회적 기술 훈련 프로그램을 적용하는 것이 가장 효과적인가?

- 가장 효과적인 사회적 기술 훈련 프로그램은 시범, 조언 그리고 강화 절차를 적절히 조합시킨 것이다.
- 사회적 문제해결, 자기교수와 같은 인지적 행동 절차 중재의 효과는 자연적인 상황에서 사회적 행동을 직접 측정했을 때 특히 미약했다.
- 많은 사회적 기술 훈련 프로그램 효과에 관한 문헌들의 최대 약점은 장기간에 걸쳐 다양한 상황에서 일관성 있고 오래 가는 효과가 없었다는 점이다.

이정은과 김춘경(2002)은 8~10세의 ADHD 아동 6명을 대상으로 사회적 기술과 ADHD 증상 완화를 위해 인지-행동주의 기법 및 역할극을 1회기에 50분, 일주일에 3일, 총 12회기 동안 사용하였다. 사회적 기술 향상 프로그램은 관계 형성, 자기인지, 친구 사귀기, 문제해결 단계, 재교육 등의 내용으로 구성하였다. 중재 결과, 사회적 기술 향상 프로그램은 사회적 기술 향상과 ADHD 주요 증상 완화에 효과가 있었다.

Gresham(1998)의 메타분석(meta-analysis) 결과에 따르면, 사회적 기술 지도 프로그램의 효과를 보고한 연구들은 평균 .35 정도의 효과크기(effect size)를 보였다. 훈련 결과, 이는 실험집단의 평균이 비교집단에 비해 약 14% 높아졌다는 것을 의미한다. 하지만 이는 지도에 투입된 시간과 비용 등을 감안하면 결코 인상적인 효과로 볼 수 없다. 이러한 현상의 원인으로 Gresham은 세 가지 이유를 들었다. 부적절한 사회적 기술에 대한 측정, 아동이 결함을 보이는 사회적 기술과 중재 프로그램에서 목표로 하는 사회적 기술 영역 간의 불일치, 그리고 사회적 기술 훈련 효과의 일반화에 관한 증거 부족이 그것이다. 특히 세 번째 이유와 관련하여 많은 사회적 기술 훈련 프로그램들이 일반화의 지표로 새로운 상황에서 학습자가 학습한 사회적 기술을 발휘하느냐에 주로 초점을 맞추고 있다. 하지만 단순히 관심대상 사회적 기술이 나타났느냐에 초점을 맞추는 외형적 접근(topographical approach)은 왜 특정 행위가 발생했는지에 대해서는 정보를 제공해 주지 못한다. 반면, 기능적 접근(functional approach)은 이러한 사회적 기술이나 경쟁적 자극의 '기능'에 따라, 또 일단 학습된 사회적 기술과 경쟁적인 자극 혹은 행동 중에서 어느 것이 좀 더 강력하고 즉각적인 강화를 이끌어 내는지에 따라 사회적 행위가 다르게 나타난다고 본다. 따라서 사회적 기술 훈련 프로그램을 작성할 때에는 경쟁관계에 있는 행동이나 자극의 효율성과 일관성은 감소시

키되, 새로 가르치는 사회적 기술의 효율성과 일관성을 증가시키는 방향으로 해
야 한다.

2) 주요 사회적 기술 훈련 프로그램

그동안 여러 연구자들에 의해 제시된 사회적 기술 훈련 프로그램들 중에서 몇
가지를 주요 특징을 중심으로 제시하면 다음과 같다.

(1) FAST 전략

FAST(Freeze, Alternatives, Solutions, Try) 전략은 학생으로 하여금 자기 스스로
질문하고, 사회적 기술을 점검하며, 가능한 해결책을 탐색한 다음, 문제해결을
위한 장기 계획을 수립하고, 그 계획을 실행에 옮기도록 해 준다. 구체적인 네 가
지 전략을 보면, 〈표 10-5〉에서처럼 일단 문제가 발생하면 충동적으로 반응하
지 말고 멈추고 생각한다. 이 과정에서 대안을 생각해 내고 그 해결 방안들을 결
과를 고려하여 탐색한 다음, 그중에서 적절한 방안을 실행에 옮긴다.

표 10-5 FAST 전략 내용과 방법

단계	내용	실행을 위한 질문들
Freeze and think	멈추고 생각하라.	문제가 무엇인가? 행동적인 용어로 문제를 진술할 수 있는가?
Alternatives	대안을 생각하라.	문제해결을 위해 내가 무엇을 할 수 있는가? 가능한 해결 방안을 나열한다.
Solutions	해결 방안들을 탐색하라.	어떤 해결 방안이 문제를 해결할 수 있을까? 어떤 것이 안전하고 적절할까? 가장 지속적으로 효과적인 해결 방안을 선택한다.
Try it	시도하라.	해결 방안을 어떻게 실행에 옮길 것인가? 만약 이 방안이 실패하면 다른 방안을 시도한다.

출처: Vaughn, Bos, & Schumm (2000), p. 91.

(2) The ACCEPTS 프로그램

The ACCEPTS(A Curriculum for Children's Effective Peer and Teacher Skills) 프로그
램은 Walker 등(1983)이 개발한 종합적인 사회적 기술 중재 패키지로, 크게 교실

내 기술, 타인과의 관계기술 그리고 협력기술 등의 영역에서 기술의 난이도에 따라 28개의 사회적 기술을 포함하고 있다. 프로그램의 내용은 대개 교실 내에서 하위 사회적 기술을 가르치고 배우는 교수활동 부분과 학습한 것을 일반화시키는 행동관리 부분으로 구성되어 있다. 이 프로그램은 주로 일대일 혹은 소집단 형태로 사용할 수 있도록 개발되었지만, 다인수 학급에도 약간의 수정을 통해 활용할 수 있다. 지도대상은 일반학급 학생들이나 장애 정도가 심하지 않은 경도장애학생들로, 유치원생부터 고등학교 학생들에게까지 활용할 수 있다. 특별히 복잡하지 않은 사회적 기술들은 대개 45분 길이의 수업 한두 회기로 마칠 수 있도록 되어 있다. 이 프로그램은 다음과 같은 9단계 수업 절차를 포함한다.

① 제1단계: 정의와 안내된 토의
- 교사는 해당 기술의 정의를 제시하고 학생에게 따라서 말해 보게 한다.
- 해당 기술의 적용과 다양한 예들을 대상으로 안내된 토론을 하게 한다.

② 제2단계: 긍정적인 예
- 적절한 기술의 적용을 보여 주는 첫 번째 비디오 자료 예를 보여 준다.
- 혹은 적절한 기술 적용의 첫 번째 시범을 보여 준다.
- 사용했던 예들을 간략히 정리한다.

③ 제3단계: 부정적인 예
- 해당 사회적 기술을 사용하지 못하거나 잘못 적용하는 두 번째 비디오 자료를 보여 준다.
- 교사가 부적절한 기술 사용이나 실패의 예를 시범 보인다.
- 사례들을 간략히 정리한다.

④ 제4단계: 기술의 정의를 다시 검토하고 재정의한다.
- 기술의 정의를 다시 검토한다.
- 학생들로 하여금 따라서 말하게 한다.

⑤ 제5단계: 긍정적인 예

- 적절한 기술 사용 예의 세 번째 비디오를 보여 준다.
- 적절한 기술 사용 예의 두 번째 시범을 보인다.
- 사례들을 간략히 정리한다.

⑥ 제6단계: 활동

- 교사는 기술이 발현되고 확대 적용되는 다양한 예시적 활동들을 시범 보인다.
- 연습활동들을 학생들에게 제시하고, 기술 숙달을 위해 고안된 역할극 상황을 제시한다.

⑦ 제7단계: 긍정적인 예

- 긍정적인 기술 사용 예를 보여 주는 마지막 비디오 자료를 보여 준다.
- 필요시 마지막 교사 시범을 보여 준다.
- 필요시 사례들을 정리한다.

⑧ 제8단계: 준거 역할극

- 사회적 기술을 학생들이 보도록 첫 번째 역할극을 제시한다.
- 학생의 기술 수행 정도를 판단한다. 수용할 만하면 다음 단계로 이동한다. 수용하기 어려우면 단축된 수업 순서를 다시 밟도록 하고, 두 번째 역할극을 제시한다. 그리고 학생의 수행 정도를 다시 평가한다.

⑨ 제9단계: 비형식적 계약

- 다음 차시로 넘어가기 전에 자연적인 상황에서 기술을 시도하도록 인위적인 상황이나 규칙을 제시한다.
- 학생은 언어적으로 반응한다.

(3) 자존감 향상 전략

사회적 기술은 자신에 대한 건전한 개념과 자신감, 자존감이 없으면 아무리 잘 가르친다고 해도 그 효과를 보기 어렵다. 특히 학습장애아동들은 지속적으로 학업에서 실패해 온 경험이 있기 때문에 부정적인 자아개념이 시간이 지날수록 정도가 심해지고 확고해질 위험이 있다. 따라서 가능한 한 초기에 다양한 지원을 통해 이러한 악순환을 제거해야 한다. 대표적인 방법으로는 다음과 같은 것들을 들 수 있다.

- 정도가 아주 심할 때에는 배치 이전에 정신분석이나 심리학적 분석 서비스를 제공한다.
- 임상적 치료관계를 형성한다.
- 학생과 비슷한 처지에 있다가 문제를 성공적으로 해결한 사람들의 이야기를 통해 치료를 한다.
- 소집단을 형성하여 돌아가면서 자신의 감정을 공유하도록 하고, 남의 말을 듣는 방법을 학습하도록 하며, 서로를 관찰하면서 인정하도록 권장한다.
- 미술, 춤, 음악 등과 같은 예술치료를 활용한다.
- 성공과 실패에 대한 건전한 정서적 태도를 갖도록 집단이나 개인상담을 활용한다.

(4) SLAM 전략

SLAM(Stop, Look, Ask, and Make) 방법도 앞서 소개한 FAST 전략과 유사한 방법으로, 행동하기 전에 먼저 상황을 제대로 인식하고, 문제에 대한 해결 방안을 인지적으로 탐색한 다음에, 적절한 반응을 할 것을 권유하고 있다. 〈표 10-6〉은 이

표 10-6 SLAM 전략의 각 단계별 활동 내용

단계	활동 내용
STOP (멈추라)	무슨 활동을 하고 있든지 부정적이거나 기분 나쁜 말을 들었을 때에는 멈추고, 호흡을 길게 한 다음, 그저 담담하게 듣는다.
LOOK (보라)	상대방을 똑바로 쳐다보도록 가르친다. 가끔 일부 학생들은 부정적인 말을 들으면 외면해 버리는 경우가 있다.
ASK (질문하라)	상대방이 의미하는 바가 무엇인지 분명히 하도록 질문을 한다. 학생으로 하여금 자신이 왜 부정적인 말을 듣는지 분명히 알고 넘어가도록 한다.
MAKE (적절히 반응하라)	적절히 행동하도록 가르친다. 이를 위해서는 역할극 등을 통해서 공감을 표시하거나 반대 의사를 표명하거나, 혹은 자신을 변명하도록 한다.

출처: Vaughn, Bos, & Schumm (2000), pp. 91-92.

러한 단계를 구체적으로 나열한 것이다.

(5) 상호 관심사 발견하기

상호 관심사를 서로 교환하게 하면 통합학급에서 특수교육대상자들이 일반학생들에게 인정받을 가능성이 더 높아진다(Fox, 1989). 상호 관심사를 발견하는 방법은 다음과 같다.

- 학급에서 인기 있는 학생과 그렇지 않은 학생을 같은 자리에 배정한다.
- 일주일에 한 번 수업시간 내내 약간 구조화된 활동을 둘이서 같이 하게 한다.
- 학생들로 하여금 인터뷰를 계획하도록 해서 서로 오락, 취미, 스포츠 등의 주제에 대해 인터뷰하도록 한다. 그런 다음, 인터뷰 동안에 나온 사항 중에서 둘이서 공통적으로 흥미를 갖고 있는 사항을 세 가지 찾아내도록 한다.
- 서로에 대해서, 그리고 자기 자신에 대해서 기록해 나가도록 하고, 적절한 시기에 학급 또래들과 공유하여 학급 내 학생들이 서로에 대해 좀 더 잘 알게 되는 기회를 갖게 한다.

(6) 학습장애 청소년을 위한 ASSET 사회적 기술 프로그램

ASSET 사회적 기술 프로그램은 중등학교급 이상의 학생들 중에서 사회적 관계 형성에 어려움을 겪는 청소년들을 대상으로 하는 프로그램으로, 일반학급에서 성공적으로 활용되어 왔다. 이 프로그램은 긍정적 피드백 주기, 부정적 피드백 주기, 부정적 피드백 받기, 동료의 압력에 저항하기, 협상기술, 개인적인 문제해결 기술, 지시 이행하기 그리고 대화 나누기 등 여덟 가지 영역으로 구성되어 있다. 각 기술은 다시 수업 순서에 따라 하위 요소 기술로 나누어져 있다.

어느 기술을 가르치든지 〈표 10-7〉과 같은 9단계 절차를 거친다.

표 10-7 ASSET 사회적 기술 훈련 9단계

단계	활동 내용
검토	이전에 배운 기술을 검토하고 숙제를 평가하여 그 결과를 통합한다.
설명	수업에서 다루고자 하는 기술을 설명하고 토론한다.
이유	왜 해당 기술이 중요하고, 왜 학생들이 배워야 하는지 이유를 제공한다.

예	해당 기술이 적용될 수 있는 장면을 보여 준다. 이러한 예들은 학생들의 경험과 흥미에 직접 관련된다.
확인	하위 요소 기술들을 나열한 종이를 학생들에게 준다.
시범	비디오나 교사를 통해서 해당 기술을 시연하고 시범을 보인다.
언어적 시연	각 학생으로 하여금 해당 기술의 하위 요소들을 말로 되새기게 한다. 일단 언어로 시연한 다음, 하위 요소들을 담고 있는 게임이나 활동들을 한다.
행동적 시연	해당 기술과 하위 기술들을 직접 행하고 숙달 정도를 보인다.
숙제	일반화를 꾀하기 위해 학교 밖에서 학생들이 학습한 사회적 기술을 적용할 수 있도록 과제를 제시한다.

출처: Vaughn, Bos, & Schumm (2000), pp. 91-92.

(7) Polloway의 초등학생용 사회적 기술 훈련 프로그램

이 프로그램은 초등학생들에게 사회적 기술을 훈련시키기 위한 프로그램으로, 중·고등학생용 프로그램도 별도로 있다. 이 프로그램은 교사에게 다양한 평가 수단, 예컨대 직접 관찰이나 사회적 기술 평정과 같은 수단을 제공한다. 그 평가자료는 훈련이 필요한 사회적 기술을 결정할 때 사용된다. 프로그램에서 다루는 사회적 기술 영역은 5개로, 초등학생용에는 학급에서 생존하기, 친구 만들기, 감정 다루기, 공격 이외의 대안적 행위 사용하기, 스트레스 다루기 등이 포함되어 있다. 이들 다섯 가지 사회적 기술 영역은 다시 과제 분석을 사용하여 각 기술별로 일부는 6단계까지의 실행 절차에 따라 제시된다. 중·고등학생용은 듣고, 대화를 시작하고, 질문을 하는 초기 사회적 기술 이외에 6개 영역(도움 요청하기, 합류하기, 지시 이행하기, 감정 다루기, 공격 이외의 대안적 행위 사용하기, 스트레스 다루기) 50가지 기술로 구성되어 있다.

(8) 기타 사회적 기술 훈련 방법들

이 밖에도 사회적 기술을 훈련하는 방법들로는 다음의 것들을 들 수 있다.

① 미완성의 이야기나 극을 보고 이를 완성시킨다. 이 방법은 사회적 기술이 필요한 상황에서의 이야기를 중간만 보여 주고 나머지 부분은 학생들로 하여금 완성하도록 해서 간접적으로 사회적 기술 문제해결 연습을 시키는 방법이다. 예컨대, 대화 중에 아주 버릇없는 학생의 모습이라든지 다른 사람을 놀리는 학생의 모습, 혹은 친구를 툭툭 치는 행위를 하는 학생의 모습 등

을 보여 주고, 그 이후에 일어날 일을 예측하게 하고 상황에 적절한 대응 방
안을 토론해 보게 하는 것이다.

② 일단의 그림, 만화 등을 보여 주고 해당 그림에 담겨 있는 적절한 사회적 상
호작용의 모습을 서로 논의하게 한다.

③ 타인과 대화하는 기법을 학습한다. 인사하고, 소개하고, 대화 주제를 찾고,
적극적으로 듣고, 질문에 대답하며 작별인사를 하는 등의 기법을 학습해야
한다.

④ 게임을 통한 사회적 규칙 습득과 준수 등을 학습한다.

⑤ 타인에 대한 민감성을 키운다.

다음의 〈글상자 10-3〉, 〈글상자 10-4〉, 〈글상자 10-5〉는 타인에 대한 민감
성, 사회적 성숙성, 자기관리 기술을 향상시키는 방법을 정리한 것이다.

글상자 10-3 타인의 비언어적 행위나 표정의 사회적 의미에 대한
민감성을 키우는 방법(Lerner, 2000)

• 얼굴 그림이나 사진을 수집한 다음, 각 표정이 나타내는 정서 상태가 기
쁨, 화, 슬픔, 놀람, 고통, 사랑 등의 상태 중 어느 것에 해당하는지 말하
게 한다.

• 작별인사로서의 손 흔들기, 돌아서는 행위, 손을 뻗치는 행위 등 다양한
몸짓의 의미를 토론할 기회를 제공한다.

• 등장하는 몸짓이나 시간, 공간 등이 사회적 의미를 갖는 비디오나 이야
기 화면을 제시하고 그 의미를 토론한다.

• 말소리를 들려 주고 단어 이면에 들어 있는 말하는 사람의 정서 상태를
토론하게 한다.

글상자 10-4 사회적 성숙을 촉진시키는 방법

사회적 행위의 결과를 예측하게 한다. 역할극, 게임, 놀이, 이야기 그리고 토론 등을 통해서 특정 규칙을 위반했을 때 예상되는 결과를 토론하게 한다.

- 독립성을 키우기 위해 혼자 특정 장소에 가도록 한다든지, 간단한 약도를 통해 특정 장소를 찾게 해 본다. 또한 아동에게 심부름을 시키되, 타인들과 이야기를 하거나 질문 혹은 협의를 해야 하는 성격의 심부름을 부여한다.
- 적절한 윤리적 판단 연습을 위해서 거짓말, 도둑질, 가족이나 친구의 보호 등과 관련된 갈등 상황을 제시하고 도덕적 판단을 내리는 연습을 하게 한다.
- 학생으로 하여금 스스로 소풍이나 여행, 모임, 조그만 파티 등에 참가하는 계획을 수립하고 이를 이행해 보게 하는 기회를 제공한다.
- 방학이나 휴일에 대비한다. 친구가 없는 학생들의 경우 방학이나 휴일에는 더욱 소외와 고립감을 느낄 수 있다. 이 경우를 대비하여 프로그램을 준비하는 것이 필요하다.

글상자 10-5 자기관리 기술 능력을 향상시키는 방법

- 1단계: 교사와 학생이 변화시킬 행동을 같이 선정한다.
- 2단계: 언제, 어디서 변화시킬 행동이 가장 많이 일어나는지 확인한다.
- 3단계: 해당 행동을 변화시킬 실현 가능한 목표를 수립한다.
- 4단계: 행동을 변화시키는 데 시간이 어느 정도 필요한지 시간표를 작성한다.
- 5단계: 제공할 강화물이나 목표를 달성하지 못했을 때 가해질 수 있는 결과를 서로 협의한다.
- 6단계: 매일 프로그램의 성공 여부를 자체 평가한다.

3) 효과적인 기존 사회적 기술 훈련 프로그램들의 특징

　　기존 사회적 기술 훈련 프로그램들의 공통점은 다음과 같이 정리해 볼 수 있다. 첫째, 단편적이고 일회적이며, 단일 장면보다는 가급적 중다 원천에서 필요한 자료를 수집하고, 중다 방법을 사용하며, 중다 장면을 대상으로 하는 이른바 다면적 접근을 강조하고 있다.

　　둘째, 사회적 기술 훈련을 통해 무엇을 어떻게 향상시킬 것인가 하는 목표를 분명하게 설정한다. 이는 훈련대상 사회적 기술을 명확히 사전에 규정한다는 의미다. 꼭 필요한 목표를 적절하게 수립할 수 있으려면 해당 학생이(집단이 아닌!) 어떤 측면에서 어떤 특징을 갖고 있는지를 먼저 사정(assessment)해야 한다. 사정 정보 획득을 위해서는 부모, 교사, 또래 등과 같은 주변 인물은 물론 아동 자신도 포함시킨다. 방법은 직접 면접, 자기보고, 평정, 관찰 등이 있다. 관찰과 기타 정보 수집은 구조화된 학교 장면과 비구조화된 학교 장면, 가정 그리고 지역사회 내에서의 행동 등을 망라한다.

　　셋째, 아동이 보이는 사회적 기술 결함 양상과 특징을 정확히 이해한다. 예컨대, 습관적으로 공격적이거나 위협적으로 반응하는 아동이 있다면 왜 그러한 행동을 보이는지, 그 양상은 어떠한지, 어느 시기에 주로 그러한 반응을 보이는지, 그 지속기간은 어느 정도인지 등에 대해 상세한 정보가 필요하다. 또한 아동이 보이는 사회적 기술 문제가 단순히 인지적 문제인지 아니면 수행의 문제인지를 분명하게 규명할 필요가 있다. Gresham 등(2001)은 기본적으로 기능적 접근을 해야 한다고 주장하고, 먼저 경쟁적인 문제행동이 있는지 여부를 따진 다음, 습득, 수행, 유창성 측면에서 어떠한 결함이 있는지를 규명하는 것이 필요하다고 주장했다. 이는 사회적 기술 결함의 유형에 따라 사회적 기술 훈련 프로그램의 내용과 강조점이 달라져야 함을 의미한다.

　　Kerr와 Nelson(1998)은 효과적인 사회적 기술 훈련 프로그램의 공통적인 요소에 근거하여 사회적 기술 훈련의 절차를 다음과 같이 제안하였다.

　　① 시범을 보인다. 이때는 비디오, 오디오 혹은 실연을 활용한다.
　　② 역할 수행 기회를 제공한다. 일단 시범을 보였으면 아동으로 하여금 실제로 해 보게 하는 것이다. 이를 촉진하기 위해서는 해당 기술이 적용되는 실

효과적인 사회적 기술 프로그램은 다면적 접근, 분명한 목표, 사회적 기술 양상과 특징 이해 등에 근거한다.

제 상황을 토론하게 한 다음, 어떻게 대처할지를 토론하게 한다. 그런 다음 역할을 배정하고 실제 역할을 해 보게 한다.

③ 수행에 대한 피드백을 제공한다. 가능한 한 긍정적이고 지원적인 피드백을 제공한다. 또래 피드백을 적극 활용한다.

④ 학습한 기술의 일반화와 유지에 힘쓴다.

4) 실제 사회적 기술 지도를 위한 일반적인 지침

많은 선행 연구 덕분에 어떻게 사회적 기술을 가르치는 것이 효과적인지, 또 왜 그런지에 대해 좀 더 많이 알게 되었다. 다음에 제시되는 것들은 그러한 선행 연구들의 내용 중 일부에 불과한 것들이다. 우선, 선행 연구자들이 효과적으로 사회적 기술을 지도하려면 어떻게 해야 하는지에 대해서 어떤 지침들을 제시하고 있는지 살펴보는 것이 가장 좋을 것이다. 수많은 연구자들이 이에 대해 많은 지침을 제시했지만, 여기에서는 그중에서도 Walker 등(1995)의 지침과 Vaughn 등(2000)의 지침을 대표적인 예로 소개하기로 한다.

먼저, Walker 등(1995)은 사회적 행동 적응상의 결함에는 단순히 기술을 적용할 줄 모르는 기술 결함과 기술을 적용하지 않으려는 수행 결함 두 가지 종류가 있다고 전제했다. 사회적 기술 훈련 지침 중에서 주요 항목들을 보면, 첫째, 사회적 기술은 기본적인 학업기술을 가르칠 때와 같은 수업 절차에 따라 가르쳐야 한다. 하지만 수업을 통한 사회적 기술의 학습은 실제로 학생들이 이를 적용할 것을 보장하지 못한다. 따라서 가능하면 언제나 적용상의 다양한 측면과 함께 직접 가르쳐야 한다. 여기에서 새로 학습한 기술을 실제 상황에서 적용하기까지는 많은 단계가 있다는 점을 명심해야 한다. 둘째, 사회적 기술 훈련 효과 검사의 핵심은 학생이 새로 배운 사회적 기술을 자신의 행동 목록에 포함시켰는지, 그리고 자연적인 상황에서 해당 기술을 실제로 사용했는지 둘 간의 기능적 관계를 살피는 것으로 한다. 셋째, 사회적 맥락과 사회적 환경 요인은 사회적 기술의 적용에 영향을 미친다. 따라서 학생으로 하여금 사회적 기술을 잘 적용할 수 있도록 하기 위해서는 이러한 요인들을 고려해야 한다. 넷째, 효과적인 사회적 기술 훈련이 이루어지려면 학습한 기술을 실제로 보이고 숙달시키기 위해 자연환경에서의 반응 기회, 피드백 그리고 유인체제 등을 제공해야 한다. 다섯째, 훈련대상 사회적 기술을 선정하고 이를 훈련시키기 전에 관련된 사람들로부터 해당 사회적 기술의 사회적 타당성을 검증하는 것은 매우 중요하다. 여섯째, 사회적 기술 훈련은 심한 행동문제나 공격적 행위, 문제행동에는 별로 효과적이지 않다. 부분적인 보조 수단으로만 사용해야 한다.

한편, Vaughn 등(2000)은 학생에게 필요한 사회적 기술을 가르치는 효과적인 방법은 학업 영역에서 내용을 가르치는 방법과 크게 다르지 않다고 보았다. 즉, 사회적 기술 훈련 방법도 효과적인 내용 교수방법에 준하면 된다. 다음은 그 대표적인 방법들이다.

① 효과적인 수업 원리를 이용한다. 우선, 학생들로 하여금 학습할 사회적 기술의 학습에 적극적으로 임하도록 하는 것이 중요하다. 훈련대상 사회적 기술은 해당 학생에게 가장 적절하면서 필요한 것으로 한다. 목표 사회적 기술이 확인되었으면 해당 사회적 기술을 학생에게 설명하고 시범을 보여 준다. 또한 사회적 기술을 적용하는 절차를 알려 주고 충분한 연습시간을 제공한다. 그런 다음, 인위적인 상황과 자연적인 상황 모두에서 배운 사회적 기술을 역할극을 통해 시연할 수 있는 기회를 제공한다. 기회를 제공했으면 학생이 배운 사회적 기술을 어떻게 적용하는지 점검하고 평가한다.

② 학급 내에서 사회적인 인정도가 낮은 학생의 경우에는 학급 또래들을 적극 활용한다. 흔히 사회적 기술 훈련은 사회적 기술이 낮은 학생만을 대상으로 하는 경우가 있는데, 이는 잘못된 것이다. 사회적 기술이 낮은 학생은 물론이고 사회적 인정도가 높은 학생들도 같이 훈련 프로그램에 참여시켜야 한다. 그 이유는 사회적 기술에 문제가 있는 학생만을 대상으로 할 경우에는 이들의 사회적 기술이 향상되었다고 해도 다른 학생들이 이를 인식하지 못할 가능성이 높고, 여전히 해당 학생을 사회적으로 잘 인정하지 않으려 할 것이기 때문이다.

③ 학습한 사회적 기술은 일반화나 전이에 주력한다. 이를 위해서는 다음과 같은 전략들을 활용한다.
  • 자연적인 상황에서 통할 수 있는 사회적 기술을 가르친다.
  • 특정 행동을 그대로 하도록 하는 것보다는 대안적인 반응 패턴을 학습시킨다.

- 사회적 기술을 적용하는 절차를 자기 것으로 만들도록 가르친다.
- 다양한 상황에서 배운 기술을 연습한다.
- 배운 학습기술을 유지하기 위해서 자연적이고 논리적인 결과를 이용한다.
- 변화 작용자로 또래를 활용한다.

Walker 등(1995)과 Vaughn 등(2000)의 문헌에서 제시된 지침을 살펴보면 몇 가지 흥미로운 공통점을 찾아볼 수 있다. 첫째는 사회적 기술을 효과적으로 가르치는 방법은 학습내용을 효과적으로 가르치는 것과 별로 다르지 않다는 점이다. 여기에서 우리는 효과적인 수업 원리의 구성 요소를 확인해 볼 필요가 있다. 물론 교수내용의 성격에 따라 구체적인 교수방법도 달라야 하겠지만, 대체로 목표 사회적 기술을 명시적으로 표현하고, 교사에 의한 분명한 시범 후에 충분한 연습 기회를 다양한 상황에 걸쳐서 제공하며, 수행 결과에 대한 피드백과 일반화에 주력한다는 점은 교과내용을 가르치는 것과 다르지 않다. 둘째는 지도 후에 그 효과를 타당하고 신뢰도 높은 검사도구를 사용하여 검증해야 하듯, 사회적 기술 지도 프로그램의 효과 역시 사회적 타당도를 지닌 측정법을 사용하여 나타내야 한다는 점도 교과내용 지도와 별로 다르지 않음을 알 수 있다.

6. 비언어성 학습장애

비언어성 학습장애 언어 기능에는 별 문제가 없지만 수학적 추론, 수학 개념, 수 사이의 관계, 측정, 조직화, 시간 관리, 사물이나 공간 관리, 사회적 기술 등에서 어려움을 보이는 장애

비언어성 학습장애(nonverbal learning disabilities)는 조기 읽기 습득, 소리-문자 대응, 읽기 이해, 문어, 작문, 적절한 어휘 사용, 구어적 표현 등 언어적 정보처리에는 큰 문제를 보이지 않지만, 수학적 추론, 수학 개념, 수 사이의 관계, 측정, 조직화, 시간 관리, 사물이나 공간 관리, 사회적 기술 등에서 어려움을 보이는 장애를 말한다. 그러나 비언어성 학습장애 개념을 둘러싸고 일치된 견해가 도출되어 있지 않을 뿐만 아니라 아스퍼거 증후군, 전반적 발달장애, 자폐스펙트럼장애 등과 혼동되거나 이들 장애 유형과 구분이 어려운 측면이 있다(정대영, 2012). 비언어성 학습장애와 기타 발달장애와의 관계를 그림으로 표현하면 [그림 10-1]과 같다(Mercadante, Gaag, & Schwartman, 2006; 정대영, 2012, p. 67에서 재인용). [그림 10-1]을 보면, 비언어성 학습장애는 언어장애, 자폐스펙트럼장애, 아스퍼거

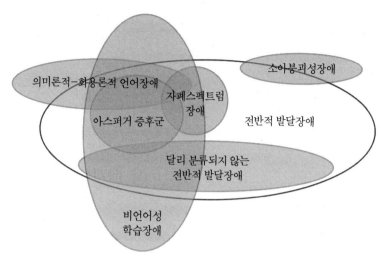

[그림 10-1] 비언어성 학습장애와 기타 발달장애의 관계

출처: 정대영(2012), p. 67.

증후군, 전반적 발달장애, 달리 분류되지 않는 전반적 발달장애 등과 많은 부분
이 중복되는 것을 확인할 수 있다.

정대영(2012)은 언어성 학습장애와 비언어성 학습장애의 강점과 약점을 〈표
10-8〉과 같이 정리하였다.

비언어성 학습장애 진단을 위해서는, 예컨대 Wechsler 지능검사의 시각적 공
간 기능, 시각적 작업기억, 촉지각, 지각능력, 대소근육운동 능력, 고차원적 추론
기능 등에서의 점수가 언어 기능 점수에 비해 유의하게 낮은지 여부를 확인한
다. Rourke와 Conway(1997)에 따르면, 비언어성 학습장애로 진단받으려면
Wechsler 지능검사의 언어성 검사에서 어휘, 유사성, 정보 검사 중 두 가지 부분
에서의 점수가 가장 높아야 하는 반면, 토막 짜기, 모양 맞추기, 기호 쓰기 중 두
가지 부분에서의 점수는 가장 낮아야 한다.

표 10-8 언어성 학습장애와 비언어성 학습장애의 강점 및 약점 영역 비교

	상대적 강점 영역	상대적 약점 영역
언어성 학습장애	비언어적 사고 추론 시각적 패턴 인식 시각적 정보 개념 공간적 정보의 분석과 종합 비언어적 전체–부분 개념 공간적 추론 장·단기 시기억 시각–운동 통합 소근육운동 기능 시지각 촉지각	언어적 정보와 자극 처리 수용적/표현적 어휘 청각적 주의집중 음의 변별 장단기 청기억 중추 청기억 음의 계열성 단어 내의 아이디어 조직 구문론 의미론 듣기 이해 음운 인식
비언어성 학습장애	어휘력 발달 일반적 지식 구어적 제시 언어 유창성 청각적 주의집중 음 변별 단기 청기억 통사론 문법론 음의 순서(계열성) 음운 인식	비언어적 사고와 추론 능력 패턴 인식과 재생 시각적 개념 정보 부분–전체 개념 시지각 및 촉지각 복잡한 과제 분석 공간적 추론 방향성 시간·공간·거리·속도 개념

출처: 정대영(2012), p. 65 재정리.

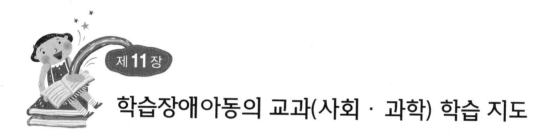

제 **11** 장

학습장애아동의 교과(사회 · 과학) 학습 지도

1. 사회 · 과학 교과 학습 시 요구되는 기능

　　사회나 과학 교과를 가르칠 학생이 학습장애를 갖고 있든 아니든, 해당 교과에서 반드시 성취해야 할 상태가 무엇인지, 반드시 다루어야(가르쳐야) 할 내용이 무엇인지를 확인하는 일은 무엇보다 중요하다. 우리 사회 역사가 길어질수록, 그리고 현대사회가 복잡해질수록 사회 교과에서 다루어야 할 내용이 많아질 것이라는 점은 자명하다. 문제는 학생들에게 그 많은 내용 중 어느 것을 어느 비중으로 가르칠 것인지, 가르친 결과 어떠한 상태에 이르러야 하는지에 대해서는 의견의 일치를 보고 있지 못하다는 점이다(이대식, 이창남, 2009).

　　현대사회에서 우리나라 교육과정 문서에는 각 학년 단계별로 사회나 과학 교과를 학습한 이후 어떠한 상태에 있어야 하는지를 성취수준 혹은 학습목표 형태로 기술하고 있다. 예컨대, 2009 개정 교육과정에 따른 초등학교 3~4학년군 사회 교과 두 단원의 교육목표는 〈표 11-1〉과 같다.

표 11-1 교육과정 문서상 사회 교과 일반사회 교육목표

영역	교육목표
우리 지역, 다른 지역	(가) 우리 지역과 밀접하게 교류하는 지역의 위치를 지도나 인터넷을 통해 찾아보고, 우리 지역의 어느 방향에 위치하고 있는지 말할 수 있다. (나) 우리 지역을 다른 지역에 사는 친구에게 소개할 때 떠오르는 모습들을 다양한 방식(예: 말하기, 쓰기, 꾸미기 등)으로 표현할 수 있다. (다) 우리 지역의 지명이나 전해 오는 이야기 및 자연적 · 인문적 답사를 통해 우리 지역의 자연적 특징이나 당시 생활 모습을 이해할 수 있다. (라) 우리 지역이 다른 지역과 밀접한 관계를 맺고 있는 사례를 조사하고, 다양한 시각 자료(예: 지도, 사진, 그래프, 도표)를 통해 지역과 지역이 서로 긴밀하게 연결되어 있는 이유를 설명할 수 있다.
경제생활과 바람직한 선택	(가) 자원의 희소성으로 인해 경제 활동에서 선택의 문제가 발생함을 이해하고, 이를 해결하기 위한 합리적 선택 기준(예: 비용, 만족감, 사회적 영향 등)을 제시할 수 있다. (나) 생산 활동의 종류를 찾아보고, 각각의 활동의 의미와 중요성에 대해

설명할 수 있다.
(다) 합리적 소비를 위해 필요한 정보를 얻는 방법과 소비자 권리를 행사하
는 방법을 설명할 수 있다.
(라) 생산이 이루어지는 과정을 그림으로 표현하여 설명하고, 노동하는 사
람들의 모습을 통해 생산 활동의 중요성을 말할 수 있다.

〈표 11-1〉에서 제시하고 있는 교육목표를 달성하기 위해서 학생들이 주로
구사해야 하는 능력은 의견 말하기, 도표나 텍스트 자료를 읽고 주요 용어(어휘)
나 개념 이해하기, 자료에 나타난 사회현상을 이해하고 분석하기 등이다. 이 중
학습장애학생들이 특별히 어려움을 느낄 만한 기능은 자료 읽고 이해하기, 구어
로 표현하기, 어휘나 개념 습득하기 정도가 될 것이다. 이러한 능력은 특별히 사
회 교과이기 때문에 제기되는 것이 아니고, 읽고, 쓰고, 말하는 것과 같은 기본적
인 학습능력의 부족에서 비롯된다. 다만, 사회 교과서에 나오는 주요 어휘나 개
념은 단순히 낱말 뜻을 이해하는 것 이상을 필요로 하는 경우가 있음을 고려해
야 한다. 예컨대, '지역 공동체' '자원의 희소성' '합리적 소비' 등과 같은 개념
은 낱말의 사전적 의미만 이해해서는 그와 관련된 교과내용을 학습하고 이해하
는 데 충분치 않다. 사전적 의미와 함께, 관련 현상을 이해하고 설명하며 경우에
따라서는 예측까지 할 수 있어야 한다.

한편, 과학의 경우에도 학습장애학생들은 기초학습기능의 부족으로 인해 학습
에 어려움을 겪을 것이라는 점은 사회 교과와 별반 다르지 않다. 교육과정 문서상
초등학교 3~4학년군 과학 교과 '물체와 물질, 동물의 한살이'단원의 성취기준
은 〈표 11-2〉와 같다. 이 표에서 제시하고 있는 교육목표를 달성하기 위해서 학
생들이 주로 구사해야 하는 능력이나 기능은 조사하기, 설명하기, 분류하기, 관찰
하기, 현상 이해하기, 비교 분석하기, 주요 개념이나 어휘 이해하기 등이다.

사회나 과학 교과 지도 시에
는 먼저 도달해야 하는 상태
를 구체적으로 확인하는 것
이 필요한데, 이는 교육과정
문서의 목표나 성취기준으로
서술되어 있다.

과학에서도 텍스트로 제시되는 자료 읽기나 언어 표현능력만 문제가 되지 않
는다면 특별히 학습장애학생이기 때문에 다른 학생에 비해 어려움을 겪을 이유
가 있다고 보기 어렵다. 다만, 사회 교과와 마찬가지로 과학 교과에서도 일부 개
념이나 어휘는 사전적인 뜻의 이해만으로는 충분치 않은 경우가 많이 있다. 결
국 학습장애학생이 사회나 과학 교과 학습 시 겪게 되는 어려움은 텍스트 독해
능력, 특정 핵심 개념의 사전적 및 맥락적 이해능력의 부족에서 기인한다고 볼
수 있다.

표 11-2 교육과정 문서상 초등학교 3~4학년군 과학 교과 교육목표

영역	교육목표
물체와 물질	㈎ 우리 주위의 물체를 찾아보고 어떠한 재료로 만들어졌는지 조사한다. ㈏ 물체의 기능과 물질의 성질 사이의 관계를 설명할 수 있다. ㈐ 물체를 구성 물질의 종류에 따라 분류한다. ㈑ 여러 가지 물질의 성질을 비교하여 어떤 성질 때문에 일상생활에 활용되었는지 설명할 수 있다. ㈒ 고체와 액체의 특징을 설명할 수 있다.
동물의 한살이	㈎ 관찰 가능한 곤충을 선택하여 동물의 한살이 관찰 계획을 세워 기르며 관찰한다. ㈏ 곤충을 길러 동물이 태어나고 자라면서 번식하기까지의 과정을 이해한다. ㈐ 곤충의 종류에 따라 한살이의 유형이 다를 수 있음을 안다. ㈑ 동물의 암 · 수에 따른 생김새의 특징을 구별할 수 있고, 번식 과정에서의 암 · 수의 역할을 이해한다. ㈒ 새끼를 낳거나 알을 낳는 등 동물에 따라 한살이가 다름을 안다.

2. 사회 · 과학 교과 학습 시 학습장애학생의 요구사항

학습장애학생에게 사회나 과학 같은 교과를 지도할 때 먼저 전제해야 하는 것은 교수방법 여하에 따라서 학습장애학생들도 사회나 과학 교과를 매우 효과적으로, 그리고 흥미롭게 학습할 수 있다는 점이다. 효과적인 지도를 위해서는 무엇보다 이들이 지닌 독특한 지원 요구를 파악해야 한다. 사실 일반적인 지적 능력에는 별로 문제가 없지만 글자 처리, 연산, 작업기억 등에만 상대적으로 어려움을 겪는 학습자들이 사회나 과학 교과 학습 시 독특하게 보이는 요구는 그리많지 않다. 단순화하면, 학습장애학생들이 사회나 과학 교과 학습 시 나타내는 지원 요구는 읽고, 쓰고, 말하고, 셈하는 부분에서의 어려움을 포함한다고 할 수 있을 것이다.

그럼에도 다음 몇 가지 점에서 학습장애학생들은 사회나 과학 교과 학습 시 일반학생과는 달리 특별한 지원을 필요로 한다.

첫째, 대부분의 자료가 텍스트로 되어 있는데, 학습장애학생들의 경우 대개 읽기 능력이 제한되어 있기 때문에 필요한 정보를 빠르고 정확하게 습득하는 데 어려움을 겪는다. 따라서 이들에게는 텍스트 자료를 빠르고 정확하게 읽고 이해

학습장애학생들은 사회나 과학 교과 학습 시 텍스트 이해, 주요 개념 이해, 누적된 학습 결손으로 인한 흥미 부족 등과 같은 지원 요구를 가지고 있다.

하는 것을 도와줄 교수–학습 방법, 학습전략 등이 필요하다. 예컨대, 텍스트를 그림, 그래픽, 이미지, 동영상 등으로 변환시켜 줄 수 있을 것이다.

둘째, 사회나 과학 교과의 경우 핵심 개념이나 용어가 많이 등장하는데, 이러한 어휘 관련 배경지식이나 지식 기반이 부족한 경우가 많다. 이는 읽기 능력의 제한으로 인해 상대적으로 읽는 데에 절대적 시간이 부족했거나 읽은 자료의 수준이 낮아 고급 단어나 어휘가 더 생소하여 초래되었을 가능성이 있다. 이러한 학습자에게 도움을 줄 수 있으려면 효과적인 어휘 학습 원리를 적용해야 할 것이다. 이러한 원리의 예로는 개념지도 활용하기, 다양한 맥락에서 새로운 어휘 활용 연습하기, 핵심 어휘를 직접적이고 명시적으로 가르치기 등을 들 수 있다.

셋째, 학습장애학생의 본질적인 특징으로 보기는 어렵지만, 누적된 학습 결손이나 이로 인한 학업 자아개념의 손상으로 사회나 과학 교과 학습 자체에 흥미를 갖지 못할 수 있다. 이러한 경우에는 교과 학습 자체에 흥미를 갖도록 하는 다양한 전략이나 방안을 강구해야 할 것이다. 이러한 전략이나 방안의 예로는 생활 속에서 해당 교과 내용과 연관된 것 찾아보기, 학생들의 흥미와 사고를 자극할 좋은 질문 제기하기, 생활 속에서의 적용 방안 알아보기, 자기 미래와의 관련성 생각해 보기 등을 들 수 있다.

3. 증거기반 사회·과학 교과 교육 사례

1) 효과적인 교과 지도 방안에 관한 선행 연구 결과

증거기반 교과 지도 방법 선행 연구에서 효과가 있다고 검증되어 발표된 지도 방법

그동안 학습장애학생을 대상으로 사회나 과학 교과를 어떻게 지도해 왔고, 그 효과는 어떠한가에 대해서는 선행 문헌들을 종합한 연구 결과를 살펴보는 것이 유용하다. Swanson 등(2014)에 따르면, 사회 교과 이해를 돕기 위해 사용된 전략들의 효과를 보고한 논문 27편을 종합한 결과 그래픽 조직자, 기억 보조술, 질문 읽고 답하기, 안내된 노트 정리, 다양한 내용 이해 전략 등의 평균 효과크기는 1.02로 매우 인상적이었다. 이주영과 손승현(2012)은 학습장애 및 학습부진 학생들을 대상으로 한 국내외 사회과 중재연구 총 40편을 분석하여 사회과 지식 유형별로 그동안 어떠한 중재들이 투입되어 왔는지 살펴보았다. 이 연구자들은 사회

교과내용을 사실적 · 개념적 · 절차적 지식으로 분류하였다. 분석 결과, 사실적 지식을 향상시키기 위한 중재로는 컴퓨터 보조 교수, 학습안내지, 기억술 전략 등이 있으며, 개념적 지식을 향상시키기 위한 중재로는 그래픽 조직자, 교과내용 조직하기, 찬반토론 등이 있는 것으로 나타났다. 절차적 지식을 향상시키기 위한 중재로는 인지적 전략 교수와 탐구학습 등이 있었으며, 인지적 전략 교수는 다시 일반적 문해 전략 교수와 특정 교과를 위한 전략 교수로 구분할 수 있었다. 다만, 사회 교과내용 유형별 중재들은 전체적으로 효과적이었다고 정리되었지만 구체적으로 얼마나 효과가 있었는지에 대해서는 정확한 정보를 알 수 없었다.

한편, 과학 교과 교육과 관련해서 김애화와 박현(2010)은 그동안 학습장애 및 학습부진 학생 대상 과학 교육의 효과를 보고한 논문들을 종합하였다. 1975년부터 2009년 9월까지 국내외 학회지에 발표된 중재연구 총 50편을 분석한 결과, 첫째, 교과서 중심 교수(기억전략, 학습 안내지, 그래픽 조직자, 읽기전략)에 관한 연구가 가장 많이 실시되었고, 안내된 탐구교수, 활동중심 탐구교수, 기타, 협동교수에 관한 연구 순으로 나타났다. 둘째, 교수 유형에 상관없이 전반적으로 과학교수는 학습장애 및 학습부진 학생의 과학성취도를 높이는 것으로 나타났다. 이러한 문헌 분석 결과를 토대로 연구자들은 학습장애 및 학습부진 학생을 위한 연구기반 과학교수로 전통적인 과학교수를 보완한 교과서 중심 교수와 교사의 코칭과 안내가 제공되는 안내된 탐구교수를 제안하였다. 이 연구자들이 제안한 사항을 보다 구체적으로 열거하면 다음과 같다.

글상자 11-1 교과서 중심 과학교수에서 강조하는 사항

- 주요 어휘 및 개념을 교수할 것
- 교과서를 읽고 이해하는 데 도움을 주는 읽기 이해 전략을 가르칠 것
- 학습 안내지를 활용하여 학생들이 주요 개념 및 내용을 학습하도록 할 것
- 그래픽 조직자를 활용하여 교재 내용을 조직적으로 파악하고 이해하도록 할 것
- 활동중심 탐구교수를 진행할 때는 코칭과 안내를 통해 학생들이 탐구활동을 하는 것을 지원하며, 탐구교수에 필요한 읽기 및 쓰기에 지원을 제공할 것

Brigham 등(2011)은 학습장애학생들에게 과학 교과를 가르치는 데 효과가 있는 것으로 보고된 방법의 예로 내용의 구두 학습, 교과서 텍스트 이해하기, 활동 혹은 경험 중심 교수-학습, 과학적 사고와 추론, 개인 맞춤형 수업 등을 제시했다.

2) 학습전략 활용 접근

학습장애학생들이 사회 교과나 과학 교과를 잘 학습할 수 있도록 지원하는 방법 중 하나는 일반적인 독해전략 혹은 학습전략을 훈련시키는 것이다. 민혜정과 김윤옥(2002)은 교과서 독해전략과 내용 정리 전략을 초등학교 5학년 학습장애학생 6명에게 훈련시킨 결과, 이들의 사회 교과 학업성취도와 메타인지를 향상시킬 수 있었다. 김윤옥(2005)은 정보기억전략 교수가 초등학교 5학년 학습부진 및 학습장애 학생 각 3명의 사회과 학업성취도에 긍정적으로 영향을 미쳤음을 보고했다. 이때 사용한 정보기억전략은 ① 정보를 세심하게 읽으라, ② 동그라미를 핵심어에 표시하라, ③ 진지하게 핵심단어를 배열하라, ④ 기억하기 쉽게 핵심어의 첫 글자들에 밑줄을 그으라, ⑤ 차례대로 첫 글자만 모아 쓰라, ⑥ 여러 번 소리 내어 읽으라, ⑦ 행동을 반복하라 등의 7단계 교수-학습 단계였다.

3) 내용 제시 및 학습 모드 다변화 접근

내용 제시 및 학습 모드 다변화 보편적 설계 원리를 적용하여, 텍스트 이외의 수용 및 표현 방식을 허용하는 것을 핵심으로 함

교과 내용을 학습 수준과 특성에 맞추어 다양한 방식으로 표현하거나 접하게 하는 것 역시 교과 학습 효과를 높이는 방법이다. 여기에는 단순히 동일한 내용의 텍스트를 시각적·청각적 자료 혹은 동영상 자료로 변환시키는 것은 물론, 그래픽 조직자나 개념지도 형태로 내용을 단순화 및 재구조화하는 방법도 해당된다. 권효진과 박현숙(2013)은 보편적 학습 설계를 적용한 과학 수업이 중학교의 일반학생은 물론 지적장애학생의 수업참여행동(수업준비행동, 주의집중행동, 과제수행행동, 적절한 반응행동 등) 향상에 긍정적으로 기여했음을 밝혔다. 이 연구에서 적용한 보편적 학습 설계 교수법의 내용과 하위 요소는 〈표 11-3〉과 같았다. 김우리(2014)는 직접어휘교수와 내용구조화 중재를 활용한 과학 교수가 학습장애 위험군 학생의 과학어휘 및 내용지식 습득에 미치는 효과를 보고하였다. 이 연구에서는 초등학교 2학년에 재학 중인 학습장애 위험군 학생 62명을 실험

집단과 통제집단으로 나눈 후, 실험집단 학생들에게 직접어휘교수와 내용구조화 중재를 적용하였다. 그 결과, 중재 제공 후 학생들은 과학어휘와 내용지식 습득에 유의한 성장을 보인 것으로 나타났지만 일반적인 방법으로 지도한 집단과의 차이는 통계적으로 유의하지 않았다. 다만, 교사들은 중재의 용이성과 효율성 측면에서 대체로 만족하였다. 이러한 연구 결과는 내용구조화 방법이나 직접어휘교수가 효과적이라는 결론을 내리기에는 아직 이르다는 것을 보여 준다.

개념지도나 그래픽 조직자를 활용한 교과 지도 방안의 효과에 대해서는 다른 국가의 학술지에서도 여러 차례 보고된 바 있다. Ciullo 등(2015)은 초등학교 4~5학년 학습장애학생 7명에게 텍스트 중심 정리 방법 및 그래픽 조직자와 명

표 11-3 보편적 학습 설계 원리의 하위 요소

보편적 학습 설계 원리	하위 요소
다양한 방법으로 내용을 제시하는 원리	• 다수의 예를 다양한 방법으로 제공하기 • 사전 배경 맥락 제공하기 • 새로운 어휘의 정의 제공하기 • 중요한 부분 강조하기 • 중요한 부분과 주제와의 관계 강조하기 • 다양한 미디어와 양식을 활용한 정보 표현하기 • 학습자의 정보처리과정과 기억, 전이를 돕기
다양한 표현 수단을 제공하는 원리	• 숙련된 수행 모형 제공하기 • 지원을 제공하며 연습의 기회 제공하기 • 지속적이고 적절한 피드백 제공하기 • 학생 발표를 위한 유연하고 다양한 기회 제공하기 • 학습자 스스로 목표를 설정하도록 돕고 정보 및 자료 관리를 촉진하기 • 스스로 진도를 점검할 수 있는 능력 배양하기
다양한 참여 수단을 제공하는 원리	• 학습내용에 대한 학습자와의 관련성과 가치, 진정성 부여하기 • 도전의 적절한 수준 제공하기 • 자기평가를 할 수 있게 유도하기 • 내용과 절차에 대한 시각적으로 단순하고 파악이 용이한 조직도 제공하기
기타	• 장애학생에 대한 차별·비난 금지 및 개인적 장애 존중하기 • 상이한 학습방법과 지식을 경험할 수 있도록 다양한 교수방법 활용하기 • 학교 고사·보고서·프로젝트 채점에 대한 안내지 제공하기 • 학생이 어려운 과제를 수행할 때 참고할 수 있는 참고자료 제공하기

출처: 권효진, 박현숙(2013), p. 218.

시적 교수법을 사용한 경우 간의 사회 교과 학습 효과를 비교하였다. 그 결과, 그 래픽 조직자와 명시적 교수법을 사용했을 때의 효과가 더 컸다. Swanson과 Hoskyn(2002)에 따르면, 내용 교과(사회·과학 등) 학습에 긍정적으로 영향을 미치는 세 가지 교수 변인은 충분한 연습(extended practice), 소집단 수업(small-group instruction), 선행조직자(advanced organizer)였다. 그래픽 조직자와 개념지도 역시 학습장애학생들의 내용 교과 학습에 도움을 주는 것으로 나타났다(Ciullo, Falcomata, Pfannenstiel, & Billingsley, 2015; Dexter & Hughes, 2011; Dexter, Park, & Hughes, 2011). 그래픽 조직자란 사회 교과 내용을 상자, 화살표, 기타 시각적 기호를 사용하여 보다 이해하기 쉽게 나타낸 것을 말한다. Ciullo 등(2015)은 컴퓨터 기반 개념지도 프로그램을 이용하여 매주 3일, 한 번에 40분씩 자료를 읽고 개념지도의 빠진 부분을 채우도록 했다. 이 연구에서 학생들이 고래에 대해 그린 개념지도의 예는 [그림 11-1]과 같다. 학생이 그린 개념지도를 보면, 고래와 관련하여 고래의 생활, 고래에 관한 흥미로운 사실, 고래 보호 등 크게 세 가지 주제

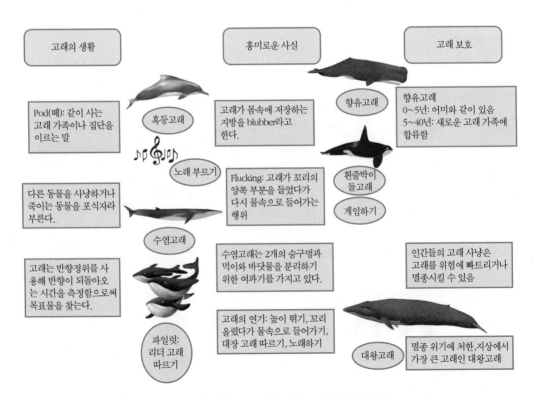

[그림 11-1] 학생들이 고래에 대해 그린 개념지도의 예

출처: Ciullo et al. (2015), p. 126; http://doopedia.co.kr

로 하위 내용들을 정리하고 있음을 볼 수 있다.

4) 교수-학습 참여자 간 상호작용 활용

가르치는 사람이나 배우는 사람들 간의 관계 구조화 혹은 상호작용 촉진을 통해 교과 학습의 효과를 높일 수 있다. 협동학습이나 또래지도, 교사 간 협력수업 등이 이에 해당한다. 김라경과 박승희(2002)는 일반교사와 특수교사의 협력교수 결과, 초등학교 5학년 일반학생은 학습장애학생들의 사회 교과 학업성적 향상에 유의하게 영향을 미쳤음을 보고했다. 이때 협력교수는 교수-지원(교사 1인은 전체 수업을 진행하고 다른 교사는 보조 역할을 함), 스테이션 교수(교육내용을 몇 개로 나누어 각 모둠에서 각 교사가 다른 교육을 제공함), 평행 교수(대상 학생을 두 개의 이질 집단으로 나누어 두 교사가 각 집단을 따로따로 가르치되, 가르치는 내용은 동일하게 함), 대안 교수(전체 집단을 보통 수준 집단과 평균 이상이나 이하 집단으로 구분한 후 두 교사가 각 집단을 따로 가르치되, 내용의 수준을 달리함), 팀티칭(두 교사가 학급 전체를 대상으로 동등한 위치에서 역할을 분담하여 가르침) 등 다섯 가지 유형으로 적용하였다.

5) 내용의 재구조화 및 재계열화

앞서 소개한 증거기반 접근들은 가르치고 배울 내용 자체에 초점을 기울이기보다는 이것의 표현 및 전달 방식, 공부하는 전략 등에 초점을 두고 있다. 내용적인 부분, 즉 어떤 내용을 어떻게 다루었으며 그로 인해 효과는 어떠한지, 무엇을 평가할 것인지 등에 대해서는 심각하게 고려하고 있지 않다. 그러나 교사가 해당 교과(예: 사회나 과학) 내용을 어떻게 이해하고 다루는지에 따라 학생들의 그 교과 내용 학습은 크게 영향을 받을 수밖에 없다. 예를 들어, 광합성을 가르친다고 했을 때 교사가 그 내용을 어떻게 해석하여 전달하거나 수업을 이끌어 가는지, 학생들이 도달해야 할 상태를 무엇으로 규정하는지, 도달 여부는 어떠한 평가 방법을 사용하여 측정하는지 등을 봐야 한다. 이것이 그 교사가 특정 학습전략을 사용했는지, 혹은 내용을 텍스트나 이미지, 그림, 동영상 등으로 제시했는지보다 훨씬 중요한 측면이다.

> **내용의 재구조화** 주요 개념을 중심으로 관련 내용을 의미 있는 단위로 묶어서 제시하는 것

예를 들어, Carnine 등(2002)은 사회나 과학 교과를 효과적으로 가르치기 위한 여섯 가지 원리를 다음과 같이 제시했다. 이들이 제시한 이 원리들은 다른 문헌에서 제시한 학습전략이나 공부 방법, 예컨대 그래픽 조직자 활용, 개념지도 활동 등과는 그 성격이 사뭇 다르다. 이들이 제안한 원리는 대체로 가르치고자 하는 내용 맥락 안에서 논의해야 할 성격을 갖고 있다.

> **글상자 11-2** 사회 · 과학 교과를 효과적으로 가르치기 위한 원리
>
> - 과학 교과 내용 중 주요 개념이라 할 수 있는 것들을 가르치는 데 초점이 맞추어져 있는가?
> - 주요 개념을 두드러지게 하기 위한 전략들이 고안되어 사용되고 있는가?
> - 주요 개념을 구성하는 중요한 하위 개념들과 전략 사용 단계들을 가르치는가?
> - 비계설정을 통해 학생의 독자적인 성공으로 자연스럽게 옮겨지고 있나?
> - 복습을 효과적으로, 요령 있게 시키는가?
> - 관련되어 있는 내용들을 잘 통합시키는가?

예를 들어 보자. 과학 교과 내용 중 '대류의 원리'는 지구(지질학), 대양(해양학), 대기(천문학) 내에서 일어나는 역동적인 현상들을 설명하고 결합하는 주요 개념 중 하나다. 지리학에서는 지층, 지진, 화산, 산의 형성 등 모든 것이 지각 안에서의 대류에 영향을 받고 있다. 지구 대기는 물론 바닷물의 흐름 역시 대류로 나타나는 현상이다. 대양과 대기권에서는 이런 현상들의 상호작용으로 말미암아 물의 순환, 바람으로 일어나는 대양 해류 이동, 엘니뇨(El Nino), 그리고 전반적인 일기 등이 영향을 받는다. [그림 11-2]는 이러한 측면을 그림으로 나타낸 것이다. 이렇게 서로 다르게 보이는 현상들이 사실은 어떤 물질의 압력, 온도, 밀도 등의 변화로 인해 나타나는 현상이라는 것을 이해하고 서로 관련된 것으로 설명할 수 있게 하는 것이 아마도 중요한 학습목표가 되어야 할 것이다.

그럼에도 우리나라 과학 교육과정에서는 대류의 원리에 해당하는 [그림 11-2]의 현상들을 소위 나선형 교육과정 원리에 따라 서로 분리하여 각 학년에서 조금씩 다루고 있다. 실제로 냄비 속의 대류는 초등학교 저학년 때 배우고, 다른 내

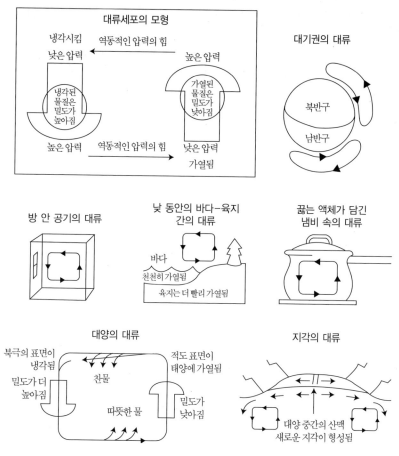

[그림 11-2] 대류의 주요 개념 및 그 약간의 적용에 대한 시각적 모형

출처: 이대식, 이창남 공역(2009), p. 196.

용은 초등학교 고학년이나 중학교 때 배운다. 이 경우, 학생이 스스로 각 학년에서 배웠던 현상들을 '대류의 원리'로 관련짓거나 교사가 명료하게 그렇게 가르치지 않는 이상 보통의 학생들이 해당 현상들 간의 관련성을 주요 개념(=대류의 원리)의 관련 현상으로 이해할 가능성은 매우 낮을 것이다. Carnine 등(2002)이 주요 개념 중심의 교수-학습을 강조한 이유는 이것이 시간을 좀 더 효율적으로 사용하도록 해 주기 때문이다. 즉, 주요 개념과 더불어 이루어진 이해와 연결 때문에 교사는 더 작은 수효의 원리들을 가지고 더 많은 분량의 내용을 가르칠 수 있다는 것이다. 뿐만 아니라 주요 개념은 단순 암기를 지양하고 일련의 사실, 현상을 관련 있는 것으로 파악하게 해 주며, 실생활 속의 과학 현상에 대한 이해를 촉진한다.

만약 가르치는 사람이 [그림 11-2]에 나와 있는 다양한 현상들은 학년마다 따로 떼어서 가르치기보다는 서로 관련된 현상으로 주요 개념 아래 묶어서 가르치는 것이 중요하다고 인식했다면, 적어도 나선형 교육과정 형태로 내용을 조직하거나 구성하지는 않았을 것이다. 또한 당연한 얘기지만, 교과서나 교육과정에 나와 있는 내용을 주어진 것으로 받아들여 이것의 표현 방식 측면에만 치중하려 하지 않고, 제시된 사례나 그림, 내용이 과연 학생들이 주요 개념을 이해하고 적용하는 데 적절한 것인가 하는 측면에 더 많은 관심을 기울이게 될 것이다.

많은 경우, 사회 교과내용 중 역사는 특정 민족이나 국가의 흥망성쇠를 주요 사건별 혹은 시대별로 서술하고 있고, 학교에서는 이것을 가지고 정해진 진도에 맞추어 특정 시기에 특정 역사 부분을 다룬다. 그러나 역사 학습의 중요한 목적 중 하나는 특정 국가나 민족의 흥망성쇠에 영향을 주는 변인들에는 어떤 것들이 있고, 그러한 변인들에 각 민족이나 국가가 어떻게 반응했으며 그 결과가 어떠했는가 하는 '틀' 혹은 '주요 개념'으로 역사를 설명하고 이해하는 것이다. 이러한 목적은 학습자가 학습장애를 갖고 있든 그렇지 않든 동일하다. 따라서 그들이 가르치는 학생들의 특성이 어떠하든, 해당 내용을 잘 가르치고자 하는 교사는 학생들이 그러한 주요 개념을 알기를 원할 것이고, 이를 위해 가장 많은 시간과 노력을 기울일 것이다. 이러한 노력은 단순히 교과서 내용을 알기 쉽게 도표 혹은 그래픽으로 표현해 주거나 읽어 주는 것과는 성격이 다르고, 학습의 성패에 미치는 영향력에 있어서 비교할 수 없을 정도로 막중하다.

6) 핵심 질문 제시를 통한 학습동기 유발

사실, 사회나 과학 교과내용 대부분은 일상적인 우리 삶과 관련이 깊지만 교과서나 교수–학습 자료는 딱딱하고 무의미해 보이는 단어 및 글로 서술되어 있는 경우가 많다. 이러한 내용에 대해 학생들이 처음부터 높은 수준의 학습동기를 가질 것으로 기대하는 것은 무리일 수 있다. 어떻게 하면 학생들이 사회나 과학 교과내용에 흥미를 갖고 지속적으로 탐구하고자 하는 마음을 갖게 할 수 있을 것인가?

일반적으로 학습동기란 외재적인 것보다는 내재적인 것일수록 바람직하고 효과도 강하면서 오래 지속된다는 것은 이미 학습동기를 연구한 사람들 다수가 오래전부터 주장해 오던 것이다. 예컨대, Vallerand(1997)는 학습동기를 무기력 단계, 외적 강압 단계, 내적 강압 단계, 유익 추구 단계, 의미 부여 단계, 지식 탐구 추구 단계, 지적 성취 추구 단계, 지적 자극 추구 단계 등과 같이 8단계로 구분하였다. 이 중 적어도 5단계 이후부터는 학습하고자 하는 내용의 맥락을 고려하지 않고서는 나아가기 어렵다고 봐야 할 것이다.

따라서 비록 학습 초기에는 외적인 수단을 동원하여 학습 흥미를 유발할 수 있겠지만 지속적으로 해당 학습내용을 탐구하고자 하는 마음을 갖게 하려면 그 내용 자체에 학생들이 흥미를 갖거나 중요하다고 느끼도록 해 주어야 할 것이다. 이를 촉진할 수 있는 효과적인 방법 중 하나는 핵심 질문(essential questions)(McTighe & Wiggins, 2013)을 제시하는 것이다. 핵심 질문이란 해당 단원이나 주제를 이해하고 탐구하는 데 필수적인 내용이나 활동이 무엇이어야 할 것인지를 안내하는 개방형 질문으로, 학습자로 하여금 단순히 정보나 사실 등을 수동적으로 습득하게 하는 데 그치지 않고 능동적으로 내용을 탐구해 가도록 안내하는 역할을 한다. 핵심 질문과 핵심 질문이 아닌 것의 예를 들어 보면 〈표 11-4〉와 같다.

핵심 질문은 개방형이기 때문에 여러 가지 견해를 갖는 것이 가능하다. 또한 각 견해에 대해서는 왜 그렇게 생각하는지 모종의 근거를 제시하도록 해야 한다. 예컨대, 학생들은 '예술은 어떻게 문화를 형성하거나 반영하는가?'라는 핵심 질문에 대해 '예술은 문화를 이러저러한 방식으로 형성하거나 반영한다.'고 자기 나름의 견해를 제시할 수 있다. 이때 교사는 그렇게 생각하는 이유나 근거, 사례 등을 제시하라고 요구해야 한다. 학생들은 근거를 제시하는 과정을 통해 예술과 문화의 관련성에 대해 보다 깊이 있게 이해하고 알 가능성이 높다.

표 11-4 핵심 질문과 일반적 질문의 비교

핵심 질문	일반적 질문
예술은 어떻게 문화를 형성하거나 반영하는가?	잉카족이나 마야족들이 사용했던 공통적인 예술 상징에는 어떤 것들이 있는가?
곤경에 처했을 때 효과적인 문제해결자들은 어떻게 하는가?	해결책에 이르기까지 어떤 단계를 밟았는가?
과학적인 증거는 얼마나 강력한가?	과학적 탐구에서 변인이란 무엇을 말하는가?
역사상 공의로운 전쟁(just war)이 있었는가?	제1차 세계대전을 촉발시켰던 핵심 사건은 무엇이었는가?

핵심 질문 해당 단원이나 주제를 이해하고 탐구하는 데 필수적인 내용 혹은 활동이 무엇이어야 할 것인지를 안내하는 개방형 질문

과학을 지도할 때도, 예컨대 대류 개념을 가르칠 때 교수-학습 과정에서 (이왕이면 수업 초기에) 개방적이면서도 평소에 학생들이 생각해 보지 않았을 다음과 같은 질문들을 제시하면 이들이 학습에 흥미를 느낄 가능성이 더 높아질 것이다. 이를테면, '지구상의 대기 순환이 일어나지 않으면 어떤 일이 벌어질까?' '겨울철에 교실의 온도를 가장 빨리 올리려면 난방기를 어디에 놓는 것이 가장 효과적일까?' '지구 자전축이 23.4도 기울어져 있다고 하는데, 자전축이 완전 수직일 때와 두 배로 더 기울어졌을 때 지구 대기와 해류 움직임에는 어떤 변화가 생길까?' 등이다.

핵심 질문은 그 내용이나 요구하는 답이 반드시 고차원적이거나 어렵고 복잡한 것일 필요는 없다. 개방적이면서도 가급적 일상생활과 관련이 높은 측면, 그러면서도 평소에 보통의 학생들이라면 별로 생각해 보지 않았을 측면들을 포함하면 더 효과적일 것이다.

4. 마치는 말

학습장애학생들이 사회나 과학과 같은 내용 교과를 학습하는 것은 몇 가지 점에서 쉽지 않다. 우선, 그러한 교과내용 고유의 개념이나 어휘를 정확하게 그리고 때로는 심층적으로 이해하는 것이 중요함에도 학습장애학생들은 제한된 어휘능력과 텍스트 이해능력으로 인해 각 교과별 핵심 개념을 이해하는 데 어려움을 겪을 수 있다. 또한 효과적인 학습전략을 모르고 있거나 알고 있다고 해도 필요할 때 자발적으로 이를 사용하려는 의지가 부족할 수 있고, 혹은 그 방법을 잘 모를 수도 있다.

내용 교과를 학습장애학생들에게 지도할 때에는 무엇보다 주요 개념을 중심으로 관련 내용들을 조직화하고, 가급적이면 이를 시각적으로 제시하는 것이 이들의 제한된 텍스트 이해능력을 보완하는 효과적인 방안 중 하나가 될 수 있다. 학습할 때에도 대개는 평면적으로 나열되어 있는 교과서의 내용을 그래픽 조직자, 도표, 매트릭스 표 등과 같은 시각적 보완 수단을 사용하여 조직함으로써 표현해 보게 하는 것이 효과적일 수 있다. 이 시각적 보완 수단들은 내용들 간의 관계를 한눈에 파악할 수 있게 해 줄 뿐만 아니라 내용의 이해와 기억에도 긍정적으로 기여할 수 있다.

　내용의 조직과 효과적인 학습전략 활용에 못지않게, 아니 그보다 더 중요한 것은 사회나 과학 교과의 특정 내용이 왜 중요한지, 그것을 왜 학습해야 하는지, 그것이 학생 자신의 삶과 어떤 관련이 있는지 등에 대해 학습자 수준에서 납득하고 의미를 부여할 수 있게 해 주는 것이다. 이것을 촉진하는 방법 중 하나는 유의미하면서도 핵심인 질문을 학생들에게 제기하고 그 질문에 대한 답을 스스로 찾아가 보도록 하는 것이다. 특정 교과내용을 학습하고자 하는 동기는 사실 그 내용 안에서 찾아야 가장 효과적이다.

제 **12** 장

기초학습능력 향상을 위한 학습전략 지도

1. 학습전략 교육 개관

학습장애학생들에게 제공되는 교육 프로그램들은 일반적으로 읽기, 쓰기, 셈하기와 같은 기초학습기능을 중심으로 구성되어 있다. 하지만 경험적 연구 결과들은 이들 학습장애학생들이 학교학습에서 누적적으로 실패하는 것이 단순히 기초학습기능이나 지식이 결여되어 있기 때문만이 아니라 주어진 정보를 효과적·효율적으로 처리하는 데 필요한 인지적 사고 전략 지식과 활용능력이 상대적으로 떨어지기 때문이라고 지적한다(Swanson, 1990, 1993a; Swanson & Alexander, 1997). 또한 이 학습장애학생들에게 학습과제를 처리하는 데 필요한 학습전략을 가르치고 이를 활용하도록 체계적으로 도움을 제공할 경우, 일반학생과 비슷한 수준의 학습전략의 활용과 학업성취 수준을 나타내 보인다고 한다(Leshowitz et al., 1993; Scruggs & Mastropieri, 1993). 그럼에도 학습장애학생들에게 기초기능을 중심으로 교육 프로그램을 제공하는 것은 이들이 기초학습기능을 숙달하기 전에는 학습전략 프로그램의 혜택을 받기 힘들다는 잘못된 가정에 부분적으로 근거한다고 볼 수 있다.

이 장에서는 학습장애학생들을 위한 학습전략 교육이 필요한 이유와 이들을 위해 개발된 학습전략 프로그램에 대해 살펴보고자 한다. 구체적으로, 전통적인 정보처리과정중심 교육 프로그램(예: 지각-운동 협응능력, 정보처리 선호양식, 기억술중심 교육 프로그램)을 비판적으로 분석하고, 내용학습과 전략학습의 통합모형으로서 제안되고 있는 학습전략 프로그램에 대해 살펴보고자 한다. 또한 학습장애학생들을 위한 학습상담 및 학업컨설팅 전략과, 학습장애학생들의 학습전략 학습이 성공적으로 이루어졌는지를 평가할 때 활용할 수 있는 검사 방법에 대해 살펴보고자 한다.

학습전략 한 과제에 내포된 정보를 이해하고 기억하여 그 정보를 기간이 경과된 후에 인출함으로써 다시 사용할 수 있게 학습자가 행하는 활동

기억술중심 정보를 장기기억에 저장할 때 사용하는 의도적이고 계획적인 활동들의 기억전략

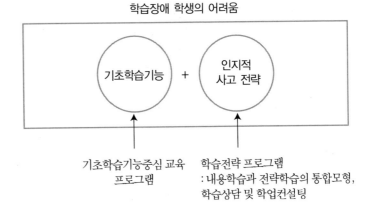

학습장애 학생의 어려움

기초학습기능 + 인지적 사고 전략

기초학습기능중심 교육 프로그램

학습전략 프로그램
: 내용학습과 전략학습의 통합모형,
학습상담 및 학업컨설팅

[그림 12-1] 학습전략 교육 개관

2. 학습전략의 개념적 정의, 학습전략 교육의 필요성 및 목적

1) 학습전략이란 무엇인가

생각해 보기 내삽적 · 외삽적 · 재해석적 사고활동은 무엇인가?

학습전략(learning strategy)은 다양한 교과 영역에 걸쳐 아동의 학업성취를 증가시키기 위해 적용되는 일종의 사고 전략(thinking strategy)이라 할 수 있다 (Borich, 2000). 사고 전략은 현재 주어진 정보를 넘어서 새로운 의미를 창출하는 기제로서, 현재의 정보와 창출되는 의미 간의 차이를 채우는 사고활동이라고 할 수 있다(Nickerson, Perkins, & Smith, 1985). 이와 같은 사고활동의 성공적 수행은 제시된 학습과제에 내재해 있는 내용 및 원리를 성공적으로 부호화 · 저장 · 인출하는 것을 가능하게 한다.

내삽적 사고활동 주어진 자료가 완벽하지 않을 때, 즉 중간에 누락된 것이 있을 때 전체적인 의미를 형성하도록 자신의 경험이나 지식을 추가로 포함시키는 것

인지심리학자인 Bartlett(1958)은 사고활동을 크게 내삽적(interpolation) · 외삽적(extrapolation) · 재해석적(reinterpretation) 활동으로 구분하였다(Nickerson, Perkins, & Smith, 1985에서 재인용). 내삽적 사고활동은 주어진 자료가 완벽하지 않을 때, 즉 중간에 누락된 것이 있을 때 전체적인 의미를 형성하도록 자신의 경험이나 지식을 추가로 포함시키는 것이다. 예를 들면, '철수의 집은 아주 가난하여 교과서 외에 어떠한 서적도 갖고 있지 못하다.'라는 문장과 '얼마 전 철수에게 최신형 컴퓨터가 생겼다.'라는 문장이 주어진 경우, 우리는 '어느 독지가(篤志家)

가 철수에게 선물로 컴퓨터를 주었을 것'이라는 자신의 추론을 개입시킴으로써 두 문장의 의미를 전체적으로 이해하게 된다.

외삽적 사고활동은 결론적인 내용이 누락되었을 때 주어진 정보를 중심으로 종합적인 결론을 도출하는 것을 말한다. 예를 들어, '학습장애학생은 학습활동과 관련해 수동적 특성을 보인다.'는 문장과 '학습전략의 사용은 적극적인 학습 태도나 동기를 필요로 한다.'라는 문장이 주어진 경우, 우리는 '학습장애학생에게 효과적으로 학습전략을 가르치고 이를 활용하도록 하기 위해서는 인지적 요인뿐만 아니라 동기적 요인도 함께 고려할 필요가 있다.'라는 결론을 도출함으로써 전체적인 의미를 형성하게 된다.

> **외삽적 사고활동** 결론적인 내용이 누락되었을 때 주어진 정보를 중심으로 종합적인 결론을 도출하는 것

마지막으로, 재해석적 사고활동은 새로운 해석을 위해 자료를 다시 배열하거나 조직하는 사고활동을 말한다. 예를 들면, 아동의 정의적 특성(예: 자아존중감, 학습동기, 독립적 태도)과 학업성취 간의 관계를 보여 주는 자료들이 정의적 특성이 원인인 것처럼 제시된 경우, 이를 반대의 관점에서 다시 재조직하여 보고자 하는 사고활동이다. 즉, 주어진 자료를 있는 그대로 받아들이기보다 새로운 관점에서 해석해 보고자 하는 사고활동이 재해석적 사고활동인 것이다.

이러한 내삽적 · 외삽적 · 재해석적 사고활동이 학습활동과 관련해 효과적 · 효율적으로 이루어질 수 있도록 해 주는 인지적 도구(cognitive instruments)가 바로 학습전략이다. 이러한 학습전략은 학습과제를 의미화하는 실제 과정인 수행 단계뿐만 아니라 학습활동을 사전에 계획하고 이를 평가하는 단계에도 적극적으로 활용될 수 있다. 그러므로 학습장애학생이 효과적 · 효율적 학습활동을 수행하도록 하기 위해서는 학습활동의 준비 · 진행 · 평가 과정에서 요구되는 사고활동을 체계적으로 도와주는 것이 필요하다.

2) 학습장애학생을 대상으로 한 학습전략 교육의 필요성

기초학습기능에 대한 교육을 넘어서 학습장애학생을 위한 학습전략 프로그램의 필요성은 크게 학습이론적 근거, 철학적 · 인식론적 근거 그리고 경험과학적 근거에서 찾아볼 수 있다. 이들 학습전략 교육의 근거에 대해 구체적으로 살펴보면 다음과 같다.

> **생각해 보기** 학습장애학생들에게 왜 학습전략이 필요한가?

(1) 학습이론적 근거

학습전략 교육의 필요성에 대한 학습이론적 근거로는 인지학습이론(cognitive learning theory)을 들 수 있다(Ashman & Conway, 1989; Deshler, Ellis, & Lenz, 1996). 인지이론적 접근에 의하면, 학습은 과정(process)으로서 이해되어야 하며, 따라서 학습은 지식의 획득, 조직, 변형, 평가, 활용과 관련된 내적 사고과정의 변화를 의미한다.

인지학습이론에 반대되는 입장으로서 행동주의적 접근은 과정보다는 결과(outcomes)로서의 학습을 강조하며, 과제(tasks), 환경(environments), 결과(consequences)에 대한 분석, 계획, 통제를 통해 행동의 변화를 도모하는 것이 특징이라고 할 수 있다. 하지만 이러한 행동주의적 접근은 학습 결과의 유지 및 일반화에 제한된 효과를 가지며, 학교학습 이후 일반적 사회생활에서 요구되는 계속적 자기학습능력이나 문제해결능력을 신장시키는 데 한계가 있는 것으로 지적되고 있다.

이에 반해, 인지학습이론은 단편적 지식이나 기능을 넘어서 자신이 직면한 문제를 해결할 수 있는 기초학습능력을 강조하고 중시한다. 학습과정에서 아동들이 얻어야 할 산물은 단편적 지식이 아닌 다양한 상황에 이를 활용할 수 있는 문제해결능력이다. 이와 같은 능력은 일반아동에게뿐만 아니라 학습장애아동에게도 절실하게 요구되는 학습의 최종 산출물이다.

(2) 철학적 · 인식론적 근거

학습전략 교육의 필요성은 실현되지 않은 잠재적 가능성에 대한 아리스토텔레스의 이론에서 철학적 근거를 찾을 수 있다. 아리스토텔레스는 모든 개체들이 그 안에 실현되지 않은 잠재적 가능성을 가지고 있다고 보았다. 이러한 잠재적 가능성의 실현은 진공 상태에서 성숙에 의해 자동적으로 이루어지는 것이 아니라 적절한 경험적 자극을 필요로 한다. 학습전략과 관련해 볼 때, 이러한 아리스토텔레스의 생각은 모든 사람들이 자신이 가지고 있는 사고능력을 최대한 계발 또는 실현하기 위해서는 교육에 의한 적절한 환경적 자극이 제공되어야 함을 의미하는 것이다(Nickerson, 1987; Nickerson, Perkins, & Smith, 1985).

따라서 개인이 가지고 있는 사고능력을 최대한 발휘하기 위해서는 효과적인 사고 전략을 활용할 수 있도록 교육적 도움을 제공하는 것이 필요하며, 학습장애학생도 예외는 아니다. 경험적 연구 결과 역시 이들 학습장애학생에게 학습전략 훈련을 시켰을 때 일반아동과 마찬가지로 이들 전략을 효과적으로 활용하며, 그 결과 일반아동처럼 성공적인 학업수행을 나타냄을 보고하고 있다.

또한 파스칼의 도박의 법칙(Pascal's Wager)에 근거할 때, 학습능력 계발과 관련해 학습전략 교육을 실시하는 것은 그렇지 않은 것보다 더 나은 의사결정일 수 있다. 즉, 학습전략을 가르칠 것인가 그렇지 않을 것인가와 관련한 의사결정 시 일종의 오류(type one error)를 범하는 것이 이종의 오류(type two error)를 범하는 것보다 낫다는 것이다(Nickerson, Perkins, & Smith, 1985). 학습능력이 학습전략 훈련을 통해 계발될 수 없음에도 가르치는 것(일종의 오류)과, 계발 가능함에도 가르치지 않는 것(이종의 오류)이 초래할 부정적 결과를 상호 비교하여 고려할 때, 일종의 오류를 범하는 것이 낫다는 결론을 내릴 수 있다.

인식론적 측면에서 볼 때 학습전략 교육의 필요성은 구성주의 인식론에 근거하여 찾아볼 수 있다(Deshler, Ellis, & Lenz, 1996; Harris & Graham, 1994). 구성주의 인식론에 의하면, 지식이란 외부에서 학습자에게 일방적으로 주어지는 것이 아니라 학습자가 적극적으로 학습과정에 참여함으로써 사유화한 결과물이다. 그러므로 지식의 사유화와 관련한 학습활동은 학습자의 선행 경험과 지식, 가치, 태도 등과 같은 요인에 근거한 총체적인 의미 형성의 과정이다. 이러한 학습활동이 가능하려면 학습자는 학습과정을 스스로 계획, 통제, 평가할 수 있는 능력을 가지고 있어야 하며, 이러한 능력을 계발하는 데 학습전략 교육이 도움을 줄 수 있다. 학습장애학생의 학습활동 역시 주어진 학습과제를 단순히 받아들이는 것에서 벗어나 자신의 경험과 생각을 기반으로 주어진 정보를 자기화하는 경험이 포함되도록 해야 하며, 학습전략 프로그램이 이러한 학습활동을 촉진하는 데 중요한 역할을 수행할 것이다.

(3) 경험과학적 근거

학습장애학생을 위한 학습전략 교육의 필요성은 지금까지 이루어진 여러 경험적 연구 결과들에서 찾아볼 수 있다. Leshowitz 등(1993)은 학습장애학생을 대상으로 일상생활에서 접하게 되는 정보나 사건에 대한 비판적 사고능력을 계발하기 위해 과학적 추론기술(scientific reasoning skills)을 가르쳤을 때 이들의 비판적 사고능력에 어떠한 변화가 나타났는지를 조사하였다. 추론기술을 가르치기 전

보다 가르치고 난 후 학습장애학생들은 다른 사람의 주장에 대한 이해와 주장을
뒷받침하는 자료의 타당성을 평가하는 데 있어 상당히 향상된 결과를 보였다.
이들이 보여 준 비판적 사고능력 수준은 체계적인 훈련을 받지 않은 일반아동의
수준과 거의 같은 것으로 보고되었다.

　　Scruggs와 Mastropieri(1993)는 학습장애학생들을 대상으로 한 학습전략 훈련
이 성공적인 학습 결과를 가져온다고 제안한다. 이들의 연구는 학습장애학생에
게 질문 전략(interrogation techniques)을 사용해 아동 스스로 질문에 대한 답을 구
성해 보도록 했을 때가 교사가 학습내용을 일방적으로 설명해 주었을 때보다 더
성공적인 학습 결과를 가져왔음을 보여 준다. 더불어 아동 스스로 주어진 정보
에 대한 정교화(elaboration) 활동을 수행하도록 했을 때가 교사가 직접 정교화한
결과를 제공했을 때보다 높은 학업성취 결과를 가져왔다고 보고하고 있다.

정교화　어떤 정보에 조작을
가하여 정보가 갖는 의미의
깊이와 폭을 더욱 심화, 확장
시키는 사고 전략

　　또한 Swanson(2001)은 학습전략 교수의 효과성과 관련해 1963년부터 1997년
까지 발표된 실험논문을 대상으로 메타분석을 실시하였다. 최종적으로 메타분
석에 포함된 논문의 수는 총 58개였으며, 학습장애학생의 고차적 사고능력
(higher-order thinking abilities)에 미치는 교수 변인을 아울러 확인하고자 하였다.
고차적 사고능력에 미치는 교수 변인들의 효과를 나타내 주는 효과크기의 평균
은 .82로 나타났다. 이는 전체적으로 학습장애학생의 사고능력을 계발하기 위해
제공되는 교육 프로그램들이 효과적으로 활용되고 있음을 보여 주는 것이다. 고
차적 사고능력 가운데서는 메타인지(metacognition)능력이 교육 프로그램에 의해
가장 많은 영향을 받는 것으로 나타났다(효과크기 1.19). 이 밖에도 이해능력(효과
크기 .73), 문제해결능력(효과크기 .54), 귀인(attribution)과 관련한 정의적 요인(효과
크기 .38)이 많은 영향을 받는 것으로 보고되고 있다. 이들 고차적 사고능력을 향
상시키는 데 가장 효과적인 교수 변인은 학습전략에 대한 확장된 연습 기회
(extended practices)를 갖도록 하는 것이었다.

3) 학습전략 프로그램의 목적: 자기조절 학습능력의 신장

　　학습장애학생을 위해 학습전략을 가르치는 것의 궁극적인 목적은 독립된 학
업수행능력을 증진시키고자 하는 것이다. 학습장애학생의 인지적 특성에 대한
연구들은 이들 아동이 소극적인 학업수행과 낮은 학업성취를 나타내 보이는 것

이 전적으로 능력 자체의 심각한 결함 때문이라기보다는 학습과정에서 비효과적·비효율적 학습전략을 사용하기 때문이라고 보고한다(Torgesen, 1979). 그러므로 학습전략에 대한 효과적·효율적 적용능력을 신장시키기 위해서는 학습전략에 대한 체계적 교육이 학습장애학생에게 필요하며, 이를 통해 학습과정에 대한 자기조절 학습능력(self-regulated learning abilities)을 향상시킬 수 있도록 지속적인 도움을 제공해야 한다(Butler, 1998; Graham, Harris, & Troia, 1998; Pressley et al., 1995; Zimmerman, 1998).

자기조절 학습능력이란 학습과제에서의 성공적인 정보처리를 위해 필요한 학습전략을 자동적으로 활용할 수 있는 능력을 가리키는 개념이다(양명희, 2000; Pressley et al., 1995; Zimmerman, 1998). 자기조절 학습능력은 인지적 요인(예: 학습전략, 메타인지 전략), 동기적 요인(예: 자아효능감, 성취가치, 귀인) 그리고 행동적 요인(예: 연습, 행동관리, 시간관리)을 구성요소로 포함한다(양명희, 2000). 성공적인 자기조절 학습을 위해서는 이 세 요인들에 대한 명확한 자기인식과 적극적인 활용 행동이 수반되어야 한다. 즉, 학습 단계별로 요구되는 인지적·정의적·행동적 요인들에 대한 명확한 인식과 적용이 필요한 것이다(Zimmerman, 1998). 학습 전 단계에서는 학습목표 설정, 학습전략 활용 계획 수립, 자아효능감 인식 등이, 학습 중 단계에서는 과제에 대한 주의집중력, 자기지시적(self-directed) 행동, 자기점검 행동 등이, 그리고 학습 말 단계에서는 자기평가, 귀인, 적응행동 등이 중요한 영향을 미치게 된다.

> **자아효능감** 특정한 문제를 자신의 능력으로 성공적으로 해결할 수 있다는 자기 자신에 대한 신념이나 기대감

학습장애학생처럼 학습에 곤란을 경험하고 있는 아동들의 자기조절 학습능력과 관련한 심리적 특성으로는 먼저 목표설정이 구체적이지 못하다는 것을 들 수 있다. 설정된 학습목표가 구체적 특성을 갖지 못함으로 인해 학습 도중 자기점검 활동이 효과적으로 이루어질 수 없으며, 적응적(adaptive) 학습행동에 있어서도 어려움을 겪게 된다. 자아효능감에 대한 자기평가 역시 객관적인 특성을 갖기보다는 부정적 측면에서 주관적인 특성을 갖는다. 이와 관련하여 나타나는 심리적 특성 중 하나가 바로 '자기장애 전략(self-handicapping strategies)'의 사용이다. 이는 학습장애학생들이 과제수행과 관련하여 일부러 최선을 다하지 않거나 과제수행의 시작 시기를 지연시킴으로써 결과적으로 나타나는 학업수행 실패를 능력이 아닌 외부 요인이나 상황으로 귀인하려는 자기보호적 경향성을 가리킨다.

이러한 부정적인 인지적 · 정의적 특성들은 학습장애학생에게 체계적인 중재 프로그램이 필요함을 시사한다. 자기조절 학습능력과 관련된 심리적 요인들의 변화를 위한 중재 프로그램의 일환으로서 학습전략 프로그램이 유용하게 활용될 수 있을 것이며, 학습전략 프로그램이 성공적으로 활용되기 위해서는 인지적 · 정의적 · 행동적 요인들에 대한 종합적 고려가 교육 프로그램에 반영되어야한다.

3. 전통적 정보처리과정중심의 학습전략 프로그램에 대한 비판적 고찰

1) 지각중심 교육 프로그램

학습장애아동에게 제공되었던 교육 프로그램 가운데 1970년대까지 교육현장에서 많이 활용되었던 것으로 시지각-운동 협응능력 프로그램과 정보처리 선호양식(modality)에 근거한 프로그램을 들 수 있다. 먼저, 시지각-운동 협응능력 프로그램은 심각한 학습곤란이 보이지 않는 뇌손상과 관련이 있으며, 이와 같은 뇌손상을 가지고 있는 아동의 경우 행동적으로 시각적 정보를 처리하는 데 어려움을 겪는다는 생각에 근거해 개발 · 활용되었다(Kavale & Forness, 1995). 즉, 눈을 통해 지각한 정보를 처리하는 과정에서 어려움이 존재하므로 시지각과 운동 기능 간의 협응력을 훈련시킴으로써 정보처리능력을 향상시킬 수 있다는 가정하에 개발된 것이다.

하지만 이들 시지각-운동 협응능력 프로그램들의 효과성에 대한 연구들은 부정적인 결과들을 보고하고 있다. 이들 연구 결과를 종합한 메타분석 결과를 살펴보면, 시지각-운동 협응능력 프로그램의 평균 효과크기는 .08에 지나지 않는다. 이 같은 결과는 프로그램을 제공한 것과 제공하지 않은 것 간에 전혀 차이가 존재하지 않음을 극단적으로 보여 주는 것이다. 또한 프로그램의 효과성에 대해 긍정적인 결과를 보고하고 있는 연구들의 경우에도 연구 설계나 절차에 있어 많은 문제점이 있는 것으로 지적되고 있다(Kavale, 1990).

정보처리 선호양식에 근거한 교육 프로그램은 학습자가 시각적(visual) · 청각적(auditory)·운동적(kinesthetic) 정보처리 양식 중 어느 것을 선호하는지 확인하고, 확인된 정보처리 선호양식에 근거해 그에 맞는 자료 제시 방법을 사용하는 교육 프로그램을 말한다(Mercer, 1992). 이들 프로그램은 시각적 정보처리 양식을 선호하는 아동에게는 도표나 그림과 같은 영상 형식으로, 언어적 정보처리 양식을 선호하는 아동에게는 문자(text) 중심의 교재나 교사 중심의 구두설명으로, 운동적 정보처리를 선호하는 아동에게는 구체물에 대한 조작을 중심으로 교육 프로그램을 구성·제공하는 것이 효과적이라는 가정에 근거하고 있다.

하지만 이들 교육 프로그램의 효과성에 대한 연구들은 시지각-운동 협응능력 프로그램과 마찬가지로 부정적인 결과를 보고하고 있다. 이들 경험적 연구 결과들을 종합한 메타분석 결과는 프로그램의 전체적 효과성을 보여 주는 평균 효과크기가 .14인 것으로 보고하고 있다(Kavale, 1990). 이 같은 결과는 정보처리 선호양식에 근거한 교육 프로그램에 참여한 아동들의 학업성취 수준을 참여하지 않은 아동들의 성취 수준과 비교해 보았을 때 백분위 점수로 약 6% 정도의 향상만이 있음을 보여 준다. 또한 약 1/3가량의 아동이 자신의 정보처리 선호양식과 일치된 교육 프로그램을 제공받았음에도 그렇지 않은 경우보다 더 낮은 성취 수준을 나타내 보였다고 보고하고 있다.

이 지각중심 교육 프로그램들은 정보처리과정을 중시했다는 측면에서 학습전략 프로그램과 큰 의미에서 공통점을 갖는다고 볼 수 있다. 하지만 이 교육 프로그램들이 교육활동을 통해 변화 불가능한 지각과 관련한 능력 요인들에 관심을 가지고 있었다면, 학습전략 프로그램은 학습과제와 관련해 구체적으로 변화 가능한 사고 도구 및 방식에 관심을 가지고 있다는 측면에서 그 차이점을 찾을 수 있다. 또한 학습전략 프로그램에 대한 경험적 연구 결과들은 이 교육 프로그램들이 학습장애학생의 학업수행 능력과 학업성취 수준에 긍정적인 영향을 미칠 수 있음을 보여 주고 있다는 측면에서도 지각중심 교육 프로그램과 구별될 수 있다.

2) 기억술중심 교육 프로그램

기억술(mnemonics)중심 교육 프로그램들은 아동의 기억과 회상을 촉진시키기 위해 효과적으로 활용할 수 있는 기억 전략(memory strategy)을 중심으로 구성된 프로그램을 말한다(Ashman & Conway, 1989). 기억 전략이란 정보를 부호화하고 인출하는 과정에서 학습자가 사용하는 인지적 행위 또는 절차를 말하는 것으로, 구체적 학습과제의 특성을 반영하기보다는 일반적인 인지적 조작(cognitive operations)을 가리킨다.

주어진 정보에 대한 기억과 회상을 촉진하기 위해 사용되는 일반적인 기억 전략으로는 시연(rehearsal), 심상화(visualization), 언어적 정교화(verbal elaboration), 범주화(categorization) 등을 들 수 있다. 시연은 가장 간단한 형식의 기억 전략으로, 주어진 정보를 단순히 반복하여 되뇌는 인지적 조작을 말한다. 일반적으로 학습장애학생이 많이 활용하는 기억 전략으로 보고되고 있다.

심상화는 사물에 대한 기억을 마음속에 영상화하여 기억하는 방법이다. 예를 들면, '나무' '구름' '바람' '하늘'이라는 단어를 기억하도록 했을 때 '나뭇가지가 바람에 의해 조금씩 흔들리며, 흔들리는 나뭇가지 사이로 파란 하늘과 약간의 구름이 흘러가는 장면'을 마음속에 만들어 본다면 주어진 단어를 기억하거나 회상하기가 쉬울 수 있다.

언어적 정교화는 주어진 자료의 내용을 보다 의미 있는 단위로 만들어서 기억하거나 회상하는 데 사용되는 기억 전략이다. '표지판'이라는 대상어를 기억해야 할 때, '뚱뚱한 사람이 얼음이 얇음을 경고하는 표지판을 읽고 있다.'는 문장을 만들어 대상어를 기억하는 경우를 그 예로 들 수 있다.

마지막으로, 범주화는 주어진 정보를 공통된 속성에 따라 분류하여 기억하는 방법을 말한다. 예를 들면, '사과' '버스' '택시' '바나나' '기차' '배'를 기억해야 하는 경우 이들 제시어를 과일과 운송수단으로 나누어서 기억하는 방법을 사용할 수 있을 것이다.

이 같은 기억술중심의 교육 프로그램들은 학습내용을 기억하고 회상하는 과정을 돕는 데 유용한 것이 사실이지만, 실제 학교학습 현장에서의 전반적인 학습활동 수행능력을 향상시키는 데 제한점을 갖는다. 효과적으로 학습활동을 수행하기 위해서는 '언제' '어떤 상황에서' 그리고 '왜' 이 같은 전략들을 활용해야 하는지에 대한 분명한 의사결정 능력이 필요하다. 하지만 기억술중심의 교육 프로그램들은 실제 학습 장면에서 이러한 사고 전략들을 계획, 점검, 수정하는 활동과 관련된 메타인지 전략을 포함하고 있지 않다는 한계점을 갖는다. 또한 이들 사고 전략을 적극적으로 활용해야 하는 필요성에 대한 인식과 학습동기를 증진시키기 위한 교수전략들을 프로그램에 포함하고 있지 못한 것이 또 다른 한 계점이라고 할 수 있다(Ashman & Conway, 1989; Ellis, 1993a, 1993b).

4. 학습장애학생을 위한 구체적 학습전략 프로그램

지금까지 서로 다른 능력 수준과 연령 수준의 아동들을 대상으로 이들의 독립적 학업수행 능력을 신장시키기 위해 다양한 학습전략 프로그램들이 개발·활용되고 있다. 여기서는 이들 프로그램 중 학습장애학생을 대상으로 개발·활용되고 있는 대표적인 프로그램으로서 Palinscar와 Brown(1984)의 호혜적 교수법, Ashman과 Conway(1989)의 과정중심 교수법, Deshler 등(1996)의 전략중재모형, 그리고 Ellis(1993a, 1993b)의 통합전략 교수법에 대해 간략히 살펴보고자 한다.

생각해 보기 학습장애학생들에게 활용할 수 있는 학습전략 프로그램에는 어떤 것들이 있는가?

1) 호혜적 교수법

호혜적 교수법(reciprocal teaching)은 구조화된 토론중심 학습활동을 통해 학습과제의 내용 이해를 촉진하기 위한 프로그램이다(Palinscar & Brown, 1984). 이 교수법은 네 가지 읽기 이해 학습전략을 중심으로 학습활동이 이루어지도록 구성되어 있다. 첫 번째 학습활동은 교재에 포함된 목차나 그림 또는 지난 시간에 논의된 내용 등을 중심으로 다음에 무슨 내용이 전개될지에 대한 예측(prediction)활동으로 이루어진다. 예측활동 후에는 주어진 학습과제를 읽은 다음, 이와 관련한 질문들을 만들어 내고 이를 학생들에게 답하도록 하는 질문(questioning)활동이 진행된다. 질문활동이 끝난 후에는 전체적 내용에 대한 요약(summarizing)활동을 수행하며, 교재내용 중 이해가 불분명한 부분이 여전히 남아 있는 경우 명확화(clarifying) 활동을 수행한다. 한 단원의 내용학습이 끝난 다음에는 같은 절차를 이용해 다음 단원에 대한 학습활동이 계속해서 이루어진다.

임상적 상황 또는 특수학급에서 호혜적 교수법을 적용하는 경우 소집단으로 구성된 학생들을 대상으로 대략 20주 정도, 매일 20분씩 프로그램을 운영한다. 프로그램이 진행됨에 따라 점차로 학습활동의 주도권과 책임을 학생들이 갖도록 수업활동이 이루어진다. 호혜적 교수법을 실시하는 과정에서 교사는 학생들이 읽기 이해와 관련된 네 가지 학습전략을 학습할 수 있도록 모형의 역할을 수행하며, 점차적으로 학습의 주도권이 학생들에게 이양될 수 있도록 구조적인 교수활동을 계획 · 진행 · 평가한다. 또한 모든 학생들이 적극적으로 수업활동에 참여할 수 있도록 수업참여를 위한 촉진자의 역할을 수행하며, 학생들이 내용 이해를 위한 전략들을 적절하게 활용하고 있는지에 대한 평가활동과 필요 시 도움을 제공하는 역할도 함께 수행한다.

지금까지의 연구들은 호혜적 교수법이 학습장애학생을 포함해 읽기 이해에 어려움을 겪고 있는 아동들에게 효과적으로 활용될 수 있음을 보고하고 있다 (Borich, 2000; Pressley et al., 1995). 하지만 호혜적 교수법이 효과적으로 운영되기 위해서는 ① 학생 간 상호작용을 촉진하기 위한 구조적 활동이 있어야 하고, ② 학습활동의 지도자 역할을 수행하는 학생이 단순히 교사의 역할을 대역(大役)하기보다는 전반적 학습활동 과정을 책임 있게 진행하는 능력을 개발할 수 있도록 해주어야 하며, ③ 학생들이 각 학습전략을 어떻게 활용하는지에 대한 분명한 인식을 가질 수 있도록 해야 한다.

2) 과정중심 교수법

과정중심 교수법(process-based instruction)은 임상적 상황이나 특수학급에서 사용되는 학습전략 프로그램을 일반학급 상황에서 사용할 수 있도록 만들어진 학급통합모형(classroom integrated model)이다(Ashman & Conway, 1989). 과정중심 교수법은 전략 계획(plan), 부호화 전략(coding strategy), 협동적 교수-학습 (cooperative learning and teaching), 교과내용(curriculum content)을 프로그램의 구성 요인으로 포함하고 있다. 첫 번째 구성 요인인 전략 계획은 성공적인 과제수행을 위한 일련의 행동 계열에 대한 계획활동으로서, 어떻게 주어진 과제를 성공적으로 수행할 것인가와 관련된 요인이다. 두 번째 구성 요인인 부호화 전략은 주어진 정보를 처리하는 방식과 관련된 것으로서, 크게 순차적 부호화(serial coding)와 동시적 부호화(concurrent coding)로 구성된다. 세 번째 구성 요인인 협동적 교수-학습은 교수-학습 활동의 주도권과 책임감을 교사와 학생이 공유하도록 할 것과 점차 학생중심의 학습활동이 이루어질 수 있도록 교수활동이 계획 · 실행되어야 함을 나타내 준다. 마지막으로, 교과내용은 학습전략 학습과 함께 고려되어야 할 중요한 요인의 하나로서, 앞서 논의된 세 요인들이 실제 사용되고 있는 교과내용을 통해 적용되어야 함을 의미한다.

과정중심 교수법은 크게 다섯 단계를 통해 진행된다. 첫 번째 단계에서는 프로그램에 참여한 학생들이 교과내용에 대한 지식을 얼마나 가지고 있는지와 교과내용의 효과적 학습을 위해 요구되는 정보처리능력을 얼마나 가지고 있는지에 대한 평가(assessment)활동이 이루어진다. 평가 결과에 근거해 세 가지 유형의 학습자가 확인되는데, 이 중 새롭게 학습할 교과내용에 대한 사전지식을 갖추고 있으면서 학습전략(전략 계획, 부호화 전략)에 대한 도움이 필요한 아동에게 과정중심 교육 프로그램이 제공된다. 두 번째 단계에서는 성공적인 학습활동을 수행하기 위한 일련의 행동 계열에 대한 계획, 교과내용에 대한 부호화 전략 그리고 교과내용 자체에 대한 소개(orientation)활동이 이루어진다. 세 번째 단계에서는 학습해야 할 교과내용을 가지고 학습활동 전략 계획과 부호화 전략을 직접 적용해 보고 평가해 보는 전략 개발(strategy development) 활동을 수행하게 된다. 네 번째 단계에서는 본 학습과제와 유사한 다른 과제를 가지고 전략 계획과 부호화 전략을 다시 한 번 연습할 기회(intra-task transfer)를 갖게 되며, 마지막 단계에서는 학습한 학습전략들(전략 계획 및 부호화 전략)을 통합하고 일반화하는 활동(consolidation and generalization)을 수행하게 된다.

3) 전략중재모형

전략중재모형(strategies intervention model)은 미국 캔자스 대학교의 학습장애연구소(University of Kansas Institute for Research in Learning Disabilities)에서 수년간의 경험적 연구 결과를 근거로 개발한 교과별 학습전략 프로그램이다(Deshler, Ellis, & Lenz, 1996). 전략중재모형에 대한 경험적 연구 결과는 학습장애학생들을 위해 학습전략이 효과적으로 가르쳐질 수 있으며, 이 학생들이 일반학급에서 성공적으로 학습활동을 수행하는 데 학습전략 교육이 효과적임을 보여 준다(Hock, Pulvers, & Deshler, 2001; Tralli, Colombo, & Deshler, 1996).

이 프로그램을 개발한 연구자들은 학습전략 프로그램의 효과적 구성을 위해서는 ① 내용학습과 관련된 선수지식이나 기능에 대한 교육, ② 장기적이고 집중적인 학습전략 훈련, ③ 내적인 사고과정을 보여 줄 수 있는 설명과 실연

(demonstration)의 효과적 활용, ④ 개인적 노력을 강조할 수 있는 정의적 요인, 그리고 ⑤ 다양한 상황에서의 학습전략의 일반화에 대한 강조와 관련된 교수 전략들이 포함되어야 한다고 제안한다.

이 교수모형은 주로 중등학교에 재학 중인 학습장애학생을 위해 개발된 것으로 읽기, 수학, 내용 교과(사회·과학), 시험준비, 노트필기, 시간관리와 같은 전반적인 학습활동의 성공적 수행을 위해 요구되는 구체적 학습전략을 포함하고 있다. 전략중재모형에 근거한 학습전략 교육은 8단계로 이루어진다. 각 단계를 순서에 따라 간략히 소개하면 ① 사전검사와 수업참여의 약속, ② 학습전략의 설명, ③ 학습전략의 모델링, ④ 학습전략의 언어적 정교화 및 시연, ⑤ 통제된 연습과 피드백, ⑥ 심화된 연습과 피드백, ⑦ 학습전략 획득 평가와 일반화 약속, ⑧ 일반화의 8단계로 진행된다(각 단계별로 요구되는 구체적 활동 및 교과별로 제안된 학습전략에 대한 구체적 정보는 Deshler, Ellis, & Lenz[1996] 참조).

4) 통합전략 교수법

통합전략 교수법(integrative strategy instruction)은 캔자스 대학교의 전략중재모형 개발에 참여한 Ellis(1993a, 1993b)가 제안한 학습전략 프로그램이다. Ellis(1993a)는 캔자스 대학교의 전략중재모형을 비롯해 대부분의 학습전략 프로그램들이 임상 상황이나 특수학급 상황에서 활용하기 위해 개발되었으며, 이러한 '특수한' 상황에서 학습전략 교육이 일어나기 때문에 학습장애학생들이 일반학급에서 학습전략을 일반화하여 적용하는 데 제한점을 갖는다고 지적한다. 그러므로 일반화를 고려한 효과적인 학습전략 교육을 위해서는 일반학급 상황에서 내용학습과 함께 학습전략 학습이 일어날 수 있도록 하는 것이 필요하다고 제안하였다.

통합전략 교수모형은 네 단계로 구성된다. 첫 번째 단계는 학습내용에 대한 소개(orientation) 단계로서, 주안점은 학습전략에 대한 학습보다는 교과내용에 대한 학습에 주어진다. 이때 교사는 성공적인 내용학습에 필요한 학습전략이 교수활동을 통해 어떻게 적용되는지 보여 줌으로써 후속 단계에서 이들 학습전략이 어떻게 활용될 수 있는지에 관한 간접 경험을 제공하게 된다. 두 번째 단계는 구조화(framing) 단계로서, 이 단계에서는 전 단계에서 교사가 보여 준 학습전략에 대한 구체적 설명 및 어떻게 이를 활용할 수 있는지에 대한 모델링이 교사와 학생 간의 상호작용을 통해 이루어지게 된다. 세 번째 적용(application) 단계에서는 학습한 내용에 대해 학습전략이 어떻게 적용되는지를 내용-전략 통합의 측면에서 살펴보게 되며, 학생들은 교사의 도움과 협동학습을 통해 학습전략을 실제 교과내용에 적용해 보는 경험을 하게 된다. 마지막으로, 확장(extending) 단계에서는 유사한 다른 교과내용이나 상황에 대해 학습전략들을 확장하여 적용해 볼 수 있는 기회가 주어지게 된다. 이 단계에서의 주안점은 습득된 학습전략의 변형 및 일반화 능력을 향상시키는 데 주어진다.

통합전략 교수모형은 네 가지 특성을 가지고 있다. 첫 번째, 교수적(instructive) 학습경험과 구성적(constructive) 학습경험을 통합하는 학습활동이 강조된다는 것이다. 이는 학습전략 학습의 주도권이 각 교수 단계가 진행됨에 따라 교사에게서 학생에게로 이행되도록 프로그램이 구성되어 있는 것과 관련된다. 두 번째, 지시적(directive) 설명과 대화적(conversational) 학습활동이 통합되어 있다는 것이다. 학습 초기에는 주로 교사가 성공적인 학습활동을 위해 필요한 학습전략을 설명하지만, 단계가 진행됨에 따라 교사와 학생 간, 학생 상호 간 대화를 통해 학습전략에 대한 이해 및 적용 활동이 이루어지게 된다. 세 번째, 동료학생들 간의 협동학습을 강조한다는 것이다. 동료학생들 간의 협동학습은 세 번째 단계인 적용 단계에서 주로 이루어지며, 학생들이 상호 자신의 이해와 문제에 대한 정보를 교환함으로써 동기적 측면과 인지적 측면에서 학습활동을 더 성공적으로 이끌 수 있다는 잠재적 장점을 갖는다. 네번째, 학습전략에 대한 분석적 활동을 포함하고 있다는 것이다. 이는 학생들이 습득해야 할 학습전략이 어떻게 구성되어 있으며, 구성 요인들 간의 기능적 관계가 어떻게 이루어졌는지에 대한 인지적 이해를 촉진시키기 위한 활동이다. 이는 학습전략에 대한 분명한 인식이 학습전략의 습득, 적용, 일반화에 긍정적인 영향을 미칠 수 있음을 반영하는 것이라고 볼 수 있다.

5. 학습활동별 학습전략에 대한 소개

학습장애학생들은 읽기, 쓰기, 계산하기와 같은 기본 학습활동에서 일반학생들에 비해 낮은 학업성취를 보이며, 이러한 낮은 학업성취는 부분적으로 비효율적인 학습전략의 사용과 관련이 있는 것으로 나타나고 있다. 따라서 학습장애학생들의 학업성취 향상과 자기조절 학습능력 향상을 위해서는 효과적이고 효율적인 학습전략을 학습활동에 적용할 수 있도록 체계적인 도움을 제공해야 한다. 여기서는 읽기, 쓰기, 수학과 관련한 학습활동에 적용할 수 있는 몇 가지 학습전략을 소개하고자 한다.

1) 읽기 학습활동을 돕기 위한 학습전략

읽기 활동은 크게 문자인식과 읽기 이해의 두 영역으로 나누어 생각해 볼 수 있다. 먼저, 문자인식과 관련하여 글을 읽는 동안 의미를 모르는 낯선 단어를 만났을 때 학습장애학생들이 적용할 수 있도록 가르칠 수 있는 전략으로 문맥 분석(context analysis) 전략을 들 수 있다. 문맥 분석은 주어진 정보들을 근간으로 낯선 단어의 의미를 파악하기 위한 활동이다. 예를 들어, '그 지역은 건조하고, 기온이 높으며, 사람들이 희박하게 산다.'라는 문장을 접했을 때 '희박하게'라는 단어의 의미를 모르는 경우, 주변의 다른 단어들의 의미(예: 건조, 고온)에 비추어

표 12-1 문맥 분석의 필요성에 대한 판단 지침

다음의 경우에 문맥 단서를 사용하라	다음의 경우에 문맥 단서에 의존하지 말고 직접 사전을 찾아보도록 하라
• 낯선 단어의 의미에 대한 직접적인 설명이 글에 포함되어 있는 경우 • 낯선 단어의 의미와 밀접하게 관련되어 있는 단서가 존재하며, 단서를 통해 단어의 의미를 추론했을 때 글의 다른 내용과 일관된 의미를 갖는 경우 • 구체적인 사실에 대한 상세한 기억이나 학습보다는 전체적인 내용에 대한 파악이나 핵심 주제를 파악하는 것이 중시되는 읽기 활동의 경우	• 정확하게 단어의 의미를 이해하도록 요구되는 경우 • 낯선 단어가 문장과 글의 핵심 단어로서 기능하며, 이 단어에 대한 정확한 이해 없이 전체 글 내용의 이해가 어려운 경우 • 문맥 단서가 여러 개의 의미를 나타내고, 다중의 의미 중 어느 것이 적합한지를 모르는 경우 • 낯선 단어와 함께 사용된 단어들의 정확한 의미가 불확실한 경우 • 글을 읽는 동안 낯선 단어를 여러 번 접하게 되고, 이 단어가 중요한 단어로 부각되는 경우

출처: Deshler, Ellis, & Lenz (1996).

그 뜻을 추론할 수 있는 것이다. 하지만 이러한 문맥 분석을 통한 추론이 항상 옳은 결과를 가져오는 것은 아니며, 때로는 전혀 엉뚱한 의미를 형성할 수 있기 때문에 주의를 요한다. 특히 학습장애학생들은 어떤 경우에 문맥 분석을 해야 하며, 어떤 경우에 문맥 분석을 하지 말아야 하는지에 대해 일반학생에 비해 잘 인식하지 못하고 있기 때문에 이에 대한 적절한 전략교육이 필요하다(Deshler, Ellis, & Lenz, 1996). 문맥 분석의 필요성과 관련한 전략교육의 예가 〈표 12-1〉에 나타나 있다.

읽기 이해와 관련된 전략으로서는 읽기 자료에 대한 본격적인 읽기 활동을 전개하기 전에 글 전체 내용에 대한 파악을 돕도록 하는 사전읽기 전략(text perusal strategy)을 활용하도록 가르칠 수 있다. 사전읽기 전략은 읽기 활동을 수행하는 개인 자신의 목적이 무엇인지 결정하기, 전체 제목이나 장·절 제목, 그림, 표 등을 이용해 전체적인 내용 분석하기, 글의 서론이나 요약 부분을 중심으로 전체 개요 파악하기, 글 내용에 대한 질문 만들기, 다른 단원이나 이전 학습내용과의 관련성 파악하기 등의 활동으로 구성된다. 이러한 사전읽기 전략의 단계와 구체적인 하위 활동들을 살펴보면 〈표 12-2〉와 같다.

표 12-2 사전읽기 전략의 단계별 주요 활동과 그에 따른 하위 활동

목표설정을 수행하라(Perform goal setting)
- 읽어야 할 글의 구성 부분을 왜 분석하려고 하는지 이유를 명확히 하기
- 확인된 이유와 관련된 글 읽기 목표를 확인하기
- 긍정적인 자기진술문 작성하기

글의 구성 부분들(제목, 장·절 제목, 그림, 표 등)을 분석하라(Analyze little parts)
- 글을 구성하는 각 부분에서 전달되고 있는 정보를 확인하기
- 각 부분과 관련된 구체적 내용이 무엇일지 예견하기
- 각 부분에서 전달되고 있는 내용을 전체로 통합하기

서론과 요약의 핵심을 검토하라(Review big parts)
- 글의 핵심 주제를 나타내 주는 단어를 확인하기
- 저자가 중요하다고 생각하는 것이 무엇인지 확인하기
- 새롭게 제시되고 있는 내용을 이미 자신이 알고 있는 내용과 연관짓기
- 중요 정보들을 자신의 말로 바꾸어 표현하기

알고자 하는 내용을 중심으로 질문을 만들라
(Think of questions you hope will be answered)

• 읽어야 할 글에서 제시된 질문들이 있는지 확인하기
• 전반적인 내용을 중심으로 스스로 질문을 만들어 보기
• 다른 내용과의 관련성을 확인하기(state relationships)
• 읽어야 할 내용이 전체 내용과 어떠한 관련성을 가지고 있는지 확인하기
• 읽어야 할 내용이 자신이 이미 알고 있는 지식과 어떠한 관련성을 가지고 있는지 확인하기

출처: Deshler, Ellis, & Lenz (1996).

마지막으로, 읽기 활동을 진행하는 동안 전체적인 글의 내용 이해를 돕기 위해 글의 구조를 반영하는 그래픽 자료를 이용하는 것을 생각해 볼 수 있다. 학생들이 교재를 통해 일반적으로 접하게 되는 글의 구조는 나열식(enumerative), 계열적 순서(sequential order), 비교-대조(comparison-contrast), 원인과 결과(cause-and-effect), 이야기문법(story grammar) 구조 등이다(Deshler, Ellis, & Lenz, 1996). 읽기 활동을 진행하는 동안 글의 구조가 앞서 제시된 유형들 가운데 하나인 경우 일정한 형식으로 구성된 그래픽 자료를 이용해 전체 글의 내용과 이들 내용 간의 관계를 파악하도록 할 수 있다. 〈표 12-3〉은 비교-대조 구조를 갖는 읽기 자료를 읽는 경우 글의 내용과 관계 파악을 위해 사용될 수 있는 그래픽 자료의 한 예를 보여 준다.

표 12-3 글의 구조를 이용한 핵심 내용 및 내용 간 관계 파악:
비교-대조 구조 예시

글의 전체 주제는 무엇인가 학습장애와 지적장애의 이해			
	학습장애		지적장애
비교 요인	차이점	비교되는 개념	차이점
지능 수준	정상 범위에 드는 지능지수	평균보다 낮은 지능	2표준편차 이하에 해당하는 지능지수
적응행동	혼자서 거의 정상적인 일상생활을 할 수 있음	장애가 없는 사람들과는 달리 사회생활의 제한이 존재함	인지적 기능의 제한으로 인해 일상적 사회생활이 상당히 어려움

| 학업성취 | 지적 기능에 비추어 볼 때 예측하지 못한 학습결손을 나타냄 | 평균에서 상당히 떨어지는 낮은 학업성취 | 지적 기능을 고려할 때 예측되는 학습결손을 나타냄 |
| 졸업 후 사회생활 | 독립적 사회생활 가능 | 사회적 활동에서 능동적 · 적극적 · 지도적 역할을 수행하는 데 제한 | 독립적 생활을 위해 지원과 도움이 요구됨 |

출처: Deshler, Ellis, & Lenz (1996).

2) 쓰기 학습활동을 돕기 위한 학습전략

학습장애학생들의 글쓰기 활동을 향상시키기 위해 사용되는 학습전략으로서 많이 언급되는 것이 DEFENDS 글쓰기 전략이다(Deshler, Ellis, & Lenz, 1996). 이 글쓰기 학습전략은 글쓰기의 준비, 글의 전체적 구성, 쓰기 활동의 전개, 글에 대한 교정활동으로 구성된다. DEFENDS 글쓰기 전략에 포함되어 있는 단계별 활동들을 구체적으로 살펴보면 〈표 12-4〉와 같다.

표 12-4 학습장애학생들의 글쓰기 능력 향상을 위한 DEFENDS 글쓰기 전략

단계 1: 글쓰기의 목표와 주제를 결정하라.
- 이 글을 읽을 독자가 누구인지 확인하고, 독자가 이 글을 읽고 난 후 얻을 수 있는 것이 무엇인지 결정하라.
- 어떤 유형의 글을 쓸 것인지 결정하라.
- 각각의 주요 아이디어를 설명하는 데 사용될 구체적인 사실을 최소 3개 이상 확인하라.

단계 2: 주요 아이디어와 세부적 사실을 생각하라.
- 글의 주제를 설명해 줄 주요 아이디어를 최소한 두 개 이상 확인하라.
- 이 주요 아이디어들이 서로 구별될 수 있는 것인지 확인하라.
- 각각의 주요 아이디어를 설명하는 데 사용될 구체적 사실을 최소 3개 이상 확인하라.

단계 3: 주요 아이디어와 세부적 사실의 순서를 결정하라.
- 주요 아이디어들 간의 제시 순서를 결정하라.
- 각각의 주요 아이디어에 속한 구체적 사실의 제시 순서를 결정하라.
- 결정된 순서가 논리적인지 다시 한 번 확인하라.

단계 4: 첫 문장에서 글의 주제를 분명하게 표현하라.
- 글의 전체 내용이 무엇인지 핵심적으로 나타내 주는 내용으로 첫 문장을 작성하라.

단계 5: 각각의 주요 아이디어와 이를 뒷받침하는 사실을 기술하라.
- 첫 번째 주요 아이디어를 완전한 문장으로 진술하고, 이를 뒷받침하는 내용으로서 구체적 사실을 결정된 순서대로 진술하라.
- 글쓰기 과정 동안 자신의 글쓰기 행동에 대해 긍정적인 생각을 하도록 하고, 가능한 한 많은 내용을 기술하려고 노력하라.
- 각각의 주요 아이디어에 대해서 앞의 두 가지 활동을 반복 수행하라.

단계 6: 전체적인 글의 주제를 마지막 문장에 다시 한 번 진술하라.
- 마지막 문장에서 글의 전체 주제를 재진술하라.
- 마지막 문장이 첫 문장과 전달하는 내용은 같더라도 다른 용어를 사용해 진술되었는지 확인하라.

단계 7: 쓴 글을 읽으면서 잘못된 곳을 교정하라.
- 교정활동을 위한 목표를 설정하라.
- 전체적인 내용이 의미 있게 구성되었는지 검토하라.
- 전달하고자 하는 메시지가 다른 사람들에게도 분명하게 인식되고 있는지 확인하라.
- 오자나 구두점과 같은 작은 실수가 있는지 확인하라.
- 교정이 끝난 후 글을 다시 정서하라.
- 실수가 있는지 다시 한 번 점검하라.

출처: Deshler, Ellis, & Lenz (1996).

3) 수학 학습활동을 돕기 위한 학습전략

학습장애학생들의 수학 관련 기능을 향상시키기 위해 적용할 수 있는 학습전략 프로그램으로는 단순계산을 돕기 위한 학습전략, 자리값에 대한 이해를 돕기 위한 학습전략, 그리고 문장제 수학문제 해결을 돕기 위한 단계적 계열화(grad-uated word-problem sequence) 전략을 들 수 있다. 이들 수학 학습전략에 포함된 단계별 활동들을 문제의 예와 함께 요약적으로 제시하면 〈표 12-5〉, 〈표 12-6〉, 〈표 12-7〉과 같다.

표 12-5 단순계산을 돕기 위한 학습전략: DRAW 계산 전략

문제: 4 × 6 = _____	
단계 1: 어떤 계산활동을 요구하는 문제인지 계산기호를 확인하라 (Discover the sign).	이 단계에서 학생은 요구되는 계산이 곱셈인지 기호(×)를 보고 확인해야 한다.
단계 2: 문제를 읽으라(Read the problem).	이 단계에서 학생은 자신의 말로 '4 곱하기 6은?' 과 같이 문제를 이해하는 언어활동을 한다.
단계 3: 직접 답을 구하거나 다른 대안적 방법을 이용하여 답을 구하라(Answer or draw and check).	이 단계에서 학생은 직접 그 답을 아는 경우 바로 단계 4로 넘어가고, 직접 답을 모르는 경우 그림(4개의 물건이 6묶음 있는 그림)을 통해 답을 구하는 활동을 수행한다.
단계 4: 최종적인 답을 답란에 기입하라(Write the answer).	이 단계에서 학생은 주어진 공간에 자신의 답을 적도록 한다. 4×6 = <u>24</u>

표 12-6 자리값 이해를 돕기 위한 학습전략: FIND 자리값 전략

문제: 58에는 열 개씩의 묶음이 몇 개 있을까요?		
단계 1: 각 자릿수를 나타내는 행들을 확인하라(Find the columns).	5 ✏ 8	학생들은 연필을 두 숫자의 중간에 위치시킨다.
단계 2: T자를 그려 넣으라(Insert the T).	5 │ 8	학생들은 T자를 그려 넣는다.
단계 3: 각 열의 자릿수를 확인하라 (Name the columns).	십 일	학생들은 일의 자리에는 '일', 십의 자리에는 '십' 이라는 글자를 써 넣는다.
단계 4: 요구되는 답을 구하라 (Determine the answer).	5 │ 8	십의 자리 밑에 5라는 숫자가 놓여 있으므로, 요구되는 답이 '5묶음' 이라는 것을 안다.

출처: Miller (2002).

표 12-7 문장제 수학문제 학습능력 향상을 위한 단계적 계열화 학습전략

수업차수	학습활동	학습활동에 사용되는 수학문제
1	숫자와 단어만을 이용해 수학문제 풀기 활동을 수행	7개의 사과 6개의 사과 ___ 개의 사과
2	구 형식을 이용해 문제 풀기 활동을 수행	8개의 사탕을 가지고 있음 5개의 사탕을 친구에게 줌 ___ 개의 사탕을 지금 가지고 있음

3	문장 형식을 이용해 문제 풀기 활동 수행	철수는 4개의 연을 가지고 있다. 철수는 1개의 연을 동생에게 주었다. 철수는 ___개의 연을 현재 가지고 있다.
4	불필요한 정보가 포함되지 않은 문장제 문제를 이용해 수학 문제 풀기 활동 수행	영희는 어제 철수에게 100원을 빌렸다. 오늘 영희는 철수에게 30원을 갚았는데, 얼마를 더 갚아야 하는가?
5	관련 없는 정보가 포함된 문장제 문제를 이용해 수학문제 풀기 활동 수행	상수네 집에는 닭이 5마리, 비둘기가 10마리 있었다. 어제 비둘기 1마리가 멀리 날아가 버렸다고 한다. 남아 있는 비둘기는 몇 마리인가?
6	학생 스스로가 문제를 만들어 보도록 하고, 만든 문제를 이용해 수학문제 풀기 활동 수행	(학생이 만든 문장제 문제 이용) _____

출처: Miller (2002).

6. 학습장애학생을 위한 학습상담 및 학업컨설팅 전략

학습장애학생은 학습곤란으로 인하여 이에 동반되는 사회 · 정서적 발달상의 문제와 신체 · 운동 기능에서의 어려움, 그리고 행동 조절에 있어서의 어려움 등을 호소하며, 특히 학업에 있어 많은 어려움을 나타낸다(송미경, 최윤희, 2007). 학습장애학생의 이러한 어려움은 교육 장면에서의 학습상담 및 학업컨설팅의 중요성을 강조하며, 이를 위하여 학습장애학생에게 요구되는 주요한 지원으로는 학습장애로 인하여 학습과 행동에 있어 나타나는 직접적인 어려움들에 대한 지원과 그에 따르는 심리적인 어려움들을 해결하기 위한 지원들이 있다. 더욱이 체계적인 학습상담 및 학업컨설팅의 지원을 바탕으로 학습장애학생 또한 학습전략을 익히고 학습활동을 수행할 수 있게 된다는 점에서 그 의의를 찾을 수 있다. 학습장애학생을 위한 학습상담 및 학업컨설팅은 크게 인지 전략 활용 전략, 학습동기 강화 전략, 그리고 학습된 무기력 해소 전략에 대한 지원으로 구분하여 살펴볼 수 있다.

1) 인지 전략 활용 전략

이 장에서 전술된 바와 같이 학습장애학생들은 학업수행을 위한 인지 전략을 익히는 데에 어려움을 가지며, 이를 적극적으로 학습 상황에 적용하고 활용하는 데에도 어려움을 갖는다. 또한 학업 숙달에 반드시 요구되는 기술인 융통성 있게 자신의 수행을 관리하고 전략을 적용하는 것에 있어서도 어려움을 갖는다(장선철, 2005). 그러나 학습장애학생들에게도 체계적인 지원이 제공된다면 인지 전략을 익히고 활용할 수 있는 능력을 발휘할 수 있다.

따라서 학습장애학생이 능동적인 태도로 학습 상황에 학습한 인지 전략들을 적용할 수 있도록 일반화와 전이의 기술을 함양하기 위한 조력이 요구된다. 이를 위해서는 학습장애학생에 대하여 충분한 연습 기회와 다양한 적용 경험을 제공하는 활동이 필요하다(김동일 외, 2002). 아울러 교사와 학부모가 함께 학습장애학생의 학업에 관한 상담을 실시함으로써 협력체계를 갖추고, 다양한 상황에서 습득한 기술을 적용하도록 도모하는 환경의 조성이 요구된다.

2) 학습동기 강화 전략

학습장애학생들은 행동의 결과에 대한 원인을 자신의 내부적인 요인에서 찾는 '내적 통제소재(internal locus of control)'가 아닌 운이나 타인의 영향력과 같은 외부적인 요인에서 찾는 '외적 통제소재(external locus of control)'를 갖는 경향이 강하다(Short & Weissberg-Benchell, 1989). 〈표 12-8〉은 학습장애학생들의 상담에서 적용 가능한 내적 · 외적 통제소재에 대한 분석표의 예를 제시한다. 한편, 학습장애학생에 대한 접근의 대부분이 교사나 부모와 같은 타인의 지시에 따르도록 하는 것으로 이루어짐에 따라 학습장애학생은 일반적으로 타인에게 의존하는 경향성이 크고, 스스로 목표를 가지고 계획을 세워 일련의 활동을 수행하는 데에 어려움을 갖는 등 혼자서 충분히 수행할 수 있는 일에 대해서도 할 수 없다고 믿게 되는 것과 같은 낮은 동기를 나타낸다.

따라서 학습장애학생들의 학습동기 강화를 위하여 내적 통제소재, 예를 들어 자신의 능력이나 노력 등이 성취로 이어질 수 있음을 경험하게 하는 등의 성공적인 성취 경험을 제공할 수 있도록 도모해야 한다. 또한 칭찬과 격려와 같이 동기를 고무하기 위한 촉진적인 작용들도 학습동기 강화에 도움이 될 수 있다. 자신의 결과물을 공유할 수 있는 장을 마련해 주는 것도 학습상담에 있어서 동기를 높이는 주요한 전략이 될 수 있으며, 이때 인터넷 등을 적극 활용하는 것도 권

내적 통제소재 자신의 행동과 일어난 사건 사이의 관계에 대한 일반적인 믿음

| 표 12-8 | 내적 · 외적 통제소재에 대한 분석표의 예시 |

왜 성적을 잘 받지 못했을까?

다음 중 당신이 좋은 성적을 받지 못한 이유를 과목별로 다섯 가지 고르시오.

이유	과목:	과목:	과목:	과목:
(이 과목을) 잘 하지 못한다.				
열심히 하지 않았다.				
숙제를 하지 않았다.				
수업을 자주 빠졌다.				
시험 공부를 안 했다.				
선생님이 잘 못 가르쳤다.				
선생님을 좋아하지 않았다.				
선생님이 나를 좋아하지 않았다.				
과목이 지루했다.				
숙제가 어려웠다.				
시험이 어려웠다.				
시험 운이 나빴다.				

출처: Bleuer (1989).

장할 만한 방법 중 하나다(김동일 외, 2002).

3) 학습된 무기력 해소 전략

'학습된 무기력(learned helplessness)'은 학습장애학생들이 나타내는 대표적인 심리적 문제로, 많은 학습장애학생들이 실패의 경험이 누적되어 감에 따라서 노력과 도전에 대한 동기 저하를 경험한다. 김동일 등(2002)은 학습된 무기력을 갖게 된다면 학습전략이나 교육 프로그램의 고안이 학습장애학생에게 더 이상 의미를 가지지 못하게 됨을 지적하면서 다음과 같은 상담 전략을 제안한다. 첫째로 응용행동분석(applied bahavioral analysis)을 적용한 상담 전략을 들 수 있다. 이는 응용행동분석의 접근 방법에 기반하여 학생이 나타내는 문제행동인 학습된 무기력에 영향을 미치는 선행요인과 결과요인을 분석함으로써, 상담 기법으로서 외부적 환경의 변화를 통한 행동의 변화를 계획하는 방법이다. 둘째, 멘토의 활용을 고려할 수 있다. 특히 멘토로서 학습장애학생과 유사한 학업적 · 심리적 문제를 경험하였으나, 현재는 성공적으로 적응을 이룬 선배로부터의 지원은 학

응용행동분석 환경에 적응하는 인간 행동의 기본원리를 이용하여 바람직한 행동을 향상시키거나 문제행동을 감소시키기 위해 사용되는 중재 전략

습장애학생에게 학습된 무기력을 이겨 내고 자기효능감과 의지를 가질 수 있도록 도모할 수 있다는 강점을 갖는다.

7. 성공적인 학습전략 프로그램 적용을 위해 고려해야 할 요인

학습전략 프로그램은 학습장애학생의 학습활동이 더욱 능동적으로 이루어질 수 있도록 하며, 나아가서 독립된 학습활동을 성공적으로 수행할 수 있는 기본 기능을 갖추게 하는 잠재적 가능성을 갖는다. 하지만 이러한 잠재적 가능성이 있음에도 이들 교육 프로그램을 적용할 때에는 교육현장에 존재하는 현실을 고려하지 않아 많은 제한점과 문제점이 도출된다. 그러므로 현실적 제한점들에 대해 충분한 고려가 필요하며, 이 제한점들을 극복할 수 있는 체제적 접근이 프로그램 개발이나 적용과 함께 수행되어야 한다. 학습전략 프로그램을 교육현장에 성공적으로 적용하기 위해서는 내용과 전략이 통합된 교육과정 개발의 필요성, 교사교육 및 재교육 프로그램을 통한 교사 준비의 필요성, 학습전략 평가 방법 개발의 필요성 등과 관련한 요인들을 고려해야 한다.

1) 내용과 전략이 통합된 교육과정 개발의 필요성

학교교육은 정해진 교육과정과 이를 반영하는 내용중심의 표준화된 교과서를 중심으로 운영된다. 이처럼 내용중심으로 구성된 교과서의 표준화에 의지해서는 학습전략 교육이 일반학급이나 특수학급에서 체계적으로 이루어지기가 쉽지 않을 것이다(Parker, 1993). 그러므로 성공적인 학습전략 교육이 이루어지기 위해서는 교육과정이 내용과 전략에 대한 통합적 학습이 가능하도록 구성되어야 한다. 표준화된 교과서가 학습전략 교육을 통합하는 형식으로 구성되기가 현실적으로 불가능하다면, 학습장애학생을 위한 학습전략 프로그램의 개발 및 적용 시 학습전략이 적용되어야 할 학습과제를 정규교과에서 다루어지는 내용으로 구성한다. 제7차 교육과정에 따르면, 학생들의 자기조절 학습능력을 신장할 수 있는 범교과 활동으로서 재량활동이라는 교과가 교육과정에 포함되어 있다. 재

생각해 보기 성공적인 학습전략이 가지는 특징은 무엇인가?

범교과 활동 모든 교과 활동

량활동 교과시간을 통해 학습전략 프로그램을 실시할 경우 정규 교과내용을 소재(素材)로 학습전략 교육을 실시하는 것이 바람직하다.

2) 교사교육 및 재교육 프로그램을 통한 교사 준비의 필요성

두 번째 고려해야 할 요인은 학습전략 프로그램 실시를 위한 교사의 준비 정도다. '교육의 질은 교사의 질을 넘어서지 못한다.'는 명제가 분명하게 적용될 수 있는 교수활동이 바로 학습전략 교육이다. 교사는 이 학습전략들에 대한 분명한 이해와 더불어 적용 방법을 숙달하고 있는 완전한 모형이어야 하며, 학습활동을 조직·운영·평가하는 과정에서 학습자중심의 학습활동을 성공적으로 이끌 수 있는 계획자이자 안내자여야 한다. 그러므로 적극적인 교사의 역할이 수반되지 않는다면 성공적인 학습전략 교육은 기대하기가 어렵다(Houck, 1993; Hutchinson, 1993a). 학습전략 프로그램의 성공적인 운영을 위해서는 이를 담당할 교사에 대한 충분한 교육과 준비가 있어야 한다. 이를 위해서는 예비교사 육성을 위한 교직과정과 현직교사 재교육을 위한 연수과정에서 학습전략 프로그램에 대한 체계적 소개와 경험을 제공해야 한다.

3) 학습전략 평가 방법의 개발 필요성

마지막으로, 학습전략 학습의 평가를 어떻게 수행할 것인지에 대한 고려가 있어야 한다(Walsh, 1993). 일반적으로 제안되고 있는 학습전략 평가 방법으로는 질문지나 검목표(checklist)를 이용한 자기보고법, 학습과정에 대한 관찰법 그리고 임상적 면담법 등이 있다. 자기보고법의 경우에는 평가 자료를 얻기가 쉬운 반면에, 주관적인 보고에 의존해야 하는 난점이 존재한다. 관찰법이나 임상적 면담법의 경우에는 상대적으로 신뢰할 만한 평가 자료를 얻을 수 있는 반면에 평가에 많은 시간이 소요되며, 평가자 역할을 수행하게 될 교사에 대한 전문적 훈련도 필요하다는 난점이 존재한다. 이와 같은 평가 방법의 대안적 방법으로 생각할 수 있는 것이 학습전략에 관한 구조화된 검사지를 개발하여 이용하는 것이다. 검사지를 이용하는 경우 수업시간에 사용된 학습내용과 유사한 사례를 활용하여 학습전략을 적용해 보도록 할 수 있다. 이때 학습전략을 어떻게 적용했는지 구체적으로 검사지에 기록할 수 있도록 검사 장면을 구조화하는 것이 필요하다.

8. 마치는 말

성공적인 학습전략 교육을 위해서는 학습장애학생의 학습동기를 고려한 교수활동과 심리적 · 물리적 환경 구성을 고려해야 한다(Vauras et al., 1993). 많은 학습전략 프로그램들이 학습동기를 증진시키기 위해 학습목표 설정 과정에의 학생 참여 허용, 적극적 학습과정 참여에 대한 학생과의 약속, 동료 협동학습 방법의 활용, 건설적인 귀인행동 훈련과 같은 교수 요인들을 프로그램에 포함하고 있다. 이러한 요인들 외에도 학습장애학생의 성공적 학습참여와 학습전략 학습 및 활용을 위해서는 교사가 열정적으로 학생과 친밀한 관계를 형성하는 것이 필요하다. 열정적인 교사의 행동과 태도가 학생의 적극적인 학습참여와 향상된 학업성취를 가져오는 효과적인 교수전략으로 활용될 수 있을 것이다(Borich, 2000). 학습장애학생의 경우 누적된 학습실패로 인해 소극적인, 때로는 좌절된 학습태도를 보이므로, 학습전략 교육이 효과적으로 실시되기 위해서는 무엇보다도 이 학생들의 학습동기를 고려하는 노력이 수반되어야 한다.

학습전략 교육은 수동적이고 의존적인 학습자인 학습장애학생을 적극적이고 독립적인 학습자로 변화시키는 데 중요한 인지적 수단을 제공할 수 있는 잠재적 가능성을 갖는다. 이러한 잠재적 가능성이 현실화되기 위해서는 무엇보다도 학습전략 교육이 통합된 환경 내에서 내용학습과 함께 이루어질 수 있는 방안들이 모색되어야 하며, 이를 지원할 수 있는 다양한 제도적 · 환경적 · 심리적 지원체제 역시 수반되어야 한다.

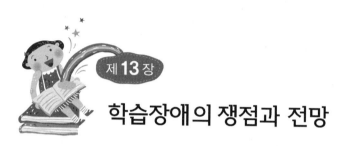

제 13 장

학습장애의 쟁점과 전망

1. 학습장애의 이론적 · 실천적 과제

지금까지 학습장애에 대한 다양한 설명과 교육적 접근을 제시하였으나, 과연 학습장애란 무엇인가에 대하여 아직 확실하게 답할 수 없는 것도 사실이다. 여러 가지 이론과 그에 대한 설명이 제시되었지만 선명한 대답을 제공하기는커녕 오히려 혼란스러움이 가중된 점도 간과할 수 없다. 특수교육뿐만 아니라 정신의학, 임상심리학, 상담 등 여러 학문 영역에서 학습장애라는 용어가 생겨났다. 그러나 학습장애가 보다 보편적으로 쓰이면서 실제로 이 진단에 대한 선명성이나 유용성에 문제가 생기게 되었다. 학습장애라는 용어를 대중적으로 사용하면서 오히려 학습장애가 무엇인가에 대한 진지한 이론적 접근이 더욱 어렵게 되었다. 그리하여 학습장애라고 하면 일반적인 학업곤란이나 학습부진을 일컫는 용어가 되었다. 이러한 점은 학습장애에 대한 불완전한 이해를 인정하는 학자들과 학습장애에 대하여 이미 이해했다는 전제하에 실제적인 처치 및 중재를 요구하는 현장 전문가들 사이에 미묘한 긴장을 불러일으키게 되었다. 그리하여 학습장애로 진단되고 서비스를 제공받는 학생이 늘어날수록 교사, 학부모, 관련 전문가들이 학습장애 구인의 타당성에 문제를 제기하게 되었다.

우리는 지금까지 학습장애에 대하여 여러 가지 설명과 문제점을 다루었으나 이제 종합하여 주요 쟁점과 앞으로의 방향을 제시하고자 한다. 이 논의는 결국 학습장애의 본질을 밝히는 것으로 귀결된다. 이 장에서는 학습장애의 정의 및 진단을 둘러싼 여러 가지 쟁점을 제시하고 새로운 학습장애 진단모형을 제시하고자 한다. 우선, 이러한 쟁점에 대한 심층적인 논의에 앞서 학습장애를 둘러싼 이론적 · 실천적 과제를 다섯 가지로 정리하여 앞으로의 학습장애 연구의 방향을 가늠하고자 한다.

생각해 보기 학습장애를 진단하는 방법에는 어떤 것이 있으며 각 방법이 가지는 장점과 단점은 무엇인가?

진단 특수교육 서비스와 관련한 포괄적인 사정을 위하여 장애의 정도, 원인, 필요한 처치, 배치 등을 결정하는 것

판별 선별 및 평가 활동 이후에 의뢰한 서비스의 대상이 되는지를 결정하는 절차

1) 학습장애 진단과 판별

'학습장애를 어떻게 정의하고 진단할 것인가'라는 학습장애 진단 및 판별에 관한 논의는 학습장애 관련 연구에서 자주 다루어지는 주제다. 학습장애는 '예측되지 않은 학습부진'을 설명하는 잠재적인 구인으로 이들을 진단하기 위해서는 특수교육뿐만 아니라 임상심리학, 정신의학, 상담 등 다양한 분야의 전문가들의 협력이 요구된다. 즉, 학습장애 진단에는 (특수)교육학, 정신의학, 임상심리학 등의 융합 학문 접근이 요청된다고 볼 수 있다.

현재까지 이론적으로 제안된 학습장애 진단 모형에는 능력-성취 불일치 모형(aptitude-achievement discrepancy model), 중재반응모형(response to intervention model), 저성취 모형(low achievement model), 개인 내 차이 모형(intra-individual difference model) 등이 있다.

개인 내 차이에 기초한 능력-성취 불일치 모형은 능력점수인 IQ(지능검사 점수)와 성취점수 사이의 차이에 근거하여 진단하는 방법으로 학습장애 진단 방법 중 가장 오랫동안 활용되어 온 진단 방법이다. 그러나 명확한 점수의 차이에 근거하여 진단한다는 장점에도 불구하고 이 진단 방법의 신뢰성에 대한 논의는 계속해서 제기되고 있다(Fletcher et al., 2013).

이런 불일치 모형의 대안적 모형으로 1990년대 중반 이후 제시되기 시작한 개인 간 차이(inter-individual difference) 중심의 중재반응모형은 비교적 두 단계 이상의 선별 단계를 거치면서 타당성과 신뢰성을 높이고, 진단을 위해 많은 시간과 노력을 들이지 않는 선(先)중재, 후(後)진단이라는 장점을 지니고 있다. 그러나 여전히 집단중심의 교육과정중심 평가도구 및 증거기반 교수방법의 부족과 반응 및 비반응에 대한 명확한 조작적 정의 등의 부재는 중재반응모형의 적용을 어렵게 한다.

한편, 저성취 모형은 학생들의 학습능력을 상대적으로 정확하게 측정할 수 있고, 불일치 모형에 비해 용이하다는 장점이 있다. 그러나 학습장애로 인한 저성취와 경도 지적장애 혹은 배제 요인으로 인한 학습부진을 구분하기 어렵고 절단점수에 대한 명확한 기준이 없으며, 개인의 인지기능의 고려 없이 성취점수에만 초점을 둔다는 단점이 제기되고 있다(김우리, 고혜정, 2014; Fletcher et al., 2013). 우리나라에서도 저성취 모형을 진단방법으로 사용한 사례가 있으나 각 연구별로

검사도구도 달랐고, 절단점에 대해서도 일정한 기준 없이 연구별로 설정되었다는 문제가 있었다(김우리, 고혜정, 2014).

마지막으로, 학습장애를 개인의 인지처리특성이나 인지처리과정으로 진단하고자 하는 개인 내 차이 모형은 학습장애 진단의 대안적 모형으로 많은 관심을 받고 있지만 실제적으로 사용하기에는 여전히 더 많은 연구가 필요하다(김애화, 김의정, 유현실, 2011; 이대식, 2007).

지금까지 제안된 개별적 진단방법이 가지는 문제점으로 인해 새로운 학습장애 진단에 대한 필요성이 제기되고 있으며 국내외적으로 새로운 학습장애 진단방법에 대한 논의 및 시도들이 이루어지고 있다(이대식, 2007; Fletcher, Denton, & Francis, 2005; Fletcher et al., 2013).

인지처리과정 지각과 사고 작용이 이루어지는 과정

2) 학습장애의 공존성과 교차 영역

학습장애의 대상이 보다 확대되고 있다. 이는 학습장애의 복잡성과 이질성을 인정함에 따라 학습장애에서의 공존성(comorbidity)과 교차 영역(cross-categorical, cross-over)에 대한 관심이 높아지면서 나타나는 현상이다. 공존성은 같은 사람에게 적어도 두 가지 다른 장애가 동시에 발생하는 것을 말한다. 이 용어는 정신의학 문헌에 자주 등장하였으며, 최근 학습장애 연구에 적용되기 시작하였다. 특히 읽기장애와 주의력결핍 및 과잉행동장애(ADHD) 간의 공존성에 대한 연구(Lyon, 1996)에 따르면, 읽기장애아동은 주의집중장애로 진단되는 비율이 15% 대 7%로 일반아동에 비해 2배나 높았다. 비슷한 정도로 주의집중장애로 진단된 아동은 일반아동에 비해 읽기장애와 음운론적 인식결손장애를 보이는 비율이 36% 대 17%로 상당히 높았다. 이렇게 동시에 발생하는 비율이 높음에도 여러 연구에서 읽기장애와 주의집중장애가 서로 구별되는 별개의 장애라고 밝히고 있다. 그러나 불행히도 읽기장애아동이 주의집중장애도 함께 가지고 있을 때 이들의 읽기 능력은 더욱 저하되며 중재효과도 낮아진다. 이 외에도 학습장애 내에서 읽기장애와 수학장애의 공존성 연구(변찬석, 1998), 쓰기장애와 읽기장애의 공존성 연구, 사회적 부적응과 읽기장애의 공존성 연구(Lyon, 1996) 등이 주목을 받고 있다.

영재성과 학습장애 등의 두 가지 다른 속성이 동시에 나타나며, 여러 가지 특

생각해 보기 학습장애학생들이 보이는 공존성에는 어떤 것이 있는가?

공존성 두 가지 이상의 현상이 함께 존재함

교차 영역 두 가지 이상의 분야에 걸친 것

수교육 영역에 걸쳐 있는 경우를 교차 영역이라고 지칭한다(김동일, 1999). 특히 기초학습기능에 심각한 문제를 지니고 있는 영재아동을 학습장애 영재(gifted learning disability)라고 한다. 이들은 개인적 욕구와 사회적으로 기대되는 환경 사이의 갈등으로 인하여 정서적으로 혼란스럽다.

특히 완벽주의와 예민한 성격적 특성이 갈등을 야기하는 주요 요인이 되는 경우가 많다. 특정한 기능에서의 미성숙으로 인한 낮은 수행수준은 자신의 기대와 많은 차이를 보이게 되어 자존감이 낮아지고 많은 경우에 자기방어적 행동을 보이게 된다. 또한 부모나 교사는 아동의 결손에 더 신경을 쓰게 되어, 실제로 나타나는 아동의 지적 재능을 의심하거나 부인하게 된다. 그리하여 이러한 주위 어른들의 반응을 좌절, 적대감, 죄책감의 감정으로 내면화하게 된다. 학습장애 영재아동은 개인 지능검사에서 최우수 혹은 우수한 범위의 수행수준을 보임에도 이들의 뇌는 비슷한 능력을 가진 다른 영재아동보다 덜 효율적으로 혹은 다른 방식으로 기능하는 것처럼 보인다. 이러한 차이는 이들의 시각적 또는 청각적 기능의 결손 또는 높은 수준의 인지적 과제를 해결하면서 나타나는 비효율적인 처리과정에서 명백해진다. 주어진 잠재력을 충분히 발휘하려면 인지과정상의 비효율성을 극복하기 위한 인지 전략 훈련이나 자아존중감을 높일 수 있는 교육을 제공하고 기능결손을 교정하는 것이 우선적으로 필요하다(김동일, 1999).

3) 학습장애에 대한 생애적인 접근

생각해 보기 학습장애 교육에 생애적인 접근이 필요한 이유는 무엇인가?

학습장애학생은 여러 가지 요인으로 인해 결과적으로 학습에 어려움을 가지는 학생들을 일컫는다. 결국 학습장애를 진단함에 있어서 '학습'이라는 용어는 학령기 학생을 진단하기에는 적절한 용어이지만 학령기 이전과 학령기 이후 학습장애학생들을 지원하는 데에는 어려움이 있다. 지금까지 학습장애에 관한 대부분의 연구는 학령기 아동을 대상으로 한 연구에 집중되어 왔다. 그러나 학습이 전 생애적으로 이루어져야 한다는 점에서 학령기 전 학습장애 위험아동과 학령기 이후 성인학습장애에 관한 연구는 필요하다. 우리나라 「장애인 등에 대한 특수교육법」의 학습장애 정의에서도 학습장애가 '일생 동안' 나타날 수 있다고 밝히면서 학습장애의 학령기 이후 진단 및 지원의 필요성을 제기하였다. 또한 NJCLD(미국학습장애합동위원회)의 정의(1998)에 따르면 학습장애는 모든 연령에서 나타나는 것으로 보이며, 이에 따라 학습장애 성인을 위한 적절하고 효과적인 프로그램을 개발하고, 사회적 지원체제를 구성하며, 나아가 삶의 질을 보장하는 것은 중요한 과제로 인식되고 있다. 학습(읽기, 쓰기, 수학)에 문제가 생기기 전에는 학습장애로 진단되기 어려워 조기 중재에서 소외되는 학습자와 학령기가 지나 학습장애로 인해 사회에서 부적응 등이 나타남에도 이에 대한 지원을 받지 못하는 성인이 생기지 않도록 생애 전반의 지원을 포함한 새로운 학습장애의 생애적 정의가 필요하다. 기존 연구에서 학습장애 성인들이 종종 대인관계 기술 및 직업적 능력과 관련된 문제들을 가지고 있다고 밝히고 있다. 이들은 직업에 대한 불안감을 지니며, 대인관계를 개선해야 한다고 생각하고, 스스로 동료들에 비해서 한계가 많다고 인식하여 더 열심히 더 오랫동안 일한다. 상당수의 학습장애학생들이 성장하여 학교를 떠나게 됨에 따라 전환교육 및 직업세계를 준비하고 적응하기 위한 지원체제는 점점 더 중요해진다. 특히 학습장애 성인의 문제는 개인 내적인 문제로 치부하기보다는 사회적 지원체제와 네트워크 형식이라는 관점에서 접근되어야 한다.

학습장애 성인은 사회적 서비스의 수요자이자 자신의 권리를 보장받고 옹호하는 시민으로서 인정받아야 한다. 학습장애 성인에 대한 사회적 인식이 변화하면서 학습장애 성인의 '삶의 질(quality of life)'에 관심이 높아지게 되었다. 학습장애 성인이 열등하므로 자기결정권이 인정되지 않고, 서비스도 전문가로부터 무조건 받아 오던 방식이 일종의 사회구조적인 불평등으로 인식되면서부터 학습장애 성인도 자기결정권과 공동체 참여, 사회적 권리, 동등한 기회 보장 그리고 실제적인 지역사회 통합을 보장받도록 하고 있다. 따라서 서비스 제공 기관의 경영이나 정책 결정에 협의자로 관여하며 프로그램 평가, 서비스 만족도 평가 등 학습장애 성인들의 요구를 적극적으로 표명하는 것은 학습장애 성인의 삶의 질을 높이는 데 크게 기여할 것이다.

4) 학습장애에 대한 대안적 설명

학습장애를 어떻게 정의할 것인가, 또한 누가 학습장애인가에 대한 다양한 시각이 존재한다. 그러나 적어도 학습장애학생이 학교에서 기대만큼 성취를 하지 못한다는 능력-성취의 불일치 요소가 매우 중요하다는 것에는 일반적으로 동

생각해 보기 학습장애 유사 개념인 학습지진, 저성취, 학업지체, 학습부진과 학습장애는 어떻게 다른가?

의한다. 이러한 능력과 성취의 편차에 대한 조작적 정의는 다양하게 제시되어 있다. 그러나 이 요소도 여전히 문제점을 지니고 있다. 특히 능력-성취의 차이는 측정학적으로 부적절하고, 너무나 단순화된 개념이며, 지능검사에서 낮은 점수를 받는 학생이 체계적으로 제외될 수 있다는 편파성의 문제와 학습장애를 판별하기 위해 능력과 성취가 어느 정도 차이가 있어야 하는지를 결정하는 것이 어렵기 때문이다. 그러므로 학습장애를 일반적인 학습부진과 구별하는 것은 불가능하다는 것이다.

학습부진이란 한 개인이 특정한 영역에서 제대로 하지 못하거나 기대했던 것보다 잘하지 못할 때 통상적으로 쓰는 포괄적인 용어다. 그러나 실제로 정확하게 합의하기가 그렇게 간단하지는 않다. 학습부진이라는 용어만큼 여러 집단으로부터 다양한 의미를 부여받는 것도 없다. 예를 들면, 교사들은 대체로 학습부진이란 학급에서 진도를 제대로 따라오지 못하는 아동을 지칭한다고 생각한다. 학부모는 자녀가 부모의 기대보다 성적이 떨어지거나 형제에 비해서 잘하지 못하면 부진하다고 본다. 정신과 의사 중에는 특히 정서적인 문제(우울, 불안)로 성적이 떨어지는 경우를 학습부진으로 분류하기도 하며, 일부 교육전문가는 지능이나 적성 수준이 매우 뛰어나지만 학업성취는 매우 낮을 때만 학습부진이라고 일컫는다.

그러므로 용어의 의미를 보다 정교하게 사용하기 위해, 명확하게 구분하기는 어렵지만 학습부진을 좁게 해석하여 다른 유사 개념들과 변별적으로 사용하는 경우도 있다. 이러한 유사 개념을 정리하여 제시하면 다음과 같다.

먼저, 학습지진(slow learner)은 지능으로 대표되는 지적 능력의 저하로 인하여 학업성취가 뒤떨어지는 경우를 말한다. 즉, 학습지진아는 경계선급 경도장애를 보이며 따라서 학습능력도 평균 수준에 미치지 못하게 된다. 지능 수준은 하위 3~25%가량이며, 지능지수로 약 75~90 정도 사이에 속하게 된다.

둘째, 저성취(low achievement)는 학습부진과 자주 중복하여 쓰는 개념으로서 일반적으로 성취수준을 집단별로 구분했을 때 하위 집단에 속하는 경우를 일컫는다. 이 개념은 잠재적인 능력 수준이나 지적 능력을 고려하지 않고 결과로서 나타난 학업성취 수준을 이야기한다. 하위 5% 혹은 하위 20%의 성취수준을 보이는 아동들을 지칭할 때 흔히 이러한 용어를 사용한다.

셋째, 학업지체(academic retardation)는 국가적으로 혹은 지역적으로 규정된 학년, 학기의 학습목표를 달성하지 못하여 뒤처지는 경우를 지칭한다. 특히 학업에서의 발달과업을 적절히 성취하지 못하여 지체되는 경우로서 다른 아동들에 비해 누적된 결손을 보이게 된다.

넷째, 학습부진(underachievement)은 학업 영역에서 나타나는 학업성취 수준이 학생이 지닌 잠재적인 능력(지적 능력 수준)에 미치지 못하고 현격하게 뒤떨어지는 상태를 가리킨다. 이는 소위 불일치 준거(discrepancy criteria)를 통해 설명할 수 있는 능력-성취의 불일치다. 불일치로서의 학습부진(academic underachievement)은 학년 수준의 편차, 기대학령공식, 회귀공식, 표준점수의 차이 등의 조작적 정의가 이루어진다.

학습장애로 판별된 많은 학생들이 저성취 특성을 보인다. 그러나 모든 학습장애학생들이 이러한 특성을 보이는 것은 아니다. 더욱이 학교에서 외현적으로 아무런 문제도 가지고 있지 않은 아동(일반아동)이 이러한 특성을 보이기도 한다. 또한 지적장애나 정서장애, 언어장애, 청각장애, 시각장애 그리고 기타 장애가 있는 학습장애를 함께 고려하며, 저성취라는 차원에서 포괄적으로 접근할 수 있는 대안적 체제를 생각해 볼 수 있다. 즉, 일반적인 부진현상(저성취)은 매우 낮은 성취수준으로 나타나는 '증상'에 불과하며, 그 원인을 진단하고 중재를 계획해야 할 출발점이다. 이에 비하여 학습장애란 일종의 진단 명칭이며, 특수교육 대상자로서 특정한 서비스를 받고 있는 경우다. 결과적으로 저성취라는 측면에서는 유사하지만, 학습장애는 보다 부가적인 단서가 붙는다고 볼 수 있다.

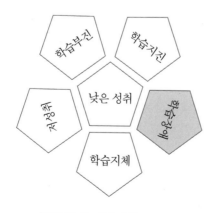

[그림 13-1] 학습장애 유사 개념

2. 학습장애 진단의 새로운 시도

학습장애를 정의하고 진단하는 것은 해당 학습장애학생이 받게 될 교육 서비스를 결정하는 필수적인 단계다. 이러한 학습장애 진단에 대하여 최근의 『정신질환 진단 및 통계 편람(*Diagnostic and Statistical Manual of Mental Disorders: DSM*)』의 개정 등은 새로운 학습장애 정의에 대한 시사점을 준다.

1) DSM-5 개정과 학습장애 진단

생각해 보기　개정된 DSM-5의 특징적인 내용은 무엇인가?

정신의학계에서 학습장애를 진단할 때 주로 사용하는 『정신질환 진단 및 통계 편람』이 최근 개정판을 내면서 학습장애에 대한 새로운 정의를 제시하고 있다. DSM-5에서 보여 주는 학습장애 정의에 관한 변화를 살펴보면 다음과 같다.

첫째, 하나의 범주인 특정학습장애(Specific Learning Disability: SLD)로 통합하고 하위 요소를 차원적으로 분류하였다. DSM-IV에서는 학습장애를 읽기장애, 수학장애, 쓰기장애 등으로 분류하였으나 DSM-5에서는 각 하위 영역에서 상호배타성, 적용가능 정도, 발달상의 민감도, 심리측정기준으로서의 임상적 유용성과 타당성의 문제를 보완하기 위하여 특정학습장애로 통합하였다. 또한 각 하위 요소에 대한 차원의 개념을 도입하였다. 즉, 각각의 하위 요소에 대한 장애 정도를 경도(Mild), 중도(Moderate), 최중도(Severe)로 명확하게 제시함으로써 차원적으로 해석할 수 있도록 하였다.

둘째, 불일치 진단기준을 삭제하고 교육적 아이디어를 수용하였다. 지능에 비하여 학업 수준에 현저한 차이를 보이는 불일치 진단기준을 삭제하고, 어려움이 있는 학습 영역에 적절한 중재를 제공했음에도 지속적인 학업적 어려움을 6개월 이상 보이는 경우와 읽기, 쓰기, 수학 등의 영역에서 구체적인 학습의 어려움의 징후를 보이는 경우로 나누어 제시하였다. 이는 최근 교육계에서 주목하고 있는 중재반응모형을 완벽하게 적용한 것이라고 볼 수는 없지만, 중재반응모형의 아이디어를 일부 수용한 것이라고 해석할 수 있다.

셋째, 생애주기를 고려하여 학습장애 진단 시기를 확장하였다. DSM-IV에서는 학습의 어려움을 유발하는 특정 학업기술의 결손이 학업이나 일상생활 활동

을 저해하는 학령기에만 국한하여 적용하였으나, DSM-5에서는 저성취 기준이
도입되어 학업기술이 동 연령보다 낮은 수준의 점수(최소 -1.5표준편차)를 보이
고, 표준화된 검사와 종합적인 임상 결과가 확인될 경우에 학습장애로 정의할
수 있음을 명시하였다. 이는 학령기에 사용하는 표준화된 검사를 학습의 어려움
에 관한 기록 등으로 대체하는 것을 허용함으로써 학습장애가 학령기 이후에도
정의될 수 있음을 명시한 것이다.

　넷째, 배제 요인을 구체적으로 제시하였다. DSM-IV에서는 시각, 청각의 결
함으로 인해 나타난 학업의 어려움만을 배제 요인으로 제시하였지만, DSM-5에
서는 지적장애, 시청각 결함 또는 다른 신경학적 장애, 심리사회적 문제, 언어문
제, 부적절한 교수로 발생하는 학습의 어려움을 배제 요인으로 제시하여 학습장
애로 과잉진단하는 것을 방지하고자 하였다.

　다섯째, 명확한 난독증과 난산증 개념을 제시하였다. DSM-5의 마지막 변화
는 특정학습장애에 난독증과 난산증을 포함하여 그 개념에 대하여 명확하게 제
시하였다는 점이다. DSM-5에서 정의한 난독증은 정확한 단어인지 능력에 비해
부족한 해독 능력과 철자 능력을 보이는 증상으로, 이로 인하여 심각한 학업적
어려움을 보이는 것이라고 명시하였다. 또한 난산증은 수 정보처리과정에서 결
손을 보이고 연산 지식을 학습하는 데 결함을 보이는 증상으로 수 연산과 관련
하여 학업적 어려움을 보이는 아동을 난산증으로 진단할 수 있다고 밝혔다.

　DSM-5의 개정에 있어 가장 주목해야 할 변화는 역사적으로 교육계에서 제안

> **난독증**　듣고 말하는 데에는
> 어려움이 없지만 문자를 판
> 독하는 데에 어려움을 겪는
> 읽기장애의 한 유형

> **난산증**　계산 능력과 관련한
> 수학학습장애의 한 형태

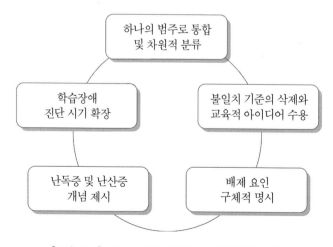

[그림 13-2] DSM-5에서 제시한 학습장애 정의의 특징

하고 국제적으로 권장하고 있는 중재반응모형의 기본 아이디어가 학습장애 진
단 기준으로 제시되었다는 점이다. 정신의학계에서 기초적인 진단 기준으로 삼
는 DSM-5에서 교육 기반 아이디어를 수용했다는 것은 교육계와 의학계가 학습
장애 진단 기준을 구축함에 있어 시너지 효과를 가지게 되었음을 시사할 뿐만
아니라 앞으로 교육계와 의학계가 협업하여 이뤄 나가야 할 부분이 확장될 수
있다는 것을 의미한다.

2) 인지진단모형을 활용한 학습장애 진단의 움직임

인지진단모형 개별 학생이
시험에서 보인 문항 반응을
토대로 그 학생이 각 인지 요
소 측면에서 어떠한 숙달 상
태에 도달해 있는지 과학적
으로 추론해 주는 통계 모형

교육 및 심리측정 분야에서 시작된 인지진단모형의 대두로 집단(규준) 정보를
활용하여 학습자 개인 수준에 대한 연구를 진행하고 모형에 의하여 학습자 내부
의 지식구조나 정보처리과정을 구체적으로 이해하려는 움직임이 활발하다. 인
지진단모형은 인지진단이론(cognitive diagnosis theory)을 수리적 · 통계적 수식으
로 표현한 모형으로서, 학생의 인지상태에 대한 의사결정을 위하여 학생들의 문
항 반응과 인지 요소의 관계를 바탕으로 인지 요소의 숙달 여부와 숙달 정도를
파악하고 인지 요소 숙달 여부에 대한 상세 정보 프로파일을 제공하는 통계적
모형이다.

인지진단모형은 학생의 기본적인 지식과 인지기능(cognitive skills)에 대한 이
해를 증진시키고, 측정된 내용을 바탕으로 학생에게 학습 정보에 대한 피드백을
제공한다(Chipman, Nichols, & Brennan, 1995; Rupp, Templin, & Henson, 2010;
Roussos, DiBello, & Stout, 2007). 이러한 평가 결과의 피드백은 학생이나 교사, 학
부모 등에게 평가 결과에 대한 폭넓은 정보를 제공하여 이들 간의 의사소통 및
상호작용을 원활하게 한다. 또한 학생이 습득한 인지 요소가 무엇인지 명확히
진단할 뿐 아니라 학생의 추후 학습 발달 및 진전 상황을 정확하게 예측해 줄 수
있다(DiBello, Rosses, & Stout, 1995; Embreston, 1990; Roussos, DiBello, & Stout, 2007;
Templin & Henson, 2006).

우리나라에서는 최근에 인지진단이론을 교육 상황에 접목하려는 시도가 나
타나고 있지만, 미국의 경우 인지진단이론을 위한 프로그램 개발 및 NCLB(No
Child Left Behind) 법안의 실효로 인지진단이론에 대한 교육환경에서의 적용이
꾸준히 진행되고 있다.

이 방법은 문항-인지 요소 간의 관계에 대해 명세한 모형인 Q-행렬을 사용하기 때문에 수량산출론(이순묵, 1990, 2002; Michell, 1986) 및 인지주의적 측정 결과를 활용한 것이라고 볼 수 있다. 이 방법을 사용하면, 각 문항에 대한 반응의 단순 합인 총점 정보에 덧붙여 대규모 집단 정보를 활용하여 각 응답자를 문항 반응 유형에 따라 통계적으로 분류한 후 인지 요소 보유 상태 정보를 얻을 수 있다. 인지 요소 보유 상태는 각 응답자가 문항에 응답하기 위해 필요로 하는 인지 요소를 가지고 있는지 아닌지에 대한 정보를 제공해 준다. 이를 통해 기존의 총점 방식으로는 구별해 낼 수 없었던 응답자들 간의 서로 다른 인지 요소 특징에 대한 진단 정보를 얻음으로써 교육적 진단과 개입을 위한 보다 맞춤화된 정보를 얻을 수 있다. 뿐만 아니라 개인의 상태에 대한 이러한 상세한 정보는 관련 연구를 위한 자료 축적과 교육 성과 평가를 위해서도 좋은 정보가 될 것이다.

3. 차세대 학습장애 정의: Hybrid 진단모형

학습장애의 정체성을 확립하고 그 본질적인 모습을 알기 위해서는 엄격한 '법칙'과 '이론'이 필요하다. 하지만 아직 학습장애 분야에서 인과론적 설명을 확인할 수 있는 보편적인 법칙과 이론은 제시되지 않고 있다. 그러나 학습장애 학생이 증가하면 할수록 이에 대한 현실적인 진단 요구가 늘어나게 되어 있다. '진정한 학습장애'에 대하여 부모, 학생, 교사, 관련 전문가의 질문과 논쟁이 더욱더 가열되는 것은 바로 학습장애에 대한 합의할 수 있는 정의와 준거가 엄격한 법칙에 의거하여 제시되지 않았기 때문이다.

지금까지 학습장애, 특히 읽기장애를 진단하고 판별하기 위한 다양한 방법들이 연구되어 왔으나 타당화 연구를 통해 검증된 학습장애 진단을 위한 효과적인 방법은 여전히 필요하다. 왜냐하면 학습장애는 잠재적인 구인으로서 지금까지의 단순한 접근법으로는 불완전하게 평가될 수밖에 없기 때문이다(Fletcher et al., 2005). 학습장애를 정의하는 중요한 요소인 '예측되지 않은 학습부진'이라는 용어를 명확히 하기 위해서는 지금의 단 하나의 시점에서 평가한 자료에 기초한 진단방법만으로는 부족하다. 또한 읽기학습장애만 하더라도 학습의 어려움이 단어해독, 어휘, 유창성, 읽기 이해 등 다양하게 나타나기 때문에 어느 하나만 가지고 진단하기가 어려운 것이 사실이다.

따라서 학습장애의 정확하고 과학적인 진단이라는 목적하에 기존에 개발되어 있는 진단방법을 포괄하여 학습장애의 다양한 교육적 요구에 부응할 수 있는 융합적 진단 및 판별체제가 마련되어야 한다. 기존의 진단방법은 학습장애를 전체 집단 규준으로 진단하는 집단중심 방법과 개인 학습자의 인지 특성을 중심으로 진단하는 개인중심 방법으로 나뉜다. 또한 학습장애를 지원하는 방법에서 그 결함 정도에 따라 경도(mild), 중도(moderate), 최중도(severe) 차원의 개념으로 나누고 읽기장애를 단어인식장애, 유창성장애, 어휘장애, 읽기이해장애의 범주로 나누어 진단하기도 한다. 그러나 학습장애 진단에 있어 Hybrid 진단모형은 읽기장애, 쓰기장애, 수학장애로 나누어 진단하는 범주적 분류와 특정학습장애라는 하나의 범주로 통합하고 하위 요소를 차원적으로 분류하는 차원적 분류를 융합하는 것을 말한다.

최근 학습장애 진단 분야에서는 집단중심의 패러다임을 벗어나 학습자 개인의 반응에 대한 정보로 진단하는 방법이 시도되고 있지만, 이러한 단순한 개인중심 패러다임이 이전의 방법보다 더 효과적이라고 단정 짓기는 어렵다. 또한 김동일 등(2009)의 연구에서는 학습장애가 읽기학습장애와 수학학습장애 및 공존장애, 그 외의 다양한 학습장애 하위 집단으로 구분될 수 있음을 밝힘으로써 기존의 읽기, 수학이라는 범주의 공존성을 언급한 바 있다. 지금까지 살펴본 것과 같이, 학습장애가 이질적인 집단이며 복잡성을 포함하고 있다는 전제는 단 하나의 진단모형으로 설명하는 것이 부적절하다는 것을 보여 준다. 따라서 고도화된 미래 학습장애 정의를 제안하기 위하여 다음과 같은 대안적 설계 요소를 고려하고자 한다.

첫째, 개별 학습자 정보를 집단(규준) 정보를 기초로 융합하여 재구성한다. 한국특수교육학회(2008)에서 제시하고 있는 학습장애 진단판별 모형에 따르면, 학습장애 진단 및 대상자 선정 조건은 성별, 지능, 학력, 배제요인 및 예외요인을 고려한 네 가지 조건과 절차를 포함하고 있다. 그 첫 번째 절차로, 학습자들은 초등학교 저학년(1~2학년)과 초등학교 고학년(3~6학년) 이상 중등학교로 분리하여 선별하게 된다. 먼저, 초등학교 저학년 학생은 교사의 책임지도하에 학습문제가 평균보다 1표준편차 이하로 현저하게 나타나거나 학습장애 선별도구 실시 결과 학습장애 위험군 학생으로 진단되는 경우, 또는 의료기관의 학습장애 관련 진단

증빙자료를 제시하거나 학교로부터 학습장애로 진단·평가가 의뢰되는 경우로 선별하게 된다. 초등학교 고학년 이상 중등학교 학생은 국어 또는 수학 교과에서 학습부진아로 선정되어 8주 이상 10명 내외의 소규모로 방과 후 교육 또는 보충학습 지원을 받았으나 그 이후에도 학력평가에서 하위 백분위 16 또는 표준편차 −1에 속하는 경우, 학습장애 선별도구 실시 결과 학습장애 위험군 학생으로 진단된 경우, 또는 의료기관의 학습장애 관련 진단 증빙자료를 제시하거나 학습장애로 진단·평가가 의뢰되는 경우로 선별하게 된다. 두 번째 조건은 지능으로 표준화된 개인별 지능검사(예: 한국 Wechsler 아동 지능검사, Kaufman 아동 지능검사, 한국형 개인지능검사) 결과 전체 지능지수가 70 이상이어야 한다. 세 번째는 학력으로 표준화된 규준참조 학업성취도 검사(예: KISE 기초학력검사, BASA 기초학습기능 수행평가체제)에서 하위 백분위 16 또는 −1표준편차에 해당되어야 한다. 마지막 조건은 배제 및 예외 조항으로, 학습장애로 진단될 가능성이 높은 학생이 다른 특정 장애(예: 지적장애, 정서·행동장애, 감각장애 등)를 가지고 있는 경우는 배제 조항에 속한다. 하지만 가정불화 및 학교생활 부적응과 같은 개인 외적 요인으로 인한 학습문제를 가지고 있는 학생이라 하더라도 학습장애 선정 조건에 해당할 경우 학습장애로 선정될 가능성이 있다.

둘째, 강점중심 학습자로 진단의 초점을 변화하여야 한다. 학습장애는 학생의 주 학습 영역인 국어와 수학을 기준으로 진단하게 된다. 이 두 학습 영역에서도 국어는 읽기와 쓰기로 대분류를 하여 학생의 국어 학습능력이 읽기 또는 쓰기 중 어떤 부분에서 취약한지 판별한다. 이때 단순히 영역별 능력을 읽기에서는 음독만, 또 쓰기에서는 표기 능력만 측정하는 것은 아니다. 읽기 영역의 경우 크게 세 가지 영역(선수기능, 음독능력, 독해능력)으로 나누어 학생의 능력을 측정하게 된다. 이 세 가지 영역 중에서 독해능력은 가장 광범위한 영역으로, 이 부분은 낱말이해, 문장완성, 어휘선택, 문장배열 그리고 짧은글이해로 세분화되어 있다. 이렇게 대분류와 소분류를 거쳐 학생의 능력이 측정되며 이 측정 결과에 따라 학습장애 진단이 이루어진다. 학습장애로 판별된 학생의 학습지원 방향은 세분화된 검사 결과를 바탕으로 이루어진다. 일반적으로 학습지원 방향 설정 시 학생의 약점을 중심으로 학습지원이 이루어지고 있는 것이 현실이다. 하지만 Gardner의 다중지능이론에 따르면, 인간의 지능은 8개 영역으로 이루어져 있으며 미흡한 영역의 지능은 월등한 영역의 지능을 활용하여 보완할 수 있다고 한

다중지능이론 지능이 높은 아동은 모든 영역에서 우수하다는 종래의 획일주의적 지능관을 통렬히 비판하면서, 인간의 지적 능력이 서로 독립적이며 상이한 여러 유형의 능력으로 구성된다고 보는 Gardner의 지능이론

다. 이에 학습장애 진단 또한 학생의 약점이 아닌 강점을 중심으로 이루어진다면, 학생은 학습 발전 가능성을 얻을 수 있을 뿐만 아니라 학습에 동기화될 수도 있을 것이다. 더불어 학습 지원 시 학생의 강점을 활용함으로써 학생의 흥미도를 높이고 긍정적 학습효과를 볼 수 있을 것이다. 즉, 학생을 바라보는 관점을 학생의 강점 위주로 바꾸게 된다면 학생이 특정 학습 영역에서 부진을 보이는 학습장애학생으로 낙인찍히는 것보다는 다른 학습 영역에서의 강점이 부각됨으로써 특정 학습 영역의 재능자로 명명되어 학생 본인과 더불어 사회적 시각 또한 긍정적으로 변화할 수 있을 것이다.

셋째, 진단과 지원체제 기반의 학습장애 정의 모형이 필요하다. 기존의 학습장애학생을 진단하기 위해 활용되어 온 능력–성취 불일치 모형과 중재반응모형, 저성취 모형 등은 학습장애학생을 일반학생과 분리하여 진단하고 명명할 뿐, 이들을 위한 지원방법과 지원체제에 대해서는 정보를 제공하지 않는다. 이로 인해 지금의 학습장애 진단 모형은 초기에 학습장애학생이 학습에 어려움을 느끼는 부분을 발견하여 치료하고 중재하는 것에 그 목적이 있기보다는 사회적으로 일반아동과는 '다른' 아이로 학교에서 낙인찍히는 부정적인 결과를 낳았다. 이런 문제들에 대한 두려움으로 자신의 자녀가 학습에 문제를 가지고 있음에도 진단받기를 꺼려 하는 부모들을 학교현장에서 흔히 볼 수 있다. 또한 단순히 학습장애로 진단받은 학생을 어떻게 지도할 것인지에 대한 지역별·학교별·지도교사별 중재형태 또는 중재방법의 차이는 과연 이 학생을 학습장애로 진단하는 것이 정확한 결과인가라는 학습장애 진단의 정확성을 위협하고 있다.

따라서 학습장애로 진단받은 학생과 일반 학생의 분리와 더불어 학습장애로 진단받은 학생에게 제공될 지원에 대한 내용이 포함된 새로운 학습장애 진단모형이 필요하다. 학습장애로 진단받았을 때 이러한 정보가 학습장애학생들을 지도하고 지원하는 데 필요한 정보로 사용 가능하다면 학생에게 보다 빠르고 효과적인 지원을 할 수 있을 것이며, 또한 중재 효과도 클 것으로 사료된다.

초학제 학문의 경계를 뛰어넘어 개념적인 프레임을 창조함

넷째, 학습장애를 유사 용어와 분리하여 명료화하고 초학제 간 연구를 강화한다. 흔히 학습에 어려움을 가지고 있는 학생을 부를 때 학습장애, 학습부진, 기초학습부진, 저성취 등의 문제가 있다고 한다. 이와 같은 유사 용어와 학습장애의 차이를 분리하고 통합하는 문제는 대상 학생의 교육지원에 대한 내용과 그 책임소재를 밝히는 데 매우 중요하다. 용어에 대한 혼란으로 인하여 현재의 교육현

장에서는 학습에 어려움을 가지고 있는 학생들 가운데 학습장애로 진단받은 학생들만이 특수교육지원을 받을 수 있게 되어 있다. 그 외의 학생들은 일반교육에서 보충교육을 받거나 일반교육과 특수교육의 사각지대에 있어 전혀 교육지원을 받지 못할 뿐만 아니라 집중적 교육지원을 받기 위해서 학습장애로 진단되기까지 장기간을 기다려야 하기도 한다. 또한 일반학급에서 이루어지는 보충교육 지원 역시 진단에 대한 명확한 기준이 없어 이들 학생들을 대상으로 한 교육의 지속성에도 문제가 제기되고 있다. 정대영(2002)은 학습장애로 진단받은 학생들이 특수교육대상자로 선정되어 특수교육 서비스를 받거나 특수학급에 입급되는 것 자체를 그 부모들이 꺼리는 문제로 인하여, 그 학생들이 현재 학습장애가 아닌 기초학습부진이나 교과 학습부진으로 분류되어 있을 가능성이 높다고 하였다. 따라서 학습장애와 이들 유사 용어의 분리 또는 통합 문제는 현 교육현장에서 소외받는 학생들이 없도록 하기 위해서 반드시 해결되어야 하며, 이들에 대한 교육지원이 지속성을 지닐 수 있도록 우선적으로 다뤄져야 할 것이다. 또한 학습장애 진단을 위해서는 의사, 교사, 임상심리전문가 등의 협력이 필요하므로 차세대 학습장애학생의 진단 및 중재를 위해 초학제 간 연구가 요구된다.

특수학급 특수교육대상자의 통합교육을 실시하기 위하여 일반학교에 설치된 학급

임상심리 다양한 정신장애 및 심한 수준의 적응 문제를 다루며 심리치료 외에도 심리 평가 및 진단, 예방, 재활 등을 포함

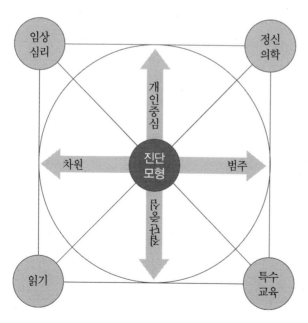

[그림 13-3] Hybrid 학습장애 정의

참고문헌

강위영(1992). 학습장애아동의 교육적 접근. 특수교육의 개혁과제(대한특수교육학회 편), 51-65.

강위영, 이상진(2000). 학습장애학생의 전환기교육 프로그램에 관한 연구. 정서·학습장애연구, 16(1), 69-96.

강위영, 황재원(1996). 특수교육에서 본 학습장애아동의 특성. 정서·학습장애연구, 12(1), 1-12.

강혜진, 김자경(2007). 학습장애아동과 일반아동의 사회적 기술 지식과 수행력 비교. 정서·학습장애연구 II, 23(2), 251-273.

곽금주, 박혜원, 김청택(2001). K-WISC-III. 서울: 특수교육.

곽지순(1997). 국어과 교육과정. 교육부 고시 제1997-15호 [별책 5]. 서울: 교육부.

곽지순(1998). 특수교육연차보고서. 서울: 교육부.

곽지순(1999). 쓰기 수행 평가 방법 연구. 인천교육대학교 대학원 석사학위 논문.

교육과학기술부(2011). 특수교육 연차보고서. 서울: 교육과학기술부.

교육부(1997). 초·중등학교 교육과정. 교육부 고시 제1997-15호. 서울: 교육부.

교육부(1999). 초등학교 교육과정 해설(IV). 서울: 교육부.

교육부(2014). 2014 특수교육통계. 서울: 교육부.

교육부(2014. 11. 28.). 2014년 국가수준 학업성취도 평가 결과 발표. 미간행 보도자료.

교육부(2015). 2015 특수교육통계. 서울: 교육부.

교육인적자원부(2001). 국가인적자원개발기본계획: 사람, 지식 그리고 도약. 서울: 교육인적자원부.

교육인적자원부(2006). 특수교육실태조사보고서. 서울: 교육인적자원부.

교육인적자원부(2006. 7. 5.). 2005년 초등학교 3학년 기초학력 진단평가 결과. 미간행 보도자료.

국립특수교육원(1996). KISE 학습장애선별척도. 대전: 국립특수교육원.

국립특수교육원(1998). 한국의 특수교육지표. 대전: 국립특수교육원.

국립특수교육원(2001). 특수교육 요구아동 출현율 조사 연구. 대전: 국립특수교육원.

권효진, 박현숙(2013). 보편적 학습설계를 적용한 중등과학수업이 장애학생과 비장애학생의 수업참여도에 미치는 영향. 특수아동교육연구, 15(1), 213-241.

김계현, 김동일, 김봉환, 김창대, 김혜숙, 남상인, 조한익(2000). 학교상담과 생활지도. 서울: 학지사.

김나영, 신연숙(2005). 자기교시훈련이 학습장애아의 수학문장제 해결능력과 유지에 미치는 효과. 발달장애학회지, 9(1), 89-104.

김남순(1997). 함께 읽기가 읽기장애아의 읽기능력 및 읽기태도 변화와 학업성취도에 미치는 효과. 대구대학교 대학원 석사학위 논문.

김대식(2003). 공부혁명. 서울: 에듀조선.

김동일(1998). 학습장애아동을 위한 교육상담. 교육논총, 15, 167-189.

김동일(1999). 학습부진 영재아동. 서울: 원미사.

김동일(2000). 읽기장애 아동의 진단과 지도를 위한 읽기오류 분석 연구. 아시아교육연구, 1(1), 97-116.

김동일(2002). 초등학생 쓰기 능력 진단과 지도를 위한 쓰기 평가와 쓰기 오류 분석. 아시아교육연구, 3(1), 43-62.

김동일(2006). 기초학습기능 수행평가체제(BASA): 수학검사. 서울: 학지사심리검사연구소.

김동일(2008a). 기초학습기능 수행평가체제(BASA): 읽기검사. 서울: 학지사심리검사연구소.

김동일(2008b). 기초학습기능 수행검사체제(BASA): 쓰기검사. 서울: 학지사심리검사연구소.

김동일(2010). BASA: 초기수학. 서울: 학지사심리검사연구소.

김동일(2011). BASA: EL 초기문해 기초평가. 서울: 학지사심리검사연구소.

김동일(2013). 바사(BASA)와 함께하는 증거 기반 읽기 교수-학습 전략. 서울: 학지사.

김동일(2014). 기초학습기능평가-초기수학. 서울: 학지사심리검사연구소.

김동일, 고은영, 정소라, 아유리, 이기정, 박중규, 김이내(2009). 국내 학습장애 연구의 동향 분석. 아시아교육연구, 10(2), 283-347.

김동일, 고혜정, 신재현, 김이내, 김붕년, 이기정(2012). 특수교육지원센터의 학습장애 선별 및 진단과정에 대한 탐색적 연구: 현행 지침 시행과 개선방향에 대한 시사점을 중심으로. 아시아교육연구, 13(3), 253-283.

김동일, 고혜정, 이해린(2014). 수학학습장애 위험아동의 BASA 1년 사례연구: RTI 체제 기반 한국형 CBM 적용을 중심으로. 특수교육저널: 이론과 실천, 15(1), 193-213.

김동일, 고혜정, 조영희(2014). 수학문장제 문제해결력 향상을 위한 중재 효과 분석 · 다층메타분석의 적용. 특수교육, 13(3), 387-408.

김동일, 고혜정, 조영희(2015). 다층메타분석을 활용한 학습장애 및 학습부진학생들의 수학 연산능력 향상을 위한 중재 효과 분석. 특수교육저널: 이론과 실천, 16(1), 1-23.

김동일, 고혜정, 조재은, 김은삼, 조영희(2015). 학습부진 및 학습장애학생의 사회성 중재연구 동향 분석. 통합교육연구, 10(1), 141-166.

김동일, 김계현, 김병석, 김봉환, 김창대, 김혜숙, 신종호(2002). 특수아동상담. 서울: 학지사.

김동일, 김이내, 이기정, 신재현(2011). 학습장애와 뇌 기반 교육: 뇌 영상기법을 활용한 읽기 중재 효과성 연구의 동향과 과제. 교육심리연구, 25(1), 175-200.

김동일, 이대식, 신종호(2009). 학습장애아동의 이해와 교육(2판). 서울: 학지사.

김동일, 임승권(2000). 학습장애 아동의 진단과 지도를 위한 쓰기 오류 분석 연구. 서울대학교 교육종합연구원 특수교육연구부 연구보고서. 서울대학교 교육종합연구원.

김동일, 임은미, 황매향(1995). 학습장애 청소년을 위한 상담과 지도: 카운슬러의 역할과 과제를 중심으로. 청소년상담연구, 3(1), 47-68.

김동일, 정광조(2008). 불일치모형과 중재반응모형을 넘어서: 학습장애의 진단을 위한 새로운 통합 모형의 제안을 중심으로. 정서 · 행동장애연구, 24(1), 133-161.

김동일, 홍성두(2005). 학습장애의 진단을 위한 불일치 판별모델: 개관과 전망. 아시아교육연구, 6(3), 209-237.

김동일, 홍성두(2006). 회귀불일치 모델과 국가규준 저성취 모델에 의한 학습장애 진단 일관성 비교. 아시아교육연구, 7(2), 91-113.

김라경, 박승희(2002). 협력교수가 일반학생과 학습장애학생의 사회과 학업 성취도에 미치는 영향. 초등교육연구, 15(2), 19-45.

김병하(1995). 개별화교육계획의 작성 · 운영을 위한 교사 수행능력과 그 문제점 분석. 특수교육학회지, 16(3).

김선, 김경옥, 김수동, 이신동, 임혜숙, 한순미(2001). 학습부진아의 이해와 교육. 서울: 학지사.

김소희(2005a). 수학적 문제해결을 위한 중재전략에 관한 고찰: 학습장애 학생들을 중심으로. 학습장애연구, 2(1), 65-91.

김소희(2005b). 학습장애학생들의 수학 문장제 해결능력 향상에 관한 연구: 세 가지 학습전략의 효과 비교. 학습장애연구, 1(1), 63-93.

김승국(1985). 일반학급에 통합되어 있는 장애학생의 실태조사 연구. 단국대학교 사대논집, 51-76.

김승국, 김동일, 정대영, 강영심, 정정진, 신현기, 전병운, 이성봉, 구광조, 김호연, 김삼섭, 한성희, 남정걸, 박원희, 이효자(1997). 학습장애 아동 교육의 이론과 실제. 파주: 교육과학사.

김승국, 김은경(1999). 발달장애인 직업교육과정. 서울: 교육과학사.

김승태(1996). 특수학습장애의 정의, 역사적 고찰, 소아정신과적 이해 및 기본개념. 삼성의료원 학습장애 심포지엄 미간행 자료, 3-6.

김애화(2006). 수학 학습장애 위험학생 조기선별검사 개발: 교육과정중심측정 원리를 반영한 수감각검사. 특수교육학연구, 40(4), 103-133.

김애화, 김의정(2012). 한국형 학습장애 개념에 대한 고찰. 학습장애연구, 9(1), 41-65.

김애화, 김의정, 유현실(2011). 한국형 학습장애 진단 모형 탐색: 읽기 성취와 읽기 심리처리를 통한 읽기장애 진단모형. 학습장애연구, 8(2), 47-64.

김애화, 박현(2010). 학습장애 및 학습부진학생을 위한 과학교수에 관한 문헌분석. 특수교육저널: 이론과 실천, 11(1), 147-175.

김애화, 유현실(2012). 조기수학검사 개발 연구. 교과교육학연구, 16(1), 347-370.

김애화, 이동명(2005). 학습장애 선별 및 진단에 관한 문헌분석. 특수교육학연구, 40(3), 191-230.

김영애(1988). 쓰기 우열집단의 특성비교 연구. 단국대학교 대학원 석사학위 논문.

김영표, 신현기(2008). 수학 문장제 문제해결력 중재 효과 메타분석. 한국특수교육학회 2008 추계학술대회 자료집, 259-281.

김우리(2014). 직접어휘교수와 내용구조화 중재를 활용한 과학교수가 학습장애 위험군의 과학 성취도에 미치는 효과. 특수교육, 13(2), 191-214.

김우리, 고혜정(2013). 지적장애 학생을 위한 사회성 중재 연구 동향. 지적장애연구, 15(3), 25-55.

김우리, 고혜정(2014). 한국의 읽기학습장애 진단모형별 진단 절차 및 준거. 아시아교육연구, 15(2), 83-110.

김우리, 고혜정, 김동일(2013). 학습장애 및 학습부진을 위한 그래픽조직자 중재 연구 분석. 특수교육학연구, 48(1), 229-251.

김윤옥(1992). Definition issues in learning disabilities regarding IQ and attention deficit-hyperactivity disorder. 교육학연구, 30(4), 233-241.

김윤옥(2005). 정보기억전략 교수가 초등학교 학습부진/학습장애학생의 사회과 성취도에 미치는 효과. 특수아동교육연구, 7(2), 167-185.

김윤옥(2006). 학습장애 판별을 위한 중재반응모형(RTI)의 이상과 함정. 특수교육학연구, 41(3), 141-161.

김윤옥, 봉원용(2004). 학습장애의 학문적 정의와 초등학교 특수교사들의 학습장애 진단 실제 간의 괴리. 특수교육학연구, 39(2), 85-101.

김자경(2002). 학습장애아의 사회적 지위와 행동 · 정서상의 특성 간의 관계에 관한 연구. 정서 · 학습장애연구, 18(1), 37-61.

김자경, 강혜진, 김기주(2015). 수학학습장애 위험아동의 RAN과 수감각 특성에 관한 연구. 특수교육저널: 이론과 실천, 16(2), 79-96.

김자경, 김기주(2005). 수학 학습장애아동과 수학학습부진 아동의 암산 능력과 전략 비교. 특수교육 저널: 이론과 실천, 6(4), 93-108.

김정권, 여광응(2001). 유아 학습준비도 검사요강. 서울: 특수교육.

김정자(1992). 쓰기 평가 방법 연구. 서울대학교 대학원 석사학위 논문.

김정휘, 여광응(1999). 학습준비도검사. 서울: 특수교육.

김지혜(1996). 학습장애 아동의 심리학적인 평가. 삼성의료원 학습장애 심포지엄, 19-29.

김창대, 이정윤, 임은미, 김택호, 이영선(1994). 성적이 떨어지는 아이들. 청소년상담문제연구보고서, 9. 서울: 청소년대화의광장.

김향지(1996). 사회성 기술검사(SSRS)의 타당화 연구: 초등학교 정신지체아동을 대상으로. 특수교육학회지, 17(1), 121-155.

김현택, 조선영, 박순권 공역(2001). 생리심리학의 기초. 서울: 시그마프레스.

나경은, 서유진(2010). 질적지표에 의거한 학습장애 학생을 위한 수학중재연구 분석. 학습장애연구, 7(2), 145-173.

나동진(1994). 학습장애아의 학습양식과 독해전략에 대한 교수방법의 상호작용에 관한 연구. 교육학연구, 32(5), 21-45.

노명완, 박영목, 권경안(1988). 국어과교육론. 서울: 갑을출판사.

대한특수교육학회(1986). 특수교육용어사전. 대구: 대구대학교 출판부.

문수백(1997). 한국판 K-ABC. 제41회 전국 특수교육연수회 미간행 자료집, 317-348.

문수백, 변창진(1997). 교육 · 심리측정도구. 서울: 학지사.

민병근(1963). 어린이의 정신건강: 학습장해. 신경정신의학, 2(2), 63.

민혜정, 김윤옥(2002). 교과서 독해, 내용 정리 전략이 초등학교 학습장애학생의 사회과 학업성취도와 메타인지에 미치는 효과. 특수아동교육연구, 4(1), 163-183.

박경숙, 김계옥, 송영준, 정동영, 정인숙(2005). KISE 기초학력 검사도구(BAAT). 안산: 국립특수교육원.

박경숙, 윤점룡, 박효정(1989). 기초학습기능검사. 서울: 한국교육개발원.

박영목(1993). 교육과정과 국어교육 평가. 1993년 서울대학교 사범대학 부설 국어교육연구소 정기 학술발표회 미간행 자료.

박영목, 한철우, 윤희원(1995). 국어과 교수-학습방법 탐구. 서울: 교학사.

박영민(2000). 쓰기 수행평가의 평가 준거 설정에 관한 연구. 한국교원대학교 대학원 석사학위 논문.

박영숙(1994). 심리평가의 실제. 서울: 하나의학사.

박현숙(1992). 학습장애아 판별방법 간 비교 연구. 한국문화연구원 논총, 61(3), 205-229.

박현숙(1993). 학습장애아 유형분석 연구의 동향과 과제. 추국희 교수 정년기념 논총, 51-89.

박혜원, 곽금주, 박광배(1996). K-WPPSI. 서울: 특수교육.

배향란(1995). 쓰기의 총체적 평가 방법 연구. 청람어문교육, 13(단일호), 280-315.

백순근(2000). 수행평가의 원리. 파주: 교육과학사.

백욱현(1993). 학습장애 개념정의의 타당성과 재개념화의 필요성. 교육학연구, 31(1), 139-157.

백운학, 안현주, 김수미(1995). 정상아와 학습장애아의 진로성숙 수준 비교. 정서 · 학습 장애교육논총, 4, 1-11.

변찬석(1998). 읽기장애와 수학장애의 공존성에 관한 연구. 정서 · 행동장애연구, 14(1), 45-64.

서봉연(1996). 학습장애아에 대한 심리학적 접근-정보처리론적 접근을 중심으로. 삼성의료원 학습장애 심포지엄 미간행 자료, 7-18.

서울대학교 교육연구소 편저(1994). 교육학용어사전. 서울: 삼성출판사.

서유진, 나경은(2012). 지적장애 학생을 위한 교과교육 중재연구 분석: 질적지표와 증거기반 중재 기준을 중심으로. 특수아동교육연구, 14(1), 435-466.

서유헌(1994). 뇌를 알고 머리 쓰자. 서울: 동아일보사.

송미경, 최윤희(2007). 특수아상담. 서울: 시그마프레스.

송종용(1999). 한글 읽기장애 아동의 작업기억 특성. 서울대학교 대학원 박사학위 논문.

송찬원(2011). 수학학습장애아와 일반아동의 신경심리적 작업기억 특성 비교: 아동용 Rey-Kim 기억검사를 중심으로. 특수교육저널: 이론과 실천, 12(3), 405-427.

신미숙 역(2003). 기억력을 기른다[記憶力をつける]. 山下富美代 저. 서울: 지식공작소. (원저는 1997년에 출판).

신종호(1999). 학습장애 집단과 저성취 집단 간의 읽기 차이에 대한 시계열 연구: 학습장애에 대한 개념 논쟁을 중심으로. 특수교육학연구, 34(2), 277-295.

신종호(2002). 학습장애 아동 조기 선별을 위한 인지판단 그림검사의 타당도 연구. 교육학연구, 40(1), 159-176.

신종호, 조성원(2002). 취학 전 아동의 개념발달관련 인지능력에 대한 의미중심측정: 의미중심 대 지각중심 검사방법의 측정학적 비교. 아시아교육연구, 4(1).

양명희(2000). 자기조절학습의 이론과 실제. 현대 교육심리학의 쟁점과 전망(pp. 287-317). 파주: 교육과학사.

양민화, Landrum, T. (2005). 미국의 학습장애 판별과정과 교육. 학습장애연구, 2(2), 103-121.

윤점룡(1999). 특수교육 정책의 과제. 1999년 특수교육학회 춘계 학술심포지엄 미간행 자료, 23-66.

윤희령(1995). 쓰기성취검사 개발의 예비연구. 연세대학교 대학원 석사학위 논문.

이나미, 윤점룡(1990). 학습장애아 특성분석과 진단도구 개발. 서울: 한국교육개발원.

이대식(2000). 저학력 성취아를 위한 교수이론의 쟁점과 전망. 현대교육심리학의 쟁점과 전망(황정규 편, pp. 143-196). 파주: 교육과학사.

이대식(2001). 학습장애 진단과 판별: 불일치 기준의 문제점과 교과별 기초학습기능의 역할. 정서·행동장애연구, 17(2), 19-41.

이대식(2004). 학습장애 및 학습부진 문제 해결을 위한 직접교수법의이론과 활용방안: 직접교수법의 의미와 주요 특징. 학습장애연구, 1(1), 133-161.

이대식(2005). 학습장애의 선별 및 진단. 현장특수교육, 3~4월호(52호).

이대식(2006). 장애학생 수학과 평가. 국립특수교육원 원격교육 콘텐츠 미간행 자료.

이대식(2007). 수학학습장애 진단 및 판별 방법으로서의 내재성 처리과정 결함 접근의 타당성과 전망. 정서·행동장애연구, 23(2), 217-249.

이대식, 김수연, 이은주, 허승준(2006). 통합교육의 이해와 실제. 서울: 학지사.

이대식, 이창남 공역(2009). 모든 수준의 학생들을 위한 수업설계 및 교재개발의 원리[Effective teaching strategies that accommodate diverse learners]. E. J. Kame'enui, D. W. Carnine, R. C. Dixon, D. C. Simmons, & M. D. Coyne 공저. 서울: 시그마프레스. (원저는 2002년에 출판).

이대식, 장수방(2002). 수학 학습 부진아 및 학습 장애아 교육 관점에서 분석한 초등학교 저학년(1~3학년) 수학교과서의 적합성. 특수교육연구, 9(1), 201-220.

이대식, 최종근, 전윤희, 김연진(2007). 수학기초학습부진학생 집단의 특징 연구. 아시아교육연구, 8(1), 93-130.

이도영(2001). 국어과 교육 평가 모형. 서울대학교 국어교육연구소 연구발표회 미간행 자료.

이상로, 서봉연, 송명자, 송영혜(1989). 학습장애 치료교육 프로그램 개발을 위한 기초연구. 경북대학교 교육대학원 논문집, 제21호, 별책.

이상훈(1997). 학습장애아동과 학습부진아동, 정상성취아동의 귀인양식과 인지적 동기특성. 대구대학교 대학원 박사학위 논문.

이상훈(1999). 학습장애아동의 정의와 사정에 대한 논의. 정서·행동장애연구, 15(2), 101-120.

이상훈, 주명환(2001). 기능적 생활 중심 전환교육 프로그램이 발달지체아의 사회적응력에 미치는 효과. 직업재활연구, 11(1), 95-116.

이성봉(1990). 정신지체아의 쓰기 발달에 관한 연구. 단국대학교 대학원 석사학위 논문.

이성영(2001). 쓰기 능력의 지표화 방안연구: '내용 생성' 범주를 중심으로. 2001년 서울대학교 국어교육연구소 연구발표회 미간행 자료집.

이성현(1998). 또래지도 전략이 독해학습장애아의 독해력 및 자아개념에 미치는 효과. 대구대학교 대학원 박사학위 논문.

이순묵(1990). 측정이론의 세 줄기. 한국심리학회지 인지 및 생물, 2(1), 139-161.

이순묵(2002). 측정의 원리. 서울: 학지사.

이영재 역(1991). 이렇게 하면 기억력이 좋아진다[**Как развить и улучшить память**]. L. I. Kupriíaovich 저. 서울: 보이스사. (원저는 1982년에 출판).

이영철(1993). 학습 및 교육 진단평가. 특수아동의 교육 · 심리진단 이론과 실제(한국정신지체아교육연구회 편, pp. 241-254). 서울: 특수교육.

이은림(1994). 자기교시 및 자기조절 방략 훈련이 독해장애아의 독해력과 자기효능감에 미치는 효과. 대구대학교 대학원 박사학위 논문.

이은림(1998). 학습장애 연구에 관한 최근 동향분석. 정서 · 행동장애연구, 14(2), 247-269.

이정은, 김춘경(2002). 사회기술향상 프로그램이 ADHD 아동의 사회기술과 ADHD 주요증상 변화에 미치는 효과. 정서 · 행동장애연구, 18(2), 207-223.

이종삼(1995). 학습전략훈련이 학습장애자의 수학 학업성취, 자기조정, 충동성 및 자기효능감에 미치는 효과. 교육학연구, 33(3), 179-206.

이종삼(1996). 자기교시와 귀인훈련이 중학교 학습장애자의 수학 학업성취 및 자기효능감에 미치는 효과. 교육학연구, 34(5), 233-254.

이주영, 손승현(2012). 학습장애 및 학습부진학생들의 사회과 지식 향상을 위한 중재의 특징. 특수교육저널: 이론과 실천, 13(2), 111-140.

이태수, 유재연(2006). 의미구조에 따른 표상기법이 수학학습부진 및 수학학습장애아동의 문장제 문제 해결 능력에 미치는 효과. 특수교육저널: 이론과 실천, 7(2), 1-21.

이혜숙(1997). 읽기장애 아동과 일반 아동의 음운처리과정 및 읽기 재인 간 비교 연구. 이화여자대학교 대학원 석사학위 논문.

이홍재, 김미라, 남기춘(1998). 난독증의 이해: 난독증의 분류와 평가. 한국심리학회지, 17(1), 1-24.

이효자, 안영진, 장병연, 주은희, 박숙자(2000). 특수아동교육. 서울: 정일.

이희세(1989). 국어교육 평가도구로서의 빈칸 메우기 연구. 서울대학교 대학원 석사학위 논문.

임영란, 김지혜, 김승태(1997). 학습장애 하위유형의 인지적, 신경심리학적 특성. 한국심리학회지, 16(1), 53-73.

장선철(2005). 특수아동상담. 서울: 태영출판사.

전병운, 고진복(2007). 메타분석을 이용한 특수교육 요구 아동의 음운중심 읽기지도와 의미중심 읽기지도 연구 비교. 특수아동교육연구, 9(4), 151-169.

전윤희, 장경윤(2013). 학습장애 또는 학습부진 학생들의 수학문장제 문제해결력 중재효과에 대한 메타분석. 특수교육학연구, 47(4), 139-163.

정대영(1986). Myklebust의 행동평정척도에 의한 학습장애아의 행동특성분석. 대구대학교 대학원 석사학위 논문.

정대영(1993). 학습장애의 개념과 유형. 정서 · 행동장애연구, 9, 1-9.

정대영(1998). 학습장애 개념, 분류, 진단. 현장특수교육, 1998년(여름호), 8-15.

정대영(2002). 학습장애의 개념 및 진단평가의 문제와 과제. 정서 · 행동장애연구, 18(1), 63-87.

정대영(2005). 학습장애의 개념과 분류에 대한 고찰. 학습장애연구, 2(2), 1-29.

정대영(2012). 비언어성 학습장애의 개념, 분류 및 진단평가. 학습장애연구, 7(2), 57-79.

정대영(2013). 한국에서의 학습장애 진단 및 판별의 쟁점과 방향. 한국학습장애학회 학술대회지, 1, 1-28.

정대영, 정동영(1996). KISE 학습장애 선별척도. 안산: 국립특수교육원.

정동빈(1994). 언어발달지도. 서울: 한국문화사.

정용석(1997). 자기조정 훈련이 학습장애아의 과제관련언어, 과제지속시간 및 문제행동에 미치는 효과. 대구대학교 대학원 박사학위 논문.

정정옥(1995). 자기조절학습이 정상아와 학습장애아의 학업성취에 미치는 영향. 서울여자대학교 대학원 박사학위 논문.

조용태(1998). 학습장애아동의 사회적 기술과 문제행동의 관계. 한국정서학습장애아연구, 14, 97-117.

조용태(2000). 정신지체아동과 학습장애아동의 사회적 기술 특성 비교. 미래유아교육학회지, 7(1), 113-136.

조용태(2001). 특수아 상담. 파주: 양서원.

조은경(1997). 문제의 시각적 표상학습이 수학학습장애 학생의 수학문제해결력과 태도에 미치는 효과. 단국대학교 대학원 석사학위 논문.

조인수, 박정식(2001). 전환교육의 모형분석. 발달장애학회지, 5(1), 85-108.

주삼환, 신현석, 윤인숙(1999). 학교문화, 수업 지도성 및 학업성취도 간의 관계분석에 따른 학교정책에의 적용 가능성 탐색. 교육행정학연구, 17(4), 167-193.

주영미(2001). 학령에 따른 쓰기 능력 발달에 대한 연구. 한양대학교 대학원 석사학위 논문.

최세민(2002). 전략훈련이 학습장애학생의 수학문장제 문제해결능력과 자기효능감에 미치는 효과. 특수교육연구, 9(1), 221-239.

한국교육과정평가원(1999). 고등학교 공통 필수 10개 과목에 대한 수행평가의 이론과 실제. 서울: 교육진흥연구회.

한국알파코일연구회(1990). α가 당신의 미래를 결정한다: 잠재 능력을 개발하는 마인드 트레이닝. 서울: 문조사.

한국정신지체아연구회(1993). 특수아동의 교육: 심리진단 이론과 실제. 서울: 특수교육.

한국특수교육학회(2008). 특수교육대상자 개념 및 선별기준. 용인: 한국특수교육학회.

한국학습장애학회(2014). 학습장애총론. 서울: 학지사.

한숙경(1996). 학습장애아동의 독해전략훈련에 관한 연구. 원광대학교 대학원 박사학위 논문.

한철우, 이인제, 성낙수(1993). 중학교 국어교과의 수업 모형 · 수업방법 · 평가 방법 및 평가 도구 개발에 관한 연구. 청주: 한국교원대학교 부설 교과교육 공동연구소.

허승준(2005). 학습장애의 진단 및 평가: 기존 모델의 문제점과 시사점. 학습장애연구, 2(2), 31-53.

허유성, 박윤, 장은미, 최은순, 양안숙, 김태강(2010). 질적 지표에 의거한 최근 10년간 학습장애 집단 실험 연구 동향 분석 및 학습장애 연구에 주는 시사점 연구. 특수교육저널: 이론과 실천, 11(1), 469-498.

홍성두(2006). 학습장애 진단을 위한 불일치 모형의 효율성 비교. 서울대학교 대학원 박사학위 논문.

홍성두, 김동일(2006). 학습장애 진단을 위한 불일치 모형의 효율성 비교. 교육심리연구, 20(3), 725-743.

홍성두, 여승수(2011). 증거기반교수의 개념과 연구적 타당성에 관한 이론적 고찰. 특수아동교육연구, 13(1), 169-191.

황재원(1995). 학습장애아 정의에 관한 고찰. 제5회 정서 · 학습장애아교육 학술발표회 미간행 자료집.

「장애인 등에 대한 특수교육법」(2007).

「특수교육진흥법」(1994).

Aaron, P. G. (1999). The impending demise of the discrepancy formula. *Review of Educational Research, 67*(4), 461-502.

Ackerman, P. T., Anhalt, J. M., & Dykman, R. A. (1986). Inferential word-decoding weakness in reading disabled children. *Learning Disability Quarterly, 9*, 315-323.

Ackerman, P. T., Peters, J. E., & Dykman, R. A. (1971). Children with specific learning disabilities: WISC profiles. *Journal of Learning Disabilities, 4*, 150-166.

Adams, G. L., & Engelmann, S. (1996). *Research on direct instruction: 25 years beyond DISTAR.* Seatle, WA: Educational Achievement Systems.

Adams, M. J. (1990). *Beginning to read: Thinking and learning about print, a summary.* Urbana-Champaign, IL: Center for the Study of Reading.

Adelman, H. S., & Tayler, L. (1985). The future of the LD field: A survey of fundamental concerns. *Journal of Learning Disabilities, 18*, 432-427.

Algozzine, B. (1985). Low achiever differentiation: Where's the beef. *Exceptional Children, 52*(1), 72-75.

Algozzine, B., & Ysseldyke, J. (1983). Learning disabilities as a subset of school failure: The over-sophistication of a concept. *Exceptional Children, 50*, 242-246.

Algozzine, B., Ysseldyke, J., & McGue, M. (1995). Differentiating low-achieving students: Thoughts on setting the record straight. *Learning Disabilities Research & Practice, 10*, 140-144.

Almarode, J., & Miller, A. M. (2013). *Captivate, activate, and invigorate the student brain in science and math,*

grades 6–12. Thousand Oaks, CA: Corwin Press.

American Psychiatric Association (1994). *Diagnostic and statistical manual of mental disorders* (4th ed.). Washington, DC: Author.

American Psychiatric Association (2013). *Diagnostic and statistical manual of mental disorders* (5th ed.). Washington, DC: Author.

Anderson, V., & Roit, M. (1993). Planning and implementing collaborative strategy instruction for delayed readers in grades 6–10. *The Elementary School Journal, 94,* 121–137.

Applebee, N. A. (1981). Writing in the secondary school. *NCTE Research Report: 21. National Council of Teachers of English.* Urbana, IL: NCTE.

Ashcraft, M. H., Yamashita, T. S., & Aram, D. M. (1992). Mathematics performance in left and right brain-lesioned children. *Brain and Cognition, 19,* 208–252.

Asher, S. R., & Wheeler, V. A. (1985). Children's loneliness: A comparison of rejected and neglected peer status. *Journal of Consulting and Clinical Psychology, 53,* 500–505.

Ashman, A. F., & Conway, R. N. F. (1989). *Cognitive strategies for special education: Process-based instruction.* New York, NY: Routledge.

Augustyniak, K., Murphy, J., & Phillips, D. K. (2005). Psychological perspectives in assessing mathematics learning needs. *Journal of Instructional Psychology, 32*(4), 277–286.

Badian, N. A. (1983). Dyscalculia and nonverbal disorders of learning. In H. R. Myklebust (Ed.), *Progress in learning disabilities: Vol. 5* (pp. 235–264). New York, NY: Stratton.

Badian, N. A. (1988). The prediction of good and poor reading before Kindergarten entry: A nine-year follow-up. *Journal of Learning Disabilities, 21,* 98–103, 123.

Baker, S., Gersten, R., & Lee, D. S. (2002). A synthesis of empirical research on teaching mathematics to lowachieving students. *The Elementary School Journal, 103*(1), 51–73.

Barnes, C. A. (1979). Memory deficits associated with senescence: A neurophysiological and behavioral study in the rat. *Journal of Comparative and Physiological Psychology, 93,* 74–104.

Baroody, A., & Ginsburg, H. (1991). Mathematics assessment. In H. L. Swanson (Ed.), *Handbook on the assessment of learning disabilities* (pp. 177–227). Austin, TX: Pro-Ed.

Batshaw, M. L. (1997). *Children with disabilities* (4th ed.). Baltimore, MD: Paul H. Brookes.

Beare, D. (1975). Self-concept and the adolescent L/LD student. *TPGA Journal, 4,* 29–32.

Bender, W. N. (1992). *Learning disabilities: Characteristics, identification, and teaching strategies.* Needham Heights, MA: Allyn & Bacon.

Bender, W. N., & Shores, C. (2007). *Response to intervention: A practical guide for every teacher.* Thousand Oaks, CA: Corwin Press.

Bender, W. N., Rosenkrans, C. B., & Crane, M. (1999). Stress, depression, and suicide among students with learning disabilities: Assessing the risk. *Learning Disability Quarterly, 22,* 143–156.

Bereiter, C. (1980). Development in writing. In L. W. Gregg, & E. R. Steinberg (Eds.), *Cognitive process in Writing.* Hillsdale, NJ: Lawrence Erlbaum Associates.

Berninger, V., Hart, T., Abbott, R., & Karovsky, P. (1992). Defining reading and writing disabilities with and without IQ: A flexible, developmental perspective. *Journal of Learning Disabilities, 15,* 103–118.

Bleuer, J. (1989). *Counseling underachievers: A comprehensive model for intervention.* Ann Arbor, MI: ERIC Clearinghouse on Counseling and Personnel Services.

Bloom, B. S. (1968). Learning for mastery. *UCLA Evaluation Comment, 1*(2), 1–12.

Borich, G. D. (2000). *Effective teaching methods* (4th ed.). Columbus, OH: Merrill & Prentice-Hall.

Bos, C. S., & Vaughn, S. (1998). *Strategies for teaching students with learning and behavior problems.* Needham Heights, MA: Allyn & Bacon.

Bowe, F. (2000). *Physical, sensory, and health disabilities: An introduction.* Columbus, OH: Prentice Hall/Merrill Education.

Bradley, R., Danielson, L. E., & Hallahan, D. P. (2002). *Identification of learning disabilities: Research to practice.* Mahwah, NJ: Erlbaum.

Brigham, F. J., Scruggs, T. E., & Mastropieri, M. A. (2011). Science education and students with learning disabilities. *Learning Disabilities Research & Practice, 26*(4), 223–232.

Broca, P. (1879). Anatomie comparee circonvolutions cerebrales. *Review of Anthropology, 1,* 387–498.

Bronfenbrenner, U. (1989). Ecological systems theory. *Annals of Child Development, 6,* 187–249.

Brown, L. J., Black, D. D., & Downs, J. C. (1984). *School Social Skills (S3) Rating Scale.* Aurora, NY: Slosson Educational Publications.

Bryan, R. (1997). Assessing the personal and social status of students with learning disabilities. *Learning Disabilities: Research and Practices, 13*(1), 63–76.

Bryant, B. R., & Rivera, D. P. (1997). Educational assessment of mathematics skills and abilities. *Journal of Learning Disabilities, 30,* 57–68.

Butler, D. L. (1998). A strategy content learning approach to promoting self-regulated learning by students with learning disabilities. In D. H. Schunk & B. J. Zimmerman (Eds.), *Self-regulated learning: From teaching to self-reflective practice* (pp. 160–183). New York, NY: Guilford Press.

Butler, N. R., Goldstein, H., & Ross, E. M. (1972). Cigarette smoking in pregnancy: Its influence on birth weight and perinatal mortality. *British Medical Journal, 2,* 127–130.

Caldarella, P., & Merrell, K. W. (1997). Common dimensions of social skills of children and adolescents: A taxonomy of positive behaviors. *School Psychology Review, 26,* 265–279.

Cantwell, D. C., & Baker, L. (1991). Association between attention deficit hyperactivity disorder and learning disorders. *Journal of Learning Disabilities, 24*(2), 88-95.

Carnine, D. (1997). instructional design in mathematics for students with learning disabilities. *Journal of Learning Disabilities, 30*(2), 130-141.

Carnine, D. W., Dixon, R. C., & Kameenui, E. J. (1994). Math curriculum guidelines for diverse learners. *Curriculum/Technology Quarterly, 3*(3), 1-3.

Carnine, D. W., Dixon, R. C., & Silbert, J. (1998). Effective strategies for teaching mathematics. In E. J. Kameenui & D. W. Carnine (Eds.), *Effective teaching strategies that accommodate diverse learners* (pp. 93-112). Upper Saddle River, NJ: Prentice-Hall.

Carnine, D. W., Jones, E. D., & Dixon, R. (1994). Mathematics: Educational tools for diverse learners. *School Psychology Review, 23*, 406-427.

Carnine, D., Jitendra, A. K., & Silbert, J. (1997). A descriptive analysis of mathematics curricular materials from a pedagogical perspective: A case study of fraction. *Remedial and Special Education, 18*(2), 66-81.

Carroll, R. B. (1963). A model of school learning. *Teachers college Record, 64*, 723-733.

Castellanos, F. X., Lee, P. P., Sharp, W., Jeffries, N. O., Greenstein, D. K., Clasen, L. S., Blumenthal, J. D., James, R. S., Ebens, C. L., Walter, J. M., Zijdenbos, A., Evans, A. C., Giedd, J. N., & Rapoport, J. L. (2002). Developmental trajectories of brain volume abnormalities in children and adolescents with attention-deficit/hyperactivity disorder. *JAMA, 288*(14), 1740-1748.

Cawley, J. F., & Miller, J. H. (1989). Cross-sectional comparisons of the mathematical performance of children with learning disabilities: Are we on the right tract toward comprehensive programming? *Journal of Learning Disabilities, 23*, 250-254, 259.

Cawley, J. F., & Parmar, R. S. (1994). Structuring word problems for diagnostic teaching: Helping teachers meet the needs of students with mild disabilities. *Teaching Exceptional Children, 26*(4), 16-21.

Chapman, J. (1988). Learning disabled children's self-concepts. *Review of Educational Research, 58*, 347-371.

Charney, D. (1984). The validity of using holistic scoring to evaluate writing: A critical overview. *Research in the Teaching of English, 18*(1), 65-81.

Cheri, H., & Noel, G. (1994). *Assessment: The special educator's role.* Pacific Grove, CA: Brooks/Cole.

Chipman, S. F., Nichols, P. D., & Brennan, R. L. (1995). Introduction. In P. D. Nichols, S. F. Chipman, & R. L. Brennan (Eds.), *Cognitively Diagnostic Assessment* (pp. 1-18). Hillsdale, NJ: Lawrence Erlbaum Associates.

Church, R. P., Lewis, M. E. B., & Batshaw, M. L. (1997). Learning disabilities. In M. L. Batshaw (Ed.), *Children with disabilities* (4th ed., pp. 471-198). Baltimore, MD: Paul H. Brookes.

Ciullo, S., Falcomata, T., & Vaughn, S. (2015). Teaching social studies to upper elementary students with learning disabilities: Graphic organizers and explicit Instruction. *Learning Disability Quarterly, 38*(1), 15-26.

Ciullo, S., Falcomata, T., Pfannenstiel, K., & Billingsley, G. (2015). Improving learning with science and social studies text using computer-based concept maps for students with disabilities. *Behavior Modification, 39*(1), 117-135.

Clark, G. M., & Patton, J. R. (1997). *Transition planning inventory*. Austin, TX: Pro-Ed.

Clements, S. D. (1966). *Minimal brain dysfunction in children*. (NINDS Monograph Mo. 3, U.S. Public Health Service Publication No. 1415). Washington, DC: U.S. Government Printing Office.

Cohen, J. (1985). Learning disabilities and adolescence: Development considerations. In S. C. Feinstein (Ed.), *Adolescent psychiatry, development and clinical studies* (Vol. 12, pp. 177-195). Chicago, IL: University of Chicago.

Cohen, K. R., Dowker, A., Heine, A., Kaufmann, L., & Kucian, K. (2013). Interventions for improving numerical abilities: Present and future. *Trends in Neuroscience and Education, 2*(2), 85-93.

Cortiella, C. (2007). Idea 2004 close up: Evaluation and eligibility for specific learning disabilities. http://www.schwablearning. org/articles

Council for Exeptional Children (1998). *IDEA 1997: Let's make it work*. Reston, VA: Author.

Cruikshank, W. M., Bentzen, R. H., & Tannhauser, M. T. (1961). *A teaching method for brain-injured and hyperactive children*. New York, NY: Syracuse University Press.

DeBlassie, R. R., & Lebsock, M. S. (1979). Counseling with handicapped children. *Elementary School Guidance and Counseling, 13*(3), 199-206.

Decker, S. N., & Defries, J. C. (1980). Cognitive abilities in families of reading disabled children. *Journal of Learning Disabilities, 13*, 517-522.

Decker, S. N., & Defries, J. C. (1981). Cognitive ability profiles in families of reading disabled children. *Developmental Medicine and Child Neurology, 23*, 217-227.

DeFries, J. C., Gillis, J. J., & Wadsworth, S. J. (1993). Genes and genders: A twin study of reading disability. In A. M. Galaburda (Ed.), *Dyslexia and development: Neurological aspects of extra-ordinary brains* (pp. 187-204). Cambridge, MA: Harvard University Press.

Del Rey, R., Liu, X., & Simpson, K. J. (1994). Does retroactive inhibition influence contexual interference effects? *Research Quarterly for Exercise and Sports, 65*, 120-126.

Deno, S. L. (1989). Curriculum-based measurement and special education services: A fundamental and direct relationship. In M. R. Shinn (Ed.), *Curriculum-based measurement: Assessing special children* (pp. 1-17). New York, NY: Guilford Press.

Deno, S. L., Marston, D., & Mirkin, P. K. (1980). *Relationships among performance on standardized achievement tests* (Research Report No. 22). Minneapolis, MI: University of Minnesota. Institute for Research on Learning Disabilities.

Deno, S. L., Marston, D., & Mirkin, P. (1982). Valid measurement procedures for continuous evaluation of written expression. *Exceptional Children, 48*(4), 368-371.

Deshler, D. D., Ellis, E. S., & Lenz, B. K. (1996). *Teaching adolescents with learning disabilities: Strategies and methods* (2nd ed.). Denver, CO: Love.

Dexter, D. D., & Hughes, C. A. (2011). Graphic organizers and students with learning disabilities: A meta-analysis. *Learning Disability Quarterly, 34*, 51-72.

Dexter, D. D., Park, Y. J., & Hughes, C. A. (2011). A meta-analytic review of graphic organizers and science instruction for adolescents with learning disabilities: Implications for the intermediate and secondary science classroom. *Learning Disabilities Research & Practice, 26*, 204-213.

DiBello, L., Rousses, L., & Stout, W. (1995). Review of cognitive diagnostic assessment and a summary of psychometric models. In C. R. Rao & S. Shinharay (Eds.), *Handbook of statistics: Vol. 2. Psychomerics*. Amsterdam: Elsevier Science.

Dixon, J. A., & Moore, C. F. (1990). The development of perspective taking: Understanding differences in information and weighting. *Child Development, 61*, 1502-1513.

Donahoe, K., & Zigmond, N. (1990). Academic grades of ninth-grade urban learning-disabled students and low-achieving peers. *Exceptionality, 1*, 17-27.

Duara, R., Kushch, A., Gross-Glenn, K., Barker, W. W., Jallad, B., Pascal, S., Loewenstein, D. A., Sheldon, J., Rabin, M., Levin, B., & Lubs, H. (1991). Neuroanatomic differences between dyslexic and normal readers on magnetic resonance imaging scans. *Archives of neurology, 48*, 41-416.

Duffy, F. H., Denckla, M. B., Bartels, P. H., Sandini, G., & Kiessling, L. S. (1980). Dyslexia: Automated diagnosis by computerization classification of brain electrical activity. *Annals of Neurology, 7*, 421-428.

Dunn, C. (1996). A status report on transition planning for individuals with learning disabilities. *Journal of Learning Disabilities, 29*(1), 17-30.

Dunn, H. G., McBurney, A. K., Ingram, S., & Hunter, C. M. (1977). Maternal cigarette smoking during pregnancy and the child's subsequent development: II. Neurological and intellectual maturation to the age of 6 1/2 years. *Canadian Journal of Public Health, 68*, 43-50.

Durrant, J. E. (1994). A decade of research on learning disabilities: A report card on the state of literature. *Journal of Learning Disabilities, 27*(1), 25-33.

Ehri, L. C. (1996). Development of the ability to read words. In R. Barr, M. L. Kamil, P. Mosenthal, & P. D. Pearson (Eds.), *Handbook of reading research: Volume II* (pp. 383-417). Mahwah, NJ: Erlbaum.

El-Sayed, E., Larsson, J. O., Persson, H. E., Santosh, P. J., & Rydelius, P. A. (2003). Maturational lag hypothesis of attention deficit hyperactivity disorder: An update. *Acta Paediatrica, 92*(7), 776–784.

Elksnin, L., & Elksnin, N. (1997). Issues in the assessment of children's social skills. *Diagnostique, 22*(2), 75–86.

Ellis, E. S. (1993a). Integrative Strategy Instruction: A potential model for teaching content area subjects to adolescents with learning disabilities. *Journal of Learning Disabilities, 26*, 358–383, 398.

Ellis, E. S. (1993b). Integrative Strategy Instruction: A potential model for teaching content area subjects to adolescents with learning disabilities. *Journal of Learning Disabilities, 26*, 448–481.

Ellis, E. S., Worthington, L. A., & Larkin, M. J. (1994). Research synthesis on effective teaching principles and the design of quality tools for educators. *Research synthesis: Technical Report No. 5. The National Center to Improve the Tools of Educators.* Eugene, OR: University of Oregon.

Ellis, W. A. (1993). *Reading, writing and dyslexia.* Hillsdale, NJ: Lawrence Erlbaum Associates.

Embreston, S. (1990). Diagnostic testing by measuring learning processes: Psychometric considerations for dynamic testing. In N. Frederiksen, R. Glaser, A. Lesgold, & M. G. Shafto (Eds.), *Diagnostic monitoring of skill and knowledge acquisition.* Hillsdale, NJ: Lawrence Erlbaum Associates.

Engelmann, S., Carnine, D., & Steely, D. (1991). Making connections in mathematics. *Journal of Learning Disabilities, 24*, 292–303.

Enright, B., Gable, R., & Hendrickson, J. (1988). How do students get answers like these? Nine steps in diagnosing computation errors. *Diagnostique, 13*, 55–63.

Epps, S., Ysseldyke, J. E., & Algozzine, B. (1983). Impact of different definitions of learning disabilities on the number of students identified. *Journal of Psychoeducational Assessment, 1*, 341–352.

Epps, S., Ysseldyke, J. E., & McGue, M. (1984). I know one when I see one: Differentiating LD and non-LD students. *Learning Disability Quarterly, 7*, 89–101.

Espin, C. A., Busch, T. W., Shin, J., & Kruschwitz, R. (2001). Curriculum-based measurement in the content areas: Validity of vocabulary-matching as an indicator of performance in a social studies classroom. *Learning Disabilities Research and Practice, 16*(3), 142–151.

Espin, C., Shin, J., Deno, L., & Skare, S. (2000). Identifying indicators of written expression proficiency for middle school students. *The Journal of Special Education, 32*(3), 140–153.

Filipek, P. A. (1995). Neurobiologic correlates of developmental dyslexia: How do dyslexics' rains differ from those of normal readers? *Journal of Child Neurology, 10*, S62–S69.

Fine, J. G., Semrud-Clikeman, M., Bledsoe, J. C., & Musielak, K. A. (2013). A critical review of the literature on NLD as a developmental disorder. *Child Neuropsychology, 19*(2), 190–223.

Flangan, D. P., Ortiz, S. O., Alfonso, V. C., & Mascolo, J. T. (2002). *The achievement test desk reference (ATDR): Comprehensive assessment and learning disabilities.* Needham Heights, MA: Allyn & Bacon.

Fleishner, J. E., Nuzum, M. B., & Marzola, E. S. (1987). Devising an instructional program to teach arithmetic problem solving skills to students with learning disabilities. *Journal of Learning Disabilities, 20*, 214-217.

Fletcher, J. M., Denton, C., & Francis, D. J. (2005). Validity of alternative approaches for the identification of learning disabilities operationalizing unexpected under-achievement. *Journal of Learning Disabilities, 38*(6), 545-552.

Fletcher, J. M., Francis, D. J., Morris, R. D., & Lyon, G. R. (2005). Evidence-based assessment of learning disabilities in children and adolescents. *Journal of Clinical Child and Adolescent Psychology, 34*(3), 506-522.

Fletcher, J. M., Francis, D. J., Shaywitz, S. E., Lyon, G. R., Foorman, B. R., Stuebing, K. K., & Shaywitz, B. A. (1998). Intelligent testing and the discrepancy model for children with learning disabilities. *Learning Disabilities Research & Practice, 13*(4), 186-203.

Fletcher, J. M., Lyon, G. R., Barnes, M., Stuebing, K. K., Francis, D. J., Olson, R. K., & Shaywitz, S. E. (2002). Chapter III. Classification of learning disabilities: An evidence-based evaluation. In R. Bradley, L. Danielson, & D. P. Hallahan (2002), *Identification of learning disabilities: Research to practice.* Hillsdale, NJ: Lawrence Erlbaum Associates.

Fletcher, J. M., Morris, R. D., & Lyon, G. R. (2003). Classificaton and definition of learning disabilities: An integratice perspective. In H. L. Swanson, K. R. Harris, & S. Graham (Eds.), *Handbook of learning disabilities* (pp. 30-56). New York: Guilford Press.

Fletcher, J. M., Stuebing, K. K., Morris, R. D., & Lyon, R. (2013). Classification and definition of learning disabilities: A hybrid model. In H. L. Swanson, K. R. Harris, & S. Graham (Eds.), *Handbook of learning disabilities* (pp. 33-50). New York, NY: Guilford Press.

Flower, L., & Hayes, J. R. (1986). A cognitive process theory of writing. *College Composition and Communication, 32*(4), 365-387.

Forness, S. R., & Kavale, K. A. (1997). Defining emotional or behavioral disorders in school and related services. In J. W. Lloyd, E. J. Kameenui, & D. Chard (Eds.), *Issues in educating students with disabilities* (pp. 45-61). Mahwah, NJ: Erlbaum.

Foster, S. L., & Ritchey, W. L. (1979). Issues in the assessment of social competence in children. *Journal of Applied Behavior Analysis, 12*(4), 625-638.

Fox, G. A. (1989). Consequences of flowering-time variation in a desert annual: Adaptation and history. *Ecology, 70*, 1294-1306.

Fuchs, L. S. (1995). Curriculum-based measurement and eligibility decision making: An emphasis on treatment validity and growth. Paper presented at the Workshop on Alternatives to IQ Testing. Washington, DC: National Academy of Sciences.

Fuchs, D., & Fuchs, L. S. (2006). Introduction to response to intervention: What, why and how valid is it? *Reading Research Quarterly, 41*(1), 93-99.

Fuchs, D., Fuchs, L. S., Mathes, P. G., Lipsey, M. W., & Roberts, P. H. (2002). Is learning disabilities just a fancy term for low achievement? A meta-analysis of reading differences between low achievers with and without the label. In R. Bradley, L. Danielson, & D. P. Hallahan, *Identification of learning disabilities: Research to practice.* Hillsdale, NJ: Lawrence Erlbaum Associates.

Fuchs, D., Fuchs, L. S., McMaster, K. N., & Otaiba, S. A. (2003). Identifying children at risk for reading failure: Curriculum-based measurement and the dual-discrepancy approach. In H. L. Swanson, K. R. Harris, & S. Graham (2003), *Handbook of learning disabilities.* New York, NY: Guilford Press.

Fuchs, L. S., Deno, S. L., & Mirkin, P. K. (1984). The effects of frequent curriculum-based measurement and evaluation on pedagogy, student achievement, and student awareness of learning. *American Educational Research Journal, 21,* 449-460.

Fuchs, L. S., & Fuchs, D. (1986). Effect of systematic formative evaluation: A meta-analysis. *Exceptional Children, 53,* 199-208.

Fuchs, L. S., Fuchs, D., Hamlett, C. L., & Whinnery, K. (1991). Effects of goal line feedback on level, slope, and stability of performance within curriculum-based measurement. *Learning Disabilities Research & Practice, 6,* 66-74.

Fuchs, L. S., Fuchs, D., Karns, K., Hamlett, C. L., Katzaroff, M., & Dutka, S. (1997). Effects of task-focused goals on low-achieving students with and without learning disabilities. *American Educational Research Journal, 34,* 513-543.

Fuchs, L. S., Fuchs, D., & Speece, D. L. (2002). Treatment validity as a unifying construct for identifying learning disabilities. *Learning Disability Quarterly, 25*(1), 33-45.

Fuchs, L. S., Fuchs, D., & Warren, L. (1982). *Special practice in evaluating student progress toward goals* (Research Report No. 21). Minneapolis, MI: University of Minnesota. Institute for Research on Learning Disabilities.

Gable, R., & Hendrickson, J. (1990). *Assessing students with special needs.* New York, NY: Longman.

Gable, R. A., Hendrickson, J. M., & Meeks, J. w. (1988). Assessing spelling errors of special needs students. *The Reading Teacher (IRA), 41*(3), 112-117.

Galaburda, A. M., Sherman, G. F., Rosen, G. D., Aboitiz, F., & Geschwind, N. (1985). Developmental dyslexia: Four consecutive patients with cortical anomalies. *Annals of Neurology, 18,* 222-233.

Garnett, K. (1992). Developing fluency with basic number facts: Intervention for students with learning disabilities. *Learning Disabilities Research & Practice, 7,* 210-216.

Garnett, K., & Fleischner, J. E. (1983). Automatization and basic fact performance of normal and learning disabled children. *Learning Disability Quarterly, 6,* 223-230.

Gary, M., & Foltz, T. (1991). *Children-how they grow: Elementary school children ages 6 to 8.* Columbia, MO:

University of Missouri–Columbia.

Gazzaniga, M. S. (1983). Right hemisphere language following brain bisection: A 20-year perspective. *American Psychologist, 45*, 262-272.

Gearheart, B. R. (1986). *Learning disabilities: Educational strategies.* New York, NY: Merrill Publishing.

Gearheart, B. R., & Gearheart, C. J. (1989). *Learning disabilities: Educational strategies* (5th ed.). Columbus, OH: Merrill Publishing.

Geary, D. C. (1993). Mathematical disabilities: Cognitive, neuropsychological, and genetic components. *Psychological Bulletin, 114*, 345-362.

Geary, D. C. (1994). *Children's mathematics development: Research and practical applications.* Washington, DC: American Psychological Association.

Geary, D. C., Brown, S. C., & Samaranayake, V. A. (1991). Cognitive addition: A short longitudinal study of strategy choice and speed-of-processing differences in normal and mathematically disabled children. *Developmental Psychology, 27*, 787-797.

Gersten, R., & Carnine, D. (1984). Administrative support of school improvement: Interim Report. Report submitted to national Institute of Education.

Gersten, R., Jordan, N. C., & Flojo, J. R. (2005). Early identification and intervention for students with mathematics difficulties. *Journal of Learning Disabilities, 38*(4), 293-304.

Geschwind, N., & Behan, P. (1982). Left-handedness: Association with immune disease, migraine, and developmental learning disorder. *Proceedings of the National Academy of Science, 79*, 5097-5100.

Gillingham, A., & Stillman, B. W. (1997). *The Gillingham manual: Remedial training for students with specific disability in reading, spelling, and penmanship* (8th ed.). Cambridge, MA: School Specialty Intervention.

Goldman, S. R., Pellegrino, J. W., & Mertz, D. L. (1988). Extended practice of basic addition facts: Strategy changes in learning disabled students. *Cognition & Instruction, 5*, 223-265.

Graham, S. (1985). Evaluating spelling programs and materials. *Teaching Exceptional Children, 17*, 299-304.

Graham, S., Harris, K. R., & Troia, G. A. (1998). Writing and self-regulation: Cases from the self-regulated strategy development model. In D. H. Shunk & B. J. Zimmerman (Eds.), *Self-regulated learning: From teaching to self-reflective practice* (pp. 20-41). New York: Guilford.

Gregg, N. (1986). Written expression disorders. In L. Bailet, A. Bain, & L. C. Moats (Eds.), *Assessment and diagnosis of child and adolescent psychiatric disorders: Current issues and procedures.* Hillsdale, NJ: Lawrence Erlbaum Associates.

Gresham, F. M. (1991). Conceptualizing behavior disorders in terms of resistance to intervention. *School Psychology Review, 20*, 23-36.

Gresham, F. M. (1986). Conceptual issues in the assessment of social competence. *Children's social behavior:*

Development, assessment, and modification, 143–179.

Gresham, F. M. (1998). Social skills training: Should we raze, remodel, or rebuild? *Behavior Disorders, 24*(1), 19–25.

Gresham, F. M. (2001). Responsiveness to intervention: An alternative approach to the identification of learning disabilities. Paper presented at the Learning Disabilities Summit, Washington, DC, p. 2.

Gresham, F. M. (2002). Chapter VI: Responsiveness to intervention: An alternative approach to the identification of learning disabilities. In R. Bradley, L. Danielson, & D. P. Hallahan (Eds.), *Identification of learning disabilities: Research to practice*. Hillsdale, NJ: Lawrence Erlbaum Associates.

Gresham, F. M., & Elliott, S. N. (1989). Social skills deficits as a primary learning disability. *Journal of Learning Disabilities, 22*(2), 120–124.

Gresham, F. M., Sugai, G., & Horner, R. H. (2001). Interpreting outcomes of social skills training for students with high-incidence disabilities. *Exceptional Children, 67,* 331–344.

Grossen, B., Caros, J., Carnine, D., Davis, B., Deshler, D., Schumaker, J., Bulgren, J., Lenz, K., Adams, G., Jantzen, J., & Marquis, J. (2002). BIG ideas (plus a little effort) produce big results. *Teaching Exceptional Children, 34*(4), 70-73.

Gunning, T. G. (1998). *Assessing and correcting reading and writing difficulties.* Needham Heights, MA: Allyn & Bacon.

Haager, D., Klingner, J., & Vaughn, S. (2007). *Evidence-based reading practices for response to intervention.* Baltimore, MD: Paul H. Brookes.

Haager, D., & Vaughn, S. (1997). Assessment of social competence in students with learning disabilities. *Issues in educating students with disabilities* (pp. 129–152). Mahwah, NJ: Erlbaum.

Hallahan, D. P., & Kauffman, J. M. (1976). *Introduction to learning disabilities.* Upper Saddle River, NJ: Prentice-Hall.

Hallahan, D. P., Kauffman, J. M., & Lloyd, J. W. (1999). *Introduction to learning disabilities.* Needham Heights, MA: Allyn & Bacon.

Hallahan, D. P., & Mercer, C. D. (2002). Chapter I: Learning disabilities: Historical perspectives. In R. Bradley, L. Danielson, & D. P. Hallahan (2002), *Identification of learning disabilities: Research to practice.* Hillsdale, NJ: Lawrence Erlbaum Associates.

Hammill, D. D. (1990). On defining learning disabilities: An emerging consensus. *Journal of Learning Disabilities, 23*(2), 74-84.

Hammill, D. D., & Larsen, S. (1974). The effectiveness of psycholinguistic trainning: Reaffirmation of position. *Exceptional Children, 44,* 402–414.

Hammill, D. D., & Larsen, S. (1983). *Test of written language.* Austine, TX: Pro-Ed.

Hammill, D. D., Leigh, J., McNutt, G., & Larsen, S. (1981). A new definition of learning disabilities. *Learning Disabilities Quarterly, 4*, 336–342.

Harris, K. R., & Graham, S. (1993). Fifth invited response: Cognitive strategy instruction and whole language: A case study. *Remedial & Special Education, 14*, 30–34.

Harris, K. R., & Graham, S. (1994). Constructivism: Principles, paradigms, and integration. *The Journal of Special Education, 28*, 233–247.

Hasselbring, T. S., & Owens, S. D. (1982). Microcomputer-based analysis of spelling errors. *Computers, Reading and Language Arts, 1*(1), 26–31.

Helpern, A. S. (1993). Quality of life as a conceptual framework for evaluating transition outcomes. *Exceptional Children, 59*, 486–498.

Helpern, A. S. (1994). The transition of youth with disabilities to adult life: A position statement of the division on career development and transition, the council for exceptional children. *Career Development for Exceptional Individuals, 17*(2), 115–124.

Hembree, R. (1986). Research gives calculators a green light. *Arithmetic Teacher, 9*, 136–141.

Hillocks, G. (1984). What works in teaching composition: A meta-analysis of experimental treatment studies. *American Journal of Education, 93*, 133–170.

Hinshelwood, J. (1917). *Congenital word blindness.* London: Lewis.

Hobson, J. A. (1994). *Chemistry of conscious states.* Boston, MA: Little, Brown and Co.

Hock, M. F., Pulvers, K. A., & Deshler, D. D. (2001). The effects of an after-school tutoring program on the academic performance of at-risk students and students with LD. *Remedial and Special Education, 22*, 172–186.

Holder, H. B., & Kirkpatrick, S. W. (1991). Interpretation of emotion from facial expressions in children with and without learning disabilities. *Journal of Learning Disabilities, 24*, 170–177.

Houck, C. K. (1993). Ellis's potential integrative strategy instruction model: An appealing extension of previous efforts. *Journal of Learning Disabilities, 26*, 399–403, 416.

Hoy, C., & Gregg, N. (1994). *Assessment: The special educator's role.* Pacific Grove, CA: Brooks.

Hulme, C., & Snowling, M. (1992). Phonological deficit in dyslexia: A sound reappraisal of the verbal deficit hypothesis. In N. N. Sin & I. I. Beale (Eds.), *Learning disabilities: Nature, theory, and treatment* (pp. 270–301). New York, NY: Springer-Verlag.

Hunt, K. L. (1965). *Grammatical structures written at three grade levels* (NCTE Research Report No. 3). Urbana, IL: National Council for Teachers of English.

Hunt, K. L. (1977). Early blooming and late bloomig syntactice structures. In C. Cooper & L. Odell (Eds.), *Evaluating Writing.* Washington, DC: National Council for Teachers of English.

Hutchinson, N. L. (1993a). Integrative strategy instruction: An elusive ideal for teaching adolescents with learning disabilities. *Journal of Learning Disabilities, 26,* 428–432.

Hutchinson, N. L. (1993b). Second invited response: Students with disabilities and mathematics education reform–Let the dialogue begin. *Remedial and Special Education, 14*(6), 20–23.

Hynd, G. W., Hall, J., Novey, E. S., Eliopulos, D., Black, K., Gonzalez, J. J., Edmonds, J. E., Riccio, C., & Cohen, M. (1995). Dyslexia and corpos callosum morphology. *Archives of Neurology, 47,* 919–926.

Interagency Committee on Learning Disabilities (1987). *Learning disabilities: A report to the U.S. Congress.* Bethesda, MD: National Institute of Health.

Issacson, S. (1985). Assessing written language skills. In C. S. Simon (Ed.), *Communication skills and classroom success: Assessment methodologies for language–learning disabled students.* San Diego, CA: College–Hill Press.

Jackson, J. H. (1874). On the nature of duality of the brain. In J. Taylor (Ed.). (1958). *Selected writing of John Hughlings Jackson: Vol. 2. Evolution and dissolution of the nervous system, speech, various papers, addresses and lectures* (pp. 121–128). New York, NY: Basic Books.

Jarvis, P. (1987). *Adult learning in the social context.* London: Croom Helm.

Jensen, E. (1998). *Teaching with the brain in mind.* Alexandria, VA: ASCD.

Jentzsch, C., & Tindal, G. (1991). *Analytic scoring of writing: Training module no. 8.* Eugene, OR: Research, Consultation, and Teaching Program, College of Education, University of Oregon.

Jitendra, A. K., & Hoff, K. (1996). The effects of schema–based instruction on the mathematical word–problem–solving performance of students with learning disabilities. *Journal of Learning Disabilities, 29,* 422–431.

Johnson, D. J., & Myklebust, H. R. (1967). *Learning disabilities: Educational principles and practices.* New York: Grune & Stratton.

Juel, C. (1988). Learning to read and write: A longitudinal study of fifty-four children from first through fourth grade. *Journal of Educational Psychology, 80,* 437–447.

Kameenui, E. J., & Simmons, D. C. (1990). *Designing instructional strategies: The prevention of academic learning problems.* Columbus, OH: Merrill Publishing.

Kamil, M. L., Borman, G. D., Dole, J., Kral, C. C., Salinger, T., & Torgesen, J. (2008). Improving adolescent literacy: Effective classroom and intervention practices. *A practice guide* (NCEE 2008–4027). Washington, DC: National Center for Education Evaluation and Regional Assistance, Institute of Education Sciences, U.S. Department of Education; Retrieved from http://ies.ed.gov/ncee/wwc

Kauffman, J. M. (1997). *Characteristics of emotional and behavioral disorders of children and youth* (6th ed.). Upper Saddle River, NJ: Prentice–Hall.

Kaufmann, L., Handl, P., & Thony, B. (2003). Evaluation of a numeracy intervention program focusing on basic numerical knowledge and conceptual knowledge: A pilot study. *Journal of Learning Disabilities, 36*(6), 564-573.

Kavale, K. A. (1990). Variances and variety in learning disability interventions. In T. E. Scruggs & B. Y. L. Wong (Eds.), *Intervention research in learning disabilities* (pp. 3-53). New York, NY: Springer-Verlag.

Kavale, K. A. (1995). Setting the record straight on learning disability and low achievement: The tortuous path of ideology. *Learning Disabilities Research & Practice, 10*, 145-152.

Kavale, K. A., & Forness, S. R. (1985). Learning disability and the history of science: Paradigm or paradox? *Remedial and Special Education, 6*, 12-24.

Kavale, K. A., & Forness, S. R. (1987). Substance over style: A quantitative synthesis assessing the efficacy of modality testing and teaching. *Exceptional Children, 54*, 228-234.

Kavale, K. A., & Forness, S. R. (1992). History, definition, and diagnosis. In N. N. Singh & I. L. Beale (Eds.), *Learning disabilities: Nature, theory, and treatment* (pp. 3-43). New York, NY: Springer-Verlag.

Kavale, K. A., & Forness, S. R. (1995). *The nature of learning disabilities: Critical elements of diagnosis and classification.* Mahwah, NJ: Erlbaum.

Kavale, K. A., & Forness, S. R. (1996). Social skill deficits and learning disabilities: A meta-analysis. *Journal of Learning Disabilities, 29*, 226-237.

Kavale, K. A., & Forness, S. R. (1997). Defining learning disabilities: Consonance and dissonance. In Lloyd, J. W., Kameenui, E. J., & Chard, D. (Eds.), *Issues in educating students with disabilities* (pp. 3-25). Mahwah, NJ: Lawrence Erlbaum.

Kavale, K. A. (2002). Chapter V. Discrepancy models in the identification of learning disability. In R. Bardley, L. Danielson, & D. P. Hallahan (Eds.), *Identification of learning disabilities: Research to practice.* Hillsdale, NJ: Lawrence Erlbaum Associates.

Kavale, K. A., & Forness, S. R. (2000). What definitions of learning disability say and don't say: A critical analysis. *Journal of Learning Disabilities, 33*(3), 239-256.

Kavale, K. A., Forness, S., & Lorsbach, T. C. (1991). Definition for definitions of learning disabilities. *Learning Disability Quarterly, 14*, 257-266.

Kavale, K. A., Fuchs, D., & Scruggs, T. E. (1994). Setting the record straight on learning disability and low achievement: Implications for policymaking. *Learning Disabilities Research & Practice, 9*(2), 70-77.

Kavale, K. K., Holdnack, J. A., & Mostert, M. P. (2005). Responsiveness to intervention and the identification of specific learning disability: A critique and alternative proposal. *Learning Disability Quarterly, 28*(1), 2-16.

Keller, J. M., & Suzuki, K. (1988). Use of the ARCS Motivation Model in Courseware Design. In D. H. Jonassen (Ed.), *Instructional Design for Microcomputer Courseware* (pp. 401-434). Hillsdale, NJ: Lawrence

Erlbaum Associates.

Kelly, B., Gersten, R., & Carnine, D. (1990). Student error patterns as a function of curriculum design: Teaching fractions to remedial high school students with learning disabilities. *Journal of Learning Disabilities, 23,* 23–29.

Keogh, B. K. (1994). A matrix of decision points in the measurement of learning disabilities. In G. R. Lyon (Ed.), *Frames of reference for the assessment of learning disabilities: New views on assessment issues* (pp. 15–26). Baltimore, MD: Paul H. Brookes.

Kerr, M. M., & Nelson, C. M. (1998). *Managing behavior problems in the classroom* (3rd ed.). New York: MacMillan.

Kirby, J. R., & Becker, L. D. (1988). Cognitive components of learning problems in arithmetic. *Remedial and Special Education, 2*(5), 7–16.

Kirk, S. A., & Chalfant, J. C. (1984). *Academic and developmental learning disabilities.* Denver, CO: Love.

Klein, R., & Armitage, R. (1979). Rhythms in human performance. *Science, 204*(4399), 1326–1328.

Klein, R., Pilon, D., Prosser, S., & Shannahoff-Khalsa, D. (1986). Nasal airflow asymmetries and human performance. *Biological Psychology, 2,* 127–137.

Knopik, V. S., Alarcon, M., & DeFries, J. C. (1997). Comorbidity of mathematics and reading deficits: Evidence for a genetic etiology. *Behavior Genetics, 27*(5), 447–453.

Kolata, G. (1982). Food affects human behavior. *Science, 218,* 1209–1210.

Kosc, L. (1974). Developmental dyscalculia. *Journal of Learning Disabilities, 7,* 164–177.

Kravetz, S., Faust, M., Lipshitz, S., & Shalhav, S. (1999). LD, interpersonal understanding, and social behavior in the classroom. *Journal of Learning Disabilities, 32,* 248–255.

Kucian, K., Grond, U., Rotzer, S., Henzi, B., Schönmann, C., Plangger, F., Gälli, M., Martin, E., & von Aster, M. (2011). Mental number line training in children with developmental dyscalculia. *Neuroimage, 57*(3), 782–795.

Kuhne, M., & Wiener, J. (2000). Stability of social status of children with and without learning disabilities. *Learning Disability Quarterly, 23*(4), 64–75.

LaFreniere, P. J., & Dumas, J. E. (1995). *Social Competence and Behavior Evaluation: Preschool Edition (SCBE).* Los Angeles, CA: Western Psychological Services.

La Greca, A. M., & Stone, W. L. (1990). LD status and achievement: Confounding variables in the study of children's social status, self-esteem, and behavioral functioning. *Journal of Learning Disabilities, 23,* 483–490.

Langer, J. A. (1982). Facilitating text processing: The elaboration of prior knowledge. In J. A. Langer & M. T. Smith-Burke (Eds.), *Reader meets author: Bridging the gap.* Newark, DE: International Reading

Association.

Lerner, J. (1993). *Learning disabilities* (6th ed.). Boston, MA: Houghton Mifflin.

Lerner, J. (2000). *Learning disabilities: Theories, diagnosis, and teaching strategies.* Boston, MA: Houghton Mifflin.

Leshowitz, B., Jenkens, K., Heaton, S., & Bough, T. L. (1993). Fostering critical thinking skills in students with learning disabilities: An instructional program. *Journal of Learning Disabilities, 26*, 483-490.

Leutzinger, L. P., & Bertheau, M. (1989). Making sense of numbers. *New Directions for Elementary School Mathematics*, 111-122.

Lewis, B. A., & Thompson, L. A. (1992). A study of developmental speech and language disorders in twins. *Journal of Speech and Hearing Research, 35*, 1086-1094.

Liberman, I. Y., & Liberman, A. M. (1990). Whole language versus code emphasis: Underlying assumptions and their implications for reading instruction. *Dyslexia, 40*, 51-76.

Light, J. G., & DeFries, J. C. (1995). Comorbidity of reading and mathematics disabilities: Genetic and environmental etiologies. *Journal of Learning Disabilities, 28*(2), 96-106.

Lynch, D. R., & Batshaw, M. L. (1997). The brain and nervous system: Our computer. In M. L. Batshaw (Ed.), *Children with Disabilities* (4th ed., pp. 293-314). Baltimore, MD: Paul H. Brookes.

Lloyd, C. V. (1995). How teachers teach reading comprehension: An examination of four categories of reading comprehension instruction. *Reading Research and Instruction, 35*, 171-185.

Lloyd-Jones, R. (1977). Primary trait scoring. In C. R. Cooper & L. Odell (Eds.), *Evaluating writing.* Princeton, NJ: National Council of Teachers of English.

Lovitt, T. C. (1989). *Introduction to learning disabilities.* Needham Heights, MA: Allyn & Bacon.

Lyon, G. R. (1996). Learning disabilities. *The Future of Children*, 54-76.

Lyon, G. R., & Rumsey, J. M. (1996). *Neuroimaging: A window to the neurological foundations of learning and behavior in children.* Baltimore, MD: Paul H. Brookes.

MacMillan, D. L., Gresham, F. M., & Bocian, K. M. (1998). Discrepancy between definitions of learning disabilities and school practices: An empirical investigation. *Journal of Learning Disabilities, 31*, 314-326.

Mann, L. (1979). *On the trail of process.* New York, NY: Grune & Stratton.

Marston, D., & Deno, S. L. (1981). *The reliability of simple, direct measures of written expression* (Research Report No. 50). Minneapolis, MI: University of Minnesota, Institute for Research on Learning Disabilities.

Marston, D. B. (1989). A curriculum-based measurement approach to assessing academic performance: What it is and why do it. In M. R. Shinn (Ed.), *Curriculum-based measurement: Assessing special children.* New York, NY: Guilford Press.

Mastropieri, M. A., & Scruggs, T. E. (1997). Best practices in promoting reading comprehension in students with learning disabilities. *Remedial and Special Education, 18*, 197-213.

Mather, N., & Roberts, R. (1994). Learning disabilities: A field in danger of extinction? *Learning Disabilities Research & Practice, 9*(1), 49-58.

Matson, J. L., & Swiezy, N. (1994). Social skills training with autistic children. *Autism in children and adults: Etiology, assessment and intervention,* 241-260.

McCarthy, J. J., & Kirk, S. A. (1961). *Illinois Test of Psycholinguistic Abilities: Experimental edition.* Urbana, IL: University of Illinois Press.

McFall, R. M. (1982). A review and reformulation of the concept of social skills. *Journal of Behavioral Assessment, 4*(1), 1-33.

McGoech, J. L., Introini-Collison, I. B., Cahill, L. F., Castellano, C., Dalmaz, C., Parent, M. B., & Williams, C. L. (1993). Neuromodulatory systems and memory storage: Role of the amygdala. *Behavioural Brain Research, 58*, 81-90.

McNamara, T. P., Miller, D. L., & Bransford, J. D. (1996). Mental models and reading comprehension. In R. Barr, M. L. Kamil, P. Mosenthal, & P. D. Pearson (Eds.), *Handbook of reading research: Volume II* (pp. 490-511). Mahwah, NJ: Erlbaum.

McTighe, J., & Wiggins, G. (2013). *Essential questions: Opening doors to student understanding.* Alexandria, VA: ASCD.

Meadows, S. (1998). Children learning to think: Learning from others? Vygotskian theory and educational psychology. *Educational and Child Psychology, 15*, 6-13.

Mellard, D. F., & Johnson, E. (2008). *RTI: A practitioner's guide to implementing response to intervention.* Thousand Oaks, CA: Corwin Press.

Meltzer, L. J. (1994). Assessment of learning disabilities: The challenge of evaluating the cognitive strategies and processes underlying learning. In G. R. Lyon (Ed.), *Frames of reference for the assessment of learning disabilities: New views on measurement issues* (pp. 571-606). Baltimore, MD: Paul H. Brookes.

Mercadante, M. T., Van der Gaag, R. J., & Schwartzman, J. S. (2006). Non-autistic pervasive developmental disorders: Rett's syndrome, childhood disintegrative disorder and pervasive developmental disorder not otherwise specified. *Revista brasilera de psiquiatria, 28*(1), 12-20.

Mercer, C. D. (1987). *Students with learning disabilities* (3rd ed.). Columbus, OH: Merrill.

Mercer, C. D. (1992). *Students with learning disabilities* (4th ed.). Columbus, OH: Merrill Publishing.

Mercer, C. D., King-Sears, P., & Mercer, A. R. (1990). Learning disabilities definitions and criteria used by state education departments. *Learning Disability Quarterly, 13*, 141-152.

Mercer, C. D., & Mercer, A. R. (1993). *Teaching students with learning problems* (4th ed.). New York, NY: MacMillan.

Mercer, C. D., & Mercer, A. R. (2001). *Teaching students with learning problems* (6th ed.). Upper Saddle River, NJ: Prentice Hall.

Mercer, C. D., & Miller, S. P. (1992). Teaching students with learning problems in math to acquire, understand, and apply basic math facts. *Remedial and Special Education, 13*(3), 19-35, 61.

Merrell, K. W. (1990). Differentiating low achieving students and students with learning disabilities: An examination of performances on the Woodcock-Johnson psycho-educational battery. *The Journal of Special Education, 24*, 296-305.

Merrell, K. W. (1993). Using behavioral rating scales to assess social skills and antisocial behavior in school settings: Development of the School Social Behavior Scales. *School Psychology Review. 22*, 115-133.

Merrell, K. W. (1994). *Preschool and Kindergarten Behavior Scales.* Test Manual. Clinical Psychology Publishing Company, Inc., 4 Conant Square, Brandon, VT 05733.

Merrell, K. W., & Shinn, M. R. (1990). Critical variables in the learning disabilities identification process. *School Psychology Review, 19*, 74-82.

Meyler, A., Keller, T. A., Cherkassky, V. L., Gabrieli, J. D., & Just, M. A. (2008). Modifying the brain activation of poor readers during sentence comprehension with extended remedial instruction: A longitudinal study of neuroplasticity. *Neuropsychologia, 46*(10), 2580-2592.

Mezirow, J. (1990). *Transformative dimensions of adult learning.* San Francisco, CA: Jossey Bass.

Michell, J. (1986). Measurement scales and statistics: A clash of paradigms. *Psychological Bulletin, 100*(3), 398.

Miller, S. P. (2002). *Validated practices for teaching students with diverse needs and abilities.* Needham Heights, MA: Allyn & Bacon.

Miller, S. P., Butler, F. M., & Lee, K. (1998). Validated practices for teaching mathematics to students with learning disabilities: A review of literature. *Focus on Exceptional Children, 31*(1), 1-24.

Miller, S. P., & Mercer, C. D. (1997). Educational aspects of mathematics disabilities. *Journal of Learning Disabilities, 30*, 47-56.

Moffett, J. M., & Wagner, B. J. (1983). Student centered language arts and reading. *K-13: A handbook for teachers.* Boston, MA: Houghton Mifflin.

Montague, M. (1992). The effects of cognitive and metacognitive strategy instruction on the mathematical problem solving of middle school students with learning disabilities. *Journal of Learning Disabilities, 25*, 230-248.

Montague, M. (1997). Cognitive strategy instruction in mathematics for students with learning disabilities. *Journal of Learning Disabilities, 30*, 164-177.

Montague, M., & Applegate, B. (1993). Middle school students mathematical problem solving: An analysis of think-aloud protocols. *Learning Disability Quarterly, 16*, 19-32.

Montague, M., & Bos, C. (1986). The effect of cognitive strategy training on verbal math problem solving performance of learning disabled adolescents. *Journal of Learning Disabilities, 19*, 26-33.

Moran, M. R. (1987). Options for written language assessment. *Focus on Exceptional Children, 19*(5), 1-12.

Myklebust, H. R. (1965). *Development and disorders of written language: Picture story language test.* New York, NY: Grune & Stratton.

National Center for Learning Disabilities (2006). Learning disabilities checklist. http://www.ncld.org/images/stories/downloads/parent_center/ldchecklist.pdf

National Council of Teachers of Mathematics (1989). *Curriculum and evaluation standards for school mathematics.* Reston, VA: Author.

National Joint Committee on Learning Disabilities (1990). *Collective perspectives on issues affecting learning disabilities: Position papers and statements.* Austin, TX: PRO-ED.

National Joint Committee on Learning Disabilities (1998). Letter to NJCLD member organizations. Unpublished manuscript.

Nichols, P. L., & Chen, T. C. (1981). *Minimal brain dysfunction: A prospective study.* Hillsdale, NJ: Lawrence Erlbaum Associates.

Nickerson, R. S. (1987). Why teaching thinking? In J. B. Baron & R. J. Sternberg (Eds.), *Teaching thinking skills: Theory and practice* (pp. 27-38). New York, NY: W. H. Freeman and Company.

Nickerson, R. S., Perkins, D. N., & Smith, E. E. (1985). *The teaching of thinking.* Hillsdale, NJ: Lawrence Erlbaum Associates.

Njiokiktjien, C., de Sonneville, L., & Vaal, J. (1994). Callosal size in children with learning disabilities. *Behavioral Brain Research, 64*, 213-218.

Odell, L. (1981). Defining and assessing competence in writing. In C. Cooper (Ed.), *The nature and measurement of competency in English.* Urbana, IL: National Council of Teachers of English.

Oliva, A. H., & La Greca, A. M. (1988). Children with learning disabilities: Social goals and strategies. *Journal of Learning Disabilities, 21*, 301-306.

Omizo, M. M., & Omizo, S. A. (1988). Group counseling's effects on self-concept and social behavior among children with learning disabilities. *Journal of Humanistic Education and Development, 26*, 109-117.

Orton, S. T. (1937). *Reading, writing and speech problems in children.* New York, NY: W.W.Norton & Company.

Palinscar, A. M., & Brown, A. L. (1984). Reciprocal teaching of comprehension fostering and comprehension monitoring activities. *Cognition and Instruction, 1*, 117-175.

Parker, R. (1993). Comments on Ellis's integrative strategy instruction model. *Journal of Learning Disabilities, 26*, 443-447, 481.

Parkin, A. J. (1996). *Explorations in cognitive neuropsychology.* Malden, MA: Blackwell.

Parmar, R. S., Cawley, J. F., & Frazita, R. R. (1996). Word problem-solving by students with and without mild disabilities. *Exceptional Children, 62,* 415–429.

Paulson, F. L., Paulson, P. R., & Meyer, C. A. (1991). What makes a portfolio a portfolio? *Educational Leadership, 48*(5), 60–63.

Pearson, P., & Fielding, L. (1998). Comprehension instruction. In R. Barr, M. L. Kamil, P. Mosenthal, & P. D. Pearson (Eds.), *Handbook of reading research: Volume II* (pp. 813–859). Mahwah, NJ: Erlbaum.

Pennington, B. F. (1991). *Diagnosing learning disorders: A neuropsychological framework.* New York, NY: Guilford Press.

Pennington, B. F. (1995). Genetics of learning disabilities. *Journal of Child Neurology, 10,* 69–77.

Pinel, J. P. (1997). *Biopsychology* (3rd ed.). Needham Heights, MA: Allyn & Bacon.

Polloway, E. A., Patton, J. R., & Cohen, S. (1981). Written language for mildley handicapped students. *Focus on Exceptional Children, 14*(3), 1–16.

Polloway, E. A., Patton, J. R., & Serna, L. (2001). *Strategies for teaching learners with special needs.* Upper Saddle River, NJ: Prentice-Hall.

Poplin, M. S. (1984). Summary rationalizations, apopogies and farewell: What we don't know about the learning disabled. *Learning Disability Quarterly, 7,* 129–134.

Poteet, J. (1980). Informal assessment of written expression. *Learning Disabilities Quarterly, 3,* 88–98.

Pressely, M. (1998). *Reading Instruction that works: The case for balanced teaching.* New York, NY: Guilford Press.

Pressley, M., El-Dinary, P. B., Wharton-McDonald, R., & Brown, R. (1998). Transactional instruction of comprehension strategies in the elementary grades. In D. H. Schunk & B. J. Zimmerman (Eds.), *Self-regulated learning: From teaching to self-reflective practice* (pp. 42–56). New York, NY: Guilford Press.

Pressley, M., Woloshyn, V., & Others (1995). *Cognitive strategy instruction that really improves children's academic performance* (2nd ed.). Cambridge, MS: Brookline Books.

Rheinberg, F., Vollmeyer, R., & Rollet, W. (2000). Motivation and action in self-regulated learning. In M. Boekaerts, P. R. Pintrich, & M. Zeidner (Eds.), *Handbook of self-regulation* (pp. 503–529). San Diego, CA: Academic Press.

Richek, M., Caldwell, J., Jennings, J., & Lerner, J. (1996). *Reading problems: Assessment and teaching strategies.* Needham Heights, MA: Allyn & Bacon.

Rivera, D. M., & Bryant, B. R. (1992). Mathematics instruction for students with special needs. *Intervention in School and Clinic, 28,* 71–86.

Robinson, D. R., Mckenna, C. M., & Wedman, M. J. (1996). *Issues and trends in literacy education.* Needham

Heights, MA: Allyn & Bacon.

Robinson, S. M., Braxdale, C. T., & Colson, S. E. (1985). Preparing dysfunctional learners to enter junior high school: A transition curriculum. *Focus on Exceptional Children, 18*(4), 1–10.

Rossi, E. L., & Nimmons, D. (1991). *The 20-minute break: Using the new science of ultradian rhythms.* Los Angeles: Jeremy Tarcher.

Rourke, B. P. (1993). Arithmatic disabilities, specific and otherwise: A neuropsychological perspective. *Journal of Learning Disabilities, 26*, 214–226.

Rourke, B. P., & Conway, J. A. (1997). Disabilities of arithmetic and mathematical reasoning: Perspectives from neurology and neuropsychology. *Journal of Learning Disabilities, 30*, 34–46.

Roussos, L., DiBello, L. V., & Stout, W. F. (2007). Review of cognitively diagnostic assessment and a summary of psychometric models. In C. R. Rao & S. Sinharay (Eds.), *Handbook of statistics: Vol. 26. Psychometrics* (pp. 979–1027). Amsterdam: Elsevier Science.

Rubenzer, R. L. (1988). *Stress management for the learning disabled.* Reston, VA: ERIC Clearinghouse on Counseling and Personnel Services.

Rumsey, J. M. (1996). Neuroimaging in developmental dyslexia: A review and conceptualization. In C. R. Lyod & J. M. Rumsey (Eds.), *Neuroimaging* (pp. 53–56). Baltimore, MD: Paul H. Brookes.

Rumsey, J. M., Casanova, M., Mannheim, G. B., Patronas, N., deVaughn, N., Hamgurger, S. D., & Aquino, T. (1996). Corpus callosum morphology, as measured with MRI, in dyslexic men. *Biological Psychiatry, 39*, 769–775.

Rupp, A. A., Templin, J., & Henson, R. A. (2010). *Diagnostic measurement: Theory, methods, and applications.* New York, NY: Guilford Press.

Rutter, M., Caspi, A., Fergusson, D., Horwood, L. J., Goodman, R., Maughan, B., Moffitt, T. E., Meltzer, B., & Carroll, J. (2004). Sex differences in developmental reading disability: New findings from 4 epidemiological studies. *JAMA, 291*(16), 2007–2012.

Rutter, M., & Yule, W. (1975). The concept of specific reading retardation. *Journal of Child Psychology and Psychiatry, 16*, 181–197.

Salend, S. J. (2001). *Creating inclusive classrooms: Effective and reflective practices.* Upper Saddle River, NJ: Prentice-Hall.

Salveson, K. A., & Undheim, J. O. (1994). Screening for learning disabilities with teacher rating scales. *Journal of Learning Disabilities, 27*, 60–66.

Samuels, S. J. (1979). The method of repeated readings. *Reading Teacher, 32*, 403–408.

Samuels, S. J. (1987). Information processing abilities and reading. *Journal of Learning Disabilities, 20*, 18–22.

Sargent, L. S. (1998). *Social skills for school and community: Systematic instruction for children and youth with cognitive delays.* Colorado Springs, CO: CEC Publications.

Schumaker, J. B., Deshler, D., Alley, G., Warner, M., & Denton, P. (1982). Multipass: A learning strategy for improving reading comprehension. *Learning Disability Quarterly, 5*(3), 295-304.

Scruggs, T. E., & Mastropieri, M. A. (1993). Special education for the twenty-first century: Integrating learning strategies and thinking skills. *Journal of Learning Disabilities, 26,* 392-398.

Seefeldt, C., & Barbour, N. (1998). *Early childhood education: An introduction.* Columbus, OH: Merrill.

Selman, R. L., & Byrne, D. F. (1974). A structural-developmental analysis of levels of role taking in middle childhood. *Child Development, 45,* 803-806.

Semrud-Clikeman, M. (2005). Neuropsychological aspects for evaluating learning disabilities. *Journal of Learning Disabilities, 38*(6), 563-568.

Semrud-Clikeman, M., Walkowiak, J., Wilkinson, A., & Christopher, G. (2010). Neuropsychological differences among children with asperger syndrome, nonverbal learning disabilities, attention deficit disorder, and controls. *Developmental Neuropsychology, 35*(5), 582-600.

Settle, S. A., & Milich, R. (1999). Social persistence following failure in boys and girls with LD. *Journal of Learning Disabilities, 32,* 201-212.

Shaywitz, B. A., & Shaywitz, S. E. (1991). Comorbidity: A critical issue in attention deficit disorder. *Journal of Child Neurology, 6*(1 suppl), S13-S22.

Shaw, P., Eckstrand, K., Sharp, W., Blumenthal, J., Lerch, J. P., Greenstein, D., Clasen, L., Evans, A., Giedd, J., Rapoport, J. L., & Rapoport, J. L. (2007). Attention-deficit/hyperactivity disorder is characterized by a delay in cortical maturation. *Proceedings of the National Academy of Sciences of the United States of America, 104*(49), 19649-19654.

Shaywitz, B. A., Shaywitz, S. E., Blachman, B. A., Pugh, K. R., Fulbright, R. K., Skudlarski, P., Mencl, W. E., Constable, R. T., Pugh, K. R., & Holahan, J. M. (2004). Development of left occipitotemporal systems for skilled reading in children after a phonologically-based intervention. *Biological Psychiatry, 55*(9), 926-933.

Shepard, L. (1980). An evaluation of the regression discrepancy method for identifying children with learning disabilities. *Journal of Special Education, 14*(1), 79-91.

Shin, J., Good, J., Greenwood, C., & Luze, G. (2001). Assessing language, early literacy, and social skill development of preschoolers. Paper Presented at the Annual Meeting of the Council for Exceptional Children, Kansas City, Kansas.

Shinn, M. R. (1989). *Curriculum-Based Measurement: Assessing special children.* New York, NY: Guilford Press.

Shinn, M. R., & Marston, D. (1985). Differentiating mildly handicapped, low-achieving and regular education students: A curriculum-based approach. *Remedial and Special Education, 6,* 31-38.

Shinn, M. R., Ysseldyke, J. E., Deno, S. L., & Tindal, G. A. (1986). A comparison of differences between students labeled learning disabled and low achieving on measures of classroom performance. *Journal of Learning Disabilities, 19*, 545-552.

Short, E. J., & Weissberg-Benchell, J. A. (1989). The triple alliance for learning: Cognition, metacognition, and motivation. In C. B. McCormick, G. E. Miller, & M. Pressley (Eds.), *Cognitive strategy research, 11*, 33-63.

Siegel, J. M. (2001). The REM sleep-memory consolidation hypothesis. *Science, 294*, 1058-1063.

Siegel, L. S. (1988). Evidence that IQ scores are irrelevant to the definition and analysis of reading disability. *Canadian Journal of Psychology/Revue Canadienne de Psychologie, 42*(2), 201.

Siegel, L. S. (1999). Issues in the definition and diagnosis of learning disabilities: A perspective on Guckenberger v. Boston University. *Journal of Learning Disabilities, 32*(4), 304-319.

Silbert, J., Carnine, D., & Stein, M. (1990). *Direct instruction mathematics.* Englewood Cliffs, NJ: Prentice-Hall.

Silver, A. A., & Hagin, R. A. (1975). Fascination Journey: Paths to Prediction and Prevention of Reading Disability. *Bulletin of The Orton Society, 25*, 24-36.

Silver, L. (1990). Attention-deficit hyperactivity disorder: Is it a Learning disability or a related disorder? *Journal of Learning Disabilities, 23*, 393-397.

Simmons, D. C., & Kameenui, E. J. (1996). A focus on curriculum design: When children fail. *Focus on Exceptional Children, 8*(7), 1-16.

Sinclair, E., & Alexson, J. (1986). Learning disability discrepancy formulas: Similarities and differences among them. *Learning Disabilities Research, I*, 112-118.

Sitlington, P. L., Clark, G. M., & Kolstoe, O. P. (2000). *Transition education and services for adolescents with disabilities.* Needham Heights, MA: Allyn & Bacon.

Slavin, R. E., & Madden, N. A. (1989). What works for students at risk: A research synthesis. *Educational Leadership, 46*, 4-13.

Small, R. (2000). Motivation in instructional design. *Teacher Librarian, 27*(5), 29-31.

Sousa, D. A. (2006). *How the special needs brain learns.* Thousand Oaks, CA: Corwin Press.

Spache, G. D. (1976). *Investigating the issues of reading disabilities.* Boston, MA: Allyn & Bacon.

Spandel, V., & Stiggins R. J. (1981). *Direct measures of writing skill: Issues and applications.* Portland, OR: Northwest Regional Educational Laboratory.

Spreen, O. (2011). Nonverbal learning disabilities: A critical review. *Child Neuropsychology, 17*(5), 418-443.

Stahl, S. A., & Fairbanks, M. M. (1986). The effects of vocabulary instruction: A model-based meta-analysis. *Review of Educational Research, 56*, 72-110.

Stanovich, K. E. (1986). Matthew effects in reading: Some consequences of individual differences in the acquisition of literacy. *Reading Research Quarterly, 21*, 360-407.

Stanovich, K. E. (1991). Conceptual and empirical problems with discrepancy definitions of reading disability. *Learning Disability Quarterly, 14*, 269-279.

Stanovich, K. E. (1999). The sociopsychometrics of learning disabilities. *Journal of Learning Disabilities, 32*, 350-361.

Starlin, C. M. (1982). *On reading and writing.* State of Iowa, Department of Public Instruction, Special Education Division.

Stein, M., Kinder, D., Silbert, J., & Carnine, D. W. (2006). *Designing effective mathematics instruction.* Upper Saddle River, NJ: Pearson Prentice Hall.

Stephens, T. M., & Arnold, K. D. (1992). *Social behavior assessment inventory: Professional manual.* Odessa, FL: Psychological Assessment Resources.

Strauss, A. A., & Lehtinen, L. E. (1947). *Psychopathology and education of the brain-injured child.* New York, NY: Grune & Stratton.

Streissguth, A. P., Martin, D. C., Barr, H. M., Sandman, B. M., Kirchner, G. L., & Darby, B. L. (1984). Intrauterine alcohol and nicotine exposure: Attention and reaction time in four-year-old children. *Developmental Psychology, 20*, 533-541.

Swanson, E., Hairrell, A., Kent, S., Ciullo, S., Wanzek, J., & Vaughn, S. (2014). Synthesis and meta-analysis of reading interventions using social studies content for students with learning disabilities. *Journal of Learning Disabilities, 47*(2), 178-195.

Swanson, H. L. (1990). Instruction derived from the strategy deficit model: Overview of principles and procedures. In T. E. Scruggs & B. Y. L. Wong (Eds.), *Intervention research in learning disabilities* (pp. 34-65). New York, NY: Springer-Verlag.

Swanson, H. L. (1991). Operational definitions and learning disabilities: An overview. *Learning Disability Quarterly, 14*, 242-254.

Swanson, H. L. (1993a). An information processing analysis of learning disabled children's problem solving. *American Educational Research Journal, 30*, 861-893.

Swanson, H. L. (1993b). Working memory in learning disability subgroups. *Journal of Experimental Child Psychology, 56*, 87-114.

Swanson, H. L. (1994). Short-term memory and working memory: Do both contribute to our understanding of academic achievement in children and adults with learning disabilities? *Journal of Learning Disabilities, 27*, 34-50.

Swanson, H. L. (2001). Research on interventions for adolescents with learning disabilities: A meta-analysis of outcomes related to higher-order processing. *The Elementary School Journal, 101*, 331-348.

Swanson, H. L., & Alexander, J. E. (1997). Cognitive processes as predictors of word recognition and reading comprehension in learning-disabled and skilled readers: Revisiting the specificity hypothesis. *Journal of Educational Psychology, 89,* 128–158.

Swanson, H. L., & Hoskyn, M. (2002). Instructing adolescents with learning disabilities: A component and composite analysis. *Learning Disabilities Research & Practice, 16,* 109-119.

Swanson, H. L., Kozleski, E., & Stegink, P. (1987). Effects of cognitive training on disabled readers' prose recall: Do cognitive processes change during intervention? *Psychology in the Schools, 24,* 378-384.

Swanson, H. L., & Malone, S. (1992). Social skills and learning disabilities: A meta-analysis of the literature. *School Psychology Review, 21,* 427–443.

Sweet, A. P., & Guthrie, J. T. (1996). How children's motivations relate to literacy development and instruction. *The Reading Teacher, 49,* 660–662.

Taylor, R. L. (2000). *Assessment of exceptional students: Educational and psychological procedures.* Needham Heights, MA: Allyn & Bacon.

Temple, E., Deutsch, G. K., Poldrack, R. A., Miller, S. L., Tallal, P., Merzenich, M. M., & Gabrieli, J. D. (2003). Neural deficits in children with dyslexia ameliorated by behavioral remediation: Evidence from functional MRI. *Proceedings of the National Academy of Sciences, 100*(5), 2860-2865.

Templin, J. L., & Henson, R. A. (2006). Measurement of psychological disorders using cognitive diagnosis models. *Psychological Methods, 11,* 287-305.

Thompson, R., & Littrell, J. M. (1998). Brief counseling for students with learning disabilities. *Professional School Counseling, 2*(1), 60-67.

Tindal, A. G., & Marston, D. B. (1990). *Classroom-Based Assessment: Evaluating Instructional Outcomes.* Columbus, OH: Merrill Publishing.

Titsworth, B. S. (1999). An ideological basis for definition in public argument: A case study of the Individuals with Disabilities in Education Act. *Argumentation and Advocacy, 35,* 171-186.

Torgesen, J. (1979). Factors related to poor performance on memory tasks in reading disabled children. *Learning Disability Quarterly, 2,* 17-23.

Torgesen, J. (1981). Learning Disabilities: Historical and conceptual issues. In B. Y. L. Wong (Ed.), *Learning about learning disabilities* (pp. 3-37). San Diego, CA: Academic Press.

Torgesen, J. K. (1991). Learning disabilities: Historical and conceptual issues. In B. Y. L. Wong (Ed.), *Learning about learning disabilities* (pp. 3-37). San Diego, CA: Academic Press.

Torgesen, J. K. (2002). The prevention of reading difficulties. *Journal of School Psychology, 40*(1), 7-26.

Tralli, R., Colombo, B., & Deshler, D. D. (1996). The strategies intervention model: A model for supported inclusion at the secondary level. *Remedial and Special Education, 17,* 204-216.

U.S. Department of Education (1993). *Fifteenth annual report to Congress on the implementation of the*

Individuals with Disabilities Education Act. Washington, DC: Author.

U.S. Department of Education (1995). *Seventeenth annual report to Congress on the implementation of the Individuals with Disabilities Education Act*. Washington, DC: Author.

U.S. Office of Education (1977a). Assistance to states for education of handicapped children: Procedures for evaluating specific learning disabilities. *Federal Register, 42*(250), 65082-65085.

U.S. Office of Education (1977b). Definition and criteria for defining students as learning disabled. *Federal Register, 42*(250), 65084.

Vallerand, R. J. (1997). Toward a hierarchical model of intrinsic and extrinsic motivation. In M. P. Zanna (Ed.), *Advances in experimental social psychology: Vol. 29*. (pp. 271-360). San Diego, CA: Academic Press.

Vaughn, S., Bos, C. S., & Schumm, J. S. (2000). *Teaching exceptional, diverse, and at-risk students in the general education classroom*. Needham Heights, MA: Allyn & Bacon.

Vaughn, S., & Fuchs, L. S. (2003). Redefining learning disabilities as inadequate response to instruction: The promise and potential problems. *Learning Disabilities Research & Practice, 18*(3), 137-146.

Vauras, M., Lehtinen, E., Olkinuora, E., & Salonen, P. (1993). Devices and desires: Integrative strategy instruction from a motivational perspective. *Journal of Learning Disabilities, 26*, 384-391.

Wagner, R. K., & Torgesen, J. K. (1987). The nature of phonological processing and its causal role in the acquisition of reading skills. *Psychological Bulletin, 101*, 192-212.

Walker, H. M., Colvin, G., & Ramsey, E. (1995). *Antisocial behavior in school: Strategies and best practices*. Pacific Grove, CA: Brooks/Cole Publishing Company.

Walker, H. M., McConnell, S., Holmes, D., Todis, B., Walker, J., & Golden, N. (1983). *The Walker social skills curriculum: The ACCEPTS program: A curriculum for children's effective peer and teacher skills*. Austin, TX: PRO-ED.

Wallace, G., & Larsen, S. (1978). *Educational assessment of learning problems: Testing for teaching*. Needham Heights, MA: Allyn & Bacon.

Walsh, J. (1993). The promise and pitfalls of integrated strategy instruction. *Journal of Learning Disabilities, 26*, 438-442.

Wertsch, J. V., & Tulviste, P. (1996). L. S. Vygotsky and contemporary developmental psychology. In H. Daniels (Ed.), *An introduction to Vygotsky* (pp. 53-74). New York, NY: Routledge.

Wharton-McDonald, R., Rankin, J., & Mistretta, J. (1997). Effective primary-grades literacy instruction equals balanced literacy instruction. *The Reading Teacher, 50*(6), 518-521.

Wiederholt, J. L. (1974). Historical perspective on the education of the learning disabilities. In L. Mann & D. A. Sabatino (Eds.), *The second review of special education* (pp. 103-152). Austin, TX: Pro-Ed.

Wiener, H. S., & Bazerman, C. (2000). *Reading skills handbook* (8th ed.). New York, NY: Houghton Mifflin.

Wiener, J. (1987). Peer status of learning disabled children and adolescents: A review of literature. *Learning Disabilities Research, 2,* 62–79.

Wiener, S. H. (1990). *Any child can write.* New York, NY: Oxford University Press.

Will, M. (1984). *OSERS programming for the transition of youth with disabilities: Bridges from school to working life.* Washington, DC: Office of Special Education and Rehabilitation Services, U.S. Department of Education.

Wilson, L., Cone, T., Bradley, C., & Reese, J. (1986). The characteristics of learning disabled and other handicapped students referred for evaluation in the state of Iowa. *Journal of Learning Disabilities, 19,* 553–557.

Wilson, L. R. (1985). Large-scale learning disability identification: The reprieve of a concept. *Exceptional Children, 52,* 44–51.

Wright, J. (2007). *RTI toolkit: A practical guide for schools.* Port Chester, NY: Dude Publishing.

Ysseldyke, J. E., & Algozzine, B. (1995). *Special education: A practical approach for teachers* (3rd ed.). Boston, MA: Houghton Mifflin Company.

Ysseldyke, J. E., Algozzine, B., & Epps, S. (1983). A logical and empirical analysis of current practice in classifying students as handicapped. *Exceptional Children, 50,* 160–166.

Ysseldyke, J. E., Algozzine, B., Shinn, M. R., & McGue, T. (1982). Similarities and difference between low achievers and students classified learning disabled. *The Journal of Special Education, 16,* 73–85.

Zamarian, L., Ischebeck, A., & Delazer, M. (2009). Neuroscience of learning arithmetic: evidence from brain imaging studies. *Neuroscience & Biobehavioral Reviews, 33*(6), 909–925.

Zimmerman, B. J. (1998). Developing self-fulfilling cycles of academic regulation: An analysis of exemplary instructional models. In D. H. Schunk & B. J. Zimmerman (Eds.), *Self regulated learning: From teaching to self-reflective practice* (pp. 1–19). New York, NY: Guilford Press.

찾아보기

내용

저자 소개

김동일(金東一, Kim, Dongil, dikimedu@snu.ac.kr)
서울대학교 사범대학 교육학과(문학사) 및 동 대학원 수료
미국 미네소타 대학교 교육심리학과 학습장애 전공(석사, 박사)
Developmental Studies Center, Research Associate(박사 후 과정)
전 한국청소년상담원 상담교수
　　경인교육대학교 교육학과 교수
현 서울대학교 사범대학 교육학과 교수

|주요 저서
바사와 함께하는 증거기반 수학 문장제 교수-학습 전략(학지사, 2015)
BASA-ALSA와 함께하는 학습전략 프로그램 워크북(학지사, 2015)
특수아상담(공저, 학지사, 2016)

이대식(李大植, Lee, Daesik, daesikl@ginue.ac.kr)
서울대학교 사범대학 교육학과(문학사)
서울대학교 사범대학 대학원(교육학 석사)
미국 오리건 대학교 특수교육학과(철학 박사)
전 미국 Eugene Research Institute 연구원
현 경인교육대학교 교육학과 교수

|주요 저서
아동발달과 교육심리의 이해(공저, 학지사, 2010)
통합교육의 이해와 실제(2판)(공저, 학지사, 2011)
학습부진학생의 이해와 지도(공저, 교육과학사, 2014)

신종호(申宗昊, Shin, Jongho, jshin21@snu.ac.kr)
서울대학교 사범대학 교육학과(문학사)
서울대학교 사범대학 대학원(교육학 석사)
미국 미네소타 대학교 교육심리학과(철학 박사)
전 미국 Early Childhood Research Institute 연구원
　　세종대학교 교육학과 교수
현 서울대학교 사범대학 교육학과 교수

|주요 저서 및 역서
연구로 본 교육심리학(학지사, 2008)
우리 아이 학습마라톤(즐거운학교, 2015)
학습심리학(9판)(공역, 학지사, 2015)

DSM-5에 기반한
학습장애아동의 이해와 교육(3판)
Introduction to Learning Disabilities(3rd ed.)

2003년 1월 10일 1판 1쇄 발행
2008년 9월 10일 1판 10쇄 발행
2009년 3월 10일 2판 1쇄 발행
2013년 1월 25일 2판 9쇄 발행
2013년 2월 25일 3판 1쇄 발행
2019년 8월 7일 3판 4쇄 발행

지은이 • 김동일 · 이대식 · 신종호
펴낸이 • 김 진 환
펴낸곳 • (주) **학지사**
　　　　04031 서울특별시 마포구 양화로 15길 20 마인드월드빌딩 5층
대표전화 • 02) 330-5114　　팩스 • 02) 324-2345
등록번호 • 제313-2006-000265호

홈페이지 • http://www.hakjisa.co.kr
페이스북 • https://www.facebook.com/hakjisabook

ISBN 978-89-997-0897-8 93370

정가 **20,000**원

저자와의 협약으로 인지는 생략합니다.
파본은 구입처에서 교환하여 드립니다.

이 책을 무단으로 전재하거나 복제할 경우 저작권법에 따라 처벌을 받게 됩니다.

이 도서의 국립중앙도서관 출판시도서목록(CIP)은 서지정보유통지원시스템
홈페이지(http://seoji.nl.go.kr)와 국가자료공동목록시스템(http://www.nl.go.kr/kolisnet)
에서 이용하실 수 있습니다.
(CIP제어번호: CIP2016003470)

출판 · 교육 · 미디어기업 **학지사**

간호보건의학출판 **학지사메디컬** www.hakjisamd.co.kr
심리검사연구소 **인싸이트** www.inpsyt.co.kr
학술논문서비스 **뉴논문** www.newnonmun.com
원격교육연수원 **카운피아** www.counpia.com